VENTURE CAPITAL DEVELOPMENT IN CHINA 2021

中国创业投资发展报告 2021

主 编 胡志坚 解 鑫 贾敬敦 副主编 梁颖达 郭 戎 郑健健 张明喜 张俊芳

科学技术文献出版社
SCIENTIFIC AND TECHNICAL DOCUMENTATION PRESS

·北京·

U0642908

图书在版编目（CIP）数据

中国创业投资发展报告.2021 / 胡志坚，解鑫，贾敬敦主编.—北京：科学技术文献出版社，2021.12
ISBN 978-7-5189-8657-6

Ⅰ.①中… Ⅱ.①胡… ②解… ③贾… Ⅲ.①创业投资—研究报告—中国—2021
Ⅳ.① F832.48

中国版本图书馆 CIP 数据核字（2021）第 242431 号

中国创业投资发展报告2021

策划编辑：李　蕊　　责任编辑：王　培　　责任校对：文　浩　　责任出版：张志平

出　版　者	科学技术文献出版社	
地　　　址	北京市复兴路15号　　邮编　100038	
编　务　部	（010）58882938，58882087（传真）	
发　行　部	（010）58882868，58882870（传真）	
邮　购　部	（010）58882873	
官 方 网 址	www.stdp.com.cn	
发　行　者	科学技术文献出版社发行　全国各地新华书店经销	
印　刷　者	北京时尚印佳彩色印刷有限公司	
版　　　次	2021年12月第1版　2021年12月第1次印刷	
开　　　本	889×1194　1/16	
字　　　数	383千	
印　　　张	21.5	
书　　　号	ISBN 978-7-5189-8657-6	
定　　　价	150.00元	

委员会

主编

胡志坚　解　鑫　贾敬敦

副主编

梁颖达　郭　戎　郑健健　张明喜　张俊芳

常务编委（按姓氏笔画排序）

丁飞燕	马　敏	马秀娟	马俊理	马德庆
王　元	王　衡	王一军	王松奇	王征宇
王树勋	王品高	王秋颖	王振伟	王润田
毛原宁	卢道真	史大梭	成　功	朱欣乐
华裕达	刘　鹏	刘华敏	次仁平措	寿学平
苏　牧	李　庆	李　静	李　鑫	李文雷
李玉刚	李希义	李爱民	李雪婧	李新光
杨晓阳	杨敏华	肖会强	吴　健	吴勇利
何国杰	何勇军	沈文京	宋黄俊	张　伟
张　华	张　念	张　莉	张世杰	张秀萍
张建红	张俊芳	陈　伟	陈　勇	陈工孟
陈云波	陈君玉	陈振权	陈晓明	范　毅
林宏权	尚朝秋	金弈名	周代数	孟凡博
赵　雯	荆树山	胡　焱	俞志华	胥和平
骆献文	倪振东	郭滕达	盛　利	崔宝川
崔稷华	葛　晶	董　梁	韩　亮	韩　梅
傅丽枫	曾　梅	曾　蓉	蒲毅蕻	蒙　巍
管　泉	黎苑楚	黎集怡	戴朝敏	魏世杰

调研分析组

组　长：郭　戎　　　副组长：张俊芳

执笔分工：

第 1 章　张俊芳	第 2 章　朱欣乐
第 3 章　周代数	第 4 章　魏世杰
第 5 章　苏　牧	第 6 章　李希义
第 7 章　周代数	第 8 章　郭滕达
第 9 章　苏　牧	

附录整理　张俊芳（附录 1）

英　英（附录 2）

王秋颖（附录 3 至附录 5）

创业投资调查员（按姓氏笔画排序）

马　宁	马　宇	马晨征	王　冰	王　娜
王　皓	王海宁	王鑫磊	邓　凯	邓韵然
左　俊	叶　竞	申　龙	田恒波	邢金翠
邢慧婧	巩耀亮	华巢莘	庄鹭虹	刘　丽
刘　明	刘　森	刘名祝	刘其榕	刘爱华
闫东升	关倩雯	纪博乐	苏淼淼	李永卫
李　玲	李宜璇	李莲靖	李晓鹏	李微微
杨　蕊	李新旭	杨　燕	杨文育	连　坤
连　静	何　娟	宋蜀玉	张　艳	张　捷
张雪梅	陈　娟	陈雪峰	陈静韵	武　赟
周立波	武卫华	周宏岩	周灵峰	孟　玥
赵　婧	赵文君	郝殿伦	胡　祎	侯　锐
祝　涛	晋美诺布	贾　敏	徐　月	徐　佳
徐艺嘉	徐东升	徐溪红	郭璐璐	黄海燕
曹建胜	博晓秋	蒋有文	韩田慧	程文标
谭轩嘉	潘荣翠	薛　润	魏　帅	魏欣月

参与和支持单位（排名不分先后）

科学技术部资源配置与管理司	云南省科技厅
中国科学技术发展战略研究院	云南省科学技术院
科学技术部火炬高技术产业开发中心	辽宁省科技厅
科学技术部科技经费监督管理服务中心	辽宁省重要技术创新与研发基地建设工程中心
国家科技风险事业开发中心	辽宁省股权和创业投资协会
商务部外国投资管理司	辽宁省大连市科技局
国家开发银行投资业务局	辽宁省大连市创新创业创投服务中心
中国进出口银行业务开发与创新部	辽宁省大连高新技术产业园区金融办
中国社会科学院金融研究中心	辽宁省沈阳科技风险投资有限公司
中国科技金融促进会	辽宁省阜新高新技术产业开发区管理委员会科技局
中国台湾创业风险投资商业同业公会	吉林省科技厅
亚洲创业基金期刊集团（中国香港）	吉林省长春市科技局
中国风险投资研究院	吉林省吉林市科技信息研究所
中国风险投资有限公司	黑龙江省科技厅
《中国科技投资》杂志社	黑龙江省科技资源共享服务中心
北京清科创业风险投资顾问有限公司	黑龙江省哈尔滨市创业投资协会
北京市科学技术委员会	湖北省科学技术厅创投引导基金管理中心
北京创业投资协会	湖北省创业投资同业公会
北京市科技金融促进会	湖北省武汉市科技局
天津市科技局	湖北省武汉市科技金融创新促进中心
天津市创业投资协会	湖北省武汉东湖新技术开发区科技创新与新经济发展局
上海市创业投资行业协会	河南省科技厅
重庆市科技局	河南省科研生产试验基地管理服务中心
重庆市科技创业投资协会	湖南省科技厅
河北省科技厅	湖南省科技交流交易中心
河北省科学技术情报研究院	湖南省技术产权交易中心
河北省石家庄高新技术产业开发区科技局	山东省科技厅
山西省科技厅	山东省科技服务发展推进中心
山西省创新创业服务中心	山东省青岛市科技局
山西省科技基金发展有限公司	山东省青岛市科技服务中心
内蒙古自治区生产力促进中心	江苏省科技厅
内蒙古自治区科技风险基金管理办公室	江苏省创业投资协会
四川省科技厅	江苏省无锡新区科技金融投资集团
四川省高新技术产业金融服务中心	浙江省科技厅
四川省成都生产力促进中心	浙江省创业投资协会
四川省成都高新区财政金融局	浙江省宁波市科技局
四川省绵阳高新技术产业开发区创业服务中心	浙江宁波市科技金融服务中心
贵州省科技厅	安徽省科技厅
贵州省科技评估中心	安徽省科技成果转化服务中心
贵阳高新技术创业服务中心	江西省科技厅
贵阳高新区管委会	江西省科技金融管理服务中心

福建省高新技术创业服务中心

福建省厦门市科技局

福建省厦门火炬高技术产业开发区管委会

福建省厦门火炬集团创业投资有限公司

广东省科技厅

广东省风险投资促进会

广东省广州高新区管委会

广东省广州高新技术产业开发区科技创新局

广东省广州火炬高新技术创业服务中心

深圳市科技创新委员会

深圳市中小科技企业发展促进中心

广东省佛山高新区管委会

广东省佛山高新区科技创新局

广东省珠海高新区科技创新和产业发展局

海南省科技厅

甘肃省科技厅

甘肃省兰州高科创业投资担保有限公司

甘肃兰白试验区创新基金管理有限公司

宁夏回族自治区科技厅

宁夏回族自治区生产力促进中心

陕西省科技厅

陕西省创业投资协会

陕西科技控股集团

陕西省西安高新技术产业开发区管理委员会金融服务办公室

陕西省杨凌农业高新技术产业示范区地方金融监督管理局

陕西省宝鸡高新区科技创新局

新疆维吾尔自治区科技厅

新疆新科源科技风险投资管理有限公司

广西壮族自治区科技厅

广西科技情报研究所

西藏自治区科技厅

西藏自治区科技信息研究所

青海省国有科技资产经营管理有限公司

青海国科创业投资基金（有限合伙）

摘 要

2020年度中国创业投资市场分析

2020年是极不平凡的一年，全球经济受到严重冲击；但创业投资行业仍然保持了较高的增长活力。据统计，2020年，全球创业投资市场交易额达到3213亿美元，同比增长13.7%；交易数为2.65万项，同比减少8.3%。美国创业投资在融资、投资和退出环节均有突破，当年投资金额超过1640亿美元，成为历史最高年份，占全球总量的51%；欧洲创业投资规模也达到了历史高位，创业投资金额为428亿欧元；我国创业投资也保持增长，披露投资金额为636.0亿元，投资项目2734项。

一、行业外部环境分析

2020年，行业发展的外部环境发生了明显变化，主要表现为以下几个方面。

（一）新冠肺炎疫情爆发并在全球迅速蔓延，给创业投资行业带来冲击

2020年疫情的爆发对我国实体经济造成阶段性负面影响，对"资本寒冬"下的创业投资机构造成了较大冲击，在"募投管退"环节均产生了不同程度的影响。上半年，各类投资节奏放缓或停滞，创业投资行业整体募资周期延长，募资形势空前严峻；投资环节暂停，交易数量骤减；管理难度增大，管理成本增高；退出节奏放缓，企业估值缩水。得益于对新冠肺炎疫情的有效控制，2020年下半年以来，募资市场逐步回温，同比差距逐步缩小，部分地区新成立的基金数量逐渐赶超同期，行业有序回复起稳。

[①] 写作组人员：郭戎、张明喜、张俊芳、李希义、魏世杰、朱欣乐、郭腾达、周代数、苏牧等。本报告执笔人：张俊芳、张明喜。

（二）中美关系出现重大调整，双向创业投资骤减

2018 年 8 月，美国外商投资委员会通过新的《外国投资风险评估现代化法案》（FIRRMA），重点加强对高科技企业投资审查，并将创业投资活动纳入审查范畴。从实际效果看，近两年，美国政府叫停多起中国企业赴美投资并购行为，涉及芯片制造、软件制造、半导体、生物技术、高分子材料等领域。数据显示，2020 年中美之间的外国直接投资（FDI）下降至 159 亿美元，是自 2009 年以来双向流动的最低水平。此外，美国政府修订《出口管制条例》，采取了多重措施限制对华投资[①]。2020 年，美国对中国的创业投资额下降至 25 亿美元，与 2018 年的近 200 亿美元相比，相差甚远。同时，美国以安全为由对重点企业进行摘牌，限制中国企业赴美上市融资[②]。

（三）中国创业投资行业政策不断优化，为行业发展保驾护航

随着我国创业投资行业的发展与认识的不断深入，创业投资行业的政策也在不断优化与完善。2020 年，出台的政策主要包括 4 类：一是推行企业所得税优惠试点[③]。二是放宽创业投资基金股东减持条件，引导行业"投早""投小"[④]。三是资本市场改革加速，注册制、科创板、新三板精选层等制度改革先后落地，拓宽了创业投资市场退出通道。四是营造外商投资的良好环境，努力扩大外资[⑤]。

二、行业结构分析

（一）规模结构：行业规模进一步扩张，增速放缓

2020 年，中国创业投资行业增速放缓，但好于预期，创业投资机构数达到 3290 家[⑥]，

[①] 2020 年 11 月，特朗普签署行政令，禁止美国投资公司、养老基金和其他机构投资所谓"由中国军方拥有或控制的企业"，包括中国电信、中国移动、海康威视等 31 家中国企业。

[②] 2020 年 12 月 31 日，纽约证券交易所宣布，将对中国联通（香港）、中国移动和中国电信 3 家公司进行退市处理。

[③] 2020 年 12 月，财政部等四部委联合颁布《关于中关村国家自主创新示范区公司型创业投资企业有关企业所得税试点政策的通知》，试行公司型创业投资企业的企业所得税优惠政策。该政策首次设计了投资期限越长缴纳企业所得税越少的反向挂钩制度，并首次在公司型基金中贯彻了"穿透原则"的征税理念。

[④] 2020 年 3 月，证监会出台《上市公司创业投资基金股东减持股份的特别规定（2020 年修订）》，简化了反向挂钩政策适用标准，并取消大宗交易方式下减持受让方的锁定期限制，以及投资期限在五年以上的创业投资基金减持限制等。

[⑤] 2020 年 9 月，国务院发布的《关于深化北京市新一轮服务业扩大开放综合试点建设国家服务业扩大开放综合示范区工作方案的批复》，提出支持社会资本在京设立并主导运营人民币国际投贷基金，支持外资投资机构参与合格境内有限合伙人境外投资试点；深入实施合格境外有限合伙人试点，逐步放开公开市场投资范围限制等一系列外资优惠政策，努力扩大外资。

[⑥] 为实际存量机构数，已剔除不再经营创业投资业务或注销的机构数。

较 2019 年增长 9.9%；其中，创业投资管理机构 1098 家，创业投资基金 2192 家。管理的资本总量达到 11 157.5 亿元，同比增长 11.7%（图 1）。

图 1　2011—2020 年中国创业投资机构总量

（二）区域结构：一线城市募资、投资持续活跃，集聚效应凸显

创业投资行业整体呈现出东部沿海和经济发达地区集中、中部地区稳步发展的态势。2020 年，新增机构和管理资本主要来自江苏、浙江、北京、广东等地区。其中，浙江成为创业投资机构最多的地区，总计有 758 家专业化的创业投资机构；北京的管理资本总量达到 3464.9 亿元，位居全国首位；江苏的投资项目数量最高，占全国总量的 21.2%。4 个地区的机构数量、管理资本总量、投资项目数量分别占全国总量的 68.0%、74.4%、63.0%，集聚效应进一步显现（图 2）。

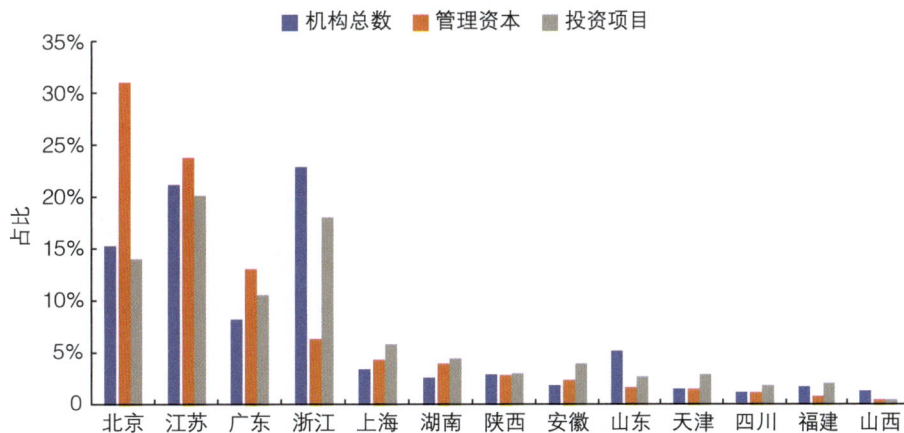

图 2　2020 年全国主要地区创业投资分布情况

（三）资金结构：资金来源渠道逐步放宽，国资占比大幅提升

2020 年，受外部环境影响，投资风险加大，民营资本出资大幅缩减，具有国资背景的资金成为市场的中坚力量。统计显示，政府引导基金出资占比为 10.58%，其他政府财政资金出资占比为 16.79%，国有独资投资机构出资占比为 23.00%，国有资本占比超过半数，较 2019 年大幅提升了 18.94 个百分点。此外，高净值个人投资占比为 7.39%，较 2019 年略有上升；外资企业仅占 0.45%，较 2019 年大幅下滑。另外，银行、保险、证券等金融机构资本合计仅占 3.31%，与 2019 年基本持平；各类社会基金涌入市场，占比达到 27.12%；非金融资本占比达到 62.88%（图 3）。

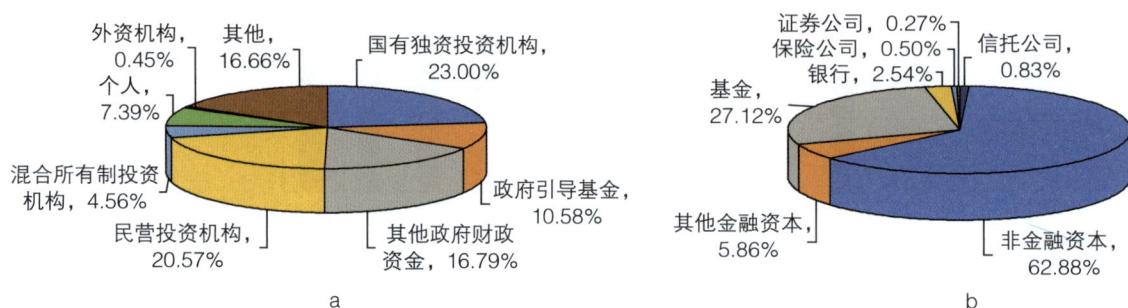

图 3　2020 年中国创业投资资本来源

（四）市场结构：头部效应越发凸显，优胜劣汰加剧

2020 年，募集的管理资金规模的增长主要源于头部基金的扩张，众多中小投资机构面临优胜劣汰，市场洗牌加剧。统计显示，2020 年创业投资机构平均管理规模略有上升，达到 3.39 亿元。从资金分布情况看，管理资金在 5000 万元以下的创业投资机构占机构总数的 31.4%，进一步下滑；管理资金在 5 亿元以上的机构占比为 14.5%，掌握了行业 87.8% 的资产，聚集效应更加凸显（图 4）。

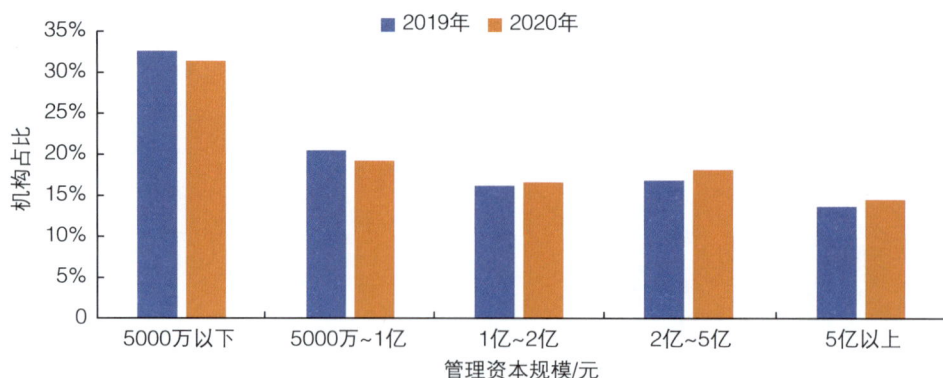

图 4　2019—2020 年中国不同规模创业投资机构分布 ①

---

①　有效样本数为 4402 份。

三、行业行为分析

（一）投资布局：医药、半导体等高科技产业成为新一轮投资热点

2020 年，中国创业投资市场投资项目略有下滑，市场披露的投资项目有 2734 项，披露项目投资金额为 636.0 亿元；然而，高新技术企业投资却逆势上扬，披露的投资项目有 1035 家，投资金额达 216.6 亿元，均较 2019 年有所上升。尽管疫情带来了多数行业的萧条，但也带来了社会活动、消费方式的变化，给部分行业发展创造了新机遇。按行业分类划分，医疗健康领域的创业投资交易最为活跃，成为投资热点。其中，医药保健领域披露的投资金额与投资项目数占比分别为 14.46%、10.67%；生物科技领域的投资金额与投资项目数占比分别为 4.91%、7.00%，均较上年大幅提升。此外，消费产品和服务、软件产业的投资占比也均有所提升；传播与文化娱乐行业投资成为投资下滑最大的领域。受中美关系影响，半导体行业的投资占比也继续提高，投资金额和投资项目数占比分别达到 10.82%、9.93%（图 5）。

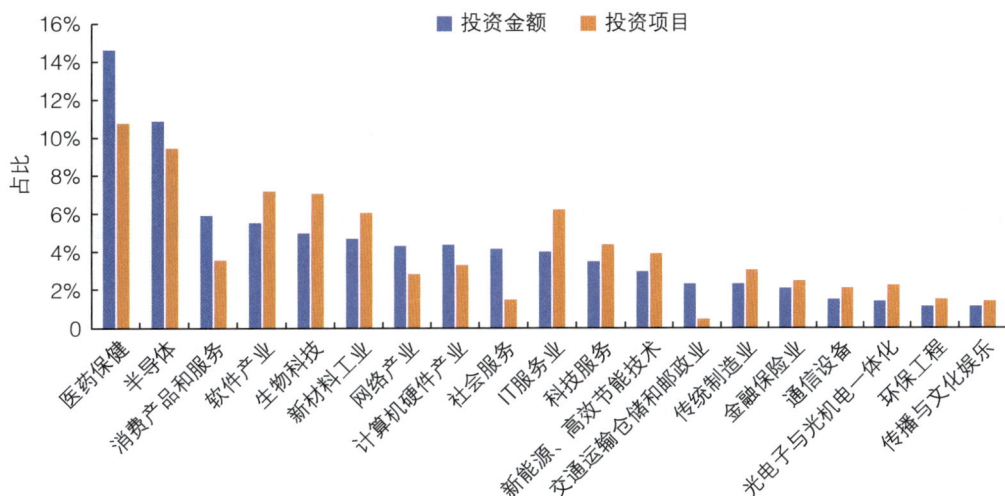

图 5　2020 年投资项目行业分布：投资金额与投资项目

（二）纵向整合：混业经营渐成趋势，头部机构布局全产业链

近年来，我国创业投资行业与私募股权行业的界限越来越模糊，一些早期发展起来的头部创业投资机构，如 IDG 资本、深创投等开始延伸产业链布局，发起后端私募股权投资、并购投资等交易；另一些股权投资机构，也开始重视长期价值投资，穿越至早期领域，布局全产业链投资，如 2020 年 2 月，高瓴资本推出"高瓴创投"，专注于投资早期创业项目。此外，一些大型企业也开始开展类似于专业化创业投资机构的投资行为（公司创投，CVC），如腾讯、百度等，通过并购投资上下游产业，深度整合产业链。创业投

资与私募股权投资、并购投资等业务间的界限日渐模糊，混业经营成为行业发展的大势所趋。

（三）内部效率：投资效率偏低，投资阶段整体后移

2020 年受宏观环境影响，创业投资机构采取规避风险的投资策略，投资阶段整体后移，早期投资明显不足。统计显示，当年投资于种子期、起步期的金额占比分别为 9.10%、23.80%，合计占比较 2019 年下降了 16.98 个百分点，而投资于成长（扩张）期的金额为近 4 年来最高值，占比为 55.60%。从投资项目看，投资于种子期和起步期的项目占比分别为 18.40%、31.90%，合计下滑了 11.14 个百分点，而投资于成长（扩张）期的项目同期上升了 10.39 个百分点（图 6、图 7）。

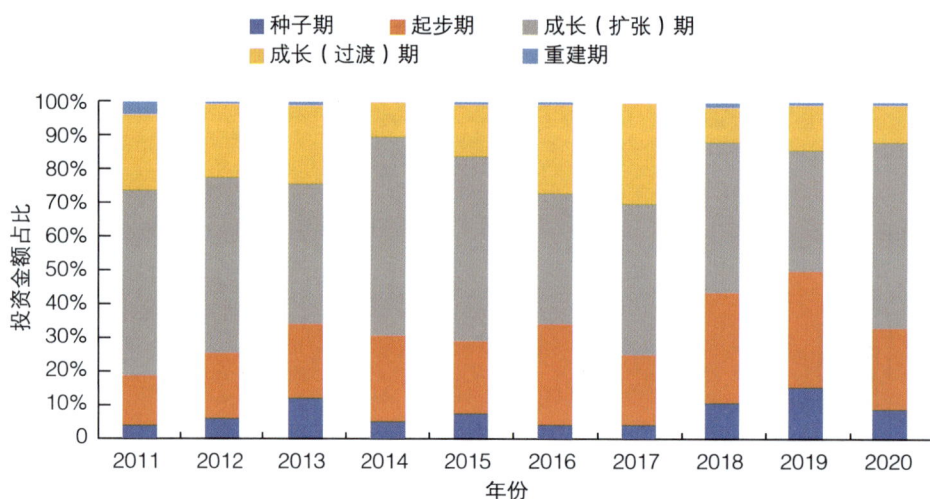

图 6　2011—2020 年投资所处阶段分布（按投资金额）

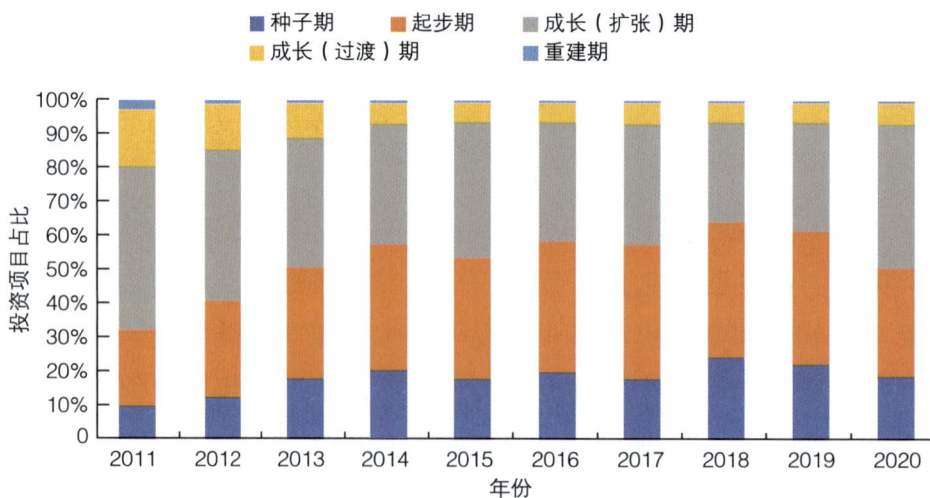

图 7　2011—2020 年投资所处阶段分布（按投资项目）

四、行业绩效分析

（一）行业收入水平：平均收入有所反弹

从整体走势来看，2011—2015 年是行业总体收益较高的阶段，自 2016 年以后，随着行业竞争的加剧与洗牌，受行业政策与外部环境的影响，总体收益出现下滑。2020 年，尽管受到新冠肺炎疫情的影响，伴随着资本市场改革进程加速，中国创业投资机构的平均投资收入有所反弹，达到了 1519.81 万元（图 8）。

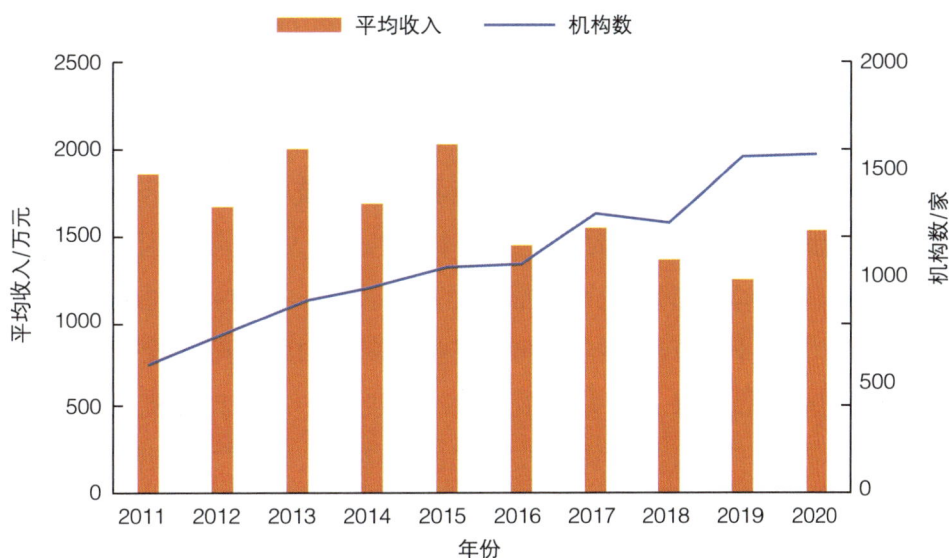

图 8　2011—2020 年投资机构收入趋势

（二）行业投资项目收益率：资本市场改革推高退出项目收益

2020 年，伴随着资本市场改革进程的加速，注册制、科创板、新三板精选层等制度先后落地，畅通了行业退出渠道。行业全年共披露了 1110 个退出项目情况，其中通过上市方式实现退出的项目有 214 项，占比为 19.28%，同比增加了 2.53 个百分点；并购退出占比为 25.77%；回购退出仍然是最主要的退出方式，占比为 39.73%。虽然受新冠肺炎疫情影响，投资项目年均收益率明显下滑至 24.13%，但得益于资本市场的高涨，公司整体估值大幅提升，上市退出的平均账面回报仍然达到了 7.18 倍，明显好于 2019 年的 5.75 倍（图 9）。

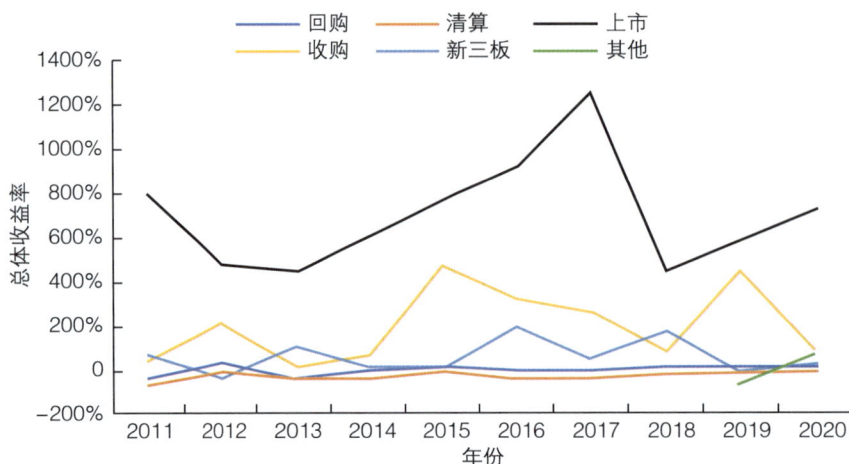

图 9　2011—2020 年不同渠道退出项目的投资总体收益率

（三）未来预期：行业景气指数增长，投资看好硬科技与生物医药等产业

得益于国内新冠肺炎疫情的有效防控与经济快速恢复，2020 年中国创业投资机构对全行业的评价较为乐观，认为全行业发展"非常好"和"较好"的机构比重达到 36.1%，远高于 2019 年的 23.1%。对于行业投资热点的预期，创业投资机构最看好的投资领域仍然与国家政策高度相关。未来创业投资行业最看好的投资领域主要集中在"计算机、通信等电子设备制造业"（占比 25.9%）、"医药与生物科技"（占比 24.4%）、"新能源环保行业"（占比 20.2%）、"软件与网络行业"（占比 9.4%）等领域（图 10）。其中，"医药与生物科技"行业投资占比相比 2019 年有所下滑，而"新能源环保行业""计算机、通信等电子设备制造业"大幅上升，这可能受到了中国"碳中和、碳达峰"政策，以及中美贸易摩擦升级的影响。

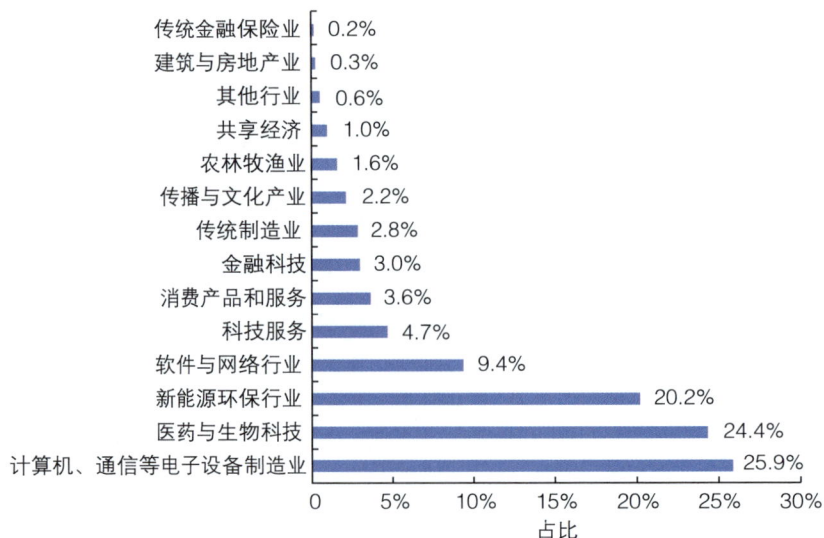

图 10　2021 年创业投资机构最看好的投资领域

五、思考与建议

近年来，我国创业投资行业规模不断壮大，发展日趋规范与成熟，已经成为科技企业获得直接融资的重要渠道。

（一）行业发展仍需进一步优化外部环境，提升内部专业化水平

从外部环境而言，主要表现为以下几个方面。

一是相关法律法规保障有待健全。目前，我国尚未出台符合创业投资行业特点的法律，相关法规也尚待落实。2016 年，国务院印发《关于促进创业投资持续健康发展的若干意见》、2020 年国务院发布《私募投资基金管理暂行条例》，均指出要对创业投资行业实行"差异化监管"。但目前尚未出台相关指导意见和办法，创业投资行业依然受制于一般私募股权基金的监管框架，这使得行业发展仍然存在"注册难""募资难"等现象。对于国有创业投资机构，仍然等同于一般国有企业进行管理，这使得国有创业投资依然存在监督考核、激励约束、项目退出等方面的机制体制障碍。基金渠道相对单一，银行、保险、社会捐赠等资本进入创业投资行业仍然存在政策障碍。

二是税收激励措施尚待进一步落实。近年来，政府支持创业投资机构发展的税收政策不断完善。2020 年 12 月，财政部等四部委联合颁布《关于中关村国家自主创新示范区公司型创业投资企业有关企业所得税试点政策的通知》，确定在中关村国家自主创新示范区试行公司型创业投资企业的企业所得税优惠政策。该政策首次设计了投资期限越长缴纳企业所得税越少的反向挂钩制度，并首次在公司型基金中贯彻了"穿透原则"的征税理念。然而，2020 年统计调查显示，目前享受各项税收优惠政策的企业不足 10%，相关税收政策落实尚未到位，中关村优惠政策也尚在试点中。

三是相关中介服务平台仍待完善。近年来，各地科技金融服务平台快速发展，为创业投资企业寻求好项目提供了信息平台，调查显示，51.7% 的创业投资机构享受了"信息交流"政策。然而，总体上我国仍然缺乏专业化的科技成果评价机构，以及知识产权评估机构，这使得很多投资项目无法准确识别、估值，一些"热点"项目出现跟风、扎堆现象，不断推高项目估值。此外，中美关系导致外部环境发生重大变化，境外投资更加困难，亟待创业投资行业熟悉海外投资、上市及人才管理等方面的法律法规制度，需要大力发展相关业务的中介服务机构。

从内部发展而言，主要表现为以下几个方面。

一是基金管理效率偏低，缺乏专业化的人才。创业投资家应该是具有跨行业理论和丰富实践经验的复合型人才，而我国绝大部分行业人才来自金融、财务领域，或是技术人才。调查显示，"技术评估"和"资本运作"仍然是创业投资人员最缺乏的两项能力，占比分别为 21.4% 和 18.3%。

二是行业发展不规范，投早投小不足。随着我国创业投资市场的高速发展，越来越多的机构投资者与个人参与到创业投资市场中，大型机构实力不断增强，而一些小型投资机构鱼龙混杂，不断暴露出一些问题。投资层级向伞形化发展，一些机构以投资为名，通过多层级股权设置，逃避不良债务。同时，市场依然跟风现象严重，对早期项目投资明显不足。调查显示，2020 年对种子期和起步期项目的投资达到 2014 年以来的最低点。

（二）未来发展需要重点关注几个方面

为应对国际格局的新挑战，建议进一步增强国有资本的中流砥柱作用，不断加大对关键核心技术的稳健投资，提升创业投资市场的外部融资环境与内部投资能力，促进创业投资行业健康可持续发展。

一是充分发挥国有资本关键核心作用，增强国家战略科技力量。进一步优化科技攻关任务的融资体系，发挥财政资金撬动作用，统筹各类以关键核心技术为目标的基金，引导金融资本和社会资金共同投入。加快设立国家科技创新基金，形成长期支持关键核心技术前端研发的直投式基金。进一步深化国有创业投资管理制度改革，健全与创业投资属性相适应的激励约束机制，引导民营资本更多投向科技型初创企业、小微企业。

二是持续优化行业发展的市场环境，拓宽资金募集与退出渠道。推进落实行业发展的容错机制，实施差异化的监管政策。制定相关准入政策与税收激励政策，有序引导各类所有制形式企业、金融资本，以及社会捐赠等社会资本进入科技创新领域。不断创新投资模式，推广投贷联动、投保联动等创新投融资模式。积极落实"反向挂钩"等政策，稳健发展科创板市场，针对关键核心技术设立 IPO 绿色通道，鼓励支持产业整合的并购重组，持续改善市场退出环境。

三是规范引导头部机构延伸产业链，不断提升行业投资管理水平。鼓励和支持大企业开放产业资源和创新链，牵头创新联合体，建立开放创新平台，规范行业发展，投资布局全产业链条。加快发展专业化的中介服务体系，加快行业专业化人才体系建设，提高创业投资规范化管理与专业化运作水平，增强价值投资与早期投资能力，不断提高投资效率。推动包括创业投资在内的资本市场、科技银行、科技保险及金融中介服务体系建设，提升金融服务于科技创新的整体效能。

四是积极拓展国际市场，应对美国科技挑战。为应对中美贸易摩擦，建议积极推动WTO 改革，参与新一代国际投资规则的制定，在国际经贸新规则制定中争取话语权。加速构建高水平自贸区网络，加速推动与其他国家的双边投资协定谈判，积极引导我国创业投资机构进行境外投资。在国家外汇宏观审慎监管的前提下，放开市场准入，争取与其他发达国家达成更多合作共识，积极吸引外资投资机构来境内投资。

Analysis of China Venture Capital Market in 2020

National Venture Capital Investigation Group[①]

The year 2020 is an extraordinary year and the global economy was severely hit; but the venture capital industry still maintains high growth vitality. According to statistics, in 2020, the global venture capital market turnover reached US $321.3 billion, up 13.7% year on year; the transactions were 20 000, down 8.3% year on year. American venture capital in financing, investment and exit, over $164 billion, the highest year, 51% of the world; European venture capital also reached a record high, 42.8 billion euros; Chinese venture capital growth, 63.60 billion yuan, 2734 investment projects.

Ⅰ. External environment analysis of the industry

In 2020, the external environment of the industry development has changed significantly, mainly as follows:

(1) The outbreak of COVID-19 and the rapid global spread have brought an impact on the venture capital industry

The outbreak of the epidemic in 2020 has had a phased negative impact on China's real economy, had a great impact on venture capital institutions under the "cold winter of capital", and has had varying degrees of impact in the link of "fundraising, investment management and withdrawal". In the first half of the year, the pace of various investors slowed down or stagnated, the

---

① Writers of National Venture Capital Investigation Group: Guo Rong, Zhang Mingxi, Zhang Junfang, Li Xiyi, Wei Shijie, Zhu Xinle, Guo Tengda, Zhou Daishu, Su Mu etc. This abstract is written by Zhang Junfang, Zhang Mingxi.

venture capital industry extended, the overall raising situation was unprecedented severe; investment link was suspended, the number of transactions decreased sharply; increased management difficulty, management cost increased; slower pace of exit, and enterprise valuation shrank. Thanks to the effective control of COVID-19, since the second half of 2020, the fundraising market has gradually warmed, the year-on-year gap has gradually narrowed, the number of newly established funds in some regions has gradually caught up with the same period, and the industry has recovered steadily in an orderly manner.

(2) Major adjustments occurred in China-US relations, and two-way venture capital fell sharply

In August 2018, the US Commission on Foreign Investment passed the new Foreign Investment Risk Assessment Modernization Act (FIRRMA), focusing on strengthening the review of high-tech corporate investment and bringing venture capital activities into the review category. In terms of actual results, in the past two years, the US government has stopped several Chinese enterprise mergers and acquisitions in the United States, involving chip manufacturing, software manufacturing, semiconductors, biotechnology, polymer materials and other fields. Data show that foreign direct investment (FDI) between China and the United States fell to $15.9 billion in 2020, the lowest level of two-way flow since 2009.In addition, the US government revised the Export Regulation Regulations and took multiple measures to restrict investment in China. U. S. startup investment in China plunged in 2020 to $2.5 billion, far from nearly $20 billion in 2018.At the same time, the United States delisted key companies on security grounds and restricted Chinese companies from listing in the United States for financing.

(3) China's venture capital industry policy has been continuously optimized to escort the development of the industry

With the development and depth of understanding of venture capital industry in China, the policy of venture capital industry is also constantly optimized and improved. In 2020, the policies mainly include four categories: First, pilot preferential enterprise income tax. Second, we will relax the conditions for venture capital fund shareholders to reduce their holdings and guide the industry to "invest early" and "invest small". Third, the reform of the capital market has been accelerated, and the system reform of the registration system, the science and technology innovation Board, and the selected layer of the New Third Board has been implemented, broadening the exit channel of the venture capital market. Fourth, we will create a favorable environment for foreign investment and strive to expand it.

Ⅱ. Industry structure analysis

(1) Scale structure: the scale of the industry was further expanded, and the growth rate slowed down

In 2020, China's venture capital industry growth slowed down, but better than expected, the number of venture capital institutions reached 3290, up 9.9% from 2019, among which, 1098 venture capital management institutions and 2192 venture capital funds. The total capital under management reached 1115.75 billion yuan, up 11.7% year on year (Fig. 1).

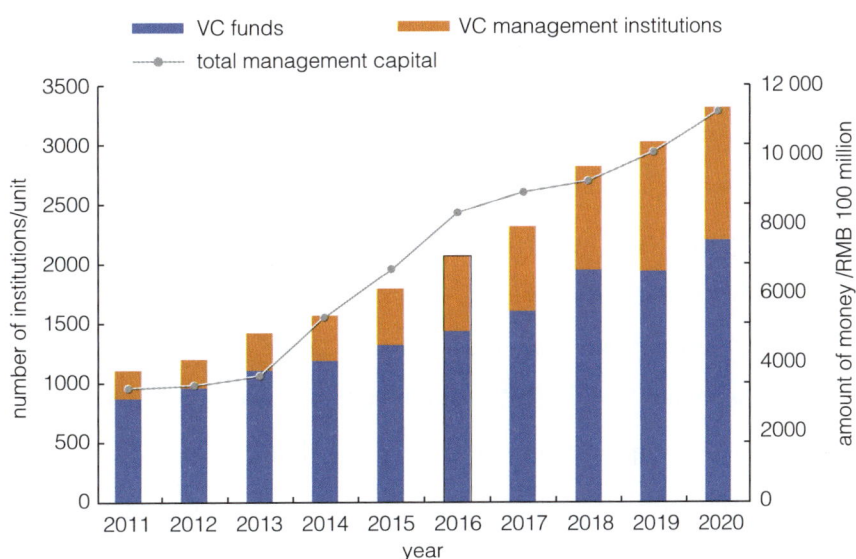

Fig. 1   2011—2020 total venture capital institutions in China

(2) Regional structure: fund—raising and investment in first—tier cities continue to be active, with a prominent agglomeration effect

The venture capital industry shows a trend of concentrated eastern coastal and economically developed areas, and the steady development of the central region. In 2020, the new institutions and management capital mainly came from Jiangsu, Zhejiang, Beijing, Guangdong and other regions. Among them, Zhejiang became the largest venture capital institutions, totaling 758 professional venture capital institutions; the total management capital in Beijing reached 346.49 billion yuan, ranking first in China; Jiangsu has the highest number of investment projects, accounting for 21.2% of the national total. The number of institutions, total managed capital and investment projects in the four regions accounted for 68.0%, 74.4% and 63.0% of the national total, respectively, and the agglomeration effect was further evident (Fig. 2).

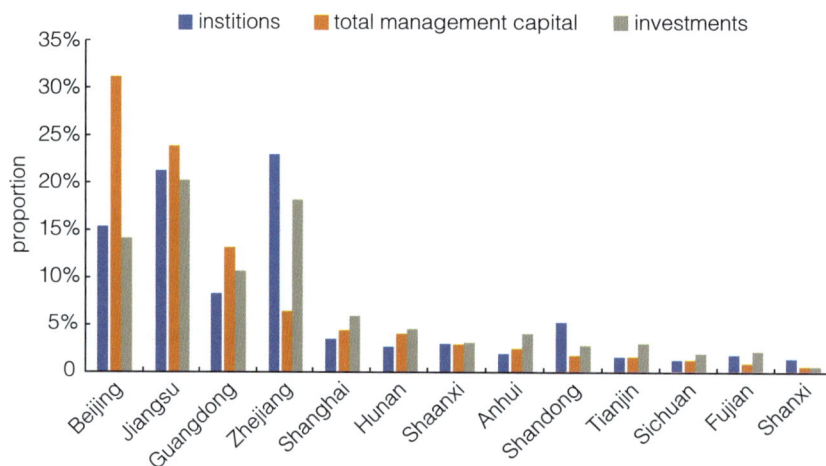

Fig. 2   2020 distribution of venture capital in major regions

(3) Capital structure: the source channels of funds were gradually relaxed, and the proportion of state–owned assets increased significantly

In 2020, due to the external environment, investment risks are increased, private capital investment was greatly reduced, and funds with state–owned capital background will become the backbone of the market. Statistics show that government guide funds accounted for 10.58%, other government fiscal funds accounted for 16.79%, wholly state–owned investment institutions accounted for 23.00%, and state–owned capital accounted for more than half, a significant increase of 18.9 percentage points compared with 2019. In addition, high net worth personal investment accounted for 7.39%, up slightly from 2019; foreign enterprises accounted for only 0.45%, down significantly from 2019. On the other hand, the total capital of banks, insurance, and securities was only 3.31%, basically unchanged from 2019; various social funds entered the market, accounting for 27.12%, and non–financial capital reached 62.88% (Fig. 3).

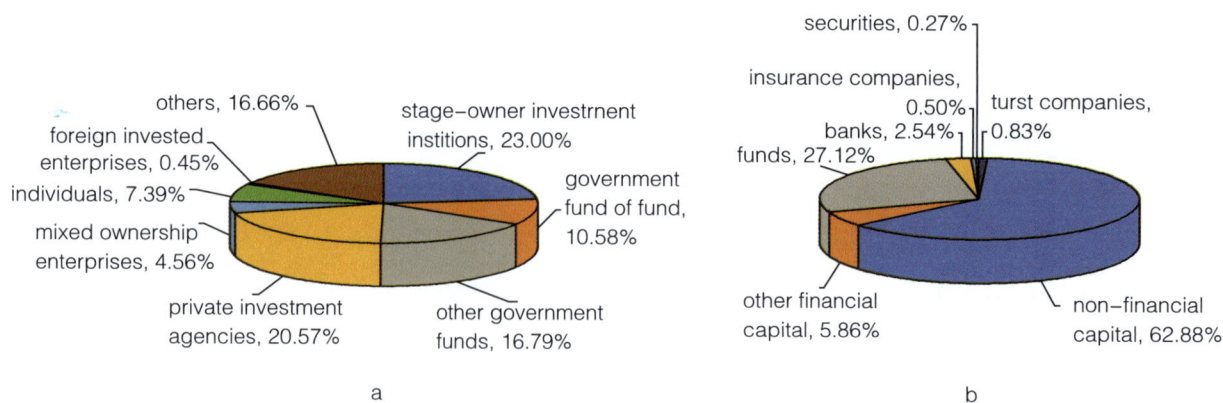

Fig. 3   2020 China venture capital capital source

(4) Market structure: the head effect is becoming more prominent, and the survival of the fittest is intensified

In 2020, the growth of the scale of management funds raised is mainly due from the expansion of head funds, many small and medium-sized investment institutions facing survival of the fittest, and the market intensified reshuffle. Statistics show that the average management scale of venture capital institutions in 2020 increased slightly, to 339 million yuan. From the perspective of capital distribution, venture capital institutions with management funds below 50 million yuan accounted for 31.4% of the total institutions, which further declined; institutions with management funds above 500 million yuan accounted for 14.5%, mastered 87.8% of the assets in the industry, and the aggregation effect was more prominent (Fig. 4).

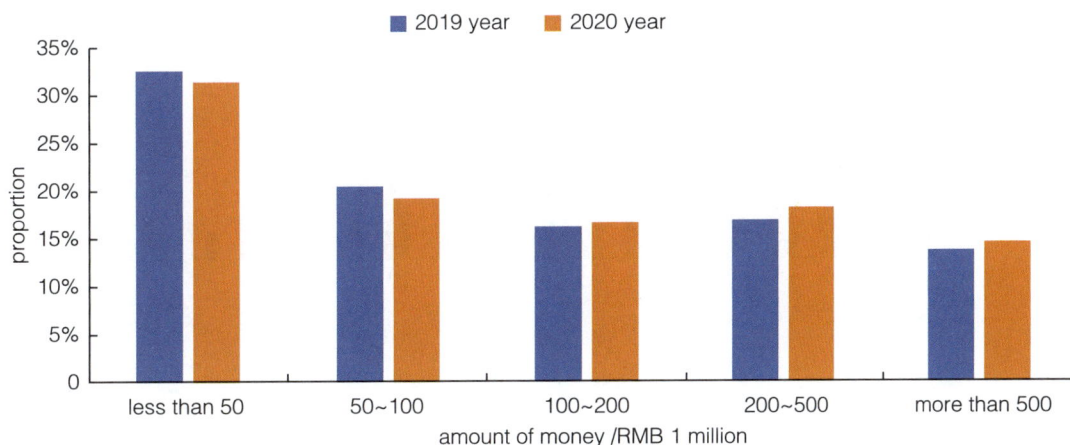

Fig. 4   2019-2020 distribution of venture capital institutions of different scale in China

III . Industry behavior analysis

(1) Investment layout: high-tech industries such as pharmaceutical and semiconductor high-tech industries have become a new round of investment hotspots

In 2020, the investment projects in China venture capital market declined slightly, with 2734 investment projects disclosed in the market and 63.60 billion yuan. However, the investment in high-tech enterprises bucked the trend with 1035 investment projects and 21.66 billion yuan, both rising compared with 2019. Although the epidemic has brought about depression in most industries, it has also brought about changes in social activities and consumption and lifestyle, creating new opportunities for the development of some industries. According to industry classification, venture capital trading in the medical and health field is the most active and become a hot spot. Among them, the amount of investment and investment disclosed in medicine and health care accounted for 14.46% and 10.67% respectively; the amount of investment in biotechnology accounted for 4.91% and 7.00% respectively, which increased significantly compared with the previous year. In addition, the investment proportion of consumer products and service industry and software industry has also increased; the investment in communication and cultural and entertainment industry has become the biggest area of investment decline. Affected by the Sino−US relations, the proportion of investment in the semiconductor industry also continued to increase, and the investment amount and investment projects accounted for 10.82% and 9.93%, respectively (Fig. 5).

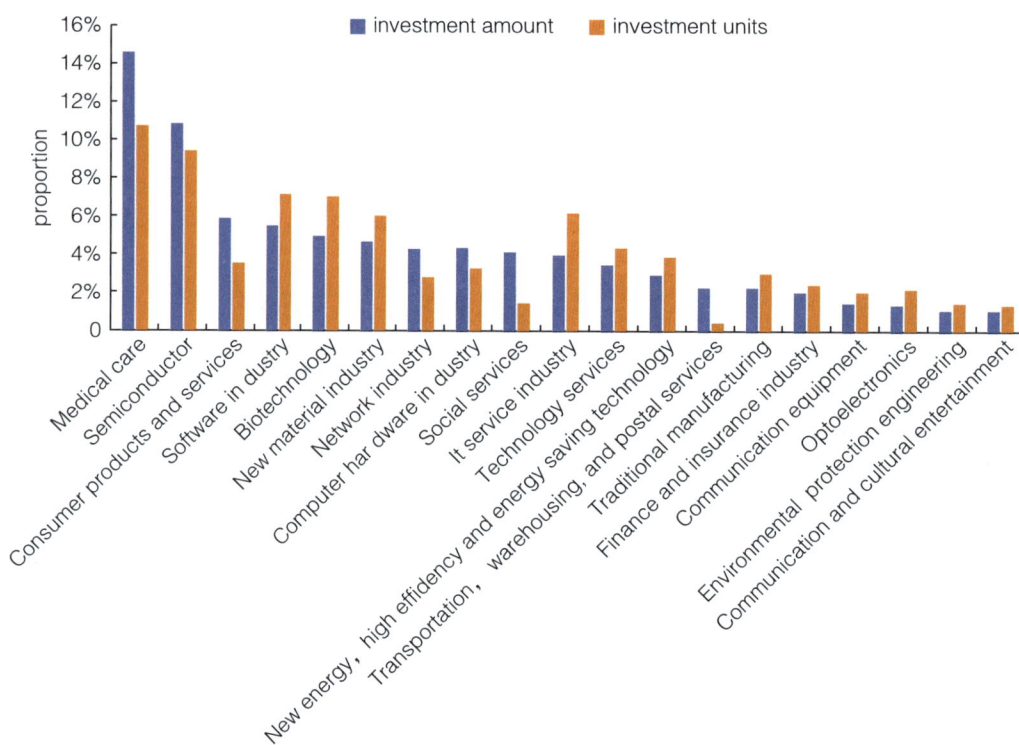

Fig. 5   2020 industry distribution of investment projects: investment amount and investment projects

(2) Longitudinal integration: mixed business management is gradually becoming a trend, the head organization layout of the whole industrial chain

In recent years, the boundary between China's venture capital industry and private equity industry has become increasingly blurred. Some early developed head venture capital institutions, such as IDG capital and deep venture capital, began to extend the industrial chain layout, initiate back-end private equity investment, merger and acquisition investment; other equity investment institutions also began to pay attention to long-term value investment and layout the whole industrial chain investment. For example, in February 2020, Hillhouse Capital launched "Hillhouse Venture Capital" and focused on investing in early venture projects. In addition, some large enterprises also began to carry out investment behaviors similar to professional venture capital institutions (also known as company venture capital, CVC), such as Tencent, Baidu, etc., through mergers and acquisitions investment in upstream and downstream industries, deep integration of the industrial chain. The boundary between venture capital and private equity investment, merger and acquisition investment and other businesses is becoming increasingly blurred, and mixed operation has become the trend of The Times of the industry development.

(3) Internal efficiency: the investment efficiency is low, and the overall investment stage moves backward

In 2020, affected by the macro environment, venture capital institutions will adopt the risk-avoiding investment strategy, the investment stage moves backward as a whole, and the early investment is obviously insufficient. Statistics show that the amount of investment in the seed period and starting period accounted for 9.10% and 23.80%, respectively, accounting for a total decline of 16.98 percentage points compared with 2019, while the amount of investment in growth (expansion period) was the highest value in nearly five years, accounting for 55.6%.From the perspective of investment projects, projects invested in seed period and start period accounted for 18.40% and 31.90%, respectively, down 11.14 percentage points together, while projects invested in growth (expansion) period increased by 10.39 percentage points in the same period (Fig.6, Fig.7).

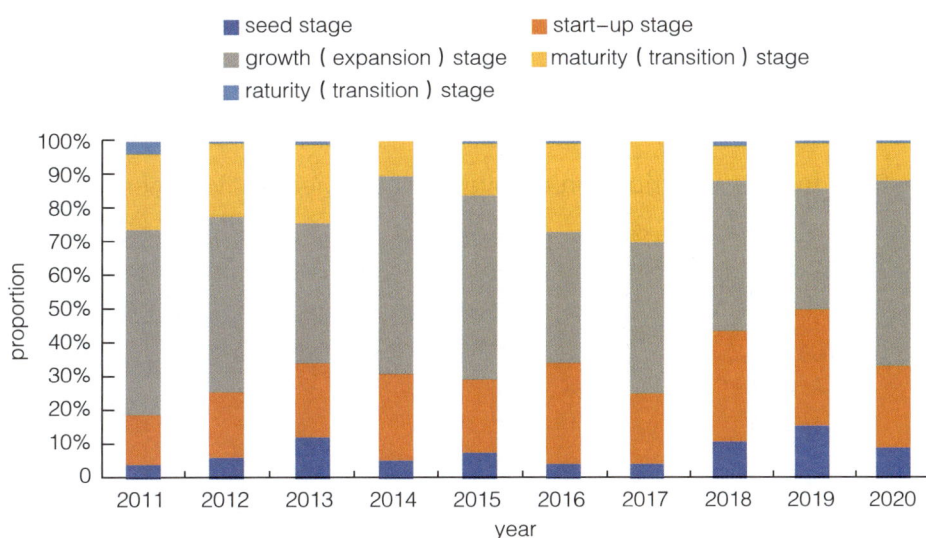

Fig. 6   Distribution of investment stage (by investment amount)

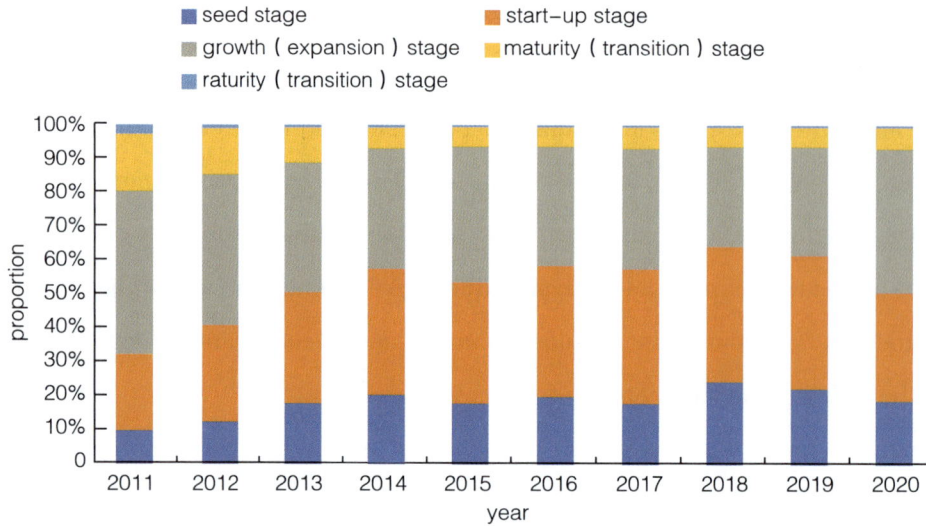

Fig. 7　Distribution of investment stage (by investment project)

IV . Industry performance analysis

(1) Industry income level: the average income has rebounded

From the perspective of the overall trend, 2011−2015 is the stage of high overall return of the industry. Since 2016, with the intensification and reshuffle of the industry competition, affected by the industry policy and external environment, the overall income has declined. In 2020, despite the impact of COVID−19, the average investment income of Chinese capital market reform process rebounded, reaching 15.198,100 yuan / home (Fig. 8).

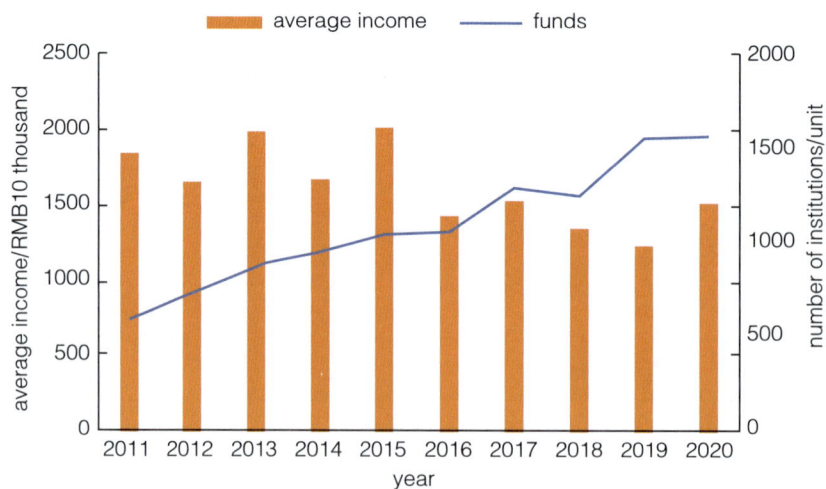

Fig. 8　2011−2020 income trend in investment institutions

(2) Yield rate of industrial investment projects: the capital market reform drives up the return of exit projects

In 2020, with the acceleration of the capital market reform process, the registration system, science and innovation Board, the New Third Board and other systems have been implemented, unimpeded the channels for industry exit. The industry disclosed 1110 exit projects throughout the year, including 214 projects through IPO, accounting for 19.28%, up 2.53 percentage points year on year; merger and acquisition withdrawal accounted for 25.77%; repurchase withdrawal is still the main exit method, accounting for 39.73%.Although due to the impact of COVID-19, the average annual return of investment projects declined significantly to 24.13%, thanks to the high capital market, the overall valuation of the company increased significantly, and the average book return of listing exit still reached 7.18 times, significantly better than 5.75 times in 2019 (Fig. 9).

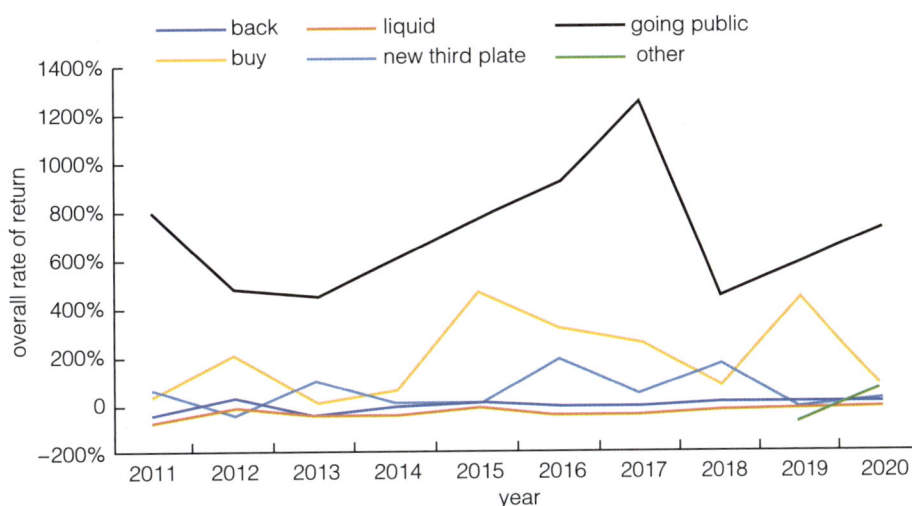

Fig. 9   2011-2020 overall yield of the venture capital exit projects in different channels

(3) Future expectations: industry boom index growth, investment is optimistic about hard technology and biomedicine and other industries

Thanks to the effective prevention and control of COVID-19 in China and the rapid economic recovery, China's venture capital institutions were optimistic about the whole industry in 2020, believing that the proportion of "very good" and "better" institutions in the whole industry reached 36.1%, far higher than 23.1% in 2019.For the industry investment hot expectations of the industry, the most optimistic investment field is still highly related to national policies. The most promising investment areas in the future venture capital industry are mainly concentrated in "computer, communication and other electronic equipment manufacturing" (25.9%) "medicine and biotechnology" (24.4%) "new energy environmental protection industry" (20.2%) "software and network industry" (9.4%) (Fig. 10).Among them, the investment proportion of "medicine and biotechnology" industry declined compared with 2019, while the "new energy and environmental protection industry" and "computer, communication and other electronic equipment manufacturing industry" increased significantly, which may be affected by China's "carbon neutrality, carbon peak" policy, as well as the upgrading of the trade war between China and the United States.

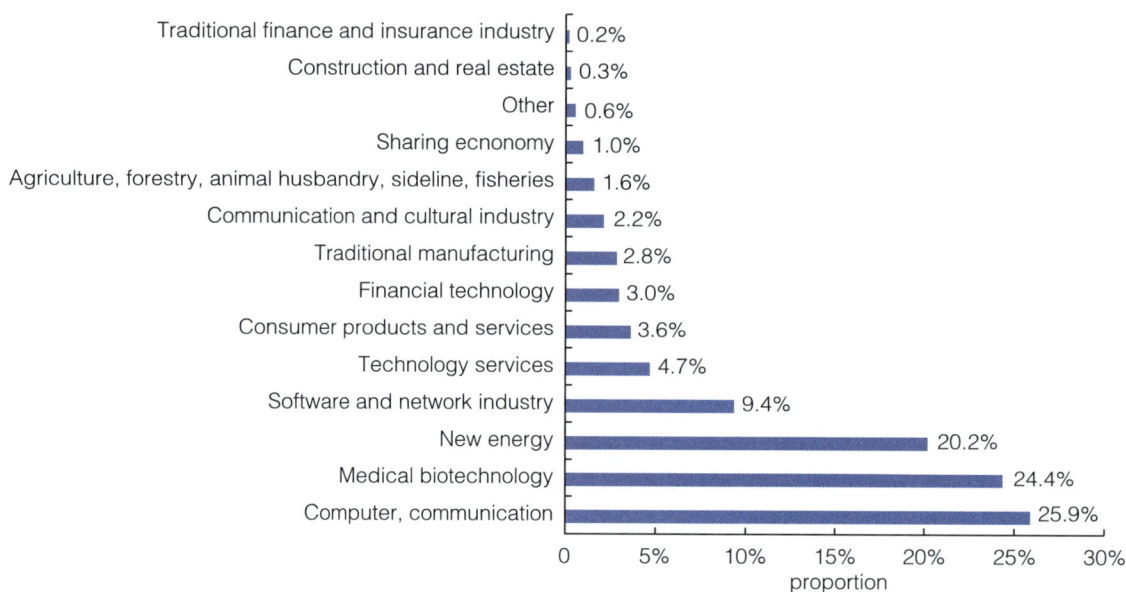

Fig. 10 Most promising investment sector units in 2021

V . Thinking and Suggestions

In recent years, the scale of China's venture capital industry has been growing, and its development is becoming increasingly standardized and mature. It has become an important channel for technology enterprises to obtain direct financing.

(1) The development of the industry still needs to further optimize the external environment and improve the level of internal specialization

In terms of external environment, mainly performance:

First, relevant laws and regulations need to be improved.At present, China has not issued laws in line with the characteristics of the venture capital industry, and relevant regulations have yet to be implemented.In 2016, the State Council issued the *Opinions on Promoting the Sustainable and Healthy Development of Venture Capital* and the State Council issued the *Interim Regulations on the Administration of Private Investment Fund Management* in 2020, which all pointed out that "differentiated supervision" should be implemented in the venture capital industry. However, no relevant guidance and measures have not been issued, and the venture capital industry is still subject to the regulatory framework of general private equity funds, which still makes the "difficult registration" and "difficult capital raising" in the development of the industry. For state–owned venture capital institutions, it is still equivalent to the management of general state–owned enterprises, which still has supervision and assessment, incentive and restraint, project exit and other institutional obstacles. The fund channel is relatively single, and there are still policy obstacles to banking, insurance, social donations and other capital entry into the venture capital industry.

Second, tax incentive measures need to be further implemented. In recent years, the government's tax policies to support the development of venture capital institutions have been continuously improved. In December 2020, the Ministry of Finance and other four ministries and commissions jointly issued *the Notice on the Pilot Enterprise Income Tax Policies for Enterprise Venture Capital Enterprises in Zhong-guancun National Independent Innovation Demonstration Zone*, determining to try out the preferential enterprise income tax policies for enterprise–based venture capital enterprises in Zhong–guancun National Independent Innovation Demonstration Zone. The policy designed for the first time a reverse hook system, the longer the investment period, the less the corporate income tax, and for the first time implemented the tax concept of "penetration principle" in corporate funds. However, the statistical survey in 2020 shows that less than 10% of the enterprises enjoy various preferential tax policies, the implementation of relevant tax policies has not yet been in place, and Zhong–guancun preferential policies are still in the pilot process.

Third, the relevant intermediary service platforms still need to be improved. In recent years, local science and technology financial service platforms have developed rapidly, providing an information platform for venture capital enterprises to seek good projects. The survey shows that 51.7% of venture capital institutions enjoy the "information exchange" policy. However, on the whole, China still has a lack of professional evaluation of scientific and technological achievements and intellectual property evaluation institutions, which prevents many investment projects to accurately identify and value. Some "hot" projects follow the trend and cluster, and constantly raise the valuation of projects. In addition, China–US relations have led to major changes in the external environment, and it is more difficult for overseas investment. It is urgent for the venture capital industry to be familiar with the laws and regulations of overseas investment, listing and talent management, and it is necessary to vigorously develop intermediary service institutions with related businesses.

In terms of internal development, the main performance is:

First, the fund management efficiency is low, the lack of professional talents. Venture capitalists should have interdisciplinary talents with cross-industry theory and rich practical experience, while the vast of talents in China's industry come from financial, financial fields, or technical talents. The survey showed that "technical assessment" and "capital operations" remain the two most lacking capabilities of venture capital personnel, accounting for 21.4% and 18.3%, respectively.

Second, the development of the industry is not standardized, investment early investment small deficiencies. With the rapid development of China's venture capital market, more and more institutional investors and individuals participate in the venture capital market, the strength of large institutions continues to enhance, while some small investment institutions are mixed, constantly exposing some problems. Investment level to umbrella development, some institutions in the name of investment, through the multi-level equity setting, to avoid adverse debt. At the same time, the market is still following the trend phenomenon, the investment in early projects is obviously insufficient. The survey showed that investment in seed and starter projects in 2020 reached its lowest point since 2014.

(2) Future development needs to focus on several aspects

In order to cope with the new challenges of the international pattern, it is suggested to further enhance the mainstay role of state-owned capital, constantly increase the steady investment in key and core technologies, enhance the external financing environment and internal investment capacity of the venture capital market, and promote the healthy and sustainable development of the venture capital industry.

First, we will give full play to the key and core role of state capital and enhance China's strategic scientific and technological strength. We will further optimize the financing system for scientific and technological tasks, give full play to the leverage role of fiscal funds, coordinate various funds targeting key and core technologies, and guide joint investment between financial and private funds. We will accelerate the establishment of a national fund for science and technology innovation, and form a direct investment fund that will long support front-end research and development of key and core technologies. We will further deepen reform of the state-owned venture capital management system, improve incentive and restraint mechanisms that fit the nature of venture capital, and guide private capital to invest more in science-tech start-ps and small and micro businesses.

Second, continue to optimize the market-oriented environment for industry development, and broaden the channels for fund raising and withdrawal. We will promote the implementation of a fault-tolerance mechanism for industry development and implement differentiated regulatory policies. We will formulate relevant access policies and tax incentive policies, and orderly guide enterprises, financial capital under various forms of ownership and social donations into scientific and technological innovation. We will continue to innovate investment models, and promote innovative investment and financing models such as investment and loan linkage and insurance linkage. We will actively implement policies such as "reverse linking", steadily develop the science and innovation board market, set up a IPO green channel for key and core technologies, encourage and support mergers and acquisitions of industrial integration, and continue to improve the environment for market exit.

Third, we will standardize and guide leading institutions to extend the industrial chain and constantly improve the level of investment management in the industry. We will encourage and support large enterprises to open industrial resources and innovation chains, lead innovation consortia, establish open innovation platforms, standardize the development of industries, and invest in the whole industrial chain. We will accelerate the development of a professional intermediary service system, accelerate the construction of a professional talent system in the industry, improve the standardized management and professional operation of venture capital, enhance the capacity of value investment and early investment, and constantly improve investment efficiency. We will promote the development of capital markets, science and technology banks, technology insurance and financial intermediary service systems, including venture capital, and improve the overall efficiency of financial services in scientific and technological innovation.

Fourth, we will actively expand the international market and meet the US scientific and technological challenges. To cope with the competition between the United States and China, it is suggested to actively promote WTO reform, participate in the formulation of a new generation of international investment rules, and strive for a voice in the formulation of new international economic and trade rules. We will accelerate the construction of a high-level free trade zone network, accelerate negotiations on bilateral investment agreements with other countries, and actively guide China's venture capital institutions to make overseas investment. Under the premise of national macro-prudential supervision of foreign exchange, we will open up market access, strive to reach more cooperation consensus with other developed countries, and actively attract domestic investment from foreign investment institutions.

目　录

1 中国创业投资机构与资本 ··· 1

　　1.1 2020 年度调查概述 ·· 1

　　1.2 创业投资机构和管理资本 ···································· 2

　　1.3 创业投资的资本来源 ·· 3

　　1.4 创业投资机构的资本规模及分布 ······························ 5

　　1.5 中国创业投资的总体投资情况 ································ 6

2 中国创业投资的投资分析 ··· 8

　　2.1 中国创业投资行业特征 ······································ 8

　　　　2.1.1 中国创业投资行业分布 ································ 8

　　　　2.1.2 中国创业投资对高新技术产业与传统产业的投资比较 ······ 14

　　2.2 中国创业投资的投资阶段 ···································· 16

　　　　2.2.1 中国创业投资所处阶段总体分布 ······················ 16

　　　　2.2.2 中国创业投资在主要行业投资项目的阶段分布 ·········· 18

　　2.3 中国创业投资的投资强度 ···································· 21

　　　　2.3.1 中国创业投资强度的变化趋势与行业差异 ·············· 21

　　　　2.3.2 中国创业投资机构单项投资规模分布 ·················· 24

　　　　2.3.3 中国创业投资的投资策略（联合投资） ················ 25

　　2.4 中国创业投资的首轮投资与后续投资 ·························· 26

　　2.5 中国创业投资机构持股结构 ·································· 27

　　2.6 中国创业投资项目的平均 R&D 投入 ·························· 29

　　　　2.6.1 中国创业投资行业平均 R&D 投入 ···················· 29

　　　　2.6.2 中国创业投资概念板块平均 R&D 投入 ················ 30

　　　　2.6.3 中国创业投资不同成长阶段的平均 R&D 投入 ·········· 30

3 中国创业投资的退出 ··· 31

3.1 中国创业投资退出的基本情况 ································ 31

3.2 中国创业投资的退出方式 ··································· 33

3.2.1 中国创业投资的主要退出方式 ····················· 33

3.2.2 中国创业投资的 IPO 退出情况 ···················· 34

3.3 中国创业投资退出项目的行业分布 ························ 35

3.4 中国创业投资退出项目的地区分布 ························ 38

3.5 中国创业投资项目的退出绩效 ····························· 39

3.5.1 中国创业投资退出的总体绩效表现 ················· 39

3.5.2 中国创业投资不同退出方式的绩效表现 ············· 41

3.5.3 中国创业投资不同行业退出的绩效表现 ············· 43

4 中国创业投资的绩效 ··· 46

4.1 创业投资机构的收入 ······································· 46

4.1.1 投资机构的收入 ································· 46

4.1.2 投资机构的收入来源结构 ························· 47

4.1.3 投资机构当年最大收入来源 ······················ 48

4.2 创业投资项目的收益情况 ··································· 49

4.2.1 不同规模被投资项目的数量分布 ·················· 49

4.2.2 不同规模被投资项目的平均主营业务收入 ··········· 51

4.3 创业投资项目的总体运行与趋势 ·························· 52

4.3.1 被投资项目总体运行情况 ························· 52

4.3.2 被投资项目总体运行趋势 ························· 52

4.4 创业投资机构的总体运行情况评价 ························ 53

4.4.1 投资机构对全行业发展情况的评价 ················· 53

4.4.2 投资机构的投资前景预测 ························· 54

5 中国创业投资的经营管理 ··· 56

5.1 中国创业投资项目来源 ····································· 56

5.2 中国创业投资决策要素 ····································· 57

5.3 中国创业投资对被投资项目的管理方式 ···················· 58

5.4 与创业投资经营管理有关的人力资源因素 ··················· 60

5.5 投资效果不理想的主要原因 ……………………………………………………… 61

5.6 创业投资机构最看好的投资领域 ………………………………………………… 63

6 中国创业投资区域运行状况 ………………………………………………………… 64

6.1 创业投资机构地区分布 …………………………………………………………… 64

6.2 创业投资管理资本的地区分布 …………………………………………………… 66

6.3 各地区创业投资机构的规模分布 ………………………………………………… 68

6.4 各地区创业投资机构的资本来源 ………………………………………………… 71

6.4.1 按资金来源的机构性质划分 ……………………………………………… 71

6.4.2 按金融资本类型划分 ……………………………………………………… 73

6.5 各地区创业投资的投资特征 ……………………………………………………… 74

6.5.1 不同地区创业投资机构投资项目情况 …………………………………… 74

6.5.2 各地区创业投资的投资强度 ……………………………………………… 78

6.5.3 各地区创业投资机构的项目持股结构 …………………………………… 80

6.5.4 各地区创业投资项目所处阶段 …………………………………………… 82

6.6 各经济区域创业投资活动情况 …………………………………………………… 84

6.6.1 我国创业投资机构投资项目的区域分布 ………………………………… 84

6.6.2 我国不同区域创业投资的投资强度 ……………………………………… 84

6.6.3 我国不同区域创业投资的持股结构 ……………………………………… 85

6.6.4 不同经济区域创业投资项目所处阶段 …………………………………… 86

6.6.5 各经济区域创业投资项目的行业分布 …………………………………… 87

7 外资创业投资机构的运行状况 ……………………………………………………… 91

7.1 外资创业投资项目的行业分布 …………………………………………………… 91

7.2 外资创业投资项目所处阶段 ……………………………………………………… 94

7.3 外资创业投资项目情况 …………………………………………………………… 95

7.4 外资创业投资项目总体运行情况 ………………………………………………… 97

7.5 影响外资创业投资机构投资决策的因素 ………………………………………… 99

7.6 外资创业投资机构获取信息的主要渠道 ………………………………………… 100

7.7 外资创业投资项目的管理模式 …………………………………………………… 101

7.8 与外资创业投资机构经营有关的人力资源因素 ………………………………… 101

7.9 外资创业投资机构对总体发展环境的评价 ……………………………………… 103

8 中国创业投资发展环境 ·· 104

  8.1 中国创业投资机构的政策环境 ·· 104

    8.1.1 中国创业投资机构可以享受的政府扶持政策 ········· 104

    8.1.2 中国创业投资机构享受的主要税收政策及缴税情况 ········· 107

  8.2 中国创业投资机构的政策需求 ·· 108

    8.2.1 中国创业投资机构最希望出台的激励政策 ········· 108

    8.2.2 中国创业投资机构对中小企业政策需求的认知 ········· 109

    8.2.3 新冠肺炎疫情下中国创业投资机构的政策需求 ········· 110

  8.3 中国促进创业投资发展的主要政策 ·· 110

9 中国创业投资引导基金发展情况 ·· 117

  9.1 创业投资引导基金支持创业投资发展概况 ·· 117

  9.2 中国创业投资引导基金投资项目的行业分布 ·· 119

  9.3 中国创业投资引导基金投资项目所处阶段 ·· 123

  9.4 中国创业投资引导基金投资项目运作情况 ·· 125

附 录 ·· 130

  附录 A 2020 年美国创业投资回顾 ·· 130

  附录 B 2020 年欧洲创业投资回顾 ·· 140

  附录 C 2020 年韩国创业投资回顾 ·· 146

  附录 D 国务院办公厅关于进一步做好稳外贸稳外资工作的意见 ·· 151

  附录 E 关于健全支持中小企业发展制度的若干意见 ·· 154

  附录 F 财政部 税务总局 发展改革委 证监会关于中关村国家自主创新示范区公司型创业投资企业有关企业所得税试点政策的通知 ·· 160

  附录 G 上市公司创业投资基金股东减持股份的特别规定 ·· 162

  附录 H 创业板首次公开发行股票注册管理办法（试行） ·· 165

  附录 I 科创板上市公司证券发行注册管理办法（试行） ·· 179

  附录 J 关于加强私募投资基金监管的若干规定 ·· 194

  附录 K 2021 年通过审核的机构清单 ·· 201

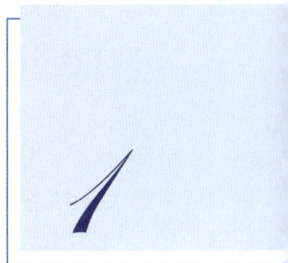

中国创业投资机构与资本

1.1 2020 年度调查概述

2021 年 1–5 月，科技部启动第 19 次全国创业投资年度调查工作，按照国家统计局要求（国统制〔2018〕196 号）和《科技部关于开展 2020 年度科技统计调查工作的通知》（国科发规〔2020〕300 号）的部署，组织了全国 34 个省（区、市）、58 个调查实施机构和 134 名调查员开展全国创业风险投资机构的网上填报工作。本报告所调查的创业投资机构主要包括两类：①创业投资企业（基金），包括政府引导基金。②创业投资管理企业，其受创业投资基金委托，进行投资后管理。创业投资机构的组织形式主要包括公司制、合伙制和契约制。

随着行业的发展与规模的壮大，行业混业经营或者"未实际经营"的企业越来越多，因此，根据创业投资的标准概念，我们统计了为"在营"状态，且有实际投资行为，并以创业投资为主业的企业，剔除以下样本：①行业性和综合性投资公司，如电力投资、工交投资集团及其他投资主业模糊不清的投资类公司等。②以基建、房地产等大建设投资为主业的产业投资基金。③以并购、夹层融资等为主业的私募股权投资基金（PE）。④主要从事担保业务、信托业务的金融机构，但持续地开展了创业投资业务的机构除外。⑤在境外注册设立、在境内仅以办公室形式开展商业活动的私募股权机构。

本项统计调查工作为中央引导地方科技发展专项资金、科技成果转化引导基金申报，以及创业投资年度评奖等工作提供了有效的数据支持，也为我国创业投资业内重要政策的出台提供了有力支撑，成为我国科技金融工作的重要组成部分。

1.2 创业投资机构和管理资本

2018 年《关于规范金融机构资产管理业务的指导意见》实施以来，监管政策限制了各类资金进入创业投资市场，创业投资行业进入募资困难期。特别是 2020 年新冠肺炎疫情爆发，使创业投资机构的募资更为困难。2020 年，中国创业投资机构数达到 3290 家 [①]，较 2019 年增加 296 家，增幅 9.9%。其中，创业投资基金 2192 家，创业投资管理机构 1098 家（表 1-1、图 1-1）。

表 1-1 2011—2020 年中国创业投资机构总量及增量 [②]

年份	2011	2012	2013	2014	2015	2016	2017	2018	2019	2020
现存的创业投资机构 / 家	1096	1183	1408	1551	1775	2045	2296	2800	2994	3290
其中：创业投资基金 / 家	860	942	1095	1167	1311	1421	1589	1931	1916	2192
创业投资管理机构 / 家	236	241	313	384	464	624	707	869	1078	1098
当年新募集基金 [③] / 家	250	204	147	230	283	248	196	252	92	288
创业投资机构增长率 /%	26.4	7.9	19.0	10.2	14.4	15.2	12.3	22.0	6.9	9.9

图 1-1 2011—2020 年中国创业投资机构总量及增量

从单笔募资规模持续走高来看，募集的管理资金规模的增长主要源于部分头部基金的

[①] 为实际存量机构数，主要包括创业投资企业（基金）、创业投资管理企业。该数据已剔除不再经营创业投资业务或注销的机构数。

[②] 由于我国创业投资行业的迅猛发展，基金形态的日趋多样，从 2010 年起，按照国际惯例区分基金和基金管理公司，并对前期数据进行了追溯调整。

[③] 这里仅指创业投资基金，不包括创业投资管理机构。由于创业投资基金每年存在注销现象，所以尽管当年有新募集金，但基金总量出现下滑。

扩张。2020 年全国创业投资管理资本总量达到 11157.5 亿元 [①]，较 2019 年增加 1168.4 亿元，增幅 11.7%；基金平均管理资本规模为 3.39 亿元（表 1-2、图 1-2）。

表 1-2　2011—2020 年中国创业投资管理资本总额及增量

年份	2011	2012	2013	2014	2015	2016	2017	2018	2019	2020
管理资本 / 亿元	3198.0	3312.9	3573.9	5232.4	6653.3	8277.1	8872.5	9179.0	9989.1	11157.5
较上年增长率 / %	32.9	3.6	7.9	46.4	27.2	24.4	7.2	3.5	8.8	11.7
基金平均管理资本规模 / 亿元	3.72	3.52	3.26	4.48	4.66	4.05	3.86	3.28	3.34	3.39

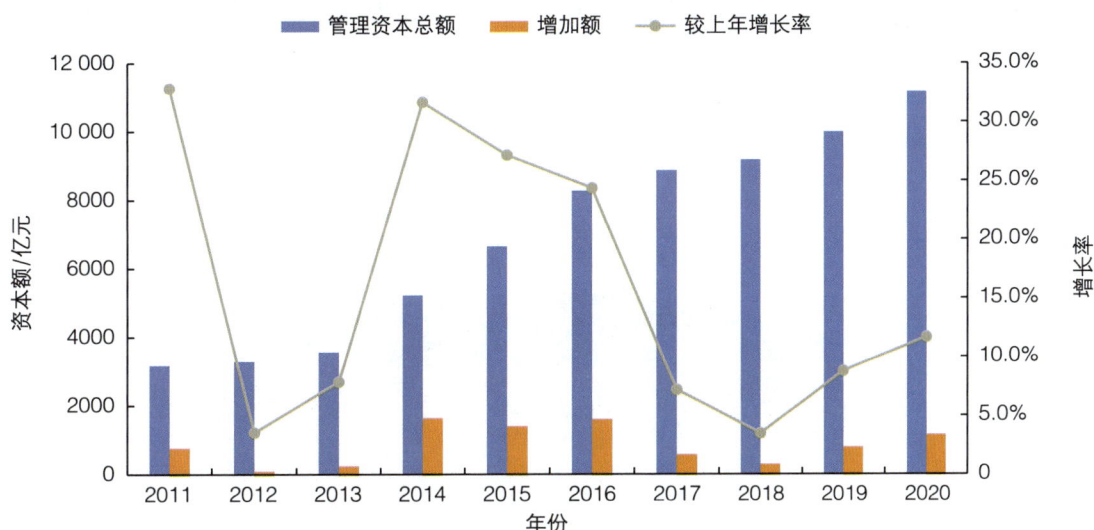

图 1-2　2011—2020 年中国创业投资管理资本总额及增量

1.3　创业投资的资本来源

考虑到不同资本来源属性之间的交叉关系，以及近年来创业投资资金来源日趋多元化的特点，我们采用两个维度对我国创业投资的资本来源进行划分。

第一个维度按照资本来源的机构性质进行分类如下：①政府引导基金；②其他政府财政资金，包括各级政府（包括事业单位）对创业风险资本的直接资金支持；③国有独资投资机构，指国有独资公司直接提供的资金，包括企业和银行等国有金融机构；④混合所有

---

① 我国创业投资的业态不断复杂化，存在大量的资嵌套。因此，在计算管理资本量时，我们对母子基金，以及基金与受托管理公司之间重复的资本量进行了剔除。

制投资机构；⑤民营投资机构投资；⑥高净值个人；⑦境内外资，指通过已在中国大陆境内注册并运作的外商独资（含港、澳、台）和合资合作企业取得的创业投资资本；⑧境外资金，指境外机构获得的创业投资资本；⑨其他资金。

据统计，2020 年中国创业投资的资本构成中，政府引导基金出资占比 10.58%，其他政府财政资金出资占比 16.79%，国有独资投资机构出资占比 23.00%，三者合计占比 50.37%，均较 2019 年大幅提升。高净值个人投资占比 7.39%，较 2019 年略有上升；外资企业占比 0.45%，较 2019 年大幅下滑（表 1–3、图 1–3）。

表 1–3   2019—2020 年中国创业投资资本来源占比（维度一）[①]   单位：%

年份	国有独资投资机构	政府引导基金	其他政府财政资金	民营投资机构	混合所有制投资机构	高净值个人	境外投资机构	境内外资机构	其他
2019	15.12	8.71	7.60	15.77	3.41	6.22	3.23	0.23	39.71
2020	23.00	10.58	16.79	20.57	4.56	7.39	0.22	0.23	16.66

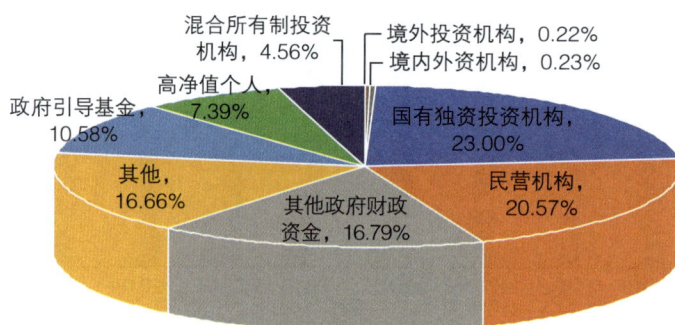

图 1–3   2020 年中国创业投资资本来源占比（维度一）

第二个维度按照资本来源的金融属性划分。2020 年增加了基金的分类，占比达到 27.12%；银行、保险、证券等金融机构资本合计占比仅 3.31%，较 2019 年基本持平。相比而言，非金融资本占比达到 62.88%，较 2019 年大幅上升（表 1–4、图 1–4）。

表 1–4   2019—2020 年中国创业投资资本来源（维度二）[②]   单位：%

年份	非金融资本	其他金融资本	基金	银行	保险公司	证券公司	信托公司
2019	49.65	47.18		1.98	0.35	0.53	0.31
2020	62.88	5.86	27.12	2.54	0.50	0.27	0.83

① 有效样本数为 2093 份。

② 有效样本数为 2093 份。

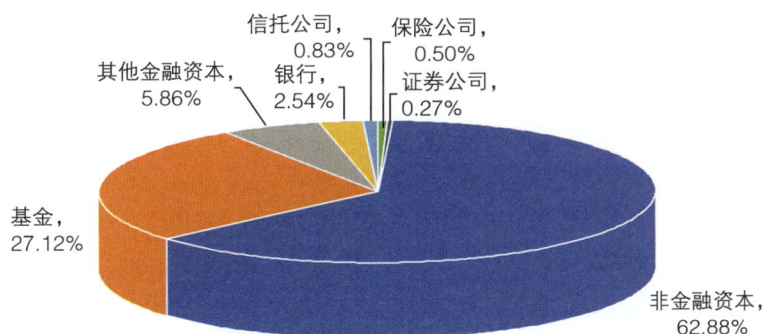

图 1–4　2020 年中国创业投资资本来源占比（维度二）

1.4　创业投资机构的资本规模及分布

总体而言，2020 年创业投资机构管理资金规模的两极效应更加明显，平均管理规模略有上升。从资金分布情况看，管理资金规模在 5000 万元以下的创业投资机构占机构总数的 31.4%，管理资金规模在 5000 万～1 亿元的机构占比为 19.2%，均略有下滑；相比而言，管理资金规模在 1 亿～2 亿元、2 亿～5 亿元，以及在 5 亿元以上的机构占比均略有上升（表 1–5、图 1–5）。

表 1–5　2019—2020 年中国不同规模的创业投资机构分布　　　　　　单位：%

年份	5000 万元以下	5000 万～1 亿元	1 亿～2 亿元	2 亿～5 亿元	5 亿元以上
2019	32.7	20.5	16.2	16.8	13.8
2020	31.5	19.3	16.7	18.0	14.5

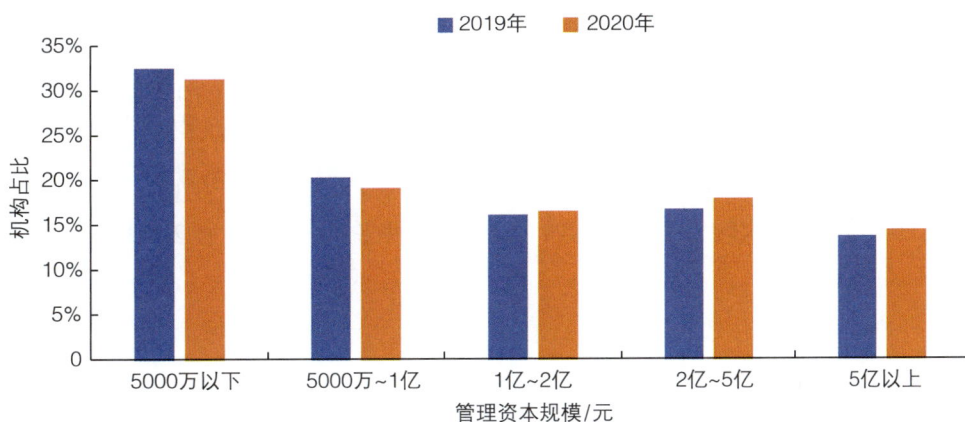

图 1–5　2019—2020 年中国不同规模创业投资机构分布 [①]

———————
① 有效样本数为 4402 份。

按机构的管理资金规模划分，2020 年创业投资机构的管理资本与 2019 年相比继续扩张，管理资本规模在 5 亿元以上的机构占比较 2019 年略有上升，占到了 87.8%；而管理资本规模在 5000 万元以下的机构占比较 2019 年略有下滑（表 1-6、图 1-6）。

表 1-6　2019—2020 年中国不同规模创业投资机构的管理资本分布[①]　　　　单位：%

年份	5000 万元以下	5000 万～1 亿元	1 亿～2 亿元	2 亿～5 亿元	5 亿元以上
2019	1.2	2.5	3.6	7.7	85.0
2020	0.9	1.8	2.9	6.6	87.8

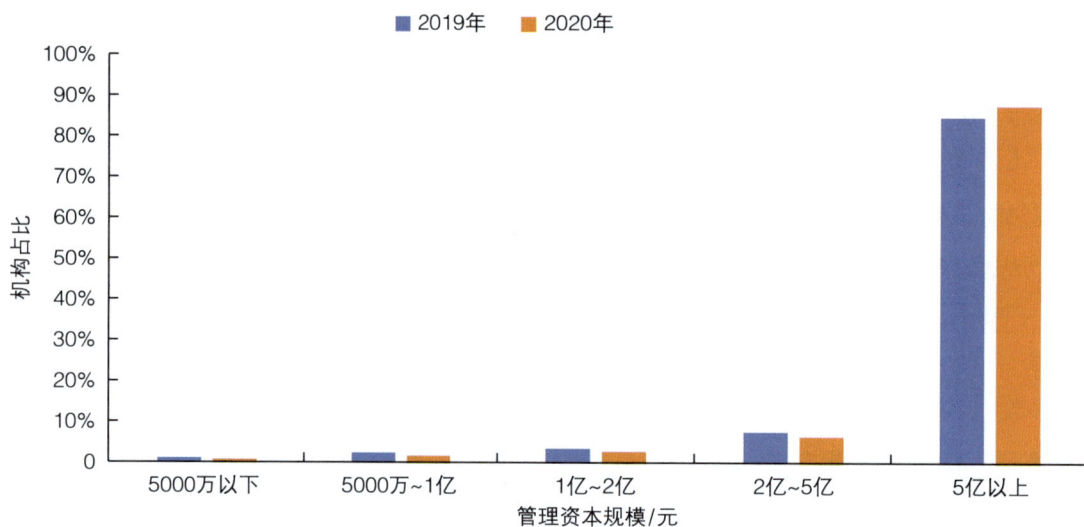

图 1-6　2019—2020 年中国不同规模创业投资机构管理资本分布

1.5　中国创业投资的总体投资情况

2020 年，中国创业投资市场披露的投资项目达到 2734 项，披露项目投资金额为 636.0 亿元，较 2019 年下滑；项目平均投资额为 2326 万元。其中，投资于高新技术企业项目 1035 项，投资金额为 216.6 亿元，均较 2019 年有所上升，项目平均投资额为 2093 万元，与往年基本持平（表 1-7）。

---

① 　有效样本数为 4402 份。

表1-7 2012—2020年中国创业投资机构当年投资情况 [①]

年度	当年投资项目总数 / 项	投资高新技术企业项目数 / 项	当年投资金额 / 亿元	投资高新技术企业项目金额 / 亿元
2012	1903	850	356.0	172.6
2013	1501	590	279.0	109.0
2014	2459	689	374.4	124.8
2015	3423	820	465.6	117.2
2016	2744	634	505.5	92.1
2017	2687	825	845.3	153.8
2018	2740	682	527.2	134.3
2019	3015	921	866.8	186.9
2020	2734	1035	636.0	216.6

截至2020年年底，全国创业投资机构累计投资项目数达到28 145项，累计投资金额6271.8亿元，其中，投资高新技术企业项目数11 235项，投资金额2160.7亿元，占比分别为39.9%和34.5%（表1-8）。

表1-8 2012—2020年中国创业投资累计投资情况 [②]

年度	累计投资项目总数 / 项	投资高新技术企业项目数 / 项	累计投资金额 / 亿元	投资高新技术企业项目金额 / 亿元
2012	11 112	6404	2355.1	1193.1
2013	12 149	6779	2634.1	1302.1
2014	14 118	7330	2933.6	1401.9
2015	17 376	8047	3361.2	1493.1
2016	19 296	8490	3765.2	1566.8
2017	20 674	8851	4310.2	1627.3
2018	22 396	9279	4769.0	1757.2
2019	25 411	10 200	5635.8	1944.1
2020	28 145	11 235	6271.8	2160.7

---

① 有效样本数为2190份。
② 本表格涉及样本数：累计投资样本数为2032份，高新技术企业样本数为1702份，累计投资金额样本数为2031份，投资高新技术企业金额样本数为1697份。

2

中国创业投资的投资分析

2.1 中国创业投资行业特征

2.1.1 中国创业投资行业分布 [①]

　　2020 年，新冠肺炎疫情肆虐，创业投资行业危中有机。从投资情况来看，与 2019 年相比，无论是投资金额还是投资项目数，医药保健行业都是 2020 年的投资热点，占比分别为 14.46% 和 10.67%；半导体行业的投资占比也有所提高，投资金额和投资项目占比分别从 8.53% 和 5.64% 提高到 10.82% 和 9.39%；此外，消费产品和服务行业、软件产业、生物科技的投资金额占比均有所提升。总体而言，与 2019 年相比，2020 年投资项目行业分布较为集中，仅医药保健和半导体两个行业的投资金额和投资项目的占比就达到 25.28% 和 20.06%，较 2019 年分别提高了 8.64 和 5.75 个百分点（表 2-1）。

表 2-1　2019—2020 年创业投资行业分布（按投资金额与投资项目）[②]　　　　单位：%

投资行业	2020 年		2019 年	
	投资金额	投资项目	投资金额	投资项目
医药保健	14.46	10.67	8.11	8.67
半导体	10.82	9.39	8.53	5.64
消费产品和服务	5.89	3.63	2.19	4.10
软件产业	5.49	7.13	3.48	5.11
生物科技	4.91	7.00	3.70	5.59

---

① 有效样本数为 2343 份。

② 表格中数据按 2019 年投资金额排序。表格中将"其他行业"和"其他制造业"统一放在最后。表 2-2、表 2-3 采用相同的处理方式。

投资行业	2020 年		2019 年	
	投资金额	投资项目	投资金额	投资项目
新材料工业	4.68	6.02	6.11	5.37
网络产业	4.30	2.86	6.02	5.77
计算机硬件产业	4.28	3.29	0.84	1.85
社会服务	4.13	1.41	0.57	0.97
IT 服务业	3.96	6.23	3.63	5.06
科技服务	3.47	4.31	3.94	7.79
新能源、高效节能技术	2.94	3.93	7.15	4.14
交通运输仓储和邮政业	2.36	0.47	0.77	0.75
传统制造业	2.27	3.07	8.13	3.30
金融保险业	2.11	2.43	3.87	4.05
通信设备	1.43	2.01	2.15	2.47
光电子与光机电一体化	1.38	2.26	2.29	2.60
环保工程	1.03	1.45	1.77	2.51
传播与文化娱乐	1.01	1.37	5.35	2.51
批发和零售业	0.86	1.02	0.96	1.32
农林牧副渔	0.83	0.90	1.13	0.79
建筑业	0.76	0.81	0.56	0.40
水电煤气	0.25	0.13	0.37	0.22
其他 IT 产业	0.18	0.43	0.48	1.23
采掘业	0.18	0.13	0.15	0.09
核应用技术	0.12	0.09	0.10	0.09
房地产业	0.05	0.13	0.31	0.31
其他行业	8.52	8.79	7.52	7.88
其他制造业	7.35	8.66	8.78	8.63

从历年来的投资金额趋势来看（表 2-2），2020 年的医药保健、半导体、消费产品和服务投资占比排在前 3 位。相较之下，2019 年较受青睐的新能源、高效节能技术，新材料工业，网络产业等产业的投资金额占比下降较为明显。从投资项目来看，医药保健、半导体、软件产业、生物科技、IT 服务业和新材料工业的占比都在 5% 以上，而 2019 年排名比较靠前的科技服务、网络产业的投资项目数量则相对下滑（表 2-3）。

表 2-2　2011—2020 年主要投资领域分布（按投资金额）　　　单位：%

年份	2011	2012	2013	2014	2015	2016	2017	2018	2019	2020
医药保健	3.80	4.85	10.04	7.35	5.37	3.65	8.96	10.79	8.11	14.46
半导体	1.30	1.44	1.40	1.35	0.65	0.96	0.84	3.00	8.53	10.82
消费产品和服务	9.40	6.27	5.00	1.57	2.14	1.43	2.86	2.03	2.19	5.89
软件产业	2.10	2.41	2.02	7.37	7.54	9.58	2.16	5.70	3.48	5.49
生物科技	3.90	2.80	2.27	3.68	2.13	1.89	8.04	4.48	3.70	4.91
新材料工业	8.70	7.81	7.13	3.72	5.66	3.36	1.91	3.78	6.11	4.68
网络产业	2.50	2.05	1.90	4.02	5.07	34.03	1.95	5.13	6.02	4.30
计算机硬件产业	0.70	1.10	0.68	4.15	1.65	1.27	0.84	2.26	0.84	4.28
社会服务	0.70	1.09	1.86	2.36	3.42	0.90	2.70	4.19	0.57	4.13
IT 服务业	2.80	3.14	3.58	3.00	3.03	3.30	2.68	9.54	3.63	3.96
科技服务	1.60	1.64	1.02	2.18	1.76	1.61	1.33	2.91	3.94	3.47
新能源、高效节能技术	6.20	7.19	8.69	2.94	2.95	1.97	2.02	5.23	7.15	2.94
交通运输仓储和邮政业	1.40	0.35	2.57	0.18	1.86	1.60	0.89	0.68	0.77	2.36
传统制造业	7.70	10.10	7.19	7.64	3.77	1.99	3.99	5.79	8.13	2.27
金融保险业	2.40	5.42	10.12	2.86	5.71	6.97	5.12	3.60	3.87	2.11
通信设备	2.80	3.63	3.11	13.76	18.59	0.95	0.67	1.19	2.15	1.43
光电子与光机电一体化	3.30	3.49	4.62	1.89	0.85	0.85	0.80	1.79	2.29	1.38
环保工程	2.60	2.81	2.89	2.83	2.31	1.47	1.78	1.80	1.77	1.03
传播与文化娱乐	2.20	6.35	6.16	5.44	5.50	3.02	1.85	2.66	5.35	1.01
批发和零售业	1.20	0.85	0.50	3.82	1.24	0.43	0.47	1.65	0.96	0.86
农林牧副渔	4.10	6.07	6.33	2.00	1.94	0.96	2.37	0.97	1.13	0.83
建筑业	1.60	1.94	1.32	0.62	0.76	1.98	14.37	0.63	0.56	0.76
水电煤气	0.10	0.29	0.25	0.44	0.46	0.24	0.26	0.08	0.37	0.25
其他 IT 产业	1.50	1.68	0.36	1.02	0.48	0.64	0.32	3.47	0.48	0.18
采掘业	0.60	1.30	0.51	0.00	0.06	0.01	20.19	0.38	0.15	0.18
核应用技术	0.40	0.24	0.17	0.06	0.08	0.04	0.01	0.01	0.10	0.12
房地产业	4.90	1.24	0.21	1.99	0.94	0.37	0.14	0.78	0.31	0.05
其他行业	11.20	7.62	2.65	8.45	10.41	12.90	7.52	9.40	7.52	8.52
其他制造业	8.20	4.83	5.30	3.31	3.67	1.65	2.97	6.09	8.78	7.35

表 2-3 2011—2020 年主要投资领域分布（按投资项目）　　　　单位：%

年份	2011	2012	2013	2014	2015	2016	2017	2018	2019	2020
医药保健	4.40	6.18	9.99	5.28	4.05	5.44	6.09	7.38	8.67	10.67
半导体	1.70	1.44	2.51	1.78	1.16	1.30	3.09	3.49	5.64	9.39
软件产业	3.50	3.12	5.32	9.40	7.41	7.58	7.18	6.79	5.11	7.13
生物科技	3.30	4.80	4.17	4.11	3.47	4.37	5.26	5.61	5.59	7.00
IT 服务业	4.10	3.42	4.17	5.67	5.75	6.70	5.13	8.78	5.06	6.23
新材料工业	9.50	8.76	7.61	5.93	5.48	5.53	4.39	4.35	5.37	6.02
科技服务	1.80	2.58	1.94	2.60	3.05	4.51	5.35	4.53	7.79	4.31
新能源、高效节能技术	6.00	7.20	6.75	4.16	4.17	3.77	3.74	3.89	4.14	3.93
消费产品和服务	7.20	3.54	3.45	2.56	2.66	3.07	4.92	3.76	4.10	3.63
计算机硬件产业	1.30	1.50	1.22	1.69	1.81	1.91	2.39	2.58	1.85	3.29
传统制造业	8.00	8.82	6.03	4.98	4.44	3.58	4.70	4.21	3.30	3.07
网络产业	3.20	2.82	3.74	8.88	10.61	11.35	4.52	5.30	5.77	2.86
金融保险业	2.00	4.20	6.54	3.59	5.17	3.12	3.48	2.85	4.05	2.43
光电子与光机电一体化	4.60	3.78	4.89	2.86	2.05	2.14	1.74	2.04	2.60	2.26
通信设备	3.20	3.72	3.16	8.32	5.79	2.00	1.48	2.04	2.47	2.01
环保工程	3.20	3.06	3.95	3.03	3.09	3.12	3.39	1.86	2.51	1.45
社会服务	1.30	2.34	1.87	1.65	3.09	1.95	1.87	3.21	0.97	1.41
传播与文化娱乐	2.40	5.28	5.24	3.81	4.32	5.26	5.13	3.89	2.51	1.37
批发和零售业	1.20	0.72	0.36	1.86	1.08	0.70	1.44	1.90	1.32	1.02
农林牧副渔	4.80	4.74	3.66	2.73	2.01	1.91	1.78	1.22	0.79	0.90
建筑业	1.80	1.62	1.22	0.56	0.58	0.56	1.39	0.59	0.40	0.81
交通运输仓储和邮政业	0.80	0.24	1.15	0.17	0.89	0.88	1.39	0.91	0.75	0.47
其他 IT 产业	2.40	1.92	1.01	1.60	1.04	1.02	1.44	2.76	1.23	0.43
采掘业	0.70	0.48	0.57	0.04	0.04	0.09	0.43	0.09	0.09	0.13
房地产业	0.30	0.54	0.29	0.22	0.35	0.23	0.22	0.36	0.31	0.13
水电煤气	0.10	0.42	0.29	0.22	0.31	0.05	0.30	0.09	0.22	0.13
核应用技术	0.50	0.48	0.29	0.04	0.04	0.09	0.09	0.05	0.09	0.09
其他行业	8.40	7.26	3.74	8.14	10.85	13.67	10.44	9.01	7.88	8.79
其他制造业	8.30	4.98	4.67	4.11	5.25	4.09	7.22	6.47	8.63	8.66

按行业大类统计，医药生物业，计算机、通信和其他电子设备制造业，信息传输、软件和信息服务业成为 2020 年的投资热门行业。其中，医药生物业和计算机、通信和其他电子设备制造业无论是投资金额还是投资项目占比都较 2019 年有明显提高，这可能与 2020 年新冠肺炎疫情所引发的一系列影响有关。一方面，新冠肺炎疫情让投资者意识到卫生、医疗及健康的重要性；另一方面，社交距离及居家办公等限制人们出行的政策让计算机、软件等相关产业再一次受到投资人追捧（表 2-4）。

表 2-4　2019—2020 年主要投资领域分布[①]　　　　　　单位：%

代码	行业划分		2020 年		2019 年	
			投资金额	投资项目	投资金额	投资项目
C9	新能源和环保业	核应用技术	8.77	11.54	15.13	12.11
		环保工程				
		新材料工业				
		新能源、高效节能技术				
C7	计算机、通信和其他电子设备制造业	半导体	17.91	16.94	13.81	12.56
		光电子与光机电一体化				
		计算机硬件产业				
		通信设备				
I	信息传输、软件和信息服务业	IT 服务业	13.93	16.59	13.61	17.17
		其他 IT 产业				
		软件产业				
		网络产业				
C8	医药生物业	生物科技	19.37	17.66	11.81	14.26
		医药保健				
C12	其他制造业		7.35	8.63	8.78	8.63
CA	传统制造业		2.27	3.06	8.13	3.3
O	其他行业		8.82	8.89	7.54	7.88
N	传播与文化娱乐		1.01	1.36	5.35	2.51
J	金融保险业		2.11	2.42	3.87	4.05

① 表格中 2020 年有效样本数为 2351。

2020 年，针对概念板块的投资情况进行统计后发现[1]，人工智能、物联网与大数据、绿色经济仍然是投资机构关注的热门概念板块[2]（表 2-5）。与 2019 年相比，无论是投资项目还是投资金额，人工智能超过物联网与大数据，成为 2020 年投资机构最为关注的概念板块。但总体而言，相较于 2018 年和 2019 年，投资机构对所列热门板块的投资都略有下降。其中，共享经济 2020 年投资金额有所回升（图 2-1、图 2-2）。

表 2-5　2020 年创业投资项目的概念板块分布（投资金额与投资项目）　　单位：%

概念板块	投资金额	投资项目
人工智能	7.22	11.46
物联网与大数据	6.55	9.78
绿色经济	4.10	4.99
共享经济	4.06	0.52
金融科技	3.32	2.40
一二三产融合	1.50	2.07
互联网教育	0.44	1.23
扶贫	0.05	0.06
其他	72.76	67.49

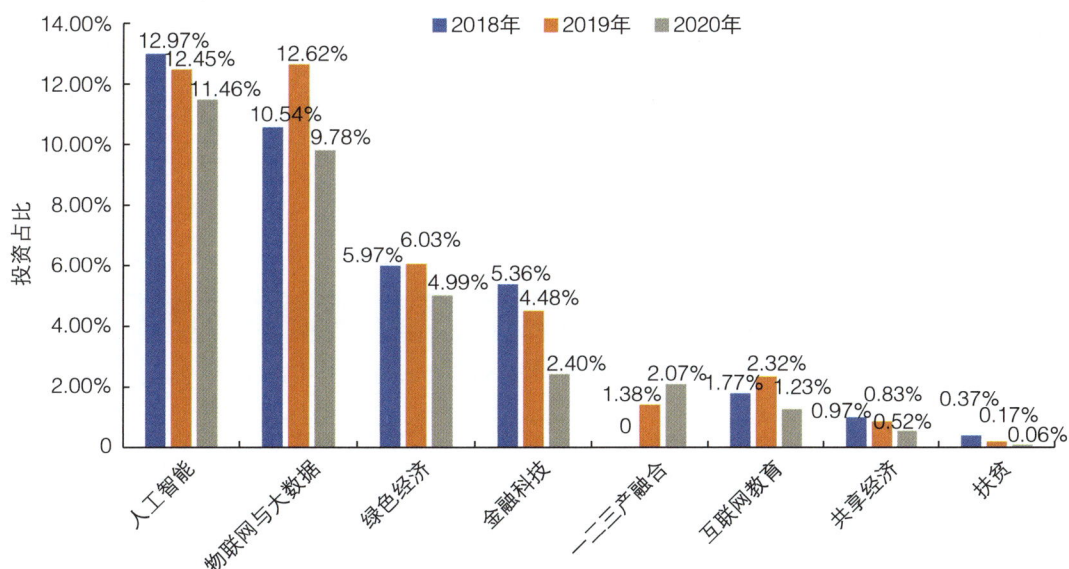

图 2-1　2018—2020 年创业投资概念板块分布（按投资项目）

---

[1]　近年来，由于新技术的出现，许多行业已经难以再采用传统的行业分类方式进行划分。比如，金融科技产业可能部分属于网络产业，部分属于金融保险行业，而人工智能产业则可能分布于多个领域内。因此，从 2017 年调查起，我们除了按照传统的行业进行行业划分统计，另采用了概念板块进行投资分布统计。
[2]　有效样本数为 1544 份。

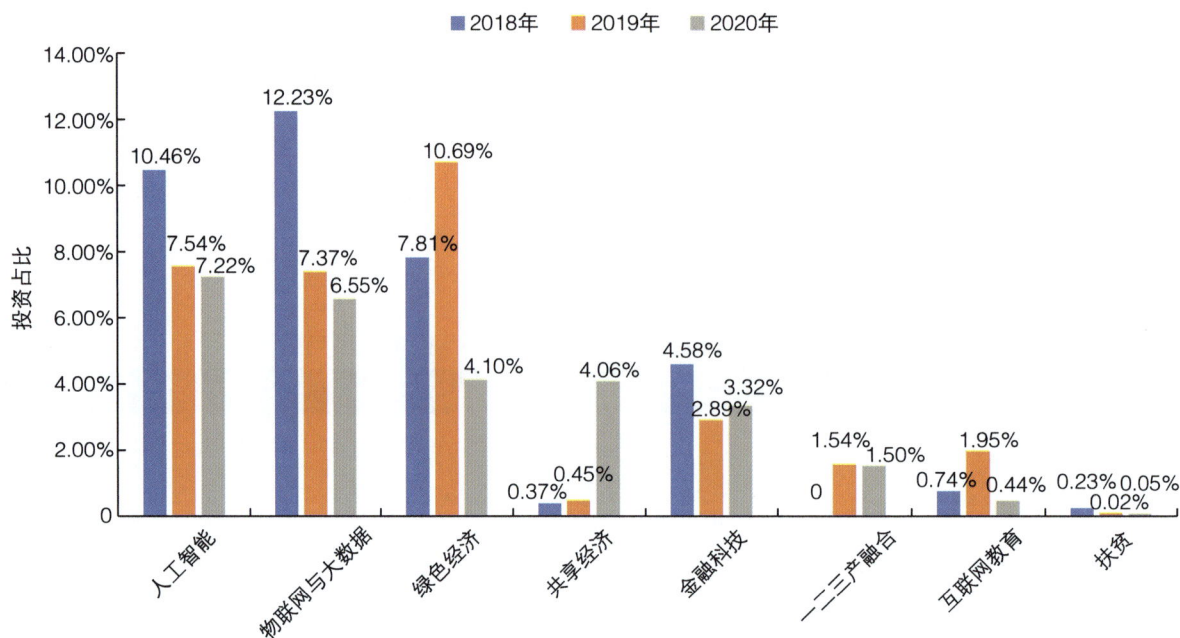

图 2-2　2018—2020 年创业投资概念板块分布（按投资金额）

2.1.2　中国创业投资对高新技术产业与传统产业的投资比较 [①]

2020 年，创业投资机构的投资重点仍然聚焦在高新技术产业。从投资金额看，高新技术产业投资占比较 2019 年有所上升，从 58.50% 上升至 63.60%，且与传统产业投资占比差距进一步拉大，从 2019 年的 17.0 个百分点上升到 2020 年的 27.2 个百分点。从投资项目看，2020 年高新技术产业投资占比连续 3 年呈上升情况，与传统产业投资占比的差距也进一步拉大（表 2-6、图 2-3、表 2-7、图 2-4）。

表 2-6　2011—2020 年创业投资金额行业分布　　　　　　　　　　单位：%

年份	2011	2012	2013	2014	2015	2016	2017	2018	2019	2020
高新技术产业	44.90	47.60	50.40	59.30	58.20	65.60	54.50	61.50	58.50	63.60
传统产业	55.10	52.40	49.60	40.70	41.80	34.40	45.50	38.50	41.50	36.40

---

① 有效样本数：高新技术产业项目样本数为 1582 份；传统产业项目样本数为 772 份。

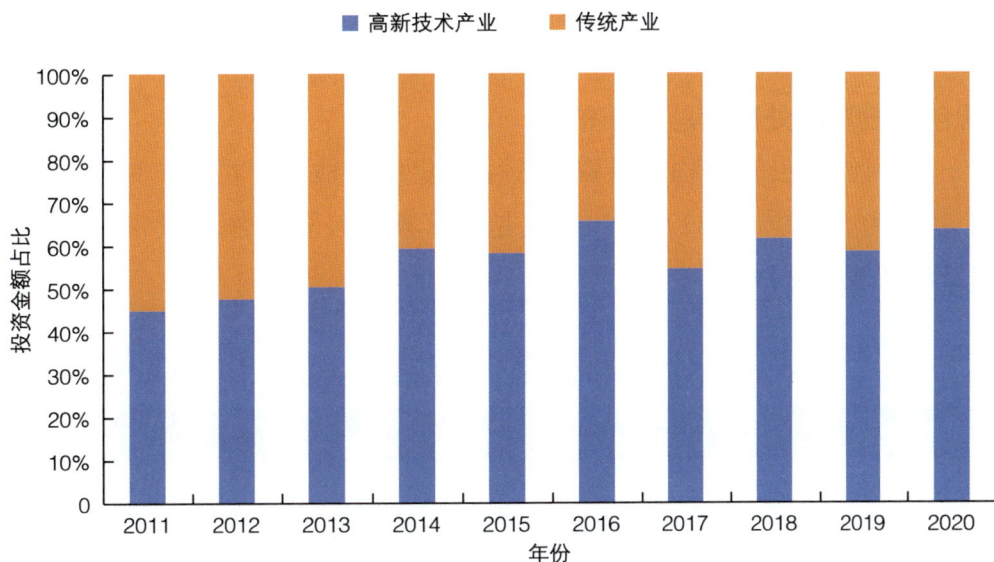

图 2-3　2011—2020 年投资金额行业分布

表 2-7　2011—2020 年投资项目行业分布　　　　　　　　　单位：%

年份	2011	2012	2013	2014	2015	2016	2017	2018	2019	2020
高新技术产业	53.40	55.30	61.30	65.40	59.00	60.90	55.70	61.50	64.00	67.20
传统产业	46.60	44.70	38.70	34.60	41.00	39.10	44.30	38.50	36.00	32.80

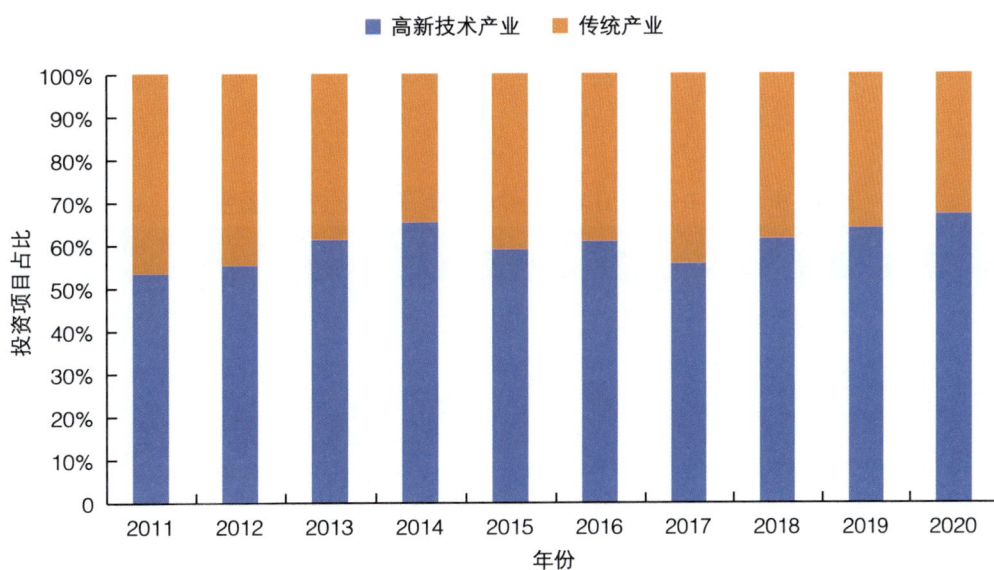

图 2-4　2011—2020 年投资项目行业分布

2.2 中国创业投资的投资阶段

2.2.1 中国创业投资所处阶段总体分布 [①]

2020 年，中国创业投资机构的投资阶段主要集中在成长（扩张）期，投资金额和投资项目占比分别为 54.87% 和 42.60%，其次是起步期，投资金额和投资项目占比分别为 24.11%、31.90%（表 2-8）。

表 2-8　2020 年投资所处阶段分布（按投资金额与投资项目） 单位：%

成长阶段	投资金额	投资项目
种子期	9.22	18.40
起步期	24.11	31.90
成长（扩张）期	54.87	42.60
成熟（过渡）期	11.58	6.70
重建期	0.22	0.40

2020 年，投资阶段整体后移，投资于种子期、起步期的金额较 2019 年相比大幅下降，二者累计下降了 17.04 个百分点，而投资于成长（扩张）期的金额为近 5 年来最高值。从投资项目看，投资于种子期和起步期的项目也少于 2019 年，二者累计下降了 11.14 个百分点，投资于成长（扩张）期的项目较 2019 年上升了 10.39 个百分点（表 2-9、图 2-5、表 2-10、图 2-6）。

表 2-9　2011—2020 年投资所处阶段分布（按投资金额） 单位：%

年份	2011	2012	2013	2014	2015	2016	2017	2018	2019	2020
种子期	4.30	6.55	12.22	5.63	8.11	4.33	4.54	10.94	15.57	9.22
起步期	14.80	19.32	22.38	25.23	21.53	30.30	20.76	32.96	34.80	24.11
成长（扩张）期	55.00	52.00	41.42	59.04	54.40	38.50	44.66	44.61	35.68	54.87
成熟（过渡）期	22.30	21.56	22.82	10.05	15.24	26.31	29.86	10.42	13.71	11.58
重建期	3.60	0.57	1.16	0.05	0.72	0.55	0.17	1.07	0.24	0.22

---

① 有效样本数为 2264 份。

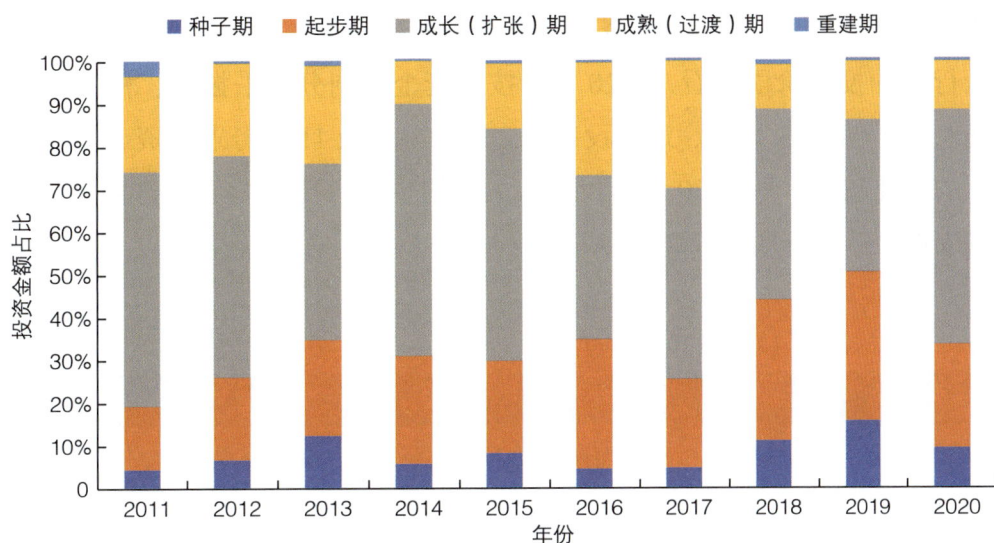

图 2-5　2011—2020 年投资所处阶段分布（按投资金额）

表 2-10　2011—2020 年投资所处阶段分布（按投资项目）　单位：%

年份	2011	2012	2013	2014	2015	2016	2017	2018	2019	2020
种子期	9.70	12.33	18.36	20.76	18.22	19.62	17.77	24.07	22.22	18.51
起步期	22.70	28.66	32.46	36.55	35.55	38.92	39.51	40.32	39.43	32.00
成长（扩张）期	48.30	44.98	38.21	35.94	40.15	35.00	36.22	29.46	32.04	42.43
成熟（过渡）期	16.70	13.24	10.00	6.49	5.41	5.71	5.91	5.36	6.04	6.70
重建期	2.60	0.79	0.97	0.26	0.66	0.75	0.59	0.79	0.27	0.36

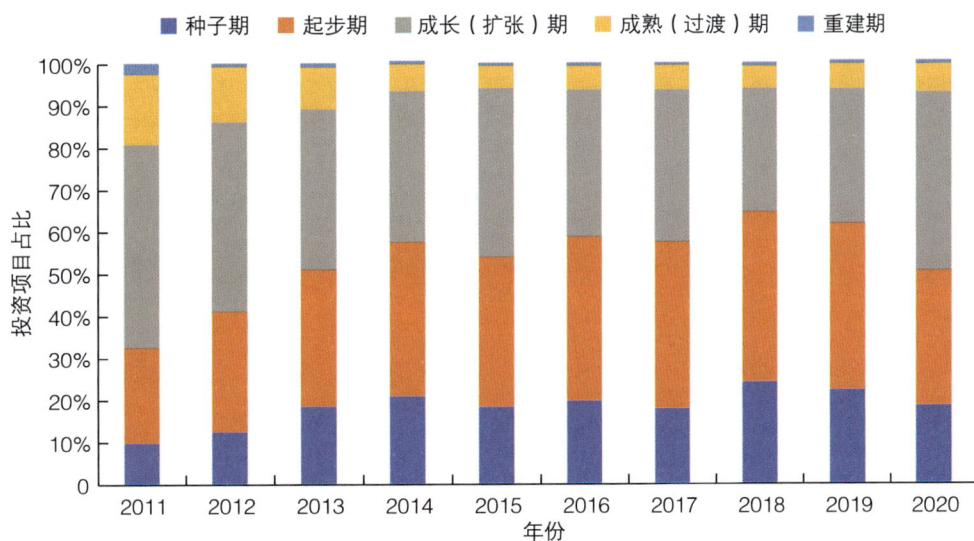

图 2-6　2011—2020 年投资所处阶段分布（按投资项目）

2.2.2 中国创业投资在主要行业投资项目的阶段分布

从各个行业的投资阶段来看，2020 年，按投资金额划分，采掘业、科技服务、批发和零售业、其他 IT 产业、半导体、通信设备、金融保险业及 IT 服务业投资于早前期（种子期和起步期）的占比较多，而 2020 年受投资人关注的生物科技和医药保健两个行业，多数资金都投入在成长（扩张）期（表 2-11）。

表 2-11　2020 年主要行业投资阶段分布（按投资金额）[①] 单位：%

投资行业	种子期	起步期	成长（扩张）期	成熟（过渡）期	重建期
采掘业	52.97	21.19	25.85	0.00	0.00
科技服务	37.50	15.05	42.09	5.37	0.00
批发和零售业	24.92	3.09	39.37	32.61	0.00
其他 IT 产业	24.74	36.98	38.29	0.00	0.00
半导体	17.70	28.33	38.30	15.46	0.20
通信设备	17.34	37.15	30.50	15.01	0.00
金融保险业	17.33	21.76	34.41	26.50	0.00
IT 服务业	8.38	24.81	62.15	3.68	0.98
其他制造业	8.29	18.69	65.74	7.28	0.00
软件产业	7.23	28.74	52.94	10.45	0.63
消费产品和服务	7.11	10.75	62.25	19.88	0.00
生物科技	7.05	39.07	48.81	5.06	0.00
其他行业	7.04	54.24	28.83	9.89	0.00
环保工程	6.58	45.02	48.40	0.00	0.00
医药保健	5.86	12.96	69.13	12.06	0.00
光电子与光机电一体化	5.83	25.25	67.59	1.33	0.00
新能源、高效节能技术	5.39	34.45	49.48	9.46	1.23
社会服务	5.30	8.28	41.98	44.44	0.00
网络产业	5.15	6.79	86.05	1.41	0.60
新材料工业	5.09	28.16	54.54	12.21	0.00
计算机硬件产业	4.55	6.33	82.26	6.86	0.00

[①] 有效样本数为 2250 份。表格按种子期占比由高到低排序，表 2-12、表 2-13、表 2-14 同。

投资行业	种子期	起步期	成长（扩张）期	成熟（过渡）期	重建期
传播与文化娱乐	4.35	47.94	44.95	2.76	0.00
传统制造业	3.67	26.51	61.61	8.21	0.00
农林牧副渔	1.57	18.96	77.22	0.00	2.25
建筑业	1.06	9.83	79.29	9.83	0.00
水电煤气	0.00	0.00	100.00	0.00	0.00
交通运输仓储和邮政业	0.00	12.76	83.93	3.32	0.00
房地产业	0.00	3.40	35.40	0.00	61.20
核应用技术	0.00	0.00	100.00	0.00	0.00

从投资项目看，调查中所涉及的 29 个行业中，共有 13 个行业投资早前期的项目占比超过 50%，较 2019 年有所下降，可见 2020 年更多的投资机构注重投资的稳健性（表 2-12）。

表 2-12　2020 年主要行业投资阶段分布（按投资项目）[①]　　　　单位：%

投资行业	种子期	起步期	成长（扩张）期	成熟（过渡）期	重建期
其他 IT 产业	50.00	20.00	30.00	0.00	0.00
金融保险业	35.85	33.96	20.75	9.43	0.00
网络产业	34.85	18.18	42.42	3.03	1.52
社会服务	33.33	16.67	30.00	20.00	0.00
采掘业	33.33	33.33	33.33	0.00	0.00
传播与文化娱乐	28.13	43.75	25.00	3.13	0.00
其他行业	25.73	35.44	31.55	7.28	0.00
IT 服务业	23.78	32.17	40.56	2.80	0.70
通信设备	21.28	36.17	31.91	10.64	0.00
科技服务	20.88	41.76	32.97	4.40	0.00
消费产品和服务	20.73	24.39	45.12	9.76	0.00
软件产业	19.25	46.58	29.81	3.73	0.62
医药保健	17.72	24.47	51.48	6.33	0.00
批发和零售业	17.39	30.43	39.13	13.04	0.00
环保工程	17.14	31.43	51.43	0.00	0.00

---

① 有效样本数为 2354 份。

续表

投资行业	种子期	起步期	成长（扩张）期	成熟（过渡）期	重建期
计算机硬件产业	16.67	19.44	55.56	8.33	0.00
建筑业	15.79	10.53	68.42	5.26	0.00
新能源、高效节能技术	15.29	23.53	42.35	16.47	2.35
光电子与光机电一体化	15.09	33.96	49.06	1.89	0.00
农林牧副渔	14.29	23.81	57.14	0.00	4.76
生物科技	14.01	45.86	35.67	4.46	0.00
半导体	13.21	34.91	42.45	8.96	0.47
其他制造业	12.06	28.64	53.77	5.53	0.00
新材料工业	8.21	27.61	55.22	8.96	0.00
传统制造业	6.56	27.87	57.38	8.20	0.00
交通运输仓储和邮政业	0.00	50.00	40.00	10.00	0.00
核应用技术	0.00	0.00	100.00	0.00	0.00
水电煤气	0.00	0.00	100.00	0.00	0.00
房地产业	0.00	33.33	33.33	0.00	33.33

按照投资的概念板块划分，从投资金额看，2020 年互联网教育、一二三产融合、金融科技及人工智能的早前期投资累计占比都超过了 50%，而绿色经济、共享经济两个概念板块的投资金额则主要分配在了成长（扩张）期（表 2–13）。

表 2–13　2020 年概念板块投资阶段分布（按投资金额）[①]　　　单位：%

概念板块	种子期	起步期	成长（扩张）期	成熟（过渡）期	重建期
互联网教育	23.72	26.90	49.38	0.00	0.00
一二三产融合	21.23	30.96	45.29	2.52	0.00
金融科技	18.67	36.08	25.09	20.16	0.00
其他	15.15	26.81	45.73	12.16	0.15
物联网与大数据	9.78	23.10	46.80	18.49	1.83
绿色经济	9.31	12.35	64.04	11.66	2.63
人工智能	9.31	41.55	31.24	16.91	0.99
共享经济	0.08	13.13	86.79	0.00	0.00
扶贫	0.00	100.00	0.00	0.00	0.00

---

① 有效样本数为 1665 份。

从投资项目看，2020 年除绿色经济外，其他概念板块的投资项目投资于早前期的占比都累计超过 50%，其中共享经济投资项目累计占比为 87.50%，而绿色经济投资于早前期和成长期的占比则较为平均，分别是 42.11% 和 46.05%（表 2-14）。

表 2-14　2020 年概念板块投资阶段分布（按投资项目）[①]　　　　　单位：%

概念板块	种子期	起步期	成长（扩张）期	成熟（过渡）期	重建期
一二三产融合	38.71	29.03	29.03	3.23	0.00
共享经济	37.50	50.00	12.50	0.00	0.00
互联网教育	36.84	31.58	31.58	0.00	0.00
绿色经济	25.00	17.11	46.05	7.89	3.95
人工智能	24.14	45.40	24.71	5.17	0.57
物联网与大数据	22.82	33.56	34.90	7.38	1.34
金融科技	21.62	37.84	32.43	8.11	0.00
其他	20.95	31.72	39.72	7.41	0.20
扶贫	0.00	100.00	0.00	0.00	0.00

2.3　中国创业投资的投资强度

2.3.1　中国创业投资强度的变化趋势与行业差异[②]

数据显示，我国创业投资强度自 1995 年以来总体呈上升趋势，到 2011 年达到顶峰，此后逐年下滑，2016 年到达谷底后 2017 年开始出现探底回升。2020 年继续延续上升趋势，投资强度从 2019 年的 1232.26 万元 / 项提升到了 1426.36 万元 / 项（表 2-15、图 2-7）。

表 2-15　2011—2020 年创业投资强度　　　　　单位：万元 / 项

年份	2011	2012	2013	2014	2015	2016	2017	2018	2019	2020
投资强度	1550.53	1322.66	1282.12	1129.53	1089.26	1014.76	1085.55	1222.06	1232.26	1426.36

---

① 有效样本数为 1712 份。

② 有效样本数为 2291 份。

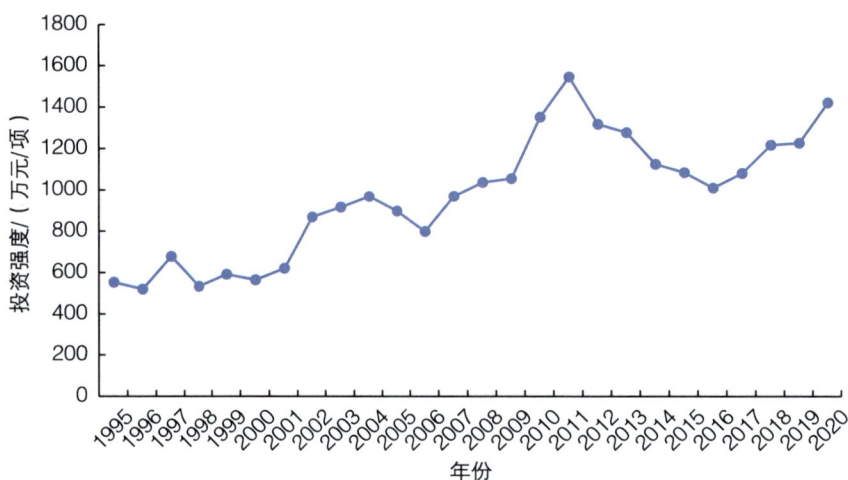

图 2-7　1995—2020 年创业投资强度

按行业划分 ①，2020 年投资强度较高的项目为核应用技术和采掘业，尽管医药保健是创业投资机构最重视的行业，但投资强度却低于核应用技术和采掘业（表 2-16、图 2-8）。

表 2-16　2011—2020 年不同行业投资强度　　　　　　　　　　　单位：万元 / 项

年份	2011	2012	2013	2014	2015	2016	2017	2018	2019	2020
核应用技术	1517.3	757.4	1008.3	2500.0	4000.0	1176.0	352.5	180.0	2600.0	3263.0
采掘业	1184.3	2130.4	1537.8	200.0	3002.0	290.0	1968.4	6000.0	3750.0	3146.7
医药保健	1444.5	1144.5	1351.0	1429.6	1190.4	1212.9	1321.3	1805.7	1445.9	1772.6
半导体	1608.3	1312.6	963.9	1322.8	856.4	1064.9	892.6	1133.0	1399.6	1666.7
消费产品和服务	2102.0	2036.9	1712.8	1053.3	1260.2	781.0	877.3	833.2	889.6	1654.3
通信设备	1791.6	1439.3	1704.3	1540.4	1268.5	1200.5	948.5	899.0	1100.2	1633.5
计算机硬件产业	1117.0	799.6	581.5	1225.9	1067.8	908.0	991.1	1294.7	1002.2	1599.1
传统制造业	1754.9	1390.3	1409.1	1032.4	1115.1	1122.4	1356.7	1239.2	1593.7	1586.8
生物科技	1369.0	904.5	960.5	1059.2	1130.9	1091.2	1110.0	1227.1	1249.8	1534.1
其他制造业	1825.3	1483.5	959.4	1181.2	1107.6	921.1	1031.7	999.4	1291.4	1522.5
新材料工业	1639.7	1224.5	1444.0	1006.4	1416.6	1033.1	1194.9	1176.0	1280.6	1510.3
建筑业	1466.7	1834.0	1989.3	1346.9	1181.1	700.3	1809.1	1644.5	1244.4	1433.2
社会服务	1150.3	728.5	1370.1	1147.2	752.7	771.4	977.3	1058.3	885.6	1410.6
新能源、高效节能技术	1647.8	1373.0	1420.2	1059.4	1054.3	1089.9	1430.0	1390.4	1204.5	1352.9
批发和零售业	1642.8	1810.3	2410.0	1638.7	947.8	1075.6	1069.3	762.8	1063.6	1292.3
环保工程	1368.9	1402.3	1268.6	1559.3	1311.4	1184.6	1291.8	846.1	947.2	1290.7

---

① 有效样本数为 2291 份。

年份	2011	2012	2013	2014	2015	2016	2017	2018	2019	2020
其他行业	1628.9	1110.4	1075.7	1400.5	1156.7	1179.8	1204.1	1135.0	962.4	1240.4
金融保险业	977.6	1653.0	1885.6	929.0	1216.9	1469.1	931.3	1166.4	1579.4	1235.5
科技服务	1391.7	842.4	944.0	903.1	854.1	708.9	709.2	990.5	1036.7	1227.9
IT 服务业	1208.5	1216.5	963.0	843.4	895.5	854.1	1005.4	1064.5	1087.3	1209.3
光电子与光机电一体化	1420.0	1288.3	1294.2	863.4	769.8	708.2	1290.4	1113.1	1353.7	1190.2
交通运输仓储和邮政业	2163.9	2244.7	1432.4	1762.5	1633.9	1148.4	1198.3	825.9	1032.4	1084.3
网络产业	1487.4	1028.8	721.0	742.8	794.4	1007.9	891.1	1022.3	772.4	1070.7
软件产业	976.3	1029.8	677.8	945.0	907.7	751.3	939.7	1031.6	1063.0	1062.4
其他 IT 产业	1297.0	1171.2	616.4	971.1	849.4	695.7	729.3	1342.8	868.5	1050.8
传播与文化娱乐	1458.1	1398.6	1441.9	1543.3	961.0	907.5	872.3	865.4	859.4	1044.1
房地产业	1492.2	1523.9	1237.5	511.0	2193.6	365.0	2160.0	634.3	2223.5	980.3
农林牧副渔	1505.4	1836.0	1516.6	1036.7	1517.0	1073.9	1107.3	1217.9	996.9	883.2
水电煤气	866.7	1050.0	1512.5	1232.5	1845.4	—	2790.0	1315.9	1698.3	699.3

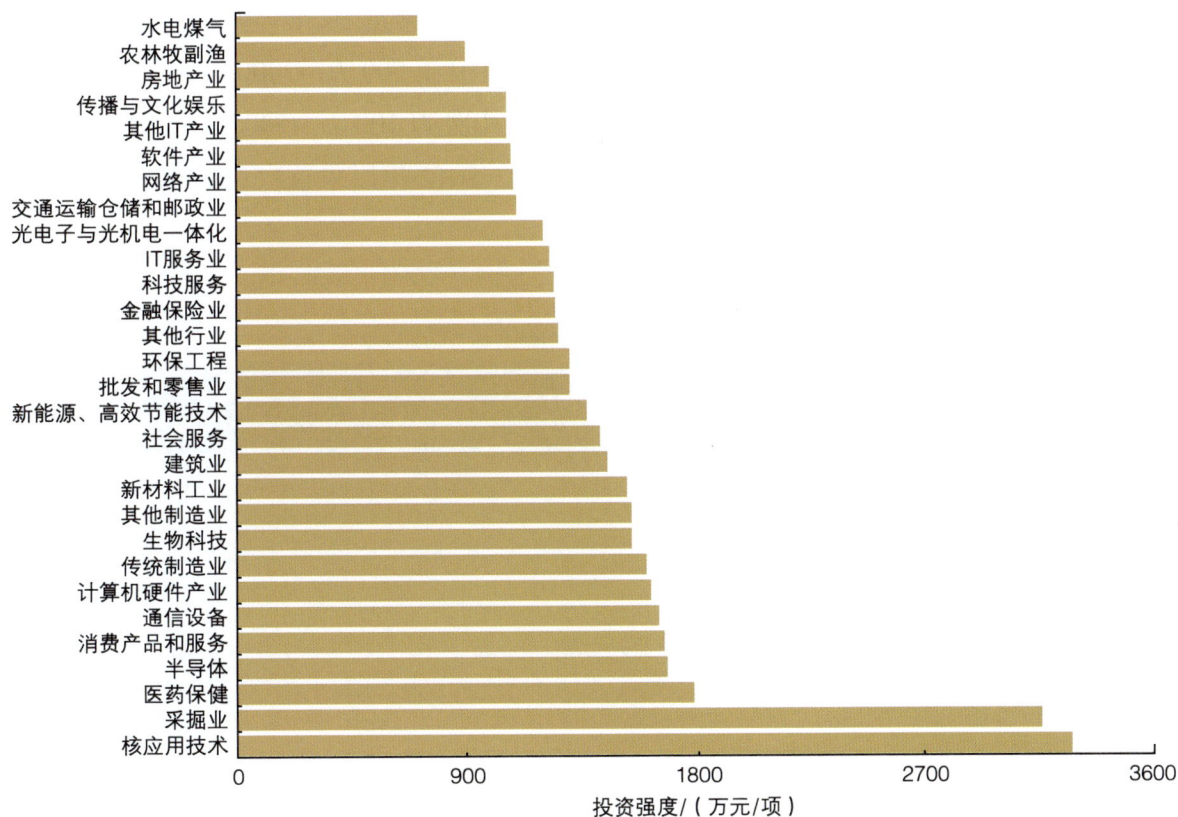

图 2-8　2020 年不同行业投资强度

从概念板块看①，2020 年共享经济板块的投资强度最高，其次是金融科技和绿色经济。从表 2-17 看，共享经济的投资强度是金融科技的 5.66 倍。

表 2-17　2020 年概念板块投资强度　　　　　　　　单位：万元/项

概念板块	投资强度
共享经济	14 387.7
金融科技	2541.73
绿色经济	1509.81
扶贫	1485.00
一二三产融合	1332.34
物联网与大数据	1229.53
人工智能	1157.38
互联网教育	650.05
其他	1980.44

2.3.2　中国创业投资机构单项投资规模分布②

2020 年，创业投资单项投资金额分布仍然主要集中在 500 万~2000 万元，两项金额合计占比为 44.9%，较 2019 年提高了 2.3 个百分点。其次为 100 万~500 万元，合计占比为 26.1%，而单项投资金额分布大于 2000 万元的占比自 2012 年以来首次突破 20%，为 21.5%（表 2-18）。

表 2-18　2011—2020 年单项投资金额分布　　　　　　　　单位：%

年份	100 万元以下	100 万~300 万元	300 万~500 万元	500 万~1000 万元	1000 万~2000 万元	2000 万元以上
2011	6.8	10.6	10.2	20.6	25.7	26.2
2012	10.2	13.1	11.3	21.2	24.7	19.5
2013	8.4	17.6	14.6	20.0	20.1	19.3
2014	12.3	19.1	13.9	18.3	20.4	15.9
2015	14.5	17.5	15.3	19.9	17.2	15.6

---

① 有效样本数为 1544 份。

② 有效样本数为 2291 份。

续表

年份	100万元以下	100万~300万元	300万~500万元	500万~1000万元	1000万~2000万元	2000万元以上
2016	15.9	18.1	15.5	20.9	15.8	13.8
2017	10.7	18.0	17.7	21.2	18.1	14.2
2018	8.9	18.1	16.9	20.0	18.3	17.9
2019	8.9	16.0	16.1	23.1	19.5	16.4
2020	7.4	12.0	14.1	22.2	22.7	21.5

2.3.3 中国创业投资的投资策略（联合投资）

2020年，联合投资的单项投资金额分布较2019年更为平均。2019年联合投资的项目主要集中在100万~500万元，占比为37.6%，而2020年这一规模下降至26.3%。而超过2000万元的项目占比从2019年的8.5%提升至2020年的20.6%（表2-19、图2-9），这在一定程度上表明，2020年随着创业投资行业投资风险的增大，更多的项目需要通过联合投资分散风险。

表2-19 2011—2020年联合投资的单项投资金额分布[①]   单位：%

年份	100万元以下	100万~500万元	500万~1000万元	1000万~2000万元	2000万元以上
2011	6.1	22.0	18.3	25.6	28.0
2012	13.0	28.7	20.9	20.0	17.4
2013	12.0	32.0	28.0	12.0	16.0
2014	16.0	27.6	10.4	23.3	22.7
2015	11.4	28.5	23.2	21.3	15.6
2016	14.6	32.5	20.4	10.7	21.8
2017	11.1	32.9	19.6	19.6	16.9
2018	15.0	29.9	18.7	20.9	15.5
2019	10.3	37.6	21.2	22.4	8.5
2020	16.5	26.3	19.1	17.5	20.6

---

① 有效样本数为194份。

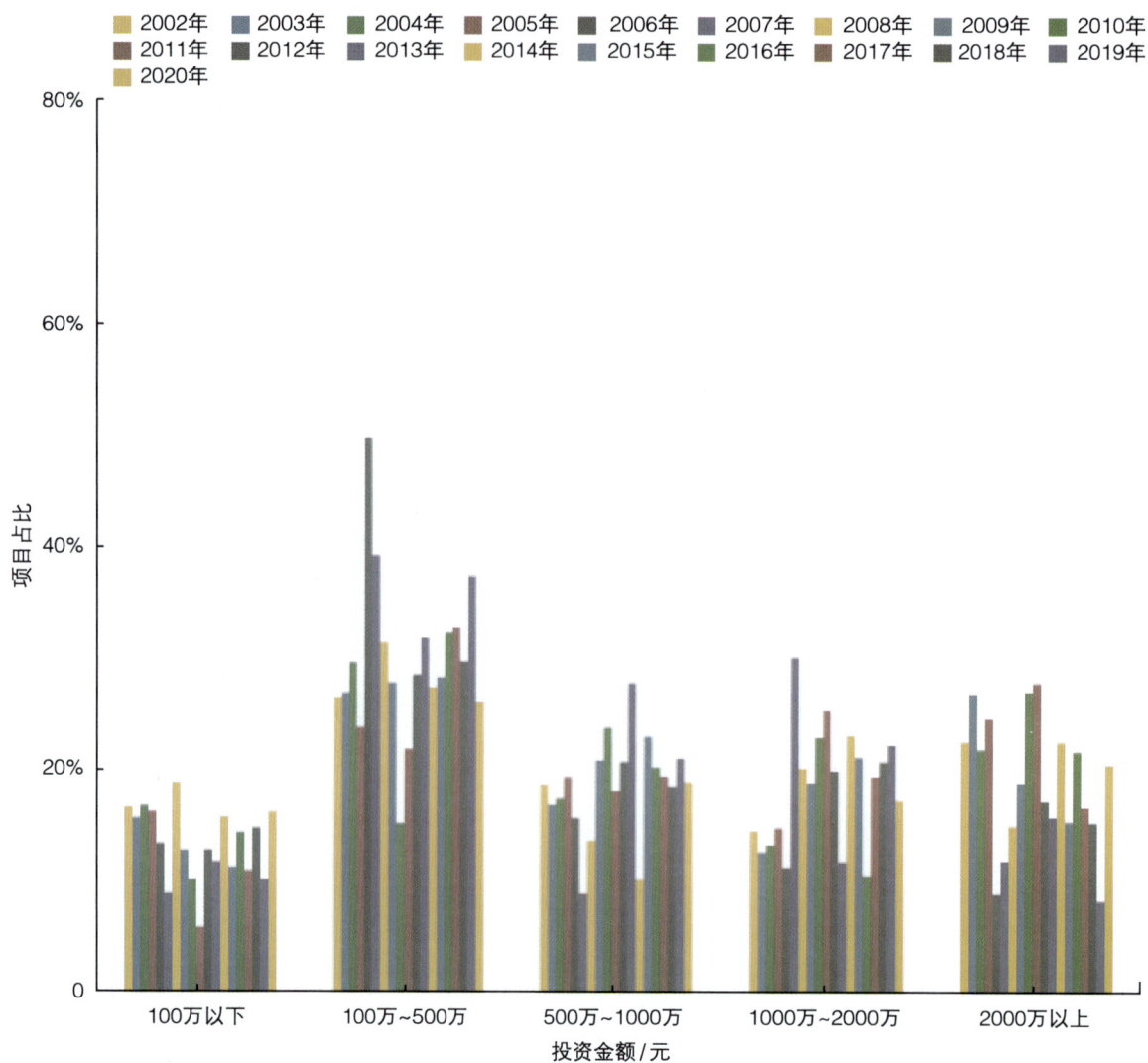

图 2-9 2002—2020 年联合投资项目投资金额分布

2.4 中国创业投资的首轮投资与后续投资

2020 年，中国创业投资项目的首轮投资和后续投资 ① 占比分别为 64.3% 和 35.7%。与 2019 年相比，首轮投资从 70.3% 下降到了 64.3%，下降了 6 个百分点。后续投资从 29.7% 上升至 35.7%。总体来看，2020 年我国创业投资机构对被投资项目的首轮投资仍然居于主导地位（表 2-20、图 2-10）。

_____

① 有效样本数为 1587 份。

表 2-20　2011—2020 年首轮投资和后续投资占比　　　　　　　单位：%

年份	2011	2012	2013	2014	2015	2016	2017	2018	2019	2020
首轮投资	83.4	80.1	77.5	68.1	62.7	69.0	72.7	70.9	70.3	64.3
后续投资	16.6	19.9	22.5	31.9	37.3	31.0	27.3	29.1	29.7	35.7

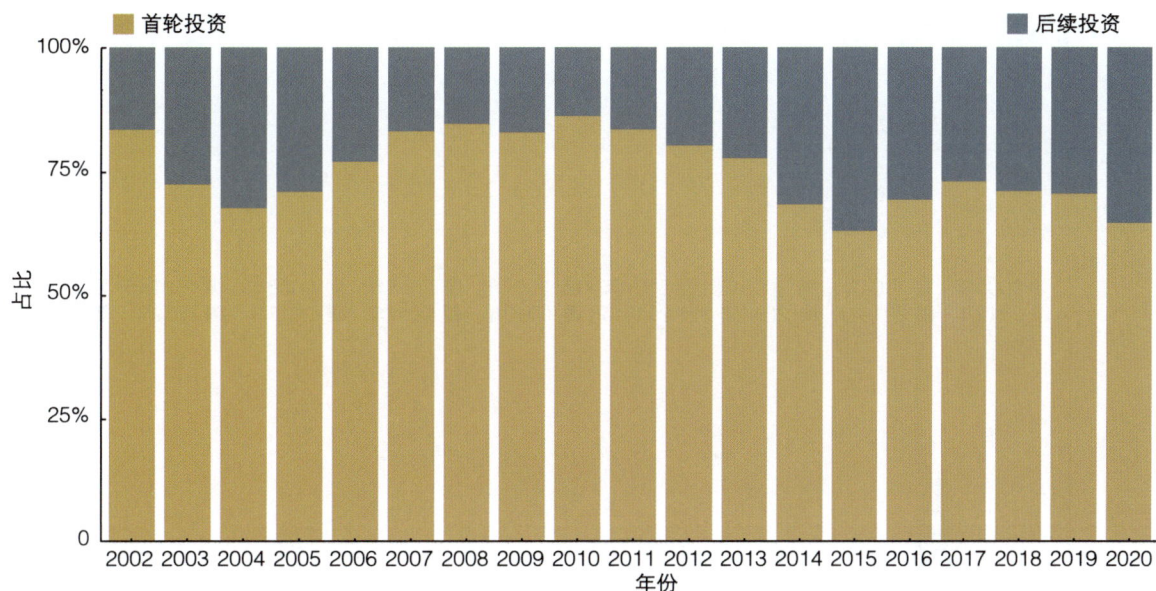

图 2-10　2002—2020 年首轮投资和后续投资占比

2.5　中国创业投资机构持股结构

2020 年，中国创业投资机构的持股结构 [1] 仍然以参股为主，持股比例在 10% 以下的项目近 10 年来首次突破 70%，从 2019 年的 69.96% 提升至 2020 年的 78.82%。对应而言，2020 年的其他持股比例都有所下滑（表 2-21、图 2-11）。

表 2-21　2011—2020 年创业投资机构持股结构分布　　　　　　　单位：%

年份	10% 以下	10% ~ 20%	20% ~ 30%	30% ~ 40%	40% ~ 50%	50% 以上
2011	61.04	20.46	7.08	4.38	2.24	4.80
2012	56.29	22.57	9.07	4.70	3.00	4.37
2013	50.32	25.60	11.60	4.40	2.88	5.20

————————————

[1]　有效样本数为 2063 份。

续表

年份	10% 以下	10% ~ 20%	20% ~ 30%	30% ~ 40%	40% ~ 50%	50% 以上
2014	50.79	26.43	9.30	5.55	4.60	3.33
2015	63.47	21.88	6.10	2.96	2.14	3.46
2016	66.97	19.16	5.03	3.29	2.41	3.13
2017	68.57	18.12	5.67	3.11	2.20	2.33
2018	66.95	16.88	5.76	3.39	2.42	4.60
2019	69.96	17.54	5.42	2.54	1.71	2.83
2020	78.82	12.17	3.30	1.84	1.41	2.47

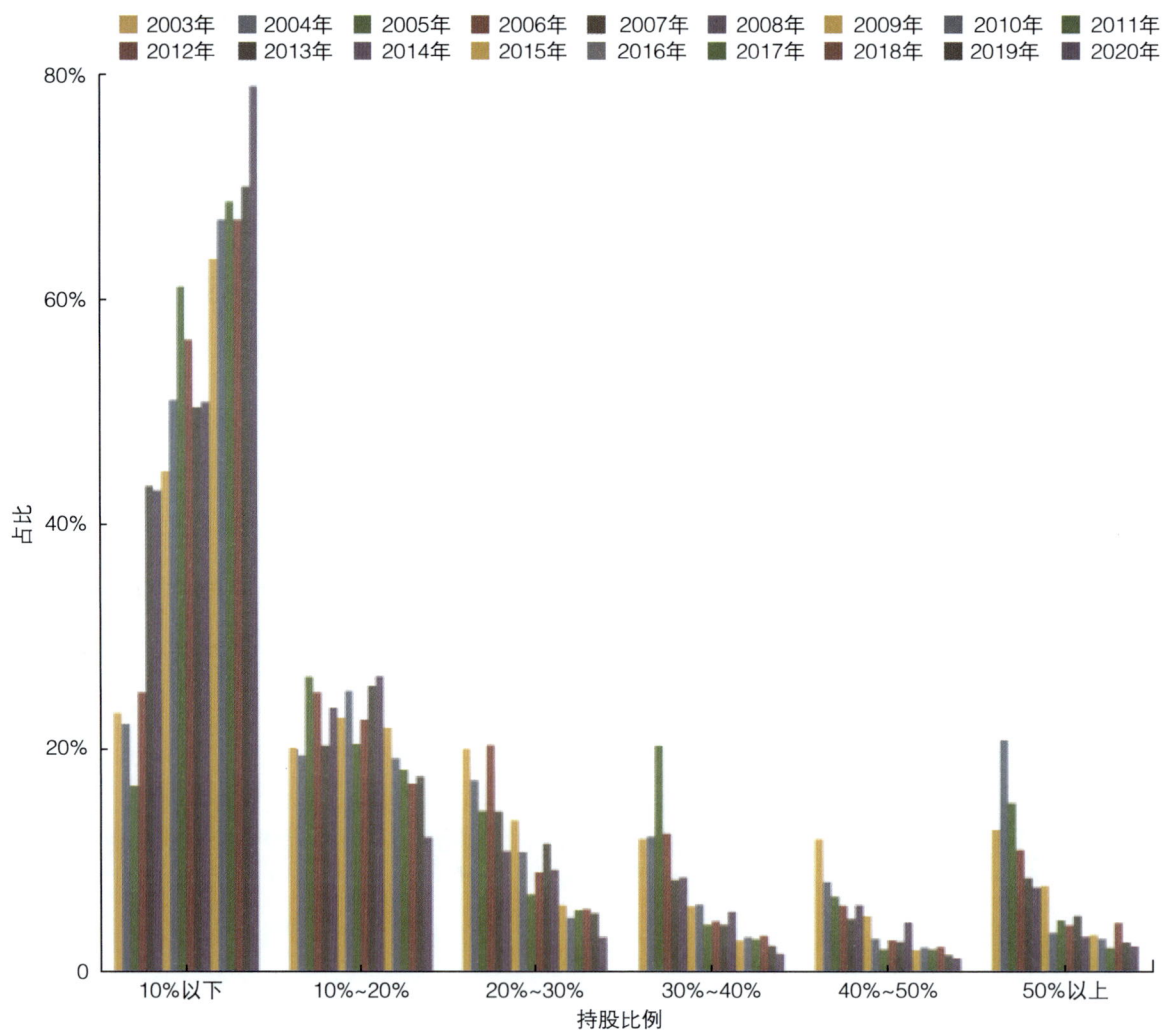

图 2-11　2003—2020 年创业投资机构持股结构分布

2.6 中国创业投资项目的平均 R&D 投入

2.6.1 中国创业投资行业平均 R&D 投入

整体来看，2020 年不同行业的平均 R&D 投入较 2019 年大幅提高。2020 年研发投入最多的行业为半导体行业，平均投入强度为 12 528.30 万元。对比而言，网络产业和传统制造业也较 2019 年有了大幅提高，从 2019 年的 606.79 万元和 4242.95 万元分别提高到 8463.03 万元和 6598.20 万元（表 2-22）[①]。

表 2-22 2019—2020 年不同行业的平均 R&D 投入　　单位：万元

行业	2020 年	2019 年
半导体	12 528.30	1885.56
网络产业	8463.03	606.79
传统制造业	6398.20	4242.95
建筑业	6363.27	2000.00
生物科技	5746.88	1674.63
交通运输仓储和邮政业	3967.75	1898.67
科技服务	3666.82	2985.62
新材料工业	3619.71	1779.82
医药保健	3411.80	1609.02
光电子与光机电一体化	2803.92	705.47
新能源、高效节能技术	2288.56	1223.27
环保工程	1974.13	663.34
IT 服务业	1946.02	1555.75
消费产品和服务	1831.73	851.92
计算机硬件产业	1677.15	3937.73
软件产业	1632.13	1447.21
通信设备	1384.58	735.19
其他制造业	1271.14	1244.54
核应用技术	778.91	—
其他 IT 产业	590.69	1242.86
批发和零售业	544.08	1848.76
农林牧副渔	366.50	185.89
金融保险业	347.00	2274.20
传播与文化娱乐	173.06	954.18
社会服务	10.00	1529.83

[①] 有效样本数为 688 份。

2.6.2 中国创业投资概念板块平均 R&D 投入

从概念板块看，2020 年，共享经济板块的平均 R&D 投入最多，达到 5109.76 万元，排名第二的绿色经济平均投入为 3941.25 万元。一二三产融合的平均 R&D 投入相对最低（表 2-23）[①]。

表 2-23　2020 年不同概念板块的平均 R&D 投入　　　　　　　单位：万元

概念板块	平均 R&D 投入
共享经济	5109.76
绿色经济	3941.25
人工智能	3364.09
金融科技	1708.21
物联网与大数据	1303.08
互联网教育	540.31
一二三产融合	249.86

2.6.3 中国创业投资不同成长阶段的平均 R&D 投入

2020 年，成熟（过渡）期项目的平均 R&D 投入与其他阶段的差距进一步加大。其中，成熟（过渡）期平均 R&D 投入为 28 824.32 万元，是成长（扩张）期的 7.42 倍，是种子期的 54.98 倍，是起步期的 12.07 倍（表 2-24）[②]。

表 2-24　2020 年不同成长阶段的平均 R&D 投入　　　　　　　单位：万元

成长阶段	平均投入
种子期	524.31
起步期	2387.85
成长（扩张）期	3884.72
成熟（过渡）期	28 824.32
重建期	1335.00

---

① 有效样本数为 213 份。

② 有效样本数为 748 份。

中国创业投资的退出

3.1 中国创业投资退出的基本情况 [1]

2020 年，新冠肺炎疫情的突然爆发给宏观经济带来了巨大冲击。但是，A 股注册制的实施加快了 IPO 的速度，通过注册制发行的 IPO 数量已经超过了审核制。市场数据显示，2020 年，A 股 IPO 数量和融资金额均大幅增长，共有 395 只新股上市，融资总额为 4719 亿元，创下自 2011 年以来 IPO 融资额的新高，IPO 数量和融资额分别同比增长 97% 和 86%。上海科创板和深圳创业板已成为企业登陆资本市场的重要渠道，2020 年上海科创板 IPO 数量 145 只，深圳创业板 IPO 数量 107 只，均超过了上海主板 IPO 的数量（89 只）。IPO 融资额前十大个股中科创板独占 7 家，上海科创板已经成为最受欢迎的 A 股上市板块（表 3-1）。

表 3-1 首次上市公司数目和融资额

		数目/只	融资金额/亿元	平均融资金额/亿元
2020 年	上海主板	89	1228	14
	上海科创板	145	2226	15
	深圳中小企业板	54	372	7
	深圳创业板	107	893	8
	总数	395	4719	12

---

[1] 有效样本数为 1131 份。

续表

		数目 / 只	融资金额 / 亿元	平均融资金额 / 亿元
2019 年	上海主板	53	1062	20
	上海科创板	70	824	12
	深圳中小企业板	26	346	13
	深圳创业板	52	301	6
	总数	201	2533	13

2020 年，中国创业投资行业共披露了 1131 个退出项目的收入分布情况，其中收入在 2000 万元以上的退出项目占到了 27.7%，较上年度下降 3.3 个百分点；收入在 1000 万 ~ 2000 万元的退出项目占到了 16.2%，较上年度增加了 2.2 个百分点；收入在 100 万元以下的退出项目较上年度增加了 0.9 个百分点，这表明 2020 年创业投资市场的整体收益有所下滑（表 3–2、图 3–1）。

表 3–2　2011—2020 年创业投资项目退出收入分布　　　　　单位：%

年份	100 万元以下	100 万 ~ 500 万元	500 万 ~ 1000 万元	1000 万 ~ 2000 万元	2000 万元以上
2011	22.9	24.1	11.0	10.6	31.4
2012	19.2	17.1	10.5	17.4	35.9
2013	21.8	19.8	10.6	11.8	35.9
2014	15.7	24.7	14.4	12.7	32.4
2015	10.3	22.4	13.8	19.3	34.2
2016	16.8	22.3	15.3	16.2	29.3
2017	15.3	23.3	12.6	17.6	31.2
2018	12.7	24.6	12.5	15.9	34.3
2019	15.9	24.4	14.6	14.0	31.0
2020	16.8	23.7	15.6	16.2	27.7

图 3-1　2020 年创业投资项目退出收入分布

3.2　中国创业投资的退出方式 ①

3.2.1　中国创业投资的主要退出方式

　　按照退出方式划分（表 3-3、图 3-2），2020 年创业投资的企业中共有 214 个项目通过 IPO 方式实现退出，占比 19.28%，与 2019 年相比增加了 2.53 个百分点。相对而言，回购交易仍然是退出的主要渠道，退出项目数达到了 441 项，占比 39.73%，较上一年下降 2.57 个百分点；并购退出与上年度相比较下降 1.66 个百分点。

表 3-3　2011—2020 年创业投资退出方式分布　　　　　　　　单位：%

年份	上市	并购	回购	清算	其他（含新三板）
2011	29.40	29.97	32.28	3.17	5.19
2012	29.41	15.86	45.01	6.65	3.07
2013	24.33	23.75	44.83	4.60	2.49
2014	20.72	36.02	36.02	4.83	2.41
2015	15.51	31.02	37.52	6.50	9.45
2016	17.32	29.67	40.14	8.06	4.80
2017	13.66	32.65	34.84	8.88	9.97
2018	16.23	32.99	39.22	9.87	1.69
2019	16.75	27.43	42.30	10.99	2.51
2020	19.28	25.77	39.73	10.90	4.32

---

①　有效样本数为 1110 份。

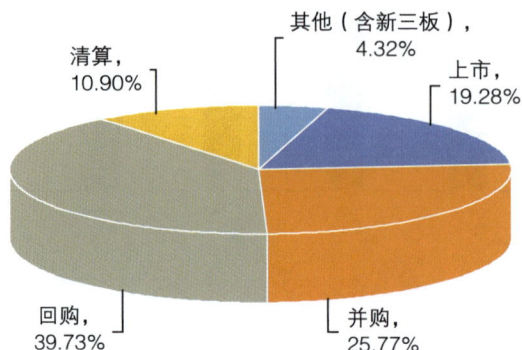

图 3-2　2020 年创业投资退出方式

3.2.2　中国创业投资的 IPO 退出情况

我国多层次资本市场建设正在不断完善，随着科创板的持续发展与注册制在创业板中的推进，中介机构职责、投资者结构、退市机制与行政执法等一整套制度体系正在不断完善，为创业投资的退出提供了良好的通道。

2020 年，境内主板市场仍然是 IPO 退出的主要渠道，占比达到 42.99%，较 2019 年减少 8.24%；24.77% 的企业通过境内创业板退出，9.81% 的企业通过境内中小板退出[①]；值得注意的是，披露退出信息的创业投资项目中，有 18.69% 是通过境内科创板退出的，比 2019 年增加了 17.46 个百分点。此外，受中美贸易摩擦影响，仅 3.74% 的企业通过境外上市实现退出，与上年相比大幅下滑（表 3-4、图 3-3）。

表 3-4　2012—2020 年创业投资 IPO 退出市场分布 [②]

年份	境内主板上市	境内创业板上市	境内中小板上市	境内科创板上市	境外上市
2012	21.74	38.26	36.52	—	3.48
2013	21.26	40.94	30.71	—	7.09
2014	22.33	42.72	21.36	—	13.59
2015	48.48	28.28	16.16	—	7.07
2016	48.51	29.70	18.81	—	2.97
2017	31.31	15.15	48.48	—	5.05

---

① 2021 年 4 月 6 日，深交所主板与中小板正式合并，已运行 17 年的深市中小板成为历史，中小板经历多年发展，在发行上市、信息披露、交易机制、投资者适当性要求等主要制度安排上与主板基本保持一致，在部分板块特征上也与主板趋同。实施两板合并是顺应市场发展规律的现实需要，也是构建简明清晰市场体系的内在要求。
② 有效样本数为 214 份。

续表

年份	境内主板上市	境内创业板上市	境内中小板上市	境内科创板上市	境外上市
2018	49.60	29.60	9.60	—	11.20
2019	51.23	28.40	12.96	1.23	6.17
2020	42.99	24.77	9.81	18.69	3.74

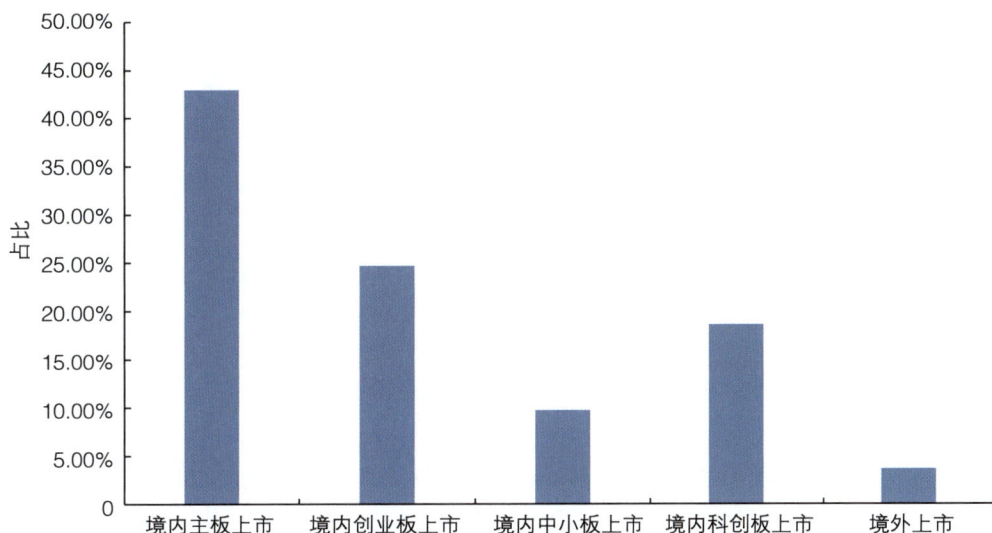

图 3-3　2020 年创业投资 IPO 退出市场分布

3.3 中国创业投资退出项目的行业分布 [①]

　　从一级行业划分情况来看（表 3-5），2020 年中国创业投资退出项目的行业分布基本保持稳定。其中，软件和信息服务业行业的退出合计达到 18.0%，比 2019 年增加了 1.9 个百分点，是退出最多的行业。计算机、通信设备制造业行业的退出占比也有所增加，达到 13.9%，位居第二；此外，医药生物业和科技服务行业的退出项目也有所增多。相比而言，新能源和环保业、传统制造业、其他制造业、传播与文化娱乐、金融保险业、社会服务行业的退出项目占比有所下降。

---

① 有效样本数为 1101 份。

表 3-5　2011—2020 年创业投资退出项目一级行业分布　　　　单位：%

年份	2011	2012	2013	2014	2015	2016	2017	2018	2019	2020
软件和信息服务业①	12.9	9.4	11.5	11.6	20.3	15.9	18.4	20.2	16.1	18.0
新能源和环保业②	16.7	22.2	16.2	15.2	15.7	17.6	15.9	14.8	12.1	10.9
计算机、通信设备制造业③	14.4	10.6	14.0	14.2	9.9	10.9	11.2	11.4	11.0	13.9
医药生物业④	13.5	11.1	12.5	8.3	8.7	10.8	7.3	10.0	8.3	10.9
传统制造业	11.3	14.3	17.5	12.2	9.3	8.5	8.3	8.9	7.5	7.4
其他行业	5.0	6.2	3.9	8.7	7.3	12.5	11.1	7.2	9.4	12.1
其他制造业	5.3	6.2	8.2	4.1	7.5	4.7	6.5	5.4	9.1	8.7
传播与文化娱乐	1.9	3.0	2.7	5.5	2.3	5.9	3.9	5.0	5.0	3.5
金融保险业	2.2	2.2	3.9	1.8	2.9	1.6	2.4	3.9	2.8	2.1
科技服务	0.6	2.2	0.6	1.2	2.8	2.4	3.5	3.7	2.8	4.1
农林牧渔业	6.0	6.5	3.7	4.3	3.2	3.3	2.8	1.1	1.5	1.9
社会服务	0.6	1.6	0.8	1.4	1.5	1.6	2.4	1.1	1.6	1.4

注：①包括原有的网络产业、IT 产业、软件产业、其他 IT 产业 4 个细分的二级行业。
　　②包括原有的新材料工业，新能源、高效节能技术，核应用技术、环保工程 4 个细分的二级行业。
　　③包括原有的通信设备、半导体、计算机硬件产业、光电子与光机电一体化 4 个细分的二级行业。
　　④包括原有的医药保健、生物科技 2 个细分的二级行业。

　　从二级细分行业来看（表 3-6），其他行业（占比 12.1%）、其他制造业（占比 8.7%）、传统制造业（占比 7.4%）在 2020 年的创业投资退出项目中占比较高，这主要源于我国基础设施条件良好、整体投资环境稳定、制造业生产要素齐全、制造企业具有良好的盈利能力和成长空间。

表 3-6　2019—2020 年创业投资退出项目二级行业分布　　　　单位：%

投资行业	2019 年	2020 年
IT 服务业	6.1	4.4
半导体	3.4	4.5
采掘业	0.1	0.1
传播与文化娱乐	5.0	3.5
传统制造业	7.5	7.4

续表

投资行业	2019 年	2020 年
光电子与光机电一体化	2.2	3.5
核应用技术	0	0
环保工程	1.7	2.4
计算机硬件产业	1.8	1.6
金融保险业	2.8	2.1
科技服务	2.8	4.1
农林牧副渔	1.5	1.9
批发和零售业	1.2	0.8
其他 IT 产业	1.0	0.5
其他行业	9.4	12.1
软件产业	7.0	8.0
生物科技	3.6	4.9
通信设备	2.0	2.5
网络产业	6.4	5.2
消费产品和服务	4.0	3.4
新材料工业	5.7	3.9
新能源、高效节能技术	4.7	5.4
医药保健	7.4	5.9
房地产业	0.2	0.2
建筑业	0.8	1.0
交通运输仓储和邮政业	0.8	0.5
其他制造业	9.1	8.7
社会服务	1.6	1.4
水电煤气	0.2	0.3

3.4 中国创业投资退出项目的地区分布 [①]

近年来，中国创业投资退出项目的地区分布总体上未出现明显波动，其分布与创业投资机构投资分布情况较为一致。东部地区退出项目占比也较高，其中江苏、浙江、广东、北京、上海等地区退出项目占比长期处于领先地位。

2020年，退出项目占比排名前10的地区合计占比84.59%，较上一年度增加1.42个百分点，区域集聚效应较为明显（表3-7、图3-4）。

表3-7　2012—2020年创业投资退出项目地区分布前10名　　单位：%

2012年	地区	江苏	浙江	广东	湖北	北京	上海	河北	天津	安徽	湖南
	占比	35.6	9.8	8.4	7.6	7.3	5.4	3.8	3.8	3.8	3.5
2013年	地区	江苏	浙江	上海	广东	北京	天津	安徽	山东	湖北	重庆
	占比	35.0	10.6	8.1	7.7	5.4	5.2	3.3	3.1	2.9	2.7
2014年	地区	江苏	浙江	广东	上海	北京	湖北	辽宁	湖南	山东	天津
	占比	20.4	13.5	13.3	10.2	9.8	3.8	3.3	3.1	2.9	2.7
2015年	地区	江苏	北京	浙江	广东	上海	河南	安徽	天津	湖北	四川
	占比	24.3	13.2	10.4	8.6	5.3	4.2	4.2	4.1	3.6	3.1
2016年	地区	江苏	浙江	北京	广东	上海	山东	天津	安徽	福建	湖南
	占比	29.7	12.7	11.8	8.0	6.1	4.3	4.0	3.5	2.9	2.8
2017年	地区	江苏	广东	浙江	北京	上海	湖南	山东	福建	重庆	湖北
	占比	20.1	11.4	10.9	8.5	7.7	4.3	3.9	3.8	3.6	3.5
2018年	地区	江苏	浙江	广东	北京	上海	湖南	福建	安徽	山东	四川
	占比	17.2	13.0	12.9	11.2	6.9	5.1	4.9	3.5	3.4	3.1
2019年	地区	江苏	浙江	广东	上海	北京	湖南	福建	安徽	湖北	天津
	占比	22.9	14.0	13.6	8.7	7.4	3.9	3.9	3.1	2.8	2.7
2020年	地区	江苏	浙江	上海	广东	北京	安徽	山东	陕西	福建	湖北
	占比	20.0	16.1	10.4	9.8	8.1	4.6	4.5	4.1	3.7	3.3

---

① 有效样本数为1143份。

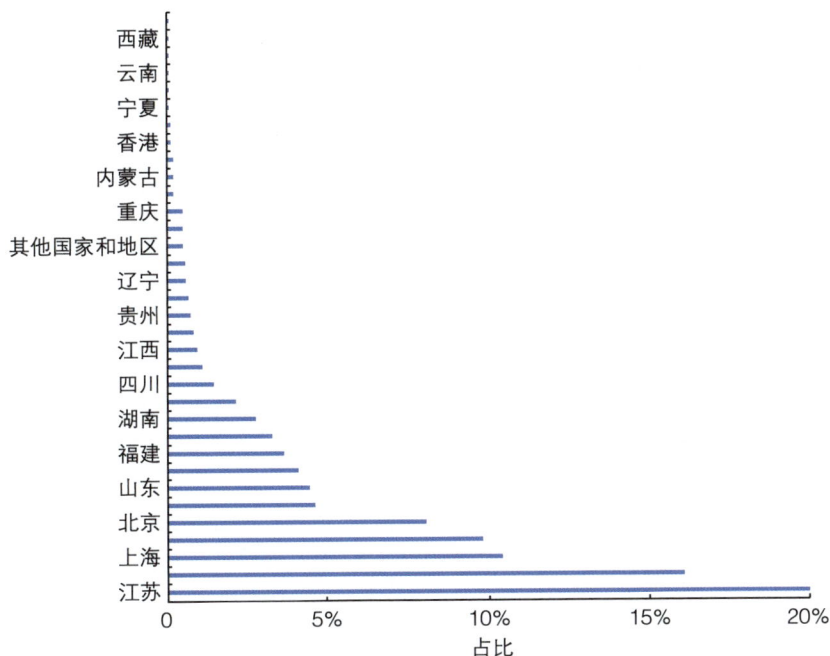

图 3-4　2020 年创业投资退出项目地区分布

3.5　中国创业投资项目的退出绩效

3.5.1　中国创业投资退出的总体绩效表现

2020 年，新型冠状病毒肺炎疫情爆发，全国范围内各地区的生产经营活动均受到不同程度影响。在疫情给资本市场带来的严重影响下，监管部门陆续修订《证券法》、实施注册制改革和修订退市制度等，资本市场改革持续全面深化推进，新三板分层与交易机制改革全面落实。这些举措有利于创业投资项目的退出，全行业的项目退出收益率达到了 159.28%，较 2019 年下降了 76.73 个百分点。此外，全行业投资退出步伐略微放缓，项目平均退出时间为 5.05 年（图 3-5）；全行业年均收益率为 24.13%（表 3-8）。

表 3-8　2011—2020 年创业投资退出收益率[①]　　　　单位：%

年份	2011	2012	2013	2014	2015	2016	2017	2018	2019	2020
总体收益率	193.71	196.35	117.70	123.00	260.18	225.73	243.35	205.78	236.01	159.28
年均收益率	45.62	44.01	13.85	23.46	32.39	29.69	38.33	31.12	41.51	24.13

———————
① 有效样本数为 5609 份。

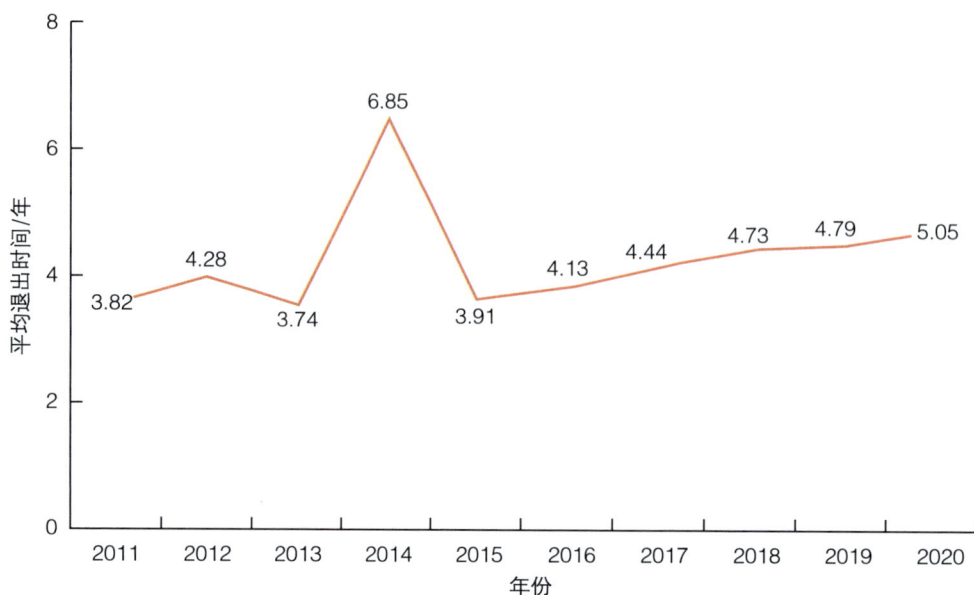

图 3-5　2011—2020 年创业投资平均退出时间

　　创业投资退出收益率分布显示（表 3-9、图 3-6）：2020 年创业投资机构发生亏损的退出项目占比为 52.3%，较 2019 年增加 1 个百分点。此外，与 2019 年相比，收益率在 0 ~ 15%、20% ~ 50% 的有所减少，收益率在 15% ~ 20%、50% ~ 100% 及 100% 以上的有所增加。

表 3-9　2012—2020 年创业投资退出收益率分布 [①]　　　　　　　单位：%

年份	亏损	0 ~ 15%	15% ~ 20%	20% ~ 50%	50% ~ 100%	100% 以上
2012	47.0	8.6	3.5	10.5	4.5	25.9
2013	67.1	2.4	2.7	8.7	2.2	16.9
2014	56.9	4.7	4.1	9.4	11.6	13.3
2015	48.9	12.1	3.5	11.8	7.4	16.2
2016	57.0	9.7	2.6	9.9	5.8	15.1
2017	53.0	7.5	3.1	9.4	7.7	19.3
2018	45.9	8.0	2.3	13.6	11.2	19.0
2019	51.3	10.0	2.7	13.6	6.4	16.0
2020	52.3	7.8	3.1	12.4	7.0	17.4

---

① 　有效样本数为 900 份。

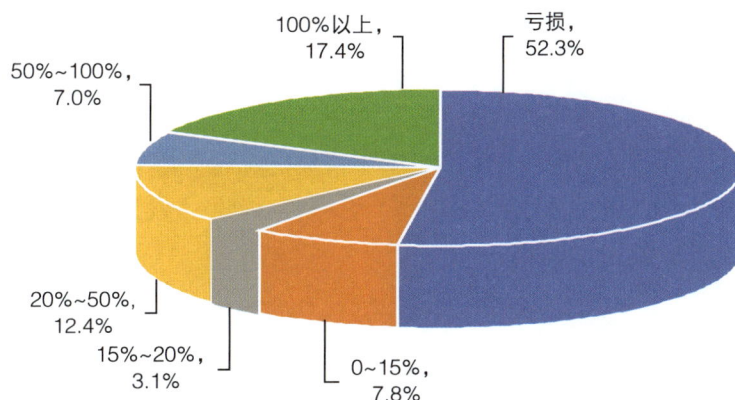

图 3–6 2020 年创业投资退出收益率分布

3.5.2 中国创业投资不同退出方式的绩效表现

总体上看（表 3–10、图 3–7），上市退出仍旧是收益率最高的退出方式，2020 年，沪指上涨 13.8%，深成指上涨超 38.7%，创业板指上涨 64.9%，资本市场的牛市氛围使得上市公司整体估值大幅上涨，上市退出的回报率大幅上升，上市退出平均账面退出回报 7.18 倍。与 2019 年相比，收益率有大幅上升。相比而言，受市场环境影响，收购退出的项目收益率大幅下滑，拉低了全年整体收益率。回购、新三板等模式的退出收益率有所提升，清算退出的亏损率大幅收窄。

表 3–10 2011—2020 年不同渠道创业投资退出项目总体收益率[①]   单位：%

年份	上市	收购	回购	新三板	清算
2011	799.38	41.54	−30.51	63.19	−65.37
2012	472.62	203.41	30.06	−32.48	−16.43
2013	448.03	16.39	−32.96	89.79	−43.47
2014	601.66	65.54	−3.31	27.23	−34.43
2015	779.27	463.54	19.85	16.86	−15.32
2016	922.12	323.41	3.02	193.82	−43.62
2017	1240.98	253.75	−1.04	51.18	−38.91
2018	452.64	90.46	9.42	171.85	−18.49
2019	575.86	454.71	23.58	−0.07	−21.60
2020	718.08	75.34	30.20	28.51	−9.81

---

① 有效样本数为 5609 份。

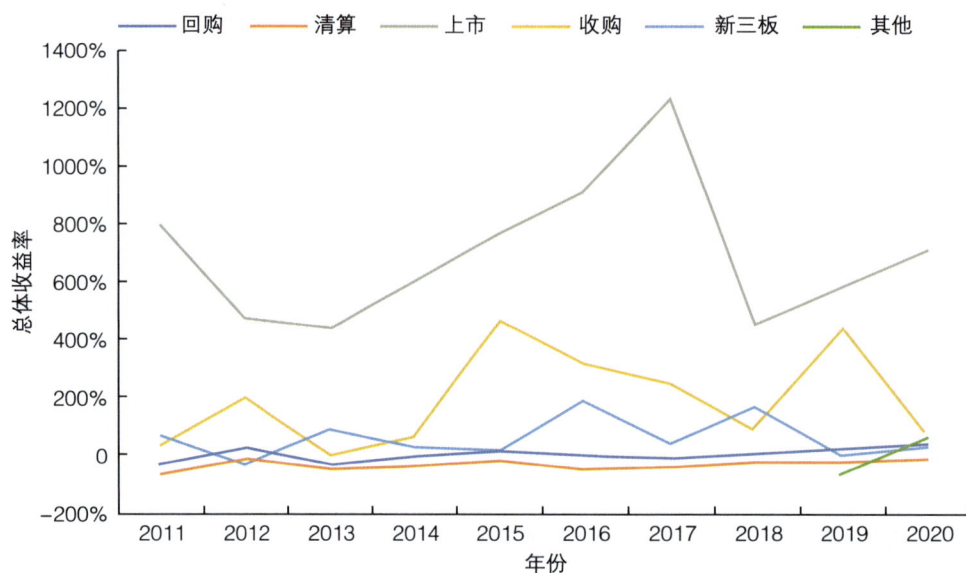

图 3-7　2011—2020 年不同渠道创业投资退出项目总体收益率

　　从历年各渠道退出项目的年均收益率来看，上市是收益最高的退出方式，一般年均收益率在 100% 左右，2011 年年均收益率高达 200%。2020 年年均收益率为 93.92%，较 2019 年的上市退出收益率有所提高；但 2020 年资本市场并购热度有所下降，收购退出的年均收益率也有所下降，从 2019 年的 96.90% 下降为 2020 年的 16.46%（表 3-11、图 3-8）。

表 3-11　2011—2020 年不同渠道创业投资退出项目年均收益率[①]　　　　单位：%

年份	上市	收购	回购	新三板	清算
2011	200.41	12.99	−20.71	13.20	−8.46
2012	85.18	66.40	14.86	−4.47	−10.33
2013	73.36	2.71	−19.23	−0.90	−8.26
2014	107.19	17.41	−4.22	12.93	−11.48
2015	114.38	44.72	4.05	6.10	−2.00
2016	120.35	37.58	0.38	43.89	−10.66
2017	129.72	66.89	−5.41	9.55	−9.54
2018	67.49	25.49	0.20	27.73	−4.11
2019	71.89	96.90	3.98	0.11	−4.43
2020	93.92	16.46	6.53	5.25	−2.92

---

① 有效样本数为 5609 份。

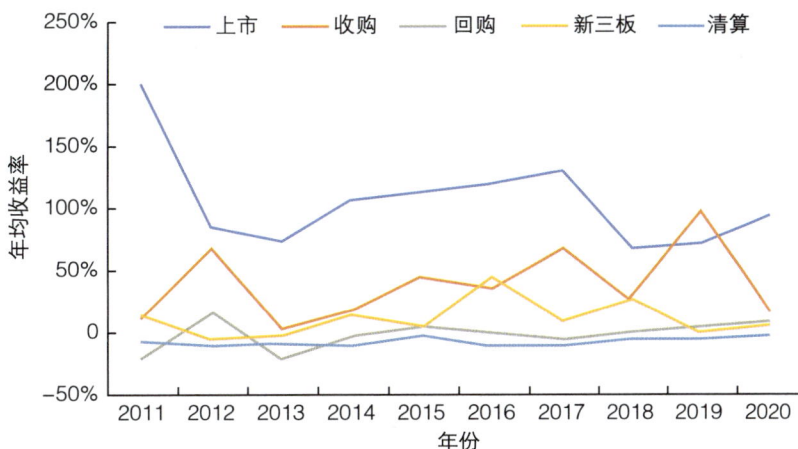

图 3-8　2011—2020 年不同渠道创业投资退出项目年均收益率

3.5.3　中国创业投资不同行业退出的绩效表现

随着我国创业投资企业管理能力的逐步提升，项目总体收益率呈现上升趋势。无论是高新技术行业还是传统行业，在经历了 2013 年的较大下滑后，退出时盈利的项目占比总体呈上升态势，但 2020 年受疫情影响，盈利项目占比较 2019 年略有下滑（表 3-12、图 3-9、表 3-13、图 3-10）。

表 3-12　2011—2020 年高新技术行业创业投资退出项目盈亏状况 [①]　　　　单位：%

年份	2011	2012	2013	2014	2015	2016	2017	2018	2019	2020
亏损	47.13	44.07	67.87	52.76	48.94	55.41	53.91	46.84	49.50	50.58
盈利	52.87	55.93	32.13	47.24	51.06	44.59	46.09	53.16	50.50	49.42

图 3-9　2011—2020 年高新技术行业创业投资退出项目盈亏情况

---

① 有效样本数为 603 份。

表 3-13　2011—2020 年传统行业创业投资退出项目盈亏状况[①]　　　　单位：%

年份	2011	2012	2013	2014	2015	2016	2017	2018	2019	2020
亏损	51.52	50.78	64.36	61.44	49.77	59.73	53.79	49.03	53.01	54.35
盈利	48.48	49.22	35.64	38.56	50.23	40.27	46.21	50.97	47.01	45.65

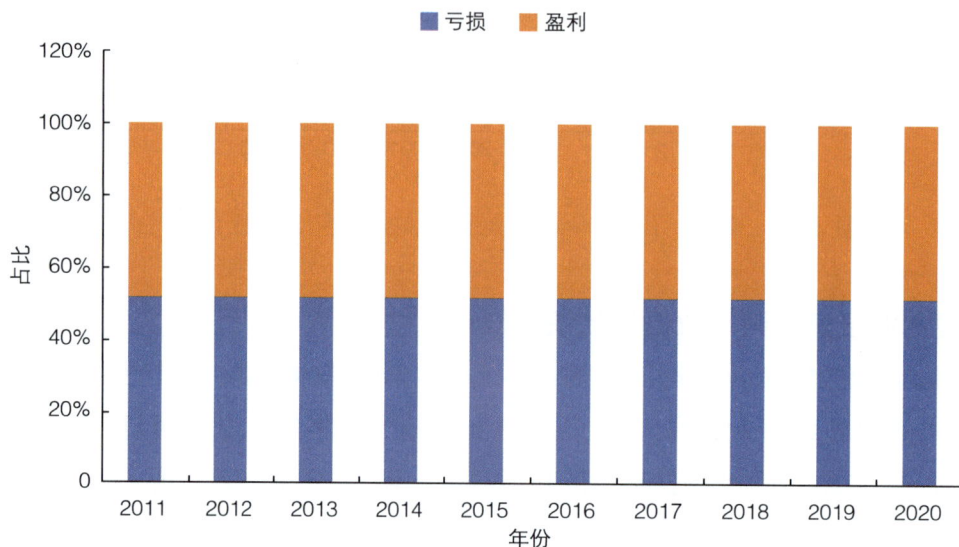

图 3-10　2011—2020 年传统技术行业创业投资退出项目盈亏情况

　　按细分行业划分，2020 年，新能源、高效节能技术项目的账面回报率均值达到约 8.68 倍（表 3-14），随着碳达峰、碳中和理念的提出，新能源技术创新与颠覆性能源技术突破已经成为持续改变世界能源格局、开启全球各国碳中和行动的关键手段，预计新能源、高效节能技术产业将会迎来新一轮投资热潮，并给创业投资基金带来可观的退出回报。此外，水电煤气、医药保健、房地产业、科技服务、软件产业、光电子与光机电一体化等行业的退出平均收益率也较为靠前。

表 3-14　2020 年主要行业投资退出平均收益率[②]　　　　单位：%

投资行业	退出平均收益率
新能源、高效节能技术	867.99
水电煤气	253.58

① 有效样本数为 383 份。
② 有效样本数为 654 份。

投资行业	退出平均收益率
医药保健	215.42
房地产业	175.83
科技服务	172.01
软件产业	148.37
光电子与光机电一体化	133.65
农林牧副渔	123.86
传统制造业	111.20
金融保险业	106.25
半导体	101.09
其他行业	100.55
生物科技	78.51
新材料工业	58.96
社会服务	58.02
其他制造业	55.93
网络产业	53.13
消费产品和服务	35.34
通信设备	34.93
IT 服务业	34.36
交通运输仓储和邮政业	20.01
环保工程	15.77
建筑业	14.49
采掘业	5.23
传播与文化娱乐	−0.34
其他 IT 产业	−10.29
计算机硬件产业	−11.21
批发和零售业	−28.29

4

中国创业投资的绩效

4.1 创业投资机构的收入

4.1.1 投资机构的收入

2020 年，中国创业投资机构投资相关业务 [①] 总收入和平均收入分别为 238.31 亿元和 1519.81 万元（图 4-1），总收入和平均收入均有所提高。

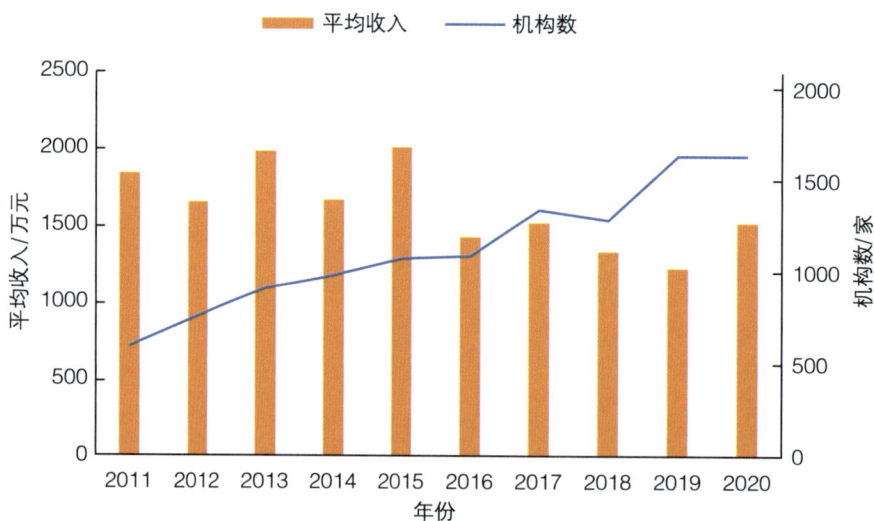

图 4-1　2011—2020 年投资机构收入趋势

[①]　1590 家机构披露了收入相关信息，剔除异常值后，保留 1568 家机构投资收入数据。2011—2019 年统计收入为主营业务收入，2020 年统计投资相关收入，投资相关收入主要来源于股权转让、分红、基金清算、管理费、咨询费等。

2011 年以来，填写收入的机构数量逐年增加，从最初的不足 1000 家增长到接近 1600 家。2016 年以来，中国创业投资机构的平均投资收入整体上维持在 1500 万元的水平，2018 年和 2019 年，受中美贸易摩擦和新冠病毒大流行影响，平均收入下降明显；到 2020 年，中国创业投资机构的平均投资收入有所反弹，再次达到 1500 万元水平，但与历史最高水平还是有差距。

4.1.2　投资机构的收入来源结构

2020 年，940 家[①]创业投资机构获得了投资相关收入，其中获得管理费收入的机构数最多，而专业投资机构最大的收入来源是股权转让收入。

① 超过一半机构获得了管理费收入。2020 年，有 493 家机构获得管理费收入，占有投资收入机构总数的 52.45%；424 家机构获得分红收益，占比达到 45.11%；353 家机构获得股权转让收入，占比为 37.55%；149 家机构获得咨询费收入，占比为 15.85%；只有 15 家机构从基金清算中获得收入，占比仅为 1.60%。

② 股权转让为创业投资机构带来最大收入。353 家机构获得的股权转让收入占机构全部投资收入的 67.47%，来自分红的收入占比为 17.69%，来自管理费和咨询费的收入占比分别为 13.54% 和 1.04%，而来自基金清算的收入占比为 0.26%（图 4-2）。

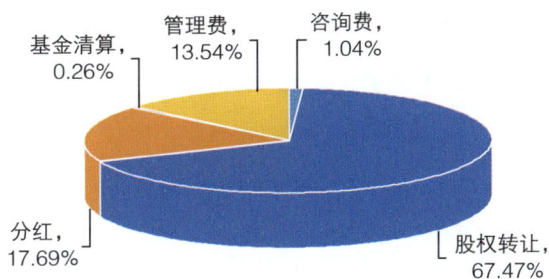

图 4-2　2020 年投资机构收入来源比例

③ 管理费收入主要由创业投资管理公司获得。获得管理费收入的创业投资机构中有 73.43% 为管理公司，仅有不到 30% 的投资基金获得了管理费收入；相应的，披露收入情况的管理公司中有 65.30% 的机构获得了管理费收入，23.75% 的机构获得了分红收入，18.00% 的机构获得了咨询费收入，13.54% 的机构获得了股权转让收入，2.41% 的机构从基金清算中获得收入。

④ 股权转让收入主要由创业投资基金获得。获得股权转让收入的机构中有 79.32% 为投资基金，只有不到 30% 为管理公司。但是大部分投资基金并未从股权转让中获得收入，披

① 仅包括各项收入大于 0 元的机构。

露收入的投资基金中有 27.21% 的机构获得股权转让收入，28.77% 的机构获得分红收入，12.73% 的机构获得管理费收入，5.05% 的机构获得咨询费收入，0.19% 的机构获得基金清算收入。

4.1.3 投资机构当年最大收入来源 [1]

2020 年统计调查 [2] 显示，中国创业投资机构最大收入来源分布与往年相比未发生显著的结构变化，但具体占比发生了较大变化。

① 不同最大收入来源的机构分布。[3] 以股权转让为最大收入来源的机构占 32.5%，以分红为最大收入来源的机构占 21.8%，二者合计为 54.3%；以管理费、咨询费为最大收入来源的机构占比为 45.3%，其中以管理费为最大收入来源的机构占比为 40.4%，以咨询费为最大收入来源的机构占比为 4.9%；以基金清算为最大收入来源的机构占比为 0.4%（图 4-3、表 4-1）。

② 投资基金中以股权转让为最大收入来源的机构占比为 46.70%，以分红为最大收入来源的机构占比为 29.30%，以管理费或咨询费为最大收入来源的机构占比为 17.58%。相应的，以股权投资为最大收入来源的机构中，投资基金占比为 83.33%，管理公司占比不足 20%。

③ 管理公司中以管理费或咨询费为最大收入来源的机构占比为 76.15%，其中以管理费为最大收入来源的机构占比达到 69.44%；以股权转让为最大收入来源的机构占比为 11.81%，以分红为最大收入来源的机构占比为 10.42%。相应的，以管理费为最大收入来源的机构中，有 96.77% 是管理公司，投资基金占比不足 5%。

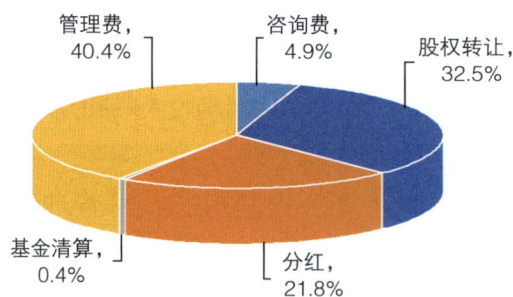

图 4-3　2020 年中国创业投资机构最大收入来源结构

---

[1] 有效样本数为 849 份。

[2] 2020 年对机构收入分类进行了调整，不再区分主营业务收入和非主营业务收入，仅区分收入类别，在保留股权转让、分红、管理费和咨询费的基础上，增加基金清算，并对管理费和咨询费单独统计；取消了主营业务收入中的其他收入，单列其他收入。

[3] 由于存在一种以上收入来源比重相同且均为最大的情况，最大收入来源占比合计大于 100%。

表4-1　2011—2020年中国创业投资机构的最大收入来源结构　　　　单位：%

年份	股权转让	分红	管理费、咨询费等	其他
2011	36.8	15.5	30.4	17.3
2012	34.1	16.5	28.9	20.5
2013	37.1	15.0	27.4	20.5
2014	26.9	19.1	30.5	23.5
2015	27.8	18.8	35.9	17.5
2016	25.8	17.6	41.3	15.3
2017	22.2	17.0	44.3	16.5
2018	23.2	20.4	39.3	17.2
2019	23.9	10.2	59.7	6.2
2020	32.5	21.8	45.3	0.4[①]

4.2　创业投资项目的收益情况

2020年调查显示，2190家创业投资机构新增投资项目2737项，其中962项披露了主营业务收入信息。

4.2.1　不同规模被投资项目的数量分布[②]

与2019年相比，2020年创业投资机构新增投资项目的分布情况主要变化如下（表4-2、图4-4）。

表4-2　2011—2020年不同规模被投资项目的数量占比分布　　　　单位：%

年份	100万元以下	100万~500万元	500万~1000万元	1000万~3000万元	3000万~5000万元	5000万元以上
2011	14.9	6.7	4.7	10.0	5.4	58.3
2012	20.3	7.7	5.5	9.8	6.7	49.9
2013	29.9	10.7	4.6	10.4	5.9	38.6
2014	54.0	5.8	3.4	8.7	4.8	23.3
2015	34.9	13.9	6.8	11.1	4.2	29.1

---

① 2020年为以基金清算为最大收入来源的机构占比。
② 有效样本数为1062份。

续表

年份	100 万元以下	100 万 ~ 500 万元	500 万 ~ 1000 万元	1000 万 ~ 3000 万元	3000 万 ~ 5000 万元	5000 万元以上
2016	36.8	13.3	6.5	12.2	4.7	26.5
2017	28.6	12.0	6.4	11.3	6.0	35.7
2018	32.8	12.8	7.4	11.3	5.3	30.5
2019	29.4	13.5	7.8	12.5	7.2	29.7
2020	31.5	10.6	6.2	12.4	5.8	33.5

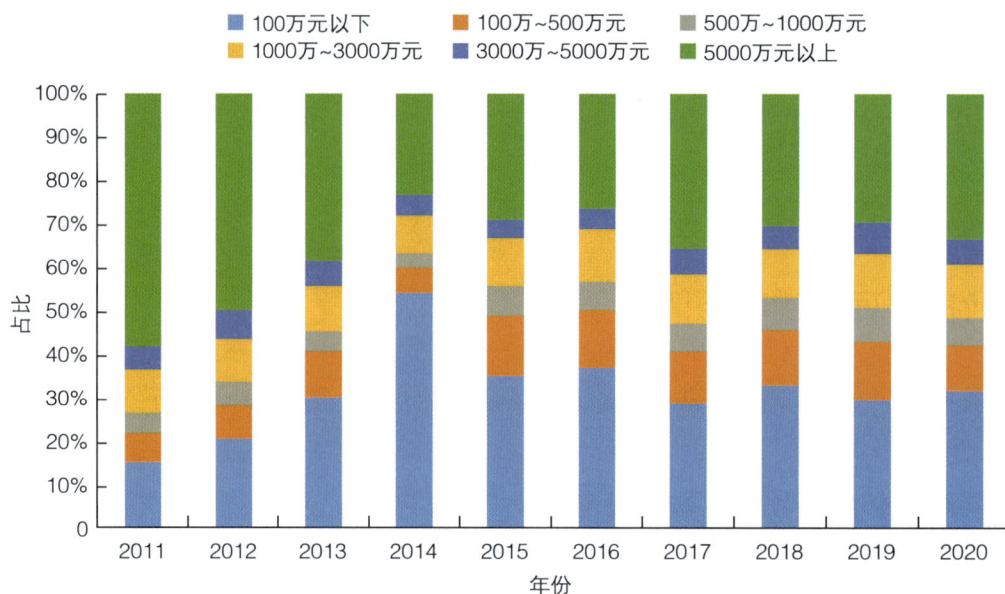

图 4-4　2011—2020 年不同规模被投资项目的主营业务收入分布

① 2020 年新增投资项目的主营业务收入仍然呈 W 形分布。主营业务收入 5000 万元以上和 100 万元以下的项目占比均有所回升，其他规模项目占比均有不同程度下降。

② 小规模项目占比略有提高。主营业务收入 100 万元以下的项目占比较上年上升了 2.1 个百分点。

③ 中等规模项目占比有所下降。主营业务收入 100 万 ~ 500 万元的项目占比降低了 2.9 个百分点，500 万 ~ 1000 万元的项目占比降低了 1.6 个百分点，1000 万 ~ 3000 万元的项目占比降低了 0.1 个百分点，3000 万 ~ 5000 万元的项目占比降低了 1.4 个百分点。

④ 大项目占比有所提高。主营业务收入 5000 万元以上的项目占比为 33.5%，较上年上升了 3.8 个百分点。

4.2.2　不同规模被投资项目的平均主营业务收入

2020 年，不同主营业务收入规模的中国创业投资机构投资项目的平均主营业务收入分化明显（表 4-3）。[①]

表 4-3　2011—2020 年不同规模被投资项目的平均主营业务收入　　　单位：万元

年份	100 万元以下	100 万～500 万元	500 万～1000 万元	1000 万～3000 万元	3000 万～5000 万元	5000 万元以上
2011	13.0	281.0	759.0	1971.0	3951.0	62 777.0
2012	13.0	281.0	729.0	2170.0	4030.0	37 292.0
2013	13.0	253.0	776.0	1915.0	4040.0	64 047.0
2014	33.0	290.0	725.0	1871.0	4028.0	775 370.0
2015	16.0	249.4	741.1	1775.4	3883.5	52 008.3
2016	14.6	277.9	765.2	1824.2	3948.5	33 239.5
2017	13.9	270.8	753.0	1740.0	4038.9	75 334.2
2018	14.1	277.9	757.0	1853.4	4064.4	92 073.1
2019	1.1	265.6	710.1	1873.9	4009.3	47 750.0
2020	10.8	249.1	726.0	1745.2	4137.5	85 940.4

① 小项目收入能力不强。2020 年，小规模项目收入较低，主营业务收入 100 万元以下的项目，平均主营业务收入仅为 10.8 万元，虽然较 2019 年上升明显，但依然处于近 10 年的较低水平，说明小规模项目亏损情况依然普遍。

② 中型项目的收入比较平均。2020 年，规模为 100 万～500 万元、500 万～1000 万元、1000 万～3000 万元和 3000 万～5000 万元的项目收入分布相对均衡，各组别平均主营业务收入均接近组别中间值。

③ 大项目收入下降明显。2020 年，主营业务收入 5000 万元以上的项目平均主营业务收入依然较高，超过 8 亿元[②]。

---

① 有效样本数为 962 份。
② 规模较大的被投资项目数量相对较少，但个别大项目对该组别项目的平均值影响较大，因此该组别项目的主营业务收入波动较大。

4.3 创业投资项目的总体运行与趋势

4.3.1 被投资项目总体运行情况

截至 2020 年年底，中国创业投资机构[①] 累计投资项目达到 25 411 项，其中，继续运行项目占 71.85%；原股东（创业者）、管理层收购项目占比为 11.25%，境内外上市项目占比为 8.19%，包括境内上市 6.92% 和境外上市 1.27%；被境内外机构收购项目占比为 5.21%；清算的项目占比为 3.50%（图 4-5）。

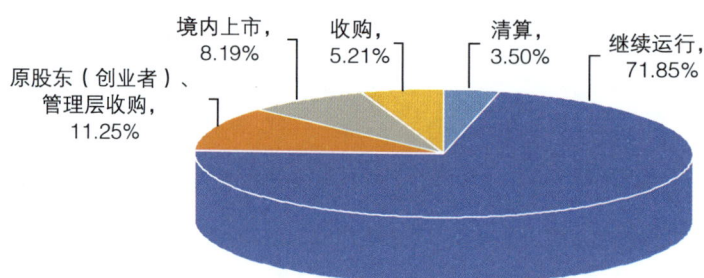

图 4-5　2020 年累计被投资项目的总体运行情况

4.3.2 被投资项目总体运行趋势

近 10 年来，中国创业投资机构累计投资项目的运行情况整体上处于较为平稳的结构。继续运行项目的比重始终保持在 70% ~ 80%；上市和收购等退出渠道的比重分化不大，清算项目占比不高（表 4-4）。

表 4-4　2011—2020 年累计被投资项目的总体运行状况分布　　　　单位：%

年份	已上市		被收购		原股东（创业者）收购	管理层收购	继续运行	清算
	境内	境外	境内收购	境外收购				
2011	6.7	1.5	3.6	0.2	8.0	1.4	76.9	1.7
2012	6.7	1.4	3.3	0.1	7.2	1.0	78.9	1.4
2013	5.7	0.9	3.8	0.1	8.7	2.7	76.4	1.7
2014	6.0	1.6	4.4	0.3	6.6	0.7	79.0	1.4
2015	8.0	1.3	4.9	0.2	7.6	1.4	74.7	1.9
2016	6.6	0.3	4.8	0.1	7.9	1.1	76.5	2.7
2017	7.0	0.3	5.4	0.3	7.3	1.4	74.8	3.5

---

① 有效样本数为 1859 份。

年份	已上市		被收购		原股东（创业者）收购	管理层收购	继续运行	清算
	境内	境外	境内收购	境外收购				
2018	6.5	0.6	5.6	0.1	7.5	1.0	74.9	3.8
2019	4.7	0.9	3.6	0.1	6.6	0.9	78.3	4.9
2020	6.9	1.3	5.1	0.1	9.5	1.7	71.9	3.5

① 继续运行的项目占比与资本市场息息相关。累计投资项目中继续运行项目占比始终在 70% ~ 80%，且超过一半年份处于 75% 上下，整体上与境内资本市场的行情高度相关，市场表现好时继续运行项目比重会下降，市场表现差时继续运行项目比重会上升。

② 原股东或管理层收购是退出的首要渠道。累计投资项目中原股东或管理层收购的项目比重整体上保持在 7% ~ 10%，大部分年份仅次于继续运行项目比重，说明这是中国创业投资项目最重要的退出渠道。

③ 上市项目占比波动相对较大。累计投资项目中上市项目占比有所波动，虽然整体上保持在 5% ~ 10%，但是相对于继续运行及原股东或管理层收购而言，波动范围更大。

④ 并购项目占比呈现上升趋势。累计投资项目中并购项目占比整体上呈现上升趋势，2011—2014 年，并购项目占比低于 5%，2015 年及之后的大部分年份，并购项目占比均超过 5%。

⑤ 清算项目占比增长明显。累计投资项目中清算项目占比从前 5 年的低于 2% 逐步提高到超过 3%，2019 年甚至达到 4.9%。

4.4 创业投资机构的总体运行情况评价

4.4.1 投资机构对全行业发展情况的评价 ①

2020 年，2039 家创业投资机构对全行业发展情况给出评价，整体评价分布出现左移（图 4-6），很大程度上得益于国内新冠肺炎疫情的有效防控；2020 年，中国创业投资机构对全行业的评价整体偏向保守，但乐观评价比重明显提高，认为全行业发展"非常好"和"较好"的机构比重达到 36.1%，不仅远高于 2019 年的 23.1%，也高于上年预期（26.9%）；而认为"不好"和"非常不好"的机构比重合计为 15.1%，较 2019 年实际评价及 2019 年预期分别低 7.1 个百分点和 5.7 个百分点；认为全行业整体发展一般的机构比重为 46.0%，下降了 6.2 个百分点，与上年预期水平接近（44.6%）；对行业整体发展评价不确定的比重略有提高，为 2.8%，明显低于上年预期（表 4-5）。

① 有效样本数为 2039 份。

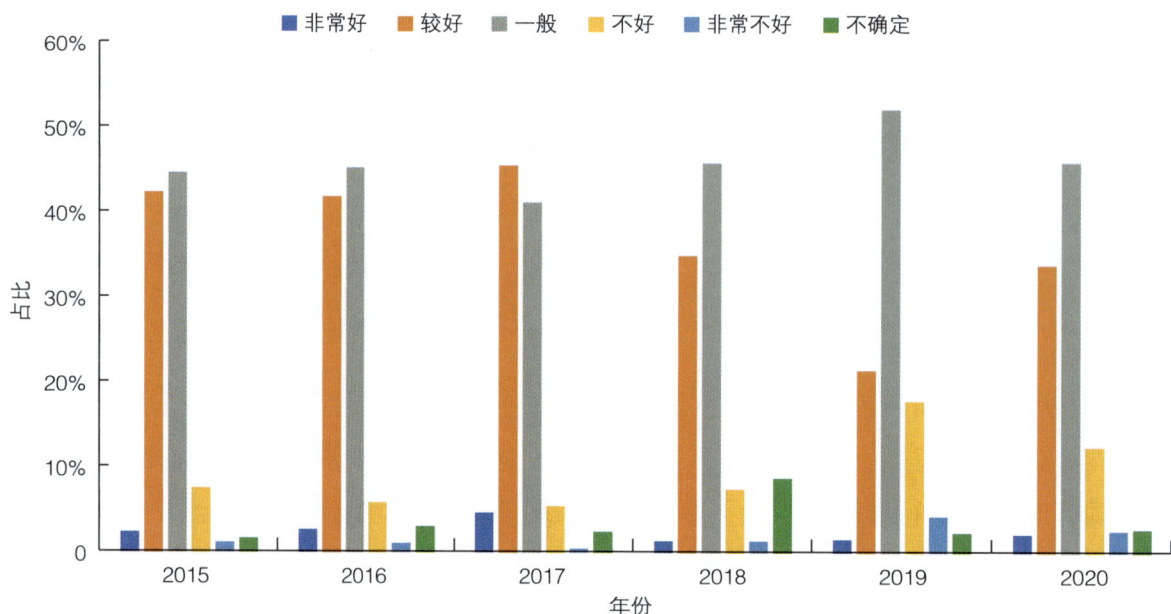

图 4-6　2015—2020 年投资机构对全行业的整体评价分布

表 4-5　2015—2020 年投资机构对全行业的整体评价分布

单位：%

年份	非常好	较好	一般	不好	非常不好	不确定
2015	2.4	42.4	44.7	7.6	1.2	1.7
2016	2.7	41.9	45.3	5.9	1.1	3.1
2017	4.7	45.6	41.2	5.5	0.5	2.5
2018	1.4	35.0	45.9	7.5	1.4	8.8
2019	1.6	21.5	52.2	17.9	4.3	2.4
2020	2.2	33.9	46.0	12.5	2.6	2.8

4.4.2　投资机构的投资前景预测 [①]

对于 2021 年投资前景，中国创业投资机构整体上给出了明显乐观的预测。超过一半机构对 2021 年投资前景预期乐观，其中预期"非常好"的机构占比为 4.2%，预期"好"的机构占比达到了 49.9%，相应的，预期"不好"和"非常不好"的机构占比仅为 5.9%，预期"不好"的机构占比下降了 12.7 个百分点。（表 4-6、图 4-7）。

投资机构一直认为宏观环境对创业投资影响大，2020 年超过 60% 的机构认为"目前宏观经济对创投业的影响大"，其中 9.9% 的机构认为"非常大" [②]。表 4-6 数据显示，相对

---

① 有效样本数为 2044 份。
② 有效样本数为 2038 份。

于 2018 年以来相继爆发的中美贸易摩擦和新冠病毒大流行带来较大的不确定性，对 2021 年前景预测不确定的机构占比为 4.1%，下降到 2017 年的水平。

表 4-6　2018—2021 年投资机构对投资前景的预测分布　　单位：%

年份	非常好	好	一般	不好	非常不好	不确定
2018	7.4	53.7	31.3	2.4	0.3	4.8
2019	2.4	43.5	41.1	4.6	0.7	7.6
2020	1.7	25.2	44.6	17.3	3.5	7.7
2021	4.2	49.9	36.0	4.6	1.3	4.1

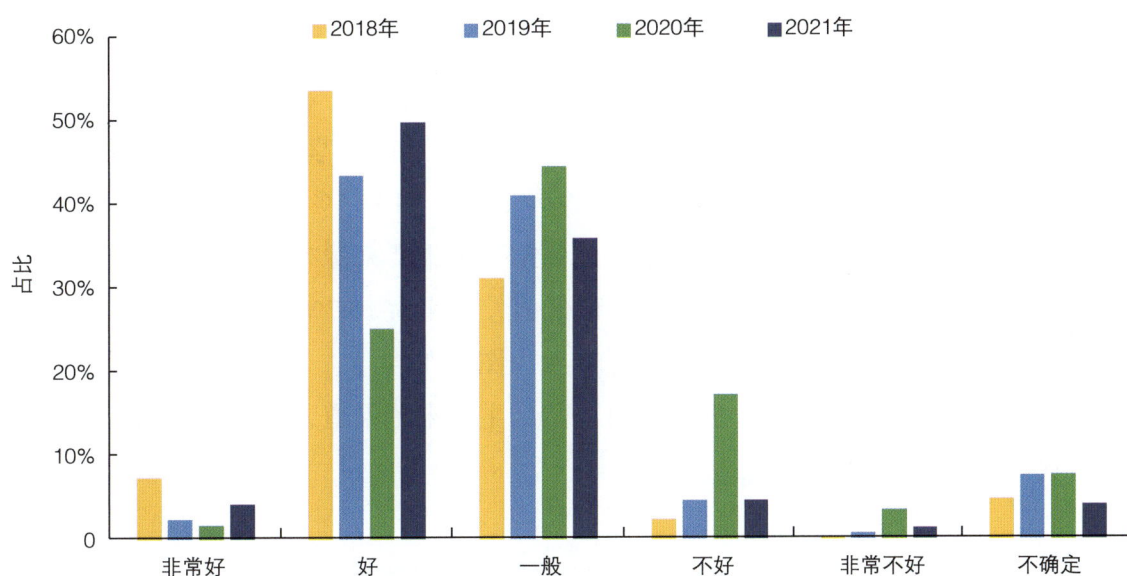

图 4-7　2018—2021 年投资机构对投资前景的预测分布

5

中国创业投资的经营管理

5.1 中国创业投资项目来源

2020 年，创业投资的项目来源渠道仍然以"政府部门推荐"、"项目中介机构"和"朋友介绍"为主[①]，三者累计占比为 54.7%。其中，"政府部门推荐"与 2019 年相同，"项目中介机构"和"朋友介绍"均有所增加，分别为 18.8% 和 14.5%。2020 年，"股东推荐"占比超过"科技金融服务平台"来源渠道，成为第 4 个重要来源渠道，占比为 12.3%，"科技金融服务平台"达到自增加该渠道以来的最低值，占比为 10.7%。2020 年，"媒体宣传"首次超过"银行介绍"，占比达 1.8%。（表 5-1、图 5-1）。

总体来看，通过"中介渠道"获得信息仍然是主要来源渠道，占比为 65.1%，较"自有渠道"占比高出 30.3 个百分点[②]。

表 5-1　2011—2020 年创业投资机构获取项目信息的来源渠道[③]　　　　单位：%

年份	政府部门推荐	项目中介机构	朋友介绍	股东推荐	科技金融服务平台	众创空间（孵化器）	项目业主	其他	媒体宣传	银行介绍
2011	25.4	18.5	18.7	13.3	—	—	11.7	2.1	2.8	7.4
2012	25.2	18.6	19.2	13.2	—	—	11.5	3.2	2.2	6.9
2013	25.5	19.1	19.9	13.2	—	—	10.1	3.6	2.6	6.0

---

① 有效样本数为 2059 份。

② 自有渠道：朋友介绍、股东推荐、项目业主；中介渠道：政府部门推荐、项目中介机构、银行介绍、媒体宣传、众创空间（孵化器）、科技金融服务平台及其他。

③ 表格排序按 2020 年调查数据排列。以下表格排序相同。

续表

年份	政府部门推荐	项目中介机构	朋友介绍	股东推荐	科技金融服务平台	众创空间（孵化器）	项目业主	其他	媒体宣传	银行介绍
2014	24.9	17.1	17.7	14.3	—	—	11.0	3.6	3.9	7.4
2015	21.3	15.2	14.6	13.9	—	10.4	11.3	2.7	3.5	7.1
2016	20.2	15.1	15.4	14.1	—	11.3	11.5	2.7	3.5	6.1
2017	21.9	16.0	14.0	11.4	11.0	9.1	9.5	3.2	1.4	2.5
2018	22.5	16.5	12.9	9.8	11.7	10.3	8.6	3.4	1.8	2.5
2019	21.4	17.3	13.8	11.4	11.4	8.9	9.0	3.1	1.5	2.2
2020	21.4	18.8	14.5	12.3	10.7	8.3	8.0	3.0	1.8	1.1

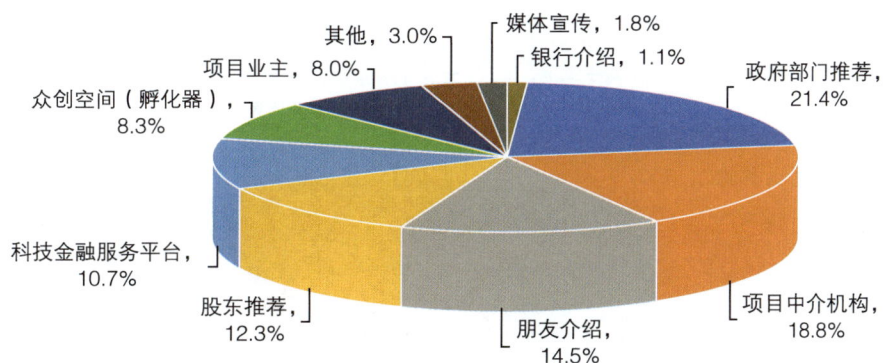

图 5-1　2020 年创业投资机构获取项目信息的来源渠道

5.2　中国创业投资决策要素

总体而言，2020 年影响创业投资机构进行决策的因素与 2019 年相比没有明显变化，"市场前景"、"管理团队"、"技术因素"、"财务状况"及"盈利模式"仍然是影响创业投资机构投资决策的 5 个主要因素[①]（图 5-2、表 5-2），合计占比 91.9%。

---

① 有效样本数为 2057 份。

表 5-2　2013—2020 年影响创业投资机构进行投资决策的因素　　　　单位：%

年份	市场前景	管理团队	技术因素	财务状况	盈利模式	公司治理结构	股权价格	资信状况	竞争对手情况	投资地点	中介服务质量	其他
2013	24.1	22.5	12.7	9.9	12.1	5.1	4.5	3.2	2.9	2.1	0.6	0.3
2014	24.3	21.4	13.7	8.8	11.7	5.6	4.4	3.7	3.3	2.1	0.7	0.4
2015	20.3	18.2	12.7	11.0	10.8	7.2	5.8	5.1	4.7	2.6	1.1	0.6
2016	18.3	17.2	12.2	11.6	10.3	8.1	6.4	5.7	5.4	3.3	1.1	0.4
2017	30.5	24.7	17.9	9.9	8.3	2.6	2.5	1.3	1.1	0.8	0.2	0.2
2018	31.0	24.1	17.8	9.9	8.6	2.9	2.0	1.4	1.1	0.8	0.3	0.2
2019	30.2	25.1	19.1	9.2	8.5	3.0	1.6	1.1	0.9	0.8	0.2	0.1
2020	31.2	24.2	21.0	9.2	6.3	3.4	1.6	0.9	1.1	0.7	0.1	0.2

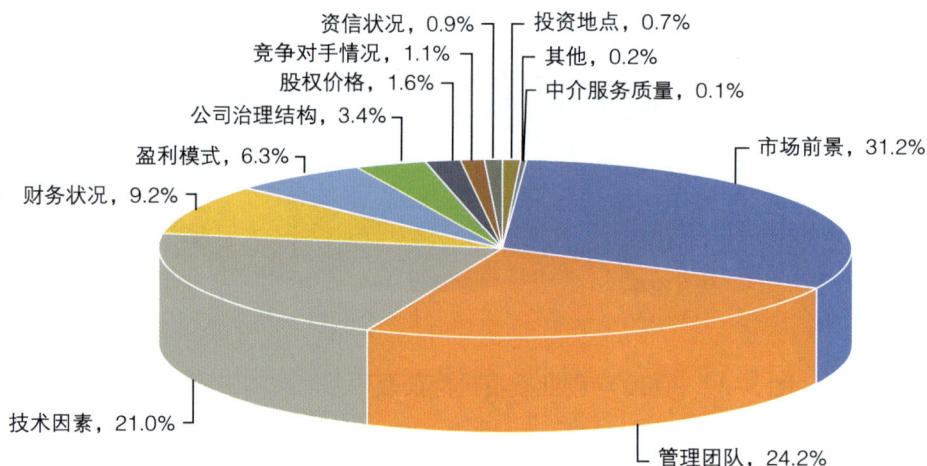

图 5-2　2020 年影响创业投资机构进行投资决策的因素

5.3　中国创业投资对被投资项目的管理方式

　　与 2019 年相比，2020 年创业投资机构对被投资项目的管理方式没有明显变化。"提供管理咨询"占比从 2019 年的 41.7% 略下降至 40.7%。"董事会席位"和"只限监管"分别占比为 33.5% 和 17.0%，分别较 2019 年下降了 3.1 个百分点和上升了 0.9 个百分点（图 5-3）[①]。

――――――――

① 有效样本数为 2053 份。

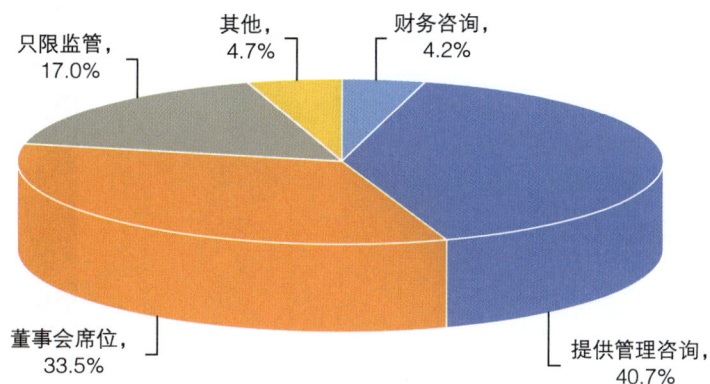

图 5-3　2020 年创业投资机构对被投资企业的管理方式

2020 年，"一般参股"仍然是创业投资机构的主要方式 [①]（表 5-3、图 5-4），占比较 2019 年上升了 2.1 个百分点。与 2019 年相比，"绝对控股"和"相对控股"分别下降了 0.3 个和 1.9 个百分点。

表 5-3　2011—2020 年创业投资机构股权参与程度　　　单位：%

年份	绝对控股	相对控股	一般参股
2011	4.9	8.6	86.5
2012	4.4	11.0	84.6
2013	5.2	10.2	84.6
2014	3.4	12.3	84.3
2015	3.5	7.1	89.5
2016	3.1	7.9	89.0
2017	2.4	7.4	90.2
2018	4.6	7.8	87.6
2019	2.8	6.2	91.1
2020	2.5	4.3	93.2

① 有效样本数为 2053 份。

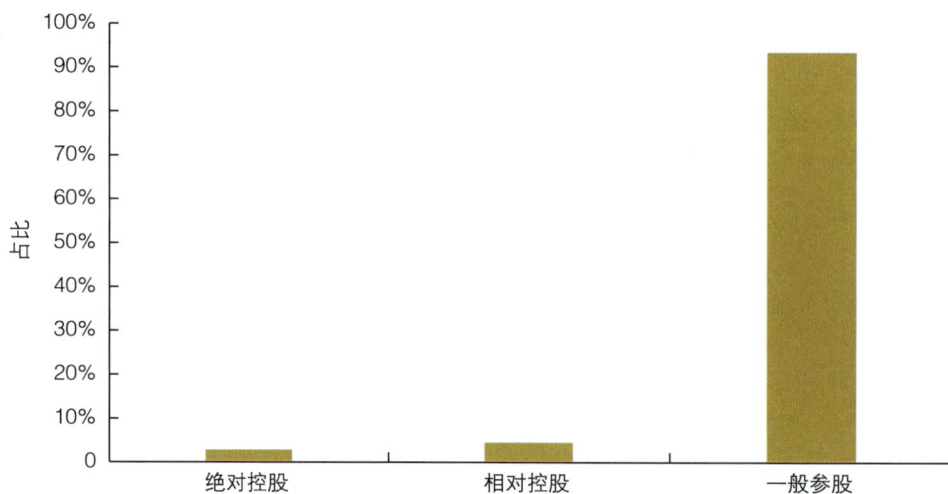

图 5-4　2020 年创业投资机构股权参与程度

5.4　与创业投资经营管理有关的人力资源因素

整体而言，2020 年合格的创业投资经营管理从业人员所具备的基本素质要求与 2019 年没有明显变化[①]。"资本运作能力"仍然是合格的创业投资人员应具备的首要素质，从 2019 年的 25.3% 上升至 26.5%。"判断力和洞察力"较 2019 年下降 2 个百分点，以 18.5% 占总排名的第 2 位。与 2019 年相比，"技术背景"取代"财务管理能力"，以 17.9% 的占比排在第 3 位。"商务谈判能力"和"人际关系网络和协调能力"则分别以 11.5% 和 7.9% 位于应该具备素质的第 5 项和第 6 项（图 5-5）。

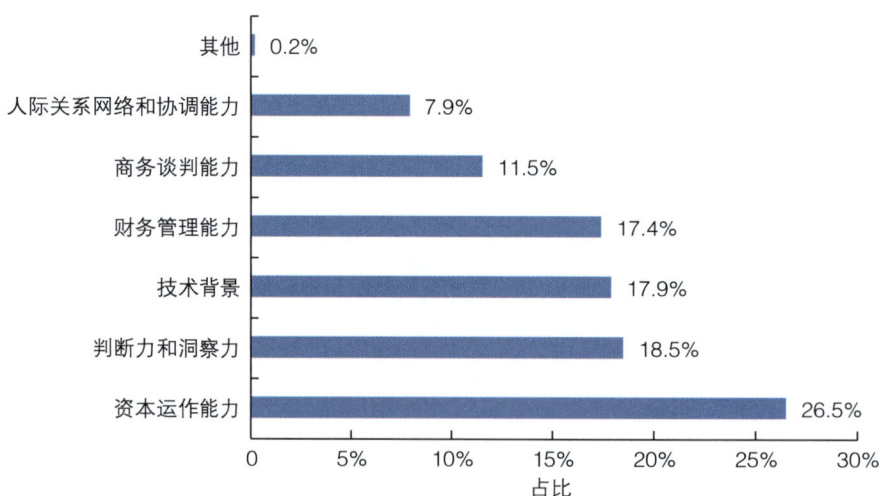

图 5-5　2020 年合格的创业投资人员应该具备的素质

---

① 有效样本数为 2046 份。

图5-6给出了2020年创业投资人员相对缺乏的专业知识的统计情况[①]。与2019年相比，"技术评估"和"资本运作"仍然是创业投资人员最缺乏的两项能力，分别占比21.4%和18.3%；"企业管理"以15.9%的比重排在第3位。前3项累计占比为55.6%。"项目识别"和"技术背景"分别以13.7%和13.2%的比重排名在第4位和第5位。总体来看，"技术评估"和"技术背景"占比之和连续6年占比超过30%，因此，创业投资人员对技术的识别与判定、缺少既懂金融又懂技术的复合型人才仍在一定程度上制约着创业风险投资的发展。"法律知识"、"财务管理能力"及"商务谈判能力"占比分别为7.0%、6.1%及3.8%。

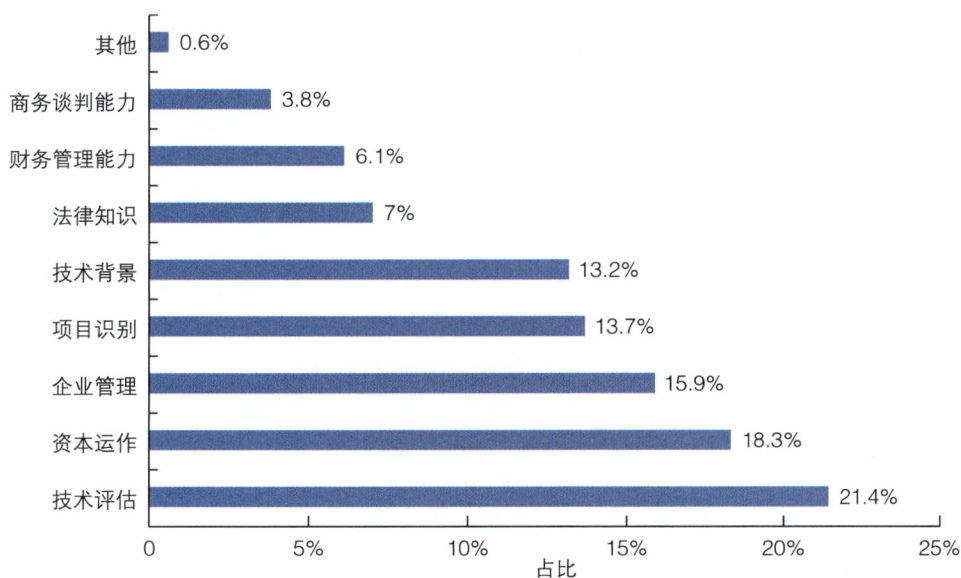

图5-6　2020年创业投资人员相对缺乏的专业知识

5.5　投资效果不理想的主要原因

2020年，受新冠肺炎疫情影响，"市场竞争"成为投资效果不理想的首要原因，占比为19.1%，其次是"政策环境变化"和"退出渠道不畅"，分别占比为17.6%和17.1%[②]。可以看出，近年来我国创业投资行业受"退出渠道不畅"和"政策环境变化"两项政策要素影响的程度正在逐年下降，累计占比从2013年的53.3%下降到2020年的34.7%；"后续融资不力""内部管理水平有限""技术不成熟""缺乏诚信"等来自被投项目本身的因素对投资效果的影响略有波动，其占比从2013年的24.0%上升到2020年的45.4%（表5-4、图5-7）。

---

①　有效样本数为2051份。

②　有效样本数为2043份。

表 5-4　2013—2020 年创业投资机构投资效果不理想的主要原因　　　　单位：%

年份	市场竞争	政策环境变化	退出渠道不畅	后续融资不力	内部管理水平有限	技术不成熟	缺乏诚信	其他
2013	18.2	26.7	26.6	5.7	8.4	6.8	3.1	4.6
2014	19.4	23.4	25.4	8.0	9.5	7.1	2.6	4.6
2015	17.6	23.7	26.2	8.4	10.3	6.7	2.4	4.7
2016	17.0	23.2	25.9	9.1	10.4	7.7	2.2	4.5
2017	18.3	17.3	18.5	11.5	17.1	12.4	3.9	1.0
2018	17.4	18.7	20.8	13.1	13.9	11.8	0.9	3.4
2019	18.2	17.4	19.4	14.4	14.2	12.9	2.9	0.6
2020	19.1	17.6	17.1	14.3	14.2	14.2	2.7	0.6

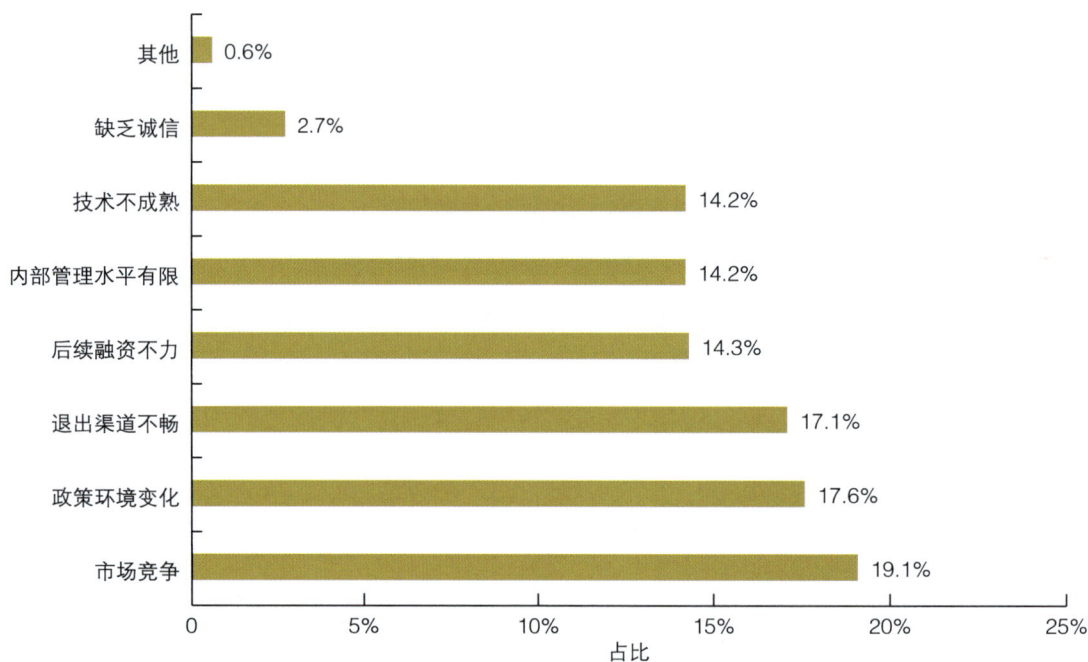

图 5-7　2020 年创业投资机构投资效果不理想的原因

2020 年我们继续对机构首选退出渠道进行了跟踪调查。调查结果显示，"国内主板市场"仍然是各个机构选择上市时的首选渠道[①]，占比较 2019 年略有上升，从 47.3% 上升至 48.7%。此外，随着多层次市场建设的不断完善，选择国内创业板作为首选上市渠道的机构也有了一定程度的提升，从 2019 年的 30.7% 上升到 2020 年的 32.7%；选择国内中小企业板和新三板作为首选上市渠道的机构占比有所下降，分别占比为 11.5% 和 5.7%（图 5-8）。

———————————

① 有效样本数为 2029 份。

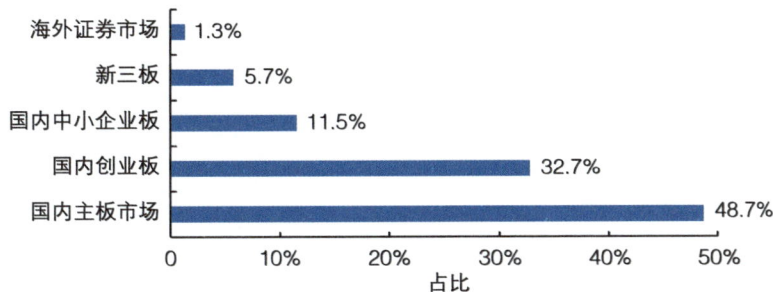

图 5-8   2020 年机构在选择上市退出渠道时的首选

2020 年，随着科创板试点落地、制度不断跟进和完善，我们也针对科创板是否对投资机构有积极作用进行了调查 ①。根据 2036 份有效调查结果显示，有 89.9% 的机构认为"科创板对创业投资具有积极意义"。

5.6   创业投资机构最看好的投资领域

总体来看，创业投资机构最看好的投资领域仍然与国家政策息息相关，关系到国计民生，受到政策支持的行业更容易受到创业投资机构的关注。具体而言，包含人工智能行业的"计算机、通信等电子设备制造业"占比为 25.9%，位列最看好的投资领域。"医药与生物科技"成为 2020 年机构最看好的投资领域第 2 位，占比为 24.4%，较 2019 年的 25.9% 略有下降。而"新能源环保行业""软件与网络行业"分别以 20.2%、9.4% 的占比分列第 3 位、第 4 位②（图 5-9）。

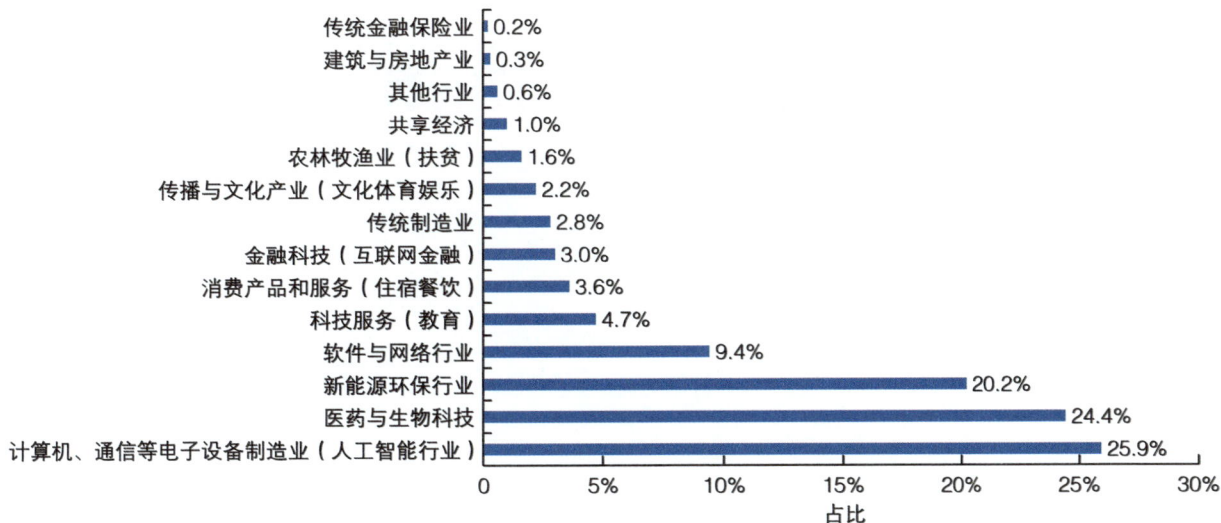

图 5-9   2020 年创业投资机构最看好的投资领域

---

①   有效样本数为 2036 份。

②   有效样本数为 2055 份。

6

中国创业投资区域运行状况

6.1 创业投资机构地区分布

根据调查统计，2020年全国有效创业投资机构总数达3290家，比2019年增加296家，增幅达9.89%，远高于2019年增幅。进一步分析发现，2020年创业投资机构数量的增长，主要来自创业投资基金数量的增长。2020年创业投资基金数量是2192家，比2019年增加192家，增幅达14.47%；而创业投资管理机构数量比2019年只增加了20家，为1098家，增幅是1.86%。

与2019年一样，中国创业投资机构分布在全国31个省（区、市）（表6-1、图6-1），地区分布呈现如下明显特点。

表6-1　2020年中国各地区创业投资机构数量　　　　　　　　单位：家

地区	创业投资机构总数	创业投资基金总数	创业投资管理机构总数
浙江	758	562	196
江苏	697	516	181
北京	506	238	268
广东	277	201	76
山东	174	130	44
上海	118	83	35
陕西	97	33	64
湖南	87	45	42
安徽	64	54	10
福建	56	32	24
天津	54	41	13
山西	46	17	29

地区	创业投资机构总数	创业投资基金总数	创业投资管理机构总数
四川	40	22	18
贵州	40	32	8
湖北	36	20	16
江西	34	33	1
河南	32	21	11
黑龙江	29	19	10
辽宁	28	17	11
重庆	26	16	10
河北	20	19	1
广西	15	8	7
新疆	15	9	6
甘肃	11	11	0
云南	8	3	5
宁夏	7	0	7
吉林	5	4	1
海南	4	1	3
青海	3	3	0
西藏	2	1	1
内蒙古	1	1	0

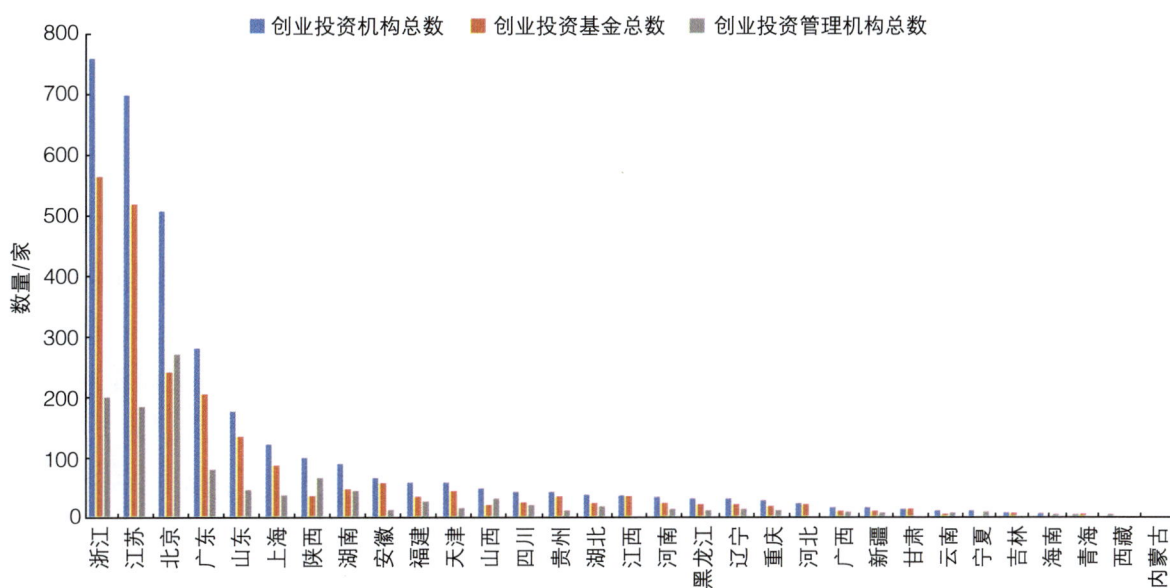

图 6-1　2020 年中国各地区创业投资机构数量

① 整体上，中国创业投资行业仍旧呈现东部沿海和经济发达地区集中、中部地区创业投资机构保持发展态势、西部地区机构数量较少的发展特点。

② 浙江、江苏和北京的创业投资机构数量位居全国前三。这 3 个地区的创业投资机构数量明显高于其他地区，排序也与 2019 年完全相同；三地机构数量合计占全国总数的比重达 59.60%，数量占比相比 2019 年进一步提高。其中，浙江创业投资机构数量稳居全国第一，比 2019 年增加 79 家；江苏依旧排在第 2 位，机构数量比 2019 年增加 94 家；北京排在第三，增加的机构数量较少，只有 15 家。进一步分析发现，浙江、江苏和北京的创业投资机构中，管理机构数量较多；北京市尤为典型，北京市创业投资管理机构有 268 家，超过北京市创业投资机构总数的 50%。

③ 广东、山东、上海的创业投资机构数量继续保持在国内前列，数量都在 100 家以上。其中，广东、山东的创业投资机构数增加较多，广东增加 80 家，山东增加 55 家。

④ 部分地区，尤其是西部不发达地区的创业投资机构数量较少，机构数量都在 10 家以下，包括云南、宁夏、吉林、海南、青海、西藏、内蒙古等，与 2019 年情况基本相同。

6.2　创业投资管理资本的地区分布

表 6-2 和图 6-2 显示了 2020 年我国不同地区创业投资公司的管理资本规模。

2020 年，全国创业投资公司管理资金规模达 11 157.5 亿元，继续保持良好的增长势头，增速达 11.7%，比 2019 年高出近 3 个百分点。2020 年全国创业投资呈现如下地区特征。

① 与 2019 年一样，国内创业投资管理资金主要集中在东部经济发达地区，东西部地区的差距仍较为明显。东部的北京、广东和江苏的创业投资管理资金规模在千亿元以上，而贵州、西藏、内蒙古等地的创业投资管理资金规模在 1 亿元以下。

② 创业投资管理资本向经济发达地区集中的情况越发明显。北京、江苏和广东的创业投资管理资本总量仍然位居全国前三，这 3 个地区创业投资管理资本合计是 7580 亿元，合计占全国总量的 67.94%，比 2019 年高出 2.71 个百分点。浙江和上海的创业投资管理资本分别位居全国第四和第五，上述 5 个地区的创业投资管理资本规模合计达 8794.1 亿元，合计占比达 78.82%，超过全国资本总量的 3/4。不过值得注意的是，广东的创业投资机构数量远少于浙江，但是管理资本规模却是浙江的 2 倍，显示浙江的创业投资机构规模相对较小，这与浙江民营经济占主导有一定关系。

③ 位列第二集团的地区创业投资规模整体增加。湖南、陕西、安徽、山东、天津、四川、黑龙江和福建地区的创业投资管理资本规模都在 100 亿元以上，其中安徽、湖南、山东、四川、天津等地的管理资本规模比 2019 年有所增加。

④ 部分经济欠发达地区的创业投资管理资本呈现较大的规模。2020 年，广西、江西、山西等地的创业投资管理资本都在 50 亿元以上。

⑤ 部分西部地区创业投资不发达，管理资本相对较少。如青海、云南、贵州、西藏、内蒙古等地，创业投资管理资本规模在 5 亿元以下，显示这些地区具有较大的发展空间。

表 6-2　2020 年中国创业投资管理资本的地区分布　　单位：亿元

地区	管理资本总额
北京	3464.9
江苏	2666.9
广东	1448.2
浙江	722.5
上海	491.5
湖南	446.7
陕西	333.9
安徽	270.6
山东	189.5
天津	171.9
四川	138.0
黑龙江	110.4
福建	105.7
河南	98.5
广西	78.3
重庆	77.2
山西	60.2
江西	55.5
湖北	49.0
河北	42.3
吉林	36.7
甘肃	32.8
新疆	27.0

续表

地区	管理资本总额
辽宁	16.7
宁夏	10.3
青海	4.9
云南	3.8
海南	1.1
贵州	1.0
西藏	0.9
内蒙古	0.5

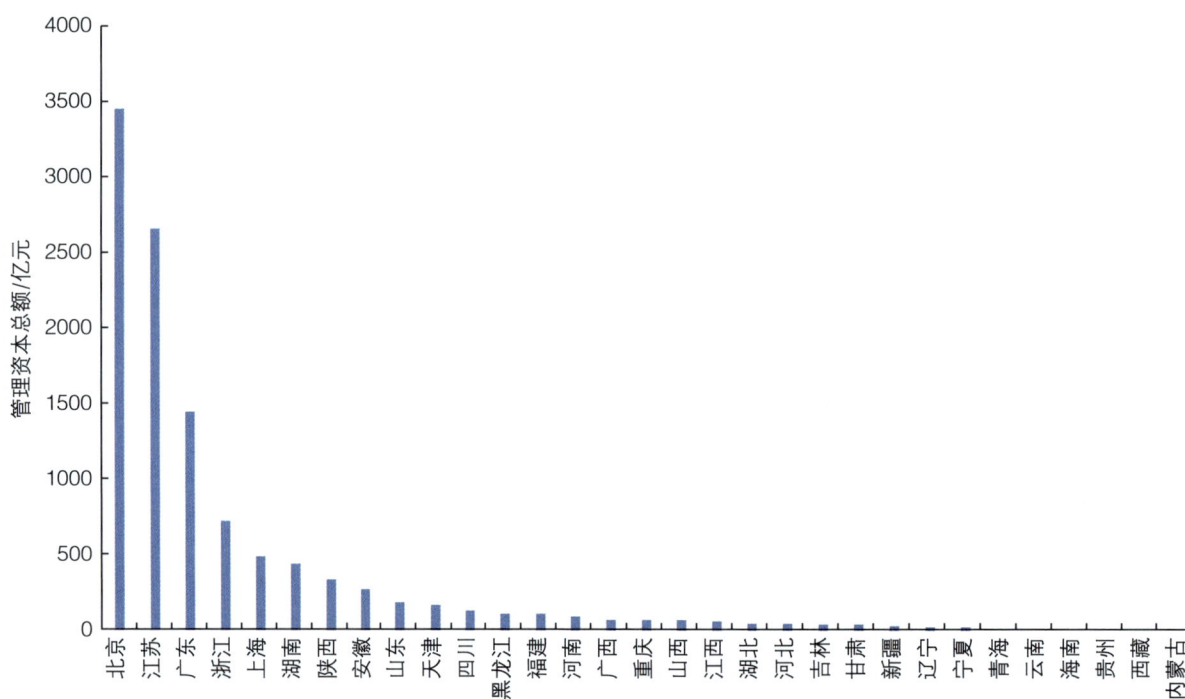

图 6-2　2020 年中国创业投资管理资本的地区分布

6.3　各地区创业投资机构的规模分布

表 6-3 和图 6-3 显示了 2020 年我国不同地区创业投资管理资本的规模分布。

2020 年，国内大部分地区创业投资机构的管理资金集中在 1 亿～ 2 亿元。部分地区小规模的创业投资机构数量较多，如广东、浙江、江苏、海南、内蒙古、河北、宁夏、山西、贵州、广西等地管理资金在 5000 万元以下的创业投资机构最多。其中浙江最明显，有超过 1/3 的创业投资机构管理资金在 5000 万元以下，管理资金超过 5 亿元的机构数量占比只有 8.28%，这也解释了为何创业投资机构排名首位的浙江，其管理资金总量反而只排在第 4 位。

北京比较特殊，创业投资机构的管理资本规模较大，管理资本 5 亿元以上的机构数占比为 59.85%，这与北京的首都位置、很多金融机构总部和高科技企业在北京聚集有关。

江苏和广东的创业投资机构中，不同规模管理资本的机构数量分布相对平均，管理资本在 5000 万元以下的机构数量是最多的，同时 5 亿元以上的机构数量也较多，两地都在 15% 以上，因此两地创业投资管理资本总量仍位居前列。

表 6-3　2020 年各地区创业投资机构的管理资本规模分布　　　　单位：%

地区	5000 万元以下	5000 万 ~ 1 亿元	1 亿 ~ 2 亿元	2 亿 ~ 5 亿元	5 亿元以上
黑龙江	10.34	13.79	37.93	20.69	17.24
云南	25.00	12.50	25.00	—	37.50
四川	21.88	25.00	21.88	21.88	9.38
天津	19.15	12.77	36.17	25.53	6.38
陕西	29.89	11.49	22.99	20.69	14.94
海南	66.67	—	33.33		
重庆	12.00	20.00	12.00	28.00	28.00
安徽	2.56	5.13	30.77	30.77	30.77
内蒙古	100.00	—	—	—	
北京	8.76	5.84	10.22	15.33	59.85
河北	35.00	20.00	20.00	5.00	20.00
辽宁	25.00	25.00	18.75	31.25	—
山东	21.69	13.25	33.73	19.28	12.05
浙江	36.88	21.25	18.75	14.84	8.28
河南	35.71	17.86	14.29	14.29	17.86
宁夏	57.14	—	14.29	28.57	—
新疆	33.33	25.00	16.67	16.67	8.33
江西	33.33	—	33.33	16.67	16.67
山西	45.24	11.90	9.52	28.57	4.76
福建	21.43	11.90	30.95	21.43	14.29

地区	5000万元以下	5000万～1亿元	1亿～2亿元	2亿～5亿元	5亿元以上
贵州	31.58	23.68	23.68	15.79	5.26
湖南	25.68	17.57	12.16	22.97	21.62
西藏	50.00	—	50.00	—	—
江苏	27.96	11.83	23.44	21.29	15.48
广西	38.46	23.08	15.38	15.38	7.69
上海	21.78	8.91	15.84	31.68	21.78
湖北	14.29	10.71	32.14	39.29	3.57
广东	30.93	17.53	19.07	15.46	17.01
青海	—	33.33	33.33	33.33	—
甘肃	—	—	45.45	36.36	18.18
吉林	—	—	—	75.00	25.00

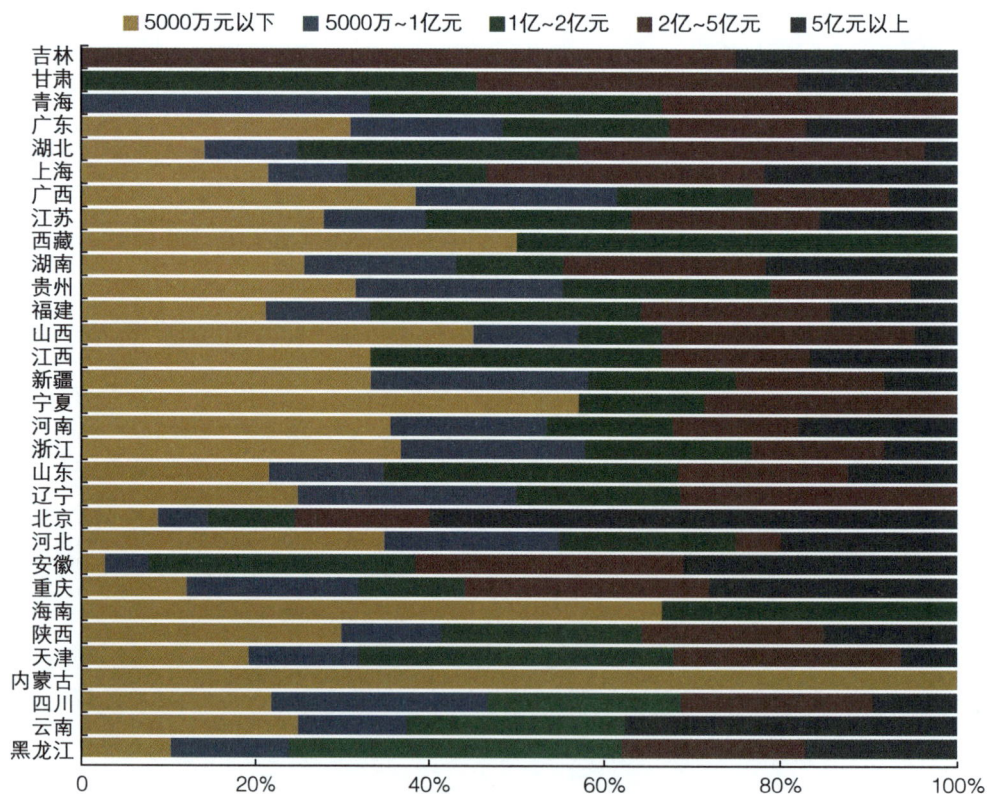

图 6-3　2020 年各地区不同规模创业风险投资机构的数量分布

6.4　各地区创业投资机构的资本来源

6.4.1　按资金来源的机构性质划分

从资金来源性质看，表6-4显示了2020年中国创业投资详细的资本来源。

（1）国内大部分地区创业投资机构的主要资金来源以政府投资为主

以国有独资投资机构、政府引导基金和其他政府财政资金为代表的政府资金仍然是国内大部分地区创业投资机构的主要资金来源。财政资金占比超过50%的地区有18个。其中，安徽、广西、吉林和内蒙古的财政资金占比都在90%以上，湖南、贵州和甘肃的财政资金占比在80%以上。河南、辽宁、云南、湖南和广西是以国有独资投资机构为主，财政资金占比超过了50%。

与2019年一样，2020年仍旧有28个地区通过设立政府引导基金来推动创业投资的发展，其中，北京、黑龙江、陕西、青海、重庆主要以政府引导基金方式支持创业投资。

（2）民营投资机构成为很多地区创业投资机构的重要资金来源

2020年，有30个地区的创业投资资本来源部分来源于民营投资机构，充分显示了民营资本对创业投资的重视程度。其中，民营投资机构资金占比较高的地区有福建、海南、湖北、西藏、天津和浙江。

（3）部分地区个人投资者占比较高

与2019年一样，2020年依旧有28个地区的创业投资管理资本中包含个人资本，其中个人资本占比较高的地区有浙江、福建、广东、湖北、重庆、宁夏、山西、西藏。

（4）部分地区的混合所有制投资机构成为重要资本来源

2020年，有24个地区的创业投资的资本来源于混合所有制投资机构，比2019年少2个；其中，混合所有制投资资金占比较高的地区有云南、河南、宁夏。

（5）外资成为国内部分地区创业投资资本的重要补充

2020年，依旧有10个地区的创业投资资本有外资参与，但是外资资金占比都比较低，最高的是四川，占比是4.0%，其次是浙江，占比是1.5%，其余地区的相应比率都在1%以下。

表6-4　2020年不同地区创业投资机构的资本来源（按机构性质）　　　　单位：%

地区	非营利组织	个人	国有独资投资机构	混合所有制投资机构	境内外资机构	境外投资机构	民营投资机构	其他	其他政府财政资金	政府引导基金
安徽	0.4	0.6	12.6	1.3	0	0	1.5	2.2	79.1	2.3
北京	0.4	7.8	19.4	3.0	0.6	0	30.6	3.4	1.8	32.9
福建	0	20.4	14.8	0.1	0.1	0	35.1	4.8	15.0	9.8

续表

地区	非营利组织	个人	国有独资投资机构	混合所有制投资机构	境内外资机构	境外投资机构	民营投资机构	其他	其他政府财政资金	政府引导基金
甘肃	0	0	19.1	4.1	0	0	15.0	0	2.4	59.4
广东	0	19.3	31.6	3.3	0	0.1	27.3	2.0	9.5	6.9
广西	0	4.2	82.5	3.8	0	0	0.9	0	1.9	6.8
贵州	0	1.4	27.4	0.4	0	0	10.5	5.3	44.0	11.0
海南	0	4.6	0	0	0	0	91.7	0	3.8	0
河北	0	1.3	20.4	0.7	0	0	16.0	14.3	20.4	26.9
河南	0	1.6	53.3	18.4	0	0	7.9	8.7	6.5	3.6
黑龙江	0	2.3	11.5	0.1	0	0	3.0	17.3	30.4	35.3
湖北	0.2	11.9	19.2	3.5	0	0	32.5	7.7	2.5	22.5
湖南	0	5.5	67.7	2.4	0	0	5.3	4.5	4.0	10.6
吉林	0	0	28.8	0	0	0	5.5	0	57.7	8.1
江苏	0	4.2	20.5	7.0	0.3	0.2	13.3	35.2	14.2	5.0
江西	0	5.7	5.8	0	0	0	28.9	43.4	1.7	14.5
辽宁	0	7.1	50.2	7.2	0	0	18.5	2.6	2.9	11.5
内蒙古	0	0	0	0	0	0	0	0	100.0	0
宁夏	0	33.8	11.5	10.7	0	0	33.4	0	0	10.6
青海	0	5.1	0	0	0	0	33.2	0	0	61.7
山东	0	6.6	37.6	1.2	0	0.3	24.1	4.6	5.6	20.0
山西	0	11.3	19.5	7.3	0	0	23.5	18.0	7.4	13.0
陕西	0	4.4	26.6	1.6	0	0	10.6	13.7	2.9	40.2
上海	0	6.0	39.4	4.7	0	0.1	12.7	3.3	3.3	30.4
四川	0	6.7	13.4	1.1	0	4.0	9.8	59.2	2.1	3.7
天津	0	3.2	11.1	5.5	0	0.1	70.7	0.1	3.9	5.4
西藏	0	22.7	0	0	0	0	77.3	0	0	0
新疆	0	5.7	8.0	3.5	0	0	10.2	41.0	17.5	14.1
云南	0	2.9	58.8	21.8	0	0	4.7	0.8	0	11.1
浙江	0	16.7	5.0	3.7	0.9	0.6	60.7	1.2	1.4	9.8
重庆	0	15.9	20.8	0	0.3	0	20.2	6.8	3.6	32.4

6.4.2 按金融资本类型划分

从金融资本/非金融资本角度来看，如表6-5所示，2020年中国创业投资机构的资本来源呈现如下特点。

（1）国内大部分地区的创业投资资金来源以非金融资本为主

与往年相同，国内各个地区创业投资的资本还是主要来源于非金融资本。其中，非金融资本占比较高的地区是安徽、山东、海南、内蒙古、上海、四川、天津和广西等。

值得注意的是，一些地区创业投资机构的资本，来自已设立基金的比例较高，如浙江、甘肃、吉林、青海等地，其中青海的创业投资资本则全部来源于基金。

（2）个别地区创业投资资本中银行资本占比较高

2020年，有更多地区的创业投资资本来源于银行，共计20个，比2019年多2个，显示越来越多的地区银行关注创业投资。其中，个别地区银行资金占比较高，如最高的湖南是16.9%，占比排第2位的辽宁是9.2%。

（3）部分地区的创业投资资本中证券、保险、信托资金较多

2020年，国内很多地区的创业投资获得证券、信托和保险等公司的支持，来源于证券和信托机构投资的地区都是8个，来源于保险投资的地区有3个，不过数量都少于2019年。

广西和黑龙江的创业投资资本来源于信托机构的较多，而湖南的创业投资资本来源于证券机构的较多。

表6-5 2020年不同地区创业投资的资本来源（按金融资本类型） 单位：%

地区	非金融资本	基金	其他金融资本	信托公司	银行	证券公司	保险公司
安徽	94.0	4.3	1.3	0	0.2	0.2	0
北京	42.5	25.6	26.6	0.2	3.3	0.3	1.5
福建	62.1	15.7	19.0	0	3.3	0	0
甘肃	44.8	55.1	0.1	0	0	0	0
广东	67.2	13.6	14.7	0	2.8	0.2	1.5
广西	88.1	5.4	3.3	3.1	0	0	0
贵州	66.3	25.1	8.0	0	0.7	0	0
海南	91.7	0	3.8	0	4.6	0	0
河北	46.7	5.7	43.3	0	4.4	0	0
河南	71.2	26.3	2.1	0.4	0.1	0	0
黑龙江	77.7	3.2	9.0	7.3	2.8	0	0
湖北	59.3	31.4	5.7	0	3.6	0	0
湖南	30.7	33.6	14.4	0.6	16.9	3.8	0

续表

地区	非金融资本	基金	其他金融资本	信托公司	银行	证券公司	保险公司
吉林	14.6	57.5	27.9	0	0	0	0
江苏	72.3	22.3	0.1	1.5	2.9	0.1	0.8
江西	50.7	6.7	42.6	0	0	0	0
辽宁	72.9	5.1	11.0	0	9.2	1.8	0
内蒙古	100.0	0	0	0	0	0	0
宁夏	78.9	20.0	1.2	0	0	0	0
青海	0	100.0	0	0	0	0	0
山东	91.2	8.2	0.5	0	0.1	0	0
山西	70.6	25.4	0.8	0	3.3	0	0
陕西	50.7	33.4	14.0	0	2.0	0	0
上海	85.4	9.9	4.7	0	0.1	0	0
四川	86.9	5.5	5.5	0	2.0	0	0
天津	84.7	9.5	3.6	2.2	0	0	0
西藏	70.3	29.7	0	0	0	0	0
新疆	30.9	6.5	60.3	0	2.3	0	0
云南	36.6	14.3	43.8	0	3.5	1.8	0
浙江	2.2	91.3	5.9	0.4	0	0.2	0
重庆	34.8	9.3	55.9	0	0	0	0

6.5 各地区创业投资的投资特征

6.5.1 不同地区创业投资机构投资项目情况

本部分从两个维度来分析 2020 年中国创业投资项目的地区分布。一个是从投资机构的注册地角度出发，分析不同地区创业投资机构的投资项目比较；另一个是从投资项目所在地角度出发，分析创业投资最乐于选择投资的地区特点。

（1）以投资机构注册地划分

与 2019 年一样，2020 年全国也有 28 个地区的创业投资机构进行了项目投资（表 6-6、图 6-4），其中占据前 4 位的地区依旧是江苏、浙江、广东和北京，这 4 个地区创业投资机构所投资的项目合计占比是 63.0%，与 2018 年持平，稍微高于 2019 年的 62.3%。这 4 个地区的创业投资项目数量已经连续几年占据国内前 4 名的位置，不同的是 2020 年排名第一的江苏，代替了 2019 年的浙江，显示国内这 4 个地区的创业投资机构是最活跃的。

处于第二梯队的地区有上海、湖南、安徽、陕西、天津、山东、福建和四川，这些地区的创业投资机构投资相对活跃。

与往年类似，西部经济欠发达地区和东北的辽宁、吉林等地，创业投资机构的投资行为相对不活跃，投资的项目数量较少。

表 6-6　2020 年不同地区创业投资机构所投资项目分布　　　　单位：%

地区	投资项目占比
江苏	20.2
浙江	18.1
北京	14.1
广东	10.6
上海	5.9
湖南	4.6
安徽	4.1
陕西	3.1
天津	2.9
山东	2.8
福建	2.1
四川	2.0
湖北	1.6
贵州	1.1
吉林	1.0
河南	1.0
宁夏	0.7
甘肃	0.7
山西	0.6
广西	0.5
黑龙江	0.4
云南	0.4
重庆	0.4
辽宁	0.3
河北	0.3
海南	0.2
新疆	0.1
江西	0.1

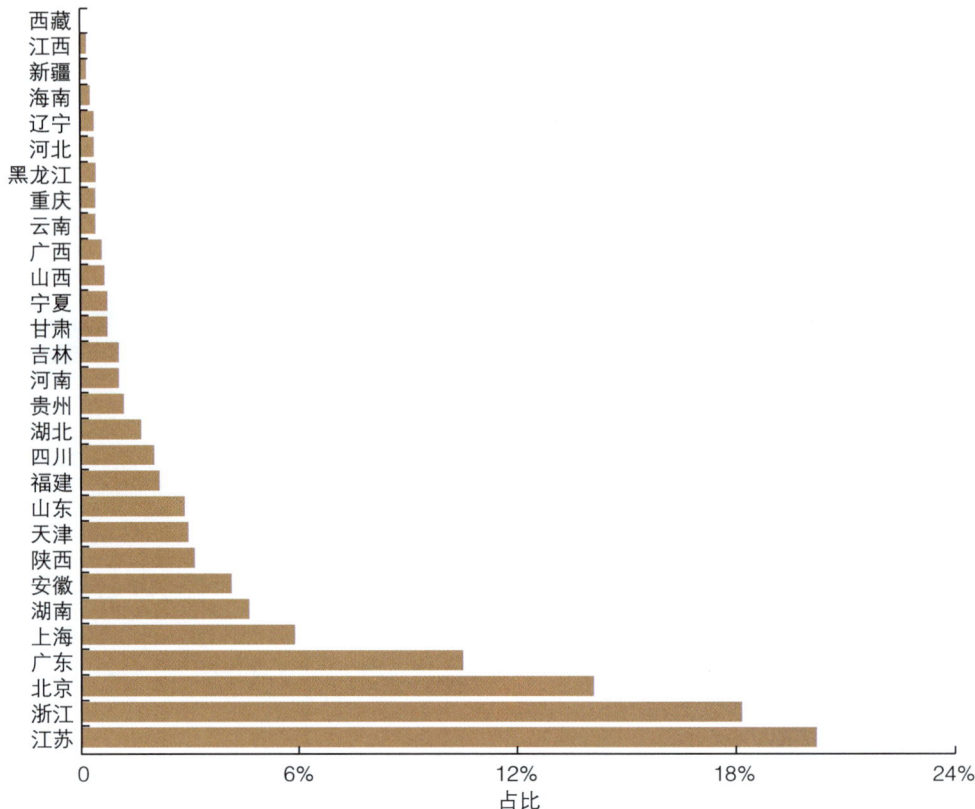

图 6-4　2020 年不同地区创业投资机构所投资项目分布

（2）以投资项目所在地划分

表 6-7 显示，2020 年中国创业投资机构的投资项目分布在全国 31 个省（区、市），表明国内创业投资的触角分布在全国各地。

与往年相同的是，中国的创业投资还是最青睐东部经济和科技发达地区，包括北京、上海、江苏、浙江、广东在内的 5 个地区仍然是国内创业投资项目集中的地区，这 5 个地区的投资占比合计达 71.69%，高出 2019 年近 6 个百分点，显示在新冠肺炎疫情期间，国内创业投资机构的投资集中度进一步加强。

与 2019 年类似，2020 年江苏省的创业投资项目数量最多，占比是 21.22%，远超排名第 2 位的广东，显示江苏的经济在新冠肺炎疫情期间依旧保持活跃状态。广东跃居第二，浙江下降一位，位居第三。上海和北京的排名在 2020 年发生了交替变化。

与往年类似，部分地区的项目占比依旧很少，包括甘肃、广西、新疆、内蒙古、西藏、云南、宁夏在内的西部地区，投资项目占比都在 0.5% 以下。

表 6-7　2020 年中国创业投资机构所投资项目的地区分布　　　　单位：%

地区	投资项目占比
江苏	21.22
广东	14.30
浙江	14.04
上海	11.33
北京	10.80
安徽	3.37
湖南	2.84
山东	2.71
陕西	2.58
四川	2.49
天津	2.14
福建	2.06
湖北	1.88
河南	1.66
吉林	1.31
贵州	0.83
重庆	0.66
河北	0.66
山西	0.52
甘肃	0.48
黑龙江	0.48
江西	0.39
辽宁	0.35
海南	0.22
广西	0.17
新疆	0.13
内蒙古	0.13
西藏	0.09
云南	0.04
宁夏	0.04

6.5.2　各地区创业投资的投资强度

表 6-8 和图 6-5 显示，与 2019 年类似，2020 年中国各地创业投资机构所投资项目的投资强度大部分在 1000 万 ~ 3000 万元。不同的是，地区项目投资强度最高的是云南，项目投资强度在 8130 万元 / 项，远远低于 2019 年江西的 20 304.06 万元 / 项；最低的是海南，项目投资强度只有 21.4 万元 / 项，低于 2019 年最低的吉林的 715.71 万元 / 项。

与 2019 年比较，上海、北京、云南、陕西、新疆、甘肃、四川、山东等地的项目投资强度增幅较大；而江西、广西、重庆、湖南、广东等地的项目投资强度降幅较大。浙江等地项目投资强度变化不大。

表 6-8　2020 年各地区创业投资的投资强度　　　　　　　　单位：万元 / 项

地区	投资强度
云南	8130.00
新疆	6006.50
北京	4841.36
上海	4368.02
陕西	4100.70
甘肃	3987.50
江西	3633.23
山东	2752.81
宁夏	2729.68
四川	2498.52
河北	2442.75
湖南	2273.73
河南	2110.24
重庆	1964.44
山西	1792.40
安徽	1662.79
贵州	1612.70
辽宁	1585.71
浙江	1572.33
江苏	1476.09

地区	投资强度
广东	1459.68
吉林	1340.79
黑龙江	1105.18
湖北	1068.09
广西	966.00
天津	912.75
西藏	800.00
福建	733.38
海南	21.40

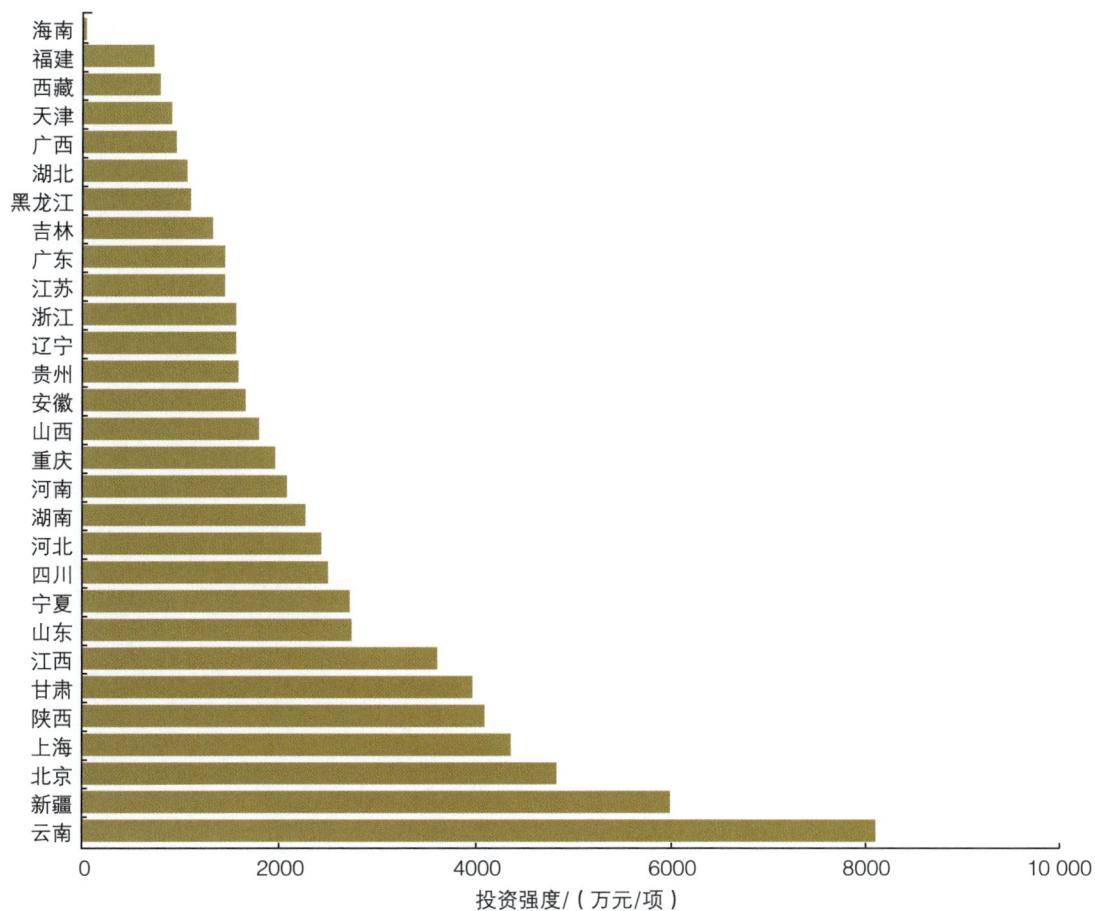

图 6-5　2020 年各地区创业投资的投资强度

6.5.3 各地区创业投资机构的项目持股结构

表 6-9 和图 6-6 显示，与 2019 年一样，2020 年国内大部分地区创业投资机构的项目投资股份以 10% 以下的居多，而且占比明显超过其他股份占比区间，其中，包括北京等地在内的 26 个地区的投资比例在 10% 以下的项目占比超过 50%，显示国内创业投资日益重视联合投资、分散投资风险、降低资金需求压力。

个别地区的创业投资机构，项目投资股份比例集中在某个区间，如江西、辽宁、广西、西藏、重庆等地项目投资股份比例都在 10% 以内。海南的项目投资股份比例都在 50% 以上。

表 6-9　2020 年中国创业投资机构所投资项目持股结构的地区分布　　　　单位：%

地区	< 10%	10%（含）~ 20%	20%（含）~ 30%	30%（含）~ 50%	≥ 50%
北京	68.42	25.66	4.61	1.32	0
天津	81.69	11.27	4.23	2.82	0
河北	62.50	25.00	0	0	12.50
山西	57.14	21.43	0	14.29	7.14
辽宁	100.00	0	0	0	0
吉林	60.87	13.04	21.74	4.35	0
黑龙江	70.00	10.00	10.00	10.00	0
上海	70.21	17.73	6.38	3.55	2.13
江苏	75.57	12.10	4.11	5.02	3.20
浙江	79.85	10.57	4.18	2.21	2.95
安徽	67.86	21.43	4.76	3.57	2.38
福建	73.08	15.38	1.92	7.69	1.92
江西	100.00	0	0	0	0
山东	64.62	16.92	6.15	7.69	4.62
河南	33.33	12.50	8.33	29.17	16.67
湖北	66.67	25.64	2.56	2.56	2.56
湖南	76.32	15.79	3.95	3.95	0
广东	83.53	11.37	3.14	1.57	0.39
广西	100.00	0	0	0	0
海南	0	0	0	0	100

地区	< 10%	10%（含）~ 20%	20%（含）~ 30%	30%（含）~ 50%	≥ 50%
四川	82.61	10.87	0	4.35	2.17
贵州	51.85	25.93	3.70	11.11	7.41
云南	60.00	30	10.00	0	0
西藏	100.00	0	0	0	0
重庆	100.00	0	0	0	0
陕西	75.44	14.04	1.75	3.51	5.26
甘肃	56.25	31.25	0	6.25	6.25
宁夏	88.89	0	5.56	5.56	0
新疆	0	0	50.00	50.00	0

注：由于四舍五入的原因，此表部分行存在加总不是 100.00% 的情况。

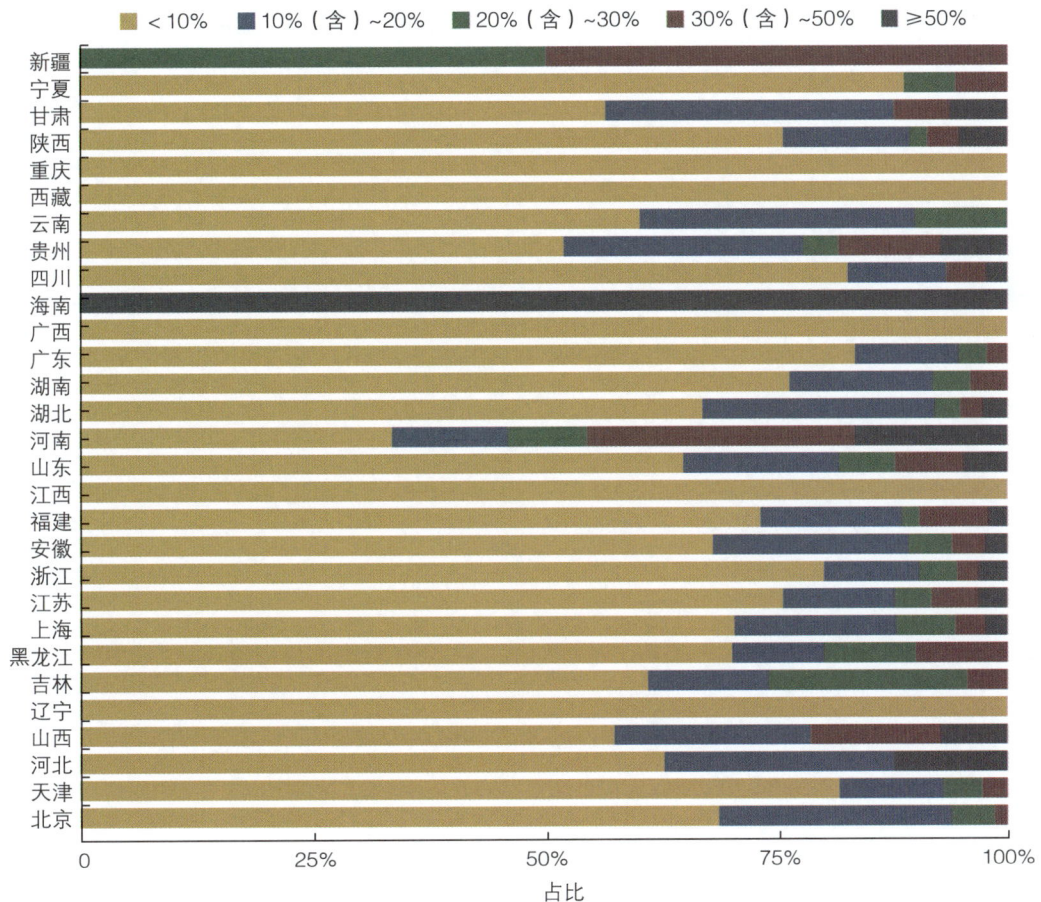

图 6-6　2020 年各地区创业投资机构的持股结构

6.5.4 各地区创业投资项目所处阶段

表 6-10 和图 6-7 显示了 2020 年中国各地创业投资机构所投资项目的所处阶段，主要呈现如下特点。

① 起步期和成长（扩张）期的项目依旧是大部分地区创业投资机构的投资重点。2020 年，河北、山西、辽宁、江西、山东、河南、四川、贵州、西藏等地在起步期的项目占比最高。

② 各地创业投资越来越重视种子期阶段的项目，其中部分地区受到越来越多地区创业投资机构的重视。天津、湖北、江苏、浙江、福建、河南、海南、陕西等地创业投资机构在种子期的项目占比都超过 20%。

③ 大部分地区创业投资在成熟（过渡）期、重建期的项目占比都较低。其中，成熟（过渡）期项目占比较高的地区有山东、山西、湖南、陕西等地。

表 6-10　2020 年各地区创业投资项目的所处阶段　　　　单位：%

地区	种子期	起步期	成长（扩张）期	成熟（过渡）期	重建期
北京	16.0	27.9	46.6	9.5	
天津	40.8	28.2	23.9	7.0	
河北		50.0	37.5		12.5
山西	13.3	40.0	33.3	13.3	
辽宁		42.9	57.1		
吉林	16.7	37.5	45.8		
黑龙江	18.2	27.3	54.5		
上海	17.4	38.8	40.5	2.5	0.8
江苏	22.6	35.2	38.6	3.4	0.2
浙江	23.0	34.6	37.0	4.8	0.5
安徽	3.6	19.3	71.1	6.0	
福建	25.0	28.8	38.5	7.7	
江西		100.0			
山东	9.5	41.3	34.9	14.3	
河南	20.0	48.0	32.0		
湖北	27.8	27.8	36.1	8.3	
湖南	5.7	23.6	53.8	17.0	
广东	15.0	26.9	47.8	9.9	0.4

地区	种子期	起步期	成长（扩张）期	成熟（过渡）期	重建期
广西		25.0	75.0		
海南	100.0				
四川	16.7	50.0	29.2	4.2	
贵州	14.8	66.7	14.8	3.7	
云南		20.0	80.0		
西藏		100.0			
重庆		44.4	44.4	11.1	
陕西	21.8	16.4	50.9	10.9	
甘肃		26.7	73.3		
宁夏	5.6	5.6	77.8		11.1
新疆			50.0	50.0	

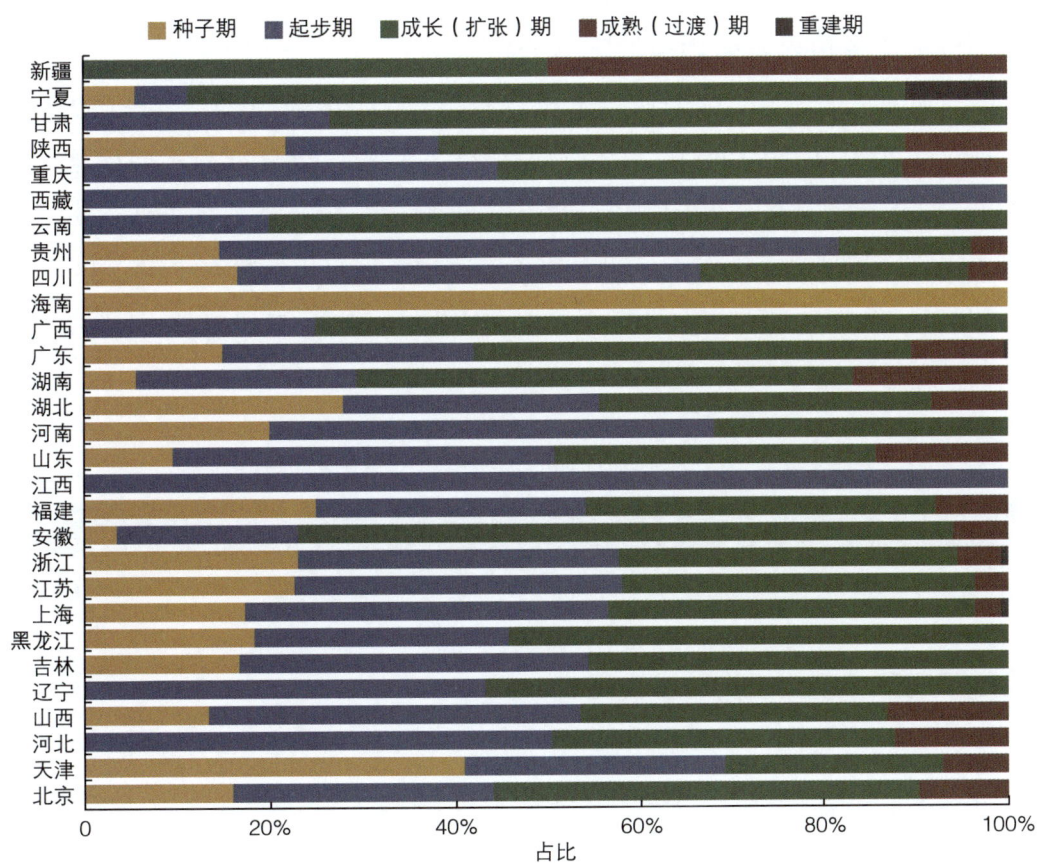

图 6-7　2020 年各地区创业投资项目的所处阶段

6.6 各经济区域创业投资活动情况

本节从经济区域角度来比较、分析 2020 年我国创业投资的运行状况，尤其在当前中国经济发展进入新常态的情况下，通过比较经济发达、有特色的地区与经济相对不发达、创业投资活动不活跃地区之间的差异，在一定程度上揭示创业投资对促进地区经济发展的重要作用，为我国创业投资发展提供指导借鉴。

本节的区域划分，是根据经济发展的联系紧密程度及发展特色，并参照国家现有的经济区域划分及本研究的连续性来划分的。当前，我国最为关注的几个经济区域增长带是珠三角、长三角及京津冀等地区，同时还有正在重新振兴的东北三省老工业基地。故本节按照之前的区域划分。

①京津冀地区（北京、天津、河北）；

②长三角地区（上海、江苏、浙江）；

③珠三角地区［广东（深圳）］；

④东北三省地区（辽宁、吉林、黑龙江）；

⑤其他区域。

6.6.1 我国创业投资机构投资项目的区域分布

表 6-11 显示了 2020 年中国创业投资机构投资项目的区域分布。与 2019 年一样，长三角地区仍然是 2020 年国内创业投资机构最活跃的区域，投资进一步向该地区集中，创业投资项目占比达 46.6%，比 2019 年增加 6.3 个百分点。珠三角地区创业投资项目占比是 14.3%，比 2019 年增加 1 个百分点；京津冀地区创业投资项目占比略有下降，比 2019 年少 1.4 个百分点；东北三省地区创业投资项目占比比 2019 年下降 1 个百分点；其他地区的创业投资项目占比降幅较大，减少近 5 个百分点。

表 6-11　2020 年中国创业投资机构投资项目的区域分布　单位：%

区域	长三角	珠三角	京津冀	东北三省	其他地区
项目占比	46.6	14.3	13.6	2.1	23.3

6.6.2 我国不同区域创业投资的投资强度

表 6-12、图 6-8 显示：与 2019 年一样，京津冀地区仍旧是 2020 年国内创业投资项目投资强度最高的地区，比 2019 年增加近 1000 万元；不过，长三角地区比 2019 年有所增长，而珠三角地区创业投资项目投资强度有所下降，与京津冀地区的差距进一步拉大，差距在 2000 万元/项以上。东北三省创业投资项目投资强度虽在 2020 年最低，但是比 2019 年有所

增长，增加约 250 万元 / 项。

表 6-12　2020 年中国创业投资强度的区域分布　　　　单位：万元 / 项

区域	京津冀	其他地区	长三角	珠三角	东北三省
投资强度	4141.5	2336.1	1902.0	1459.7	1319.9

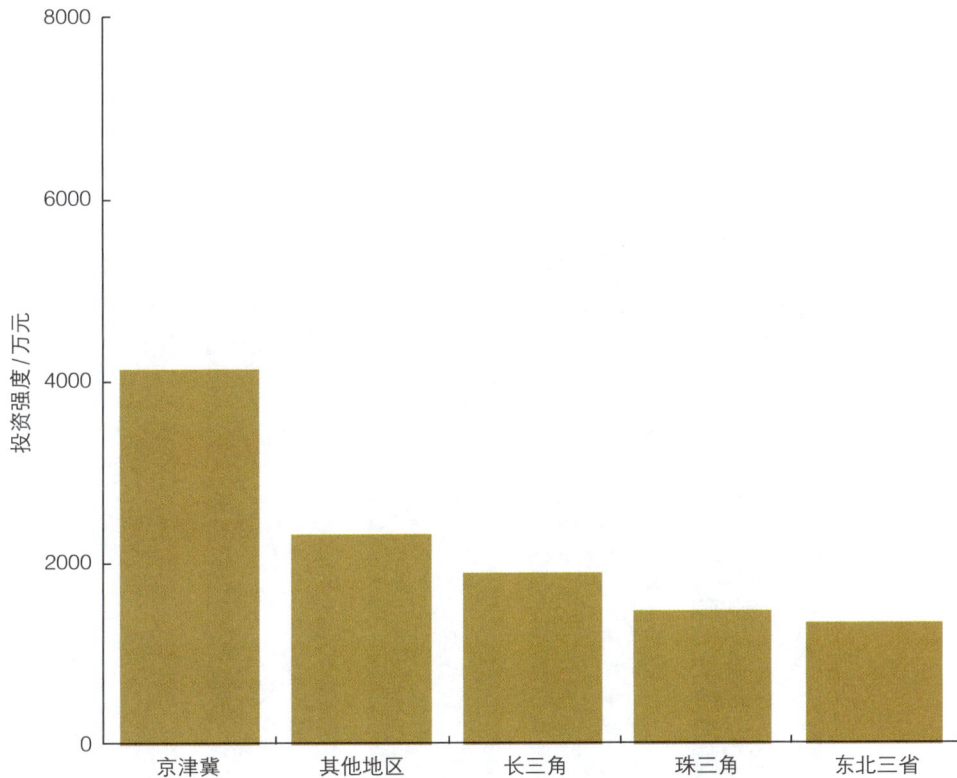

图 6-8　2020 年中国创业投资强度的区域分布

6.6.3　我国不同区域创业投资的持股结构

表 6-13、图 6-9 显示了 2020 年我国不同区域创业投资的持股结构特点。与 2019 年相比，2020 年不同区域创业投资的持股结构最大的变化是，创业投资持股占比小于 10% 的项目占比大幅提高，都在 60% 以上，其中最高的是京津冀地区，占比达 82.8%，珠三角地区低于北京，占比为 81.5%。与 2019 年类似，2020 年创业投资持股比例 ≥ 50% 的项目在所有区域内的项目占比都很小。

表 6-13　2020 年各经济区域创业投资的持股结构　　　　　　　　　　　　　　单位：%

地区	< 10%	10%（含）~ 20%	20%（含）~ 30%	30%（含）~ 50%	≥ 50%
京津冀	82.8	11.3	2.9	1.7	1.3
珠三角	81.5	12.0	3.6	2.5	0.4
长三角	75.8	13.4	4.4	3.2	3.0
东北三省	73.9	8.7	15.2	2.2	0
其他地区	64.6	20.2	3.5	7.6	4.1

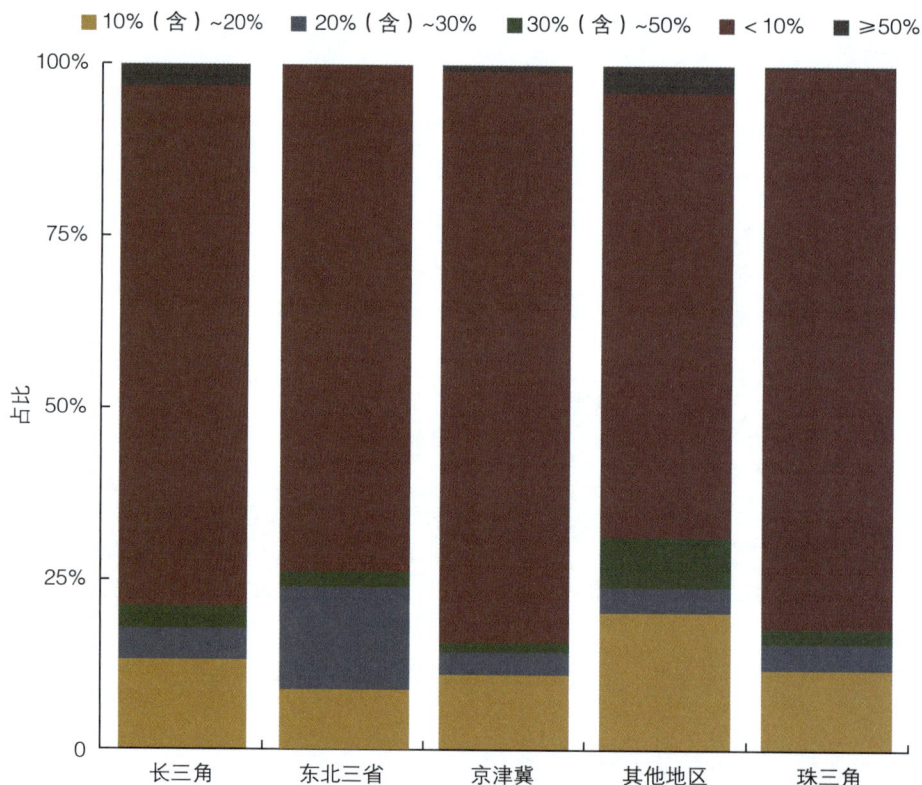

图 6-9　2020 年各经济区域创业投资的持股结构

6.6.4　不同经济区域创业投资项目所处阶段

表 6-14、图 6-10 显示：2020 年，各区域创业投资最多的是成长（扩张）期的项目，而且明显都比 2019 年的多，显示在 2020 年新冠肺炎疫情下，国内创业投资更关注市场前景更明朗的企业；长三角地区创业投资种子期阶段的项目占比最高，占比是 22.1%；京津冀地区位居第二，种子期阶段的项目占比是 20.0%，比 2019 年有所减少。珠三角、东北三省和其他地区在种子期阶段的项目占比都有所下降。

表 6-14　2020 年各经济区域创业投资项目所处阶段　　　　　　　　单位：%

区域	种子期	起步期	成长（扩张）期	成熟（过渡）期	重建期
珠三角	15.0	26.9	47.8	9.9	0.4
京津冀	20.0	28.4	42.5	8.9	0.2
东北三省	14.3	35.7	50.0	0	0
其他地区	12.8	30.5	47.4	8.9	0.3
长三角	22.1	35.4	38.2	3.9	0.4

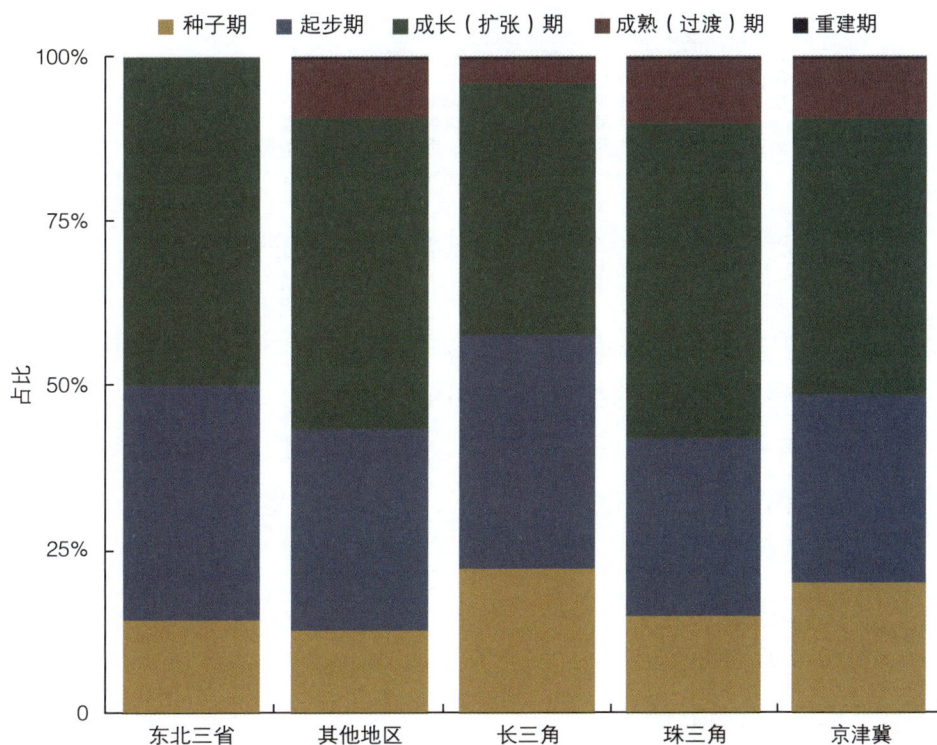

图 6-10　2020 年各经济区域创业投资项目的阶段分析

6.6.5　各经济区域创业投资项目的行业分布

图 6-11 显示：2020 年，长三角地区创业投资分布在 26 个行业，比 2019 年减少 2 个。其中，在半导体、生物科技、医药保健领域的创业投资项目较多，这与 2019 年新冠肺炎疫情爆发国内重视生物医药、中美科技战、中国在芯片领域存在短板等因素有关，初步看出，长三角地区的创业投资与实现国家科技自立自强的发展战略是一致的。另外，投资较多的行业是 IT 服务业、软件产业、科技服务、新材料工业、其他制造业。

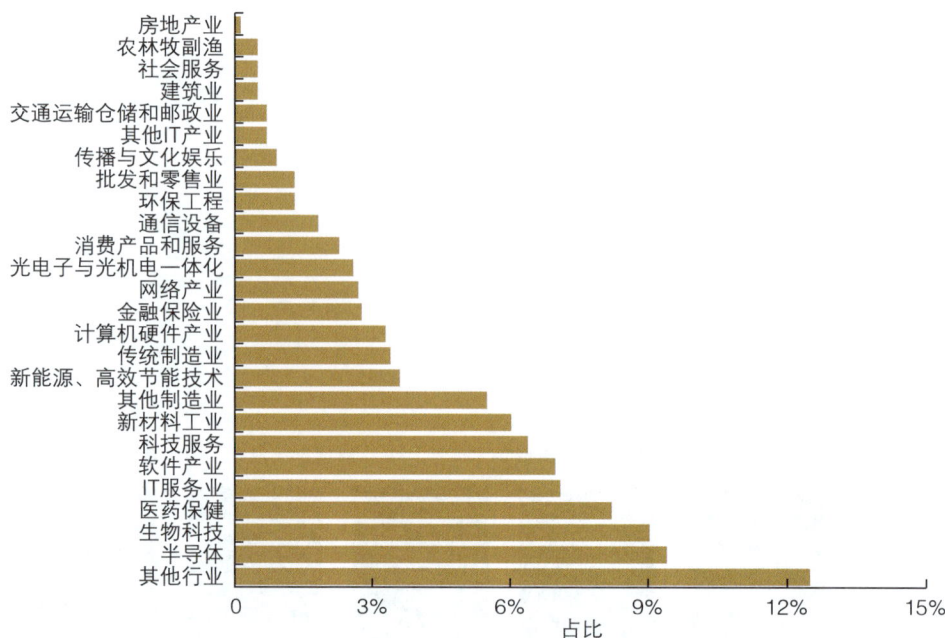

图 6-11　2020 年长三角地区创业投资项目的行业分布

图 6-12 显示：2020 年，京津冀地区创业投资分布在 27 个行业，比 2019 年减少 4 个行业。与 2019 年一样，2020 年投资最多的行业仍然是医药保健，占总数近 1/4，显示京津冀地区创业投资更关注与病毒有关的产业。另外，投资较多的行业是制造业、消费产品和服务、软件产业、IT 服务业和计算机硬件产业。相比之下，半导体行业只占投资总数的 4.7%。

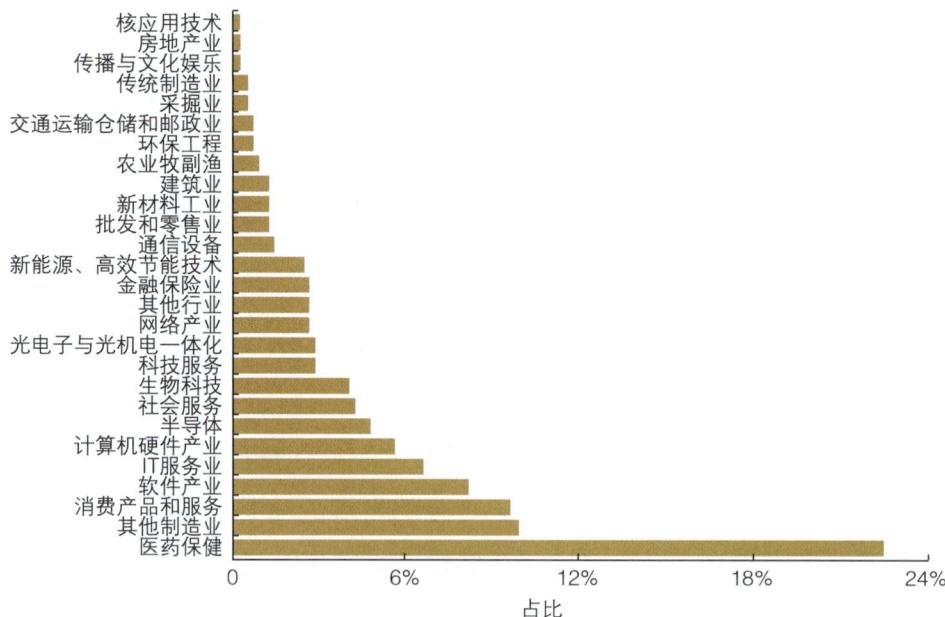

图 6-12　2020 年京津冀地区创业投资项目的行业分布

图 6-13 显示：2020 年，珠三角地区创业投资分布在 21 个行业，比 2019 年少 3 个。投资最多的是半导体，占比达 15.2%，其次是医药保健，占比达 13.2%，这 2 个行业占投资总数的 28.4%，可以看出，珠三角地区的创业投资与长三角类似，与国内疫情状况和国家解决芯片等卡脖子技术的发展目标是一致的。另外，投资较多的行业是 IT 服务业，制造业，新能源、高效节能技术，软件产业。

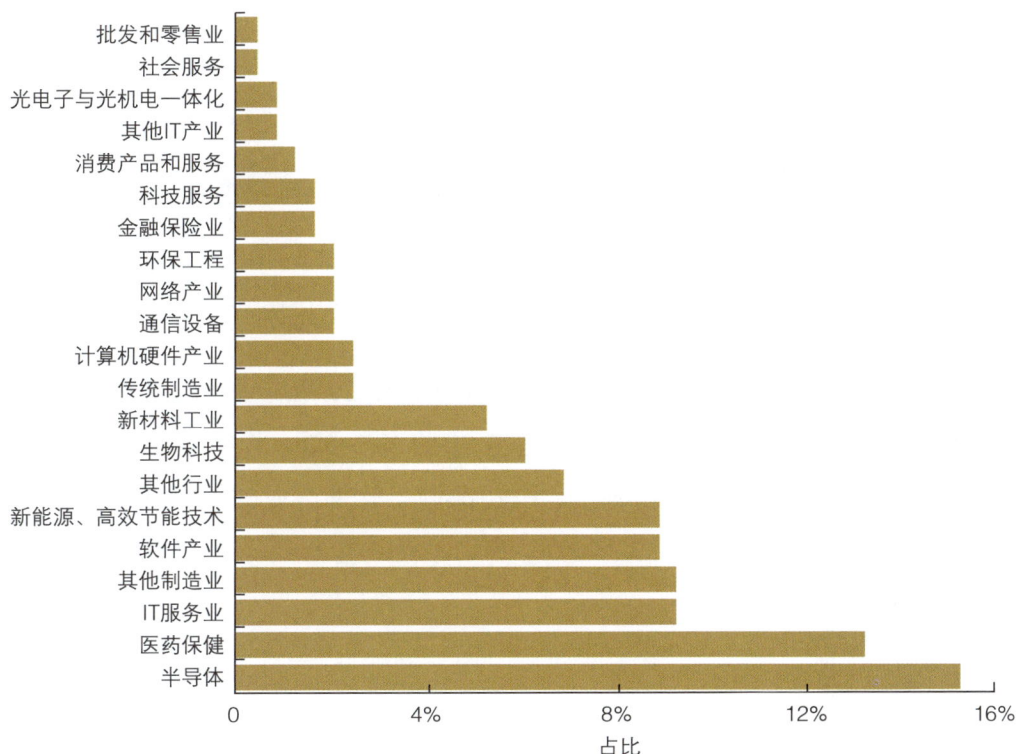

图 6-13　2020 年珠三角地区创业投资项目的行业分布

图 6-14 显示：2020 年，东北三省地区创业投资分布在 16 个行业，比 2019 年少 4 个。投资最多的行业是制造业，合计占比达 33.3%，是总数的 1/3，这与东北地区以制造业为主的产业结构相一致。其他投资较多的行业是新材料工业、软件产业、医药保健。

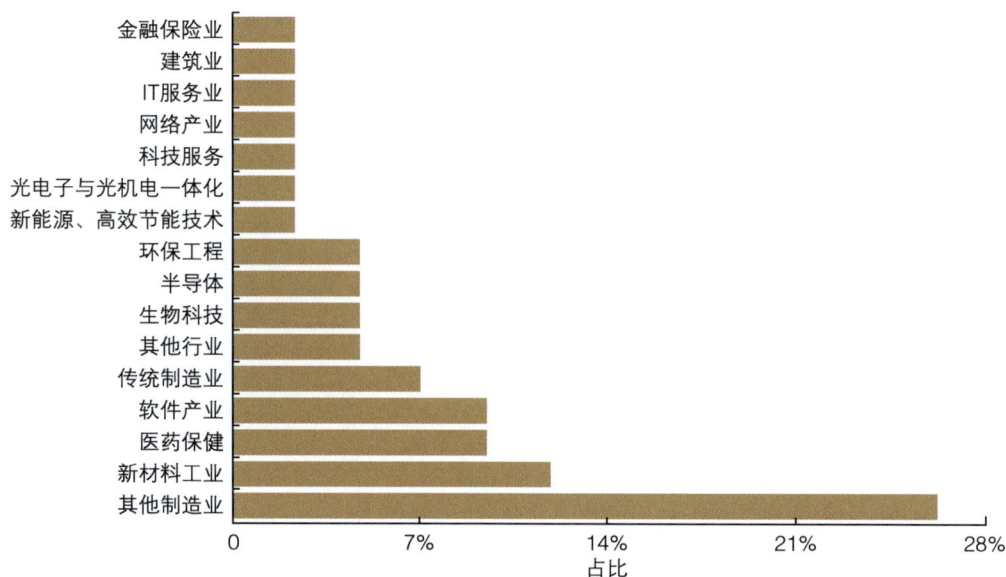

图 6-14　2020 年东北三省地区创业投资项目的行业分布

图 6-15 显示：2020 年，其他地区的创业投资分布在 29 个行业，与 2019 年持平。其中，投资最多的是制造业，合计占比是 16%，这与 2019 年一致；半导体领域的投资比例位居第二。新材料工业、其他行业、生物科技、医药保健、软件产业的投资项目也相对较多。

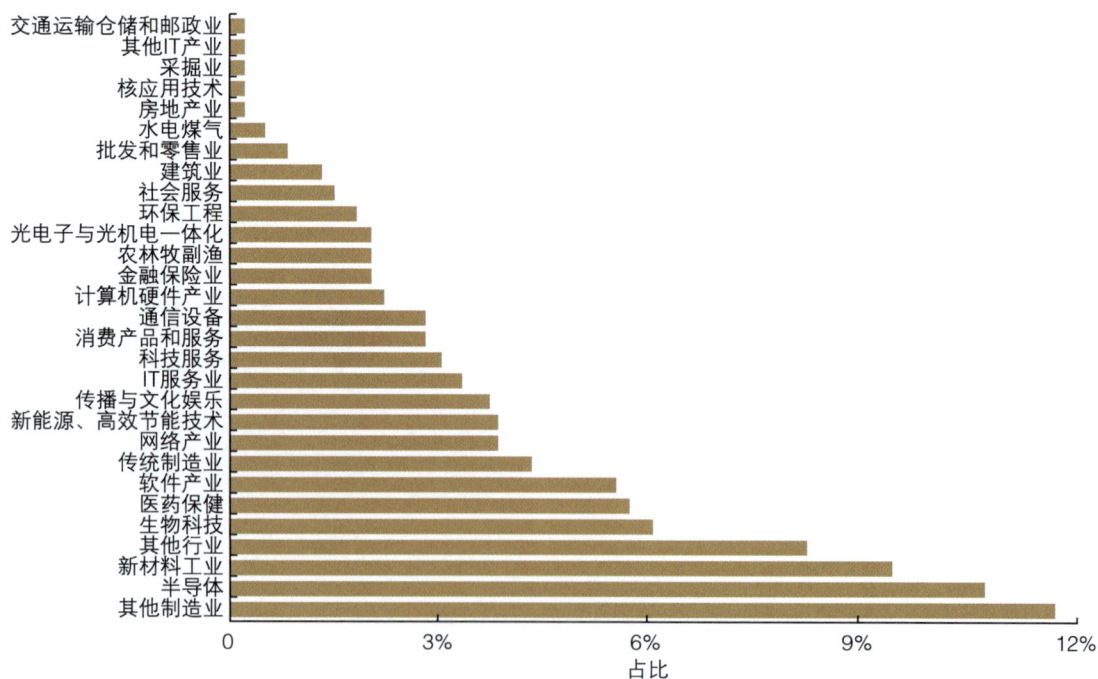

图 6-15　2020 年其他地区创业投资项目的行业分布

外资创业投资机构的运行状况

7.1 外资创业投资项目的行业分布

外资创业投资是中国创业投资市场的重要组成部门。从历年关注的行业来看，外资创业投资主要投资于新兴产业领域。2020年，受全球新冠肺炎疫情和中美关系影响，外资创业投资机构投资总体有所下滑。从具体行业来看，医药保健、消费产品和服务产业吸引了大量的外商投资；而IT服务业、软件产业则不再是2020年的投资热点（表7-1）。

表7-1 2020年外资创业投资项目的行业分布：投资金额与投资项目[①]   单位：%

投资行业	投资金额	投资项目
医药保健	30.56	27.21
消费产品和服务	14.21	16.91
社会服务	13.58	5.88
网络产业	12.79	4.41
计算机硬件产业	8.24	4.41
IT服务业	4.57	11.03
其他制造业	4.45	4.41
软件产业	4.14	8.82
金融保险业	3.17	3.68
半导体	2.61	7.35

---

① 有效样本数为136份。

续表

投资行业	投资金额	投资项目
交通运输仓储和邮政业	0.58	0.74
其他行业	0.36	0.74
科技服务	0.34	0.74
生物科技	0.16	1.47
批发和零售业	0.16	0.74
新材料工业	0.08	1.47

对比中国境内外资和内资创业投资机构投资的行业情况（表7-2）[①]发现，总体而言，内外资创业投资行业类别差距较大，但医药保健产业是内外资都看好的行业领域。相比而言，从投资金额占比来看，外资创业投资机构在网络产业、医药保健、消费产品和服务、社会服务行业的投资占比大幅超过内资创业投资机构，但在半导体，生物科技，新能源、高效节能技术，新材料工业，科技服务等行业的投资占比低于内资创业投资机构。

表7-2　2020年内外资创业投资项目的行业分布：投资金额占比　　　　单位：%

投资行业	内资	外资
半导体	12.8	2.6
其他行业	11.7	0.4
医药保健	10.1	30.6
其他制造业	8.0	4.5
生物科技	6.0	0.2
新材料工业	5.8	0.1
软件产业	5.7	4.1
科技服务	4.2	0.3
新能源、高效节能技术	3.9	0.0
IT 服务业	3.7	4.6
消费产品和服务	3.6	14.2
计算机硬件产业	3.2	8.2

---

① 有效样本数为外资 136 份，内资 2218 份。

投资行业	内资	外资
传统制造业	2.8	0.0
交通运输仓储和邮政业	2.8	0.6
网络产业	2.1	12.8
光电子与光机电一体化	1.8	0.0
金融保险业	1.8	3.2
通信设备	1.8	0.0
社会服务	1.6	13.6
环保工程	1.3	0.0
传播与文化娱乐	1.2	0.0
农林牧副渔	1.0	0.0
批发和零售业	1.0	0.2

从投资的项目情况来看，相比而言，外资创业投资机构更加青睐医药保健、消费产品和服务、社会服务、IT服务业等行业的投资，在相关产业的投资项目占比均超过内资创业投资机构。在生物科技、新材料工业、其他制造业等行业的投资项目占比少于内资创业投资机构（表7-3）。

表7-3　2020年内外资创业投资项目的行业分布：投资项目占比　　单位：%

投资行业	内资	外资
半导体	9.6	7.4
医药保健	9.6	27.2
其他行业	9.4	0.7
其他制造业	8.9	4.4
生物科技	7.3	1.5
软件产业	7.0	8.8
新材料工业	6.3	1.5
IT服务业	5.9	11.0
科技服务	4.6	0.7

续表

投资行业	内资	外资
新能源、高效节能技术	4.2	0.0
传统制造业	3.2	0.0
计算机硬件产业	3.2	4.4
网络产业	2.8	4.4
消费产品和服务	2.8	16.9
光电子与光机电一体化	2.4	0.0
金融保险业	2.3	3.7
通信设备	2.1	0.0
环保工程	1.6	0.0
传播与文化娱乐	1.4	0.0
社会服务	1.1	5.9
批发和零售业	1.0	0.7

7.2 外资创业投资项目所处阶段

总体而言，2020 年外资创业投资机构对早前期项目的投资有所减少（图 7-1）[1]。

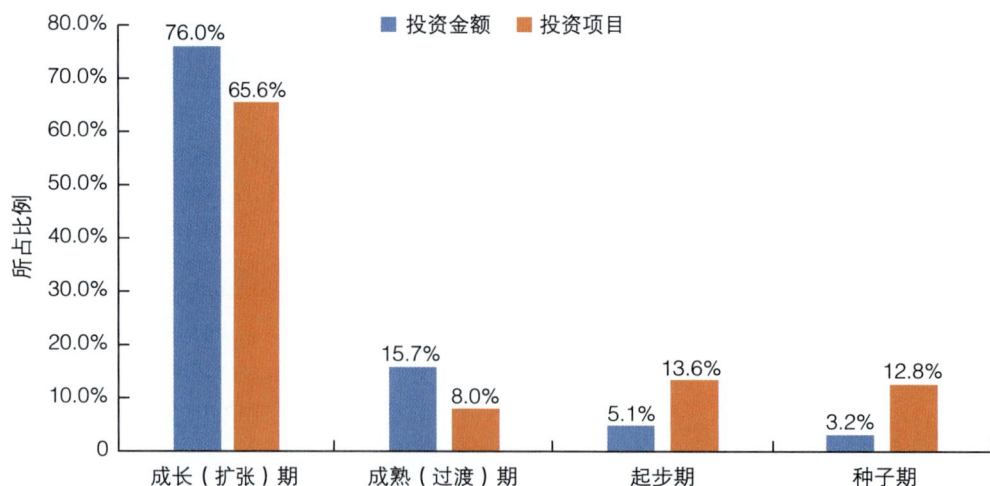

图 7-1 2020 年外资创业投资项目所处投资阶段占比

---

[1] 有效样本数为外资 66 份。

从投资金额看，投资于"种子期"的项目占比从 2019 年的 35.0% 大幅下降至 2020 年的 3.2%，投资于"起步期"的项目占比从 2019 年的 10.9% 下降至 2020 年的 5.1%，投资于"成长（扩张）期"的项目占比从 2019 年的 31.1% 大幅上升至 2020 年的 76.0%，投资于"成熟（过渡）期"的项目占比从 2019 年的 23.0% 下降至 2020 年的 15.7%。

从投资项目看，2020 年外资机构有高达 65.6% 的项目投在了"成长（扩张）期"，投资于"种子期""起步期""成熟（过渡）期"的项目占比合计仅为 34.4%。因此，2020 年外资机构的投资策略趋于谨慎，在早期项目上的布局较少，更多地布局在商业模式被市场验证、处于业务扩张阶段的企业。

对比 2020 年外资和内资机构投资项目所处阶段（表 7-4）[①] 可以发现：

从投资金额看，外资机构较内资机构投资于"成长（扩张）期"的投资金额占比高出了 25.4 个百分点，反映出外资机构在 2020 年的投资偏向于处于高成长阶段的企业，而"种子期"则较内资机构少 7.3 个百分点，更加印证了外资机构对早期项目投资的谨慎态度。

从投资项目看，外资机构投资于"成长（扩张）期"的投资项目占比与内资机构相比高出了 24.3 个百分点，与投资金额的趋势基本一致。

表 7-4　外资与内资创业投资金额与投资项目所处投资阶段分布　　单位：%

	成长阶段	种子期	起步期	成长（扩张）期	成熟（过渡）期	重建期
投资金额	内资	10.5	28.4	50.6	10.2	0.3
	外资	3.2	5.1	76.0	15.7	0
投资项目	内资	18.7	33.0	41.3	6.6	0.4
	外资	12.8	13.6	65.6	8.0	0

7.3　外资创业投资项目情况

2020 年，外资创业投资机构单笔投资金额的规模分布情况与 2019 年基本一致（表 7-5、图 7-2）[②]，没有单笔投资金额小于 100 万元的项目，单笔项目的投资金额明显增大，单笔投资金额在 2000 万元以上的占比高达 93.8%。

---

① 有效样本数为外资 125 份，内资 2139 份。

② 有效样本数为 141 份。

表 7-5 2012—2020 年外资创业投资单笔投资金额分布　　单位：%

单笔投资金额	<100万元	100万~300万元	300万~500万元	500万~1000万元	1000万~2000万元	>2000万元
2012 年	0.4	0.4	1.4	9.7	24.5	63.7
2013 年	0	0.1	1.3	4.2	16.1	78.2
2014 年	0.1	0.4	0.9	5.3	18.1	75.2
2015 年	0	1.0	0.7	2.4	9.3	86.5
2016 年	0.6	4.1	2.1	13.3	18.5	61.5
2017 年	2.9	3.6	8.5	38.3	46.8	0
2018 年	0.2	1.3	2.8	8.7	11.3	75.7
2019 年	0	0	0.4	6.3	7.1	86.2
2020 年	0	0.1	0.3	0.8	5.0	93.8

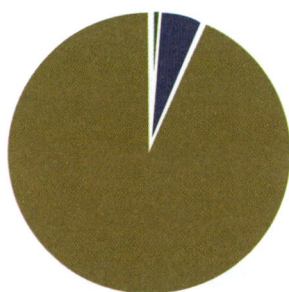

■ 100万元以下　■ 100万~300万元　■ 300万~500万元
■ 500万~1000万元　■ 1000万~2000万元　■ 2000万元以上

图 7-2 2020 年外资创业投资单笔投资金额分布

通过对比外资和内资投资单笔投资金额的规模分布（表 7-6、图 7-3）[①] 可以发现，2020 年内资创业投资机构在 100 万元以下及 100 万~ 300 万元的单笔投资金额占比合计为 1.5%，而外资仅为 0.1%；平均来看，外资创业投资单笔投资金额高于内资创业投资，外资在 2000 万元以上的项目投资占比相较内资机构高出了 25.2 个百分点。

表 7-6 2020 年外资、内资创业投资单项投资金额分布　　单位：%

单笔投资金额	100万元以下	100万~300万元	300万~500万元	500万~1000万元	1000万~2000万元	2000万元以上
外资	0	0.1	0.3	0.8	5.0	93.8
内资	0.2	1.3	3.1	9.4	17.3	68.6

_____

① 有效样本数为外资 141 份，内资 2312 份。

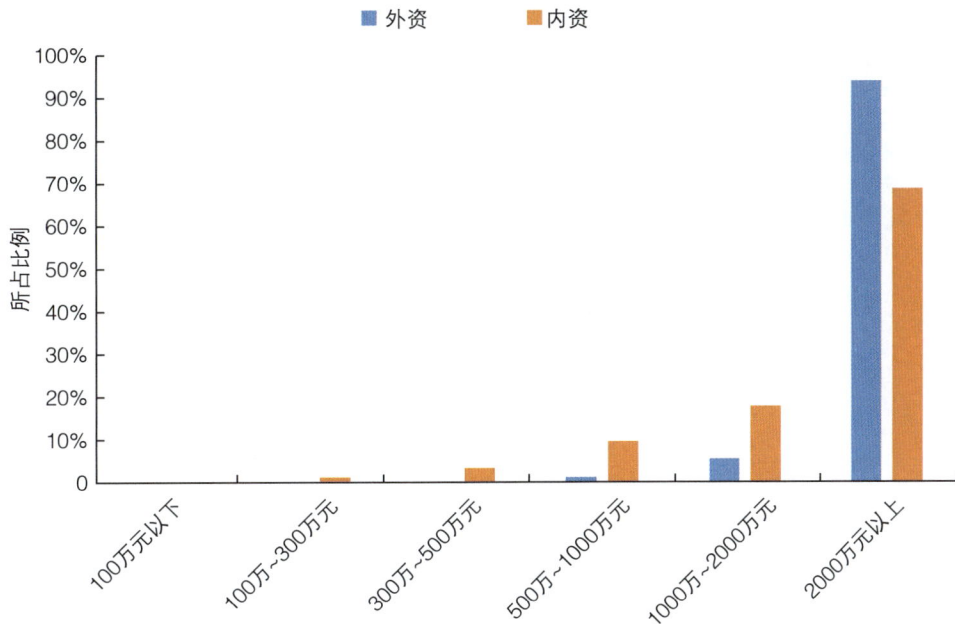

图 7-3　2020 年外资与内资创业投资单笔投资金额分布

7.4　外资创业投资项目总体运行情况

2012—2020 年年底，外资创业投资项目运行的基本情况如表 7-7、图 7-4 所示[①]。通过调查发现，2020 年外资创业投资的项目中，有 45.2% 处于继续运行阶段，与 2019 年相比大幅下降。"原股东（创业者）回购"这一项的占比从 2017 年的 9.2% 下降至 2020 年的 3.3%，实现资本市场上市的项目占比高达 42.6%，为历年最高，其中境内上市和境外上市的项目占比分别为 10.5% 和 32.1%。

表 7-7　2012—2020 年年底外资创业投资项目运行情况

单位：%

| 投资项目运作情况 | 已上市 | | 准备上市 | | 被其他机构收购 | | | 原股东（创业者）回购 | 管理层收购 | 继续运行 | 清算 |
	境内上市	境外上市	境内上市	境外上市	境内上市公司收购	境内非上市公司或自然人收购	境外收购				
2012 年	10.7		6.2		6.0			6.5	0.7	68.8	1.1
	7.6	3.1	5.1	1.1	1.1	4.9	0				
2013 年	10.8		7.0		5.1			10.0	14.0	52.0	1.1
	7.4	3.4	6.5	0.5	0.8	4.1	0.2				

---

① 有效样本数为 45 份。

续表

投资项目 运作情况	已上市		准备上市		被其他机构收购			原股东 （创业者） 回购	管理层 收购	继续 运行	清算
	境内 上市	境外 上市	境内 上市	境外 上市	境内上市 公司收购	境内非上市 公司或自然 人收购	境外 收购				
2014 年	4.5		15.0		9.9			4.0	0.0	65.7	0.9
	3.3	1.2	9.5	5.5	0.5	5.5	3.9				
2015 年	15.5		0		8.8			11.8	0.2	61.1	2.6
	13.7	1.8	0	0	7.2	0	1.6				
2016 年	1.5		0.0		6.6			2.0	1.7	86.5	1.7
	1.1	0.4	0.0	0.0	6.6	0	0.0				
2017 年	3.8		0		9.2			9.2	1.6	74.6	1.6
	3.8	0.0	0	0	7.6	0	1.6				
2018 年	3.5		0		4.4			3.0	0.5	87.7	1.0
	2.5	1.0	0	0	3.9	0	0.5				
2019 年	5.7		0		1.1			0.7	0	92.0	0.4
	1.6	4.1	0	0	1.0	0	0.1				
2020 年	42.6		0		5.5			3.3	1.3	45.2	2.0
	10.5	32.1	0	0	5.2	0	0.3				

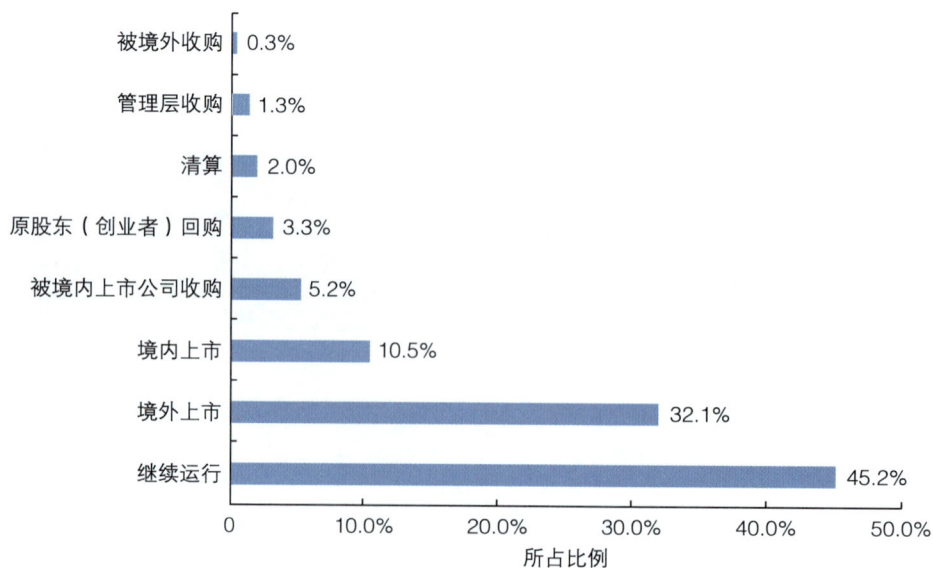

图 7-4　2020 年外资创业投资项目运作情况

2020 年，外资与内资创业投资项目运行情况对比结果显示（表 7-8、图 7-5）①，"继续运行"仍然是外资和内资机构投资项目的主要运行状态，外资机构的退出情况总体好于内资机构。

表 7-8　截至 2020 年年底外资与内资创业投资项目运作情况　　　单位：%

运作情况	继续运行	境外上市	境内上市	被境内上市公司收购	原股东（创业者）回购	清算	管理层收购	被境外收购
外资	45.2	32.1	10.5	5.2	3.3	2.0	1.3	0.3
内资	72.6	0.4	6.9	5.1	9.7	3.5	1.7	0.1

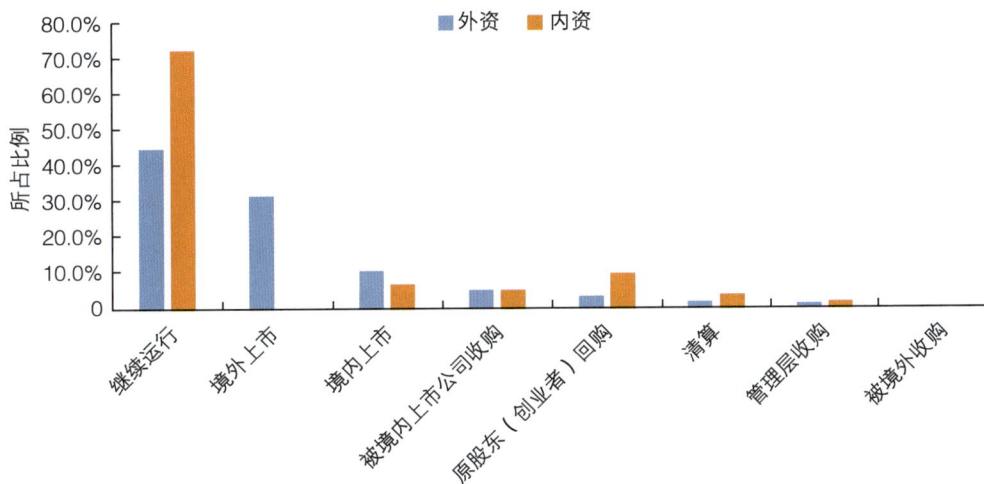

图 7-5　截至 2020 年年底外资与内资创业投资项目运作情况

7.5　影响外资创业投资机构投资决策的因素

与 2019 年一样，2020 年影响外资创业投资机构投资决策的前 3 个主要原因仍然是"市场前景""管理团队""技术因素"，占比分别为 34.3%、26.7%、18.1%（图 7-6）②。

对比 2020 年外资和内资创业投资机构决策要素可以发现，"市场前景""管理团队""技术因素""盈利模式""财务状况"是影响内资和外资投资决策的前 5 个共同要素，累计占比分别为 91.9% 和 95.3%。

---

① 有效样本数为外资 45 份，内资 1973 份。
② 有效样本数为外资 37 份，内资 2031 份。

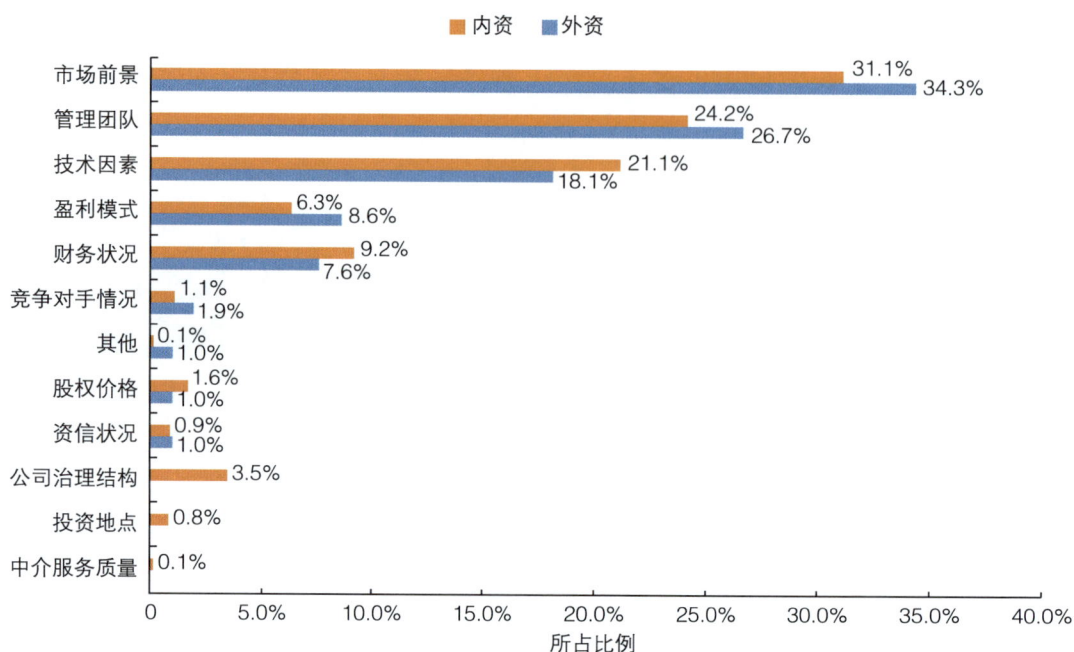

图 7-6　2020 年影响外资与内资创业投资机构投资决策的因素

7.6　外资创业投资机构获取信息的主要渠道

与 2019 年略有不同，2020 年，"项目中介机构""政府部门推荐""股东推荐""朋友介绍"是外资获取信息的主要渠道，占比分别是 25.0%、24.0% 和 14.0%、14.0%（图 7-7）[①]。

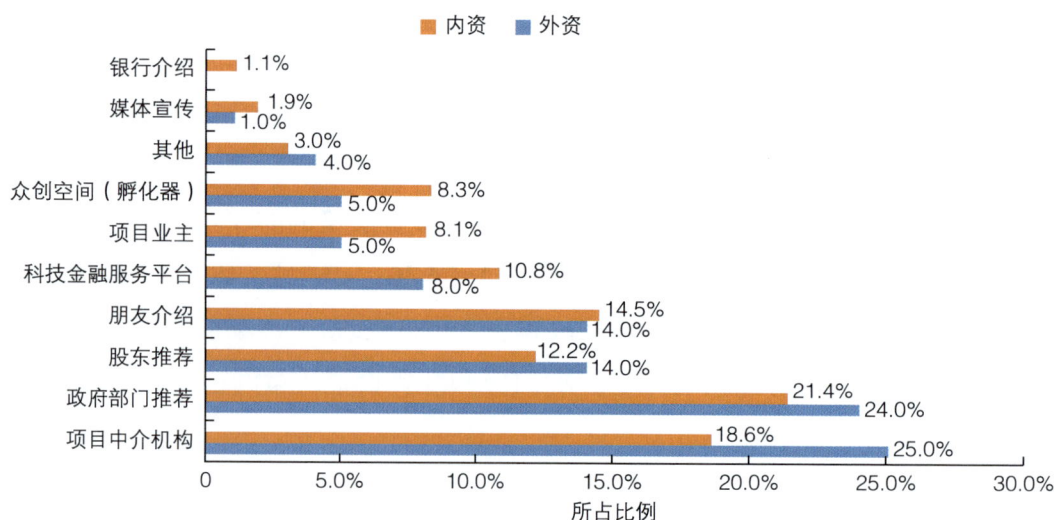

图 7-7　2020 年外资与内资创业投资机构获取信息的主要渠道

① 有效样本数为外资 37 份，内资 2031 份。

对比外资与内资获取信息的主要渠道可以看到，相对内资而言，外资通过银行介绍、媒体宣传等渠道获得的信息相对有限，但外资创业投资机构往往与地方政府和园区建立了较好的关系，政府推荐、项目中介等渠道成为外资获得信息的主要渠道。

7.7　外资创业投资项目的管理模式

2020年，从外资创业投资的管理模式来看，主要集中在"提供管理咨询""董事会席位"（图7-8），占比分别为44.7%、36.8%。相比内资机构而言，外资机构"只限监管"的占比明显少于内资。

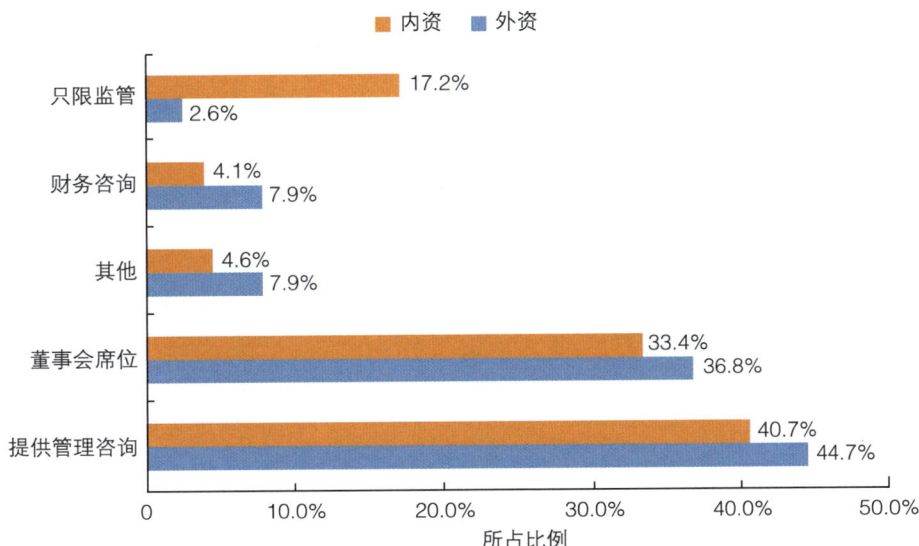

图7-8　2020年外资与内资创业投资项目的监管模式

7.8　与外资创业投资机构经营有关的人力资源因素

通过调查外资和内资创业投资机构对创业投资从业人员基本素质发现（图7-9）[①]，与2019年相比，2020年外资机构对合格创业投资人员从业素质要求略有变化。总体而言，外资和内资机构都认为"资本运作能力""技术背景""商务谈判能力"是合格创业投资人员最应具备的三大素质，但是相较而言，除上述因素外，内资机构更加注重"财务管理能力""判断力和洞察力"。

①　有效样本数为外资24份，内资1944份。

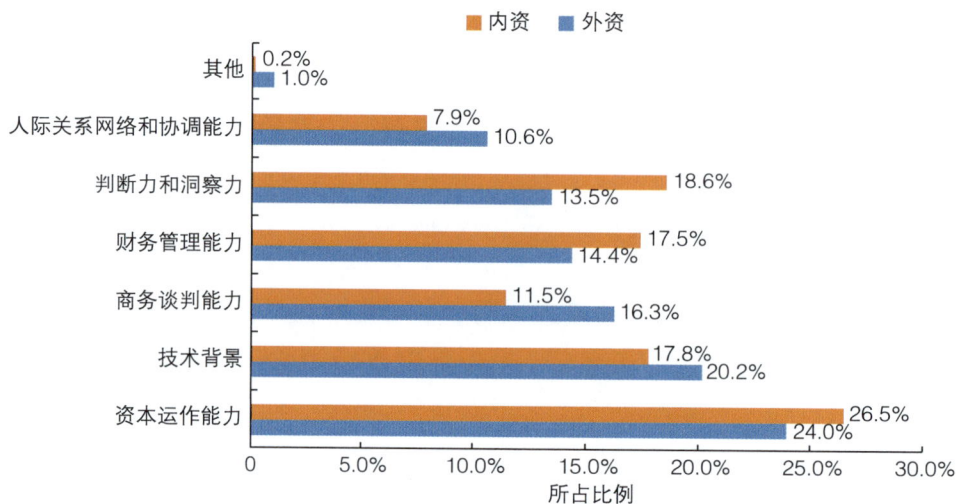

图 7-9　2020 年外资与内资创业投资机构对合格创业投资人员素质的要求

对比外资与内资机构对我国创业投资从业人员缺乏专业知识的看法发现（图 7-10）[①]，在对"技术评估""技术背景""资本运作"技能缺乏上达成了共识，反映出创业投资机构对从业人员技术创新能力和投融资能力方面的要求。但在其他几项重要能力方面，内资机构认为"项目识别"是从业人员缺乏的重要能力；而外资机构则特别注重项目运作的合规性，认为"法律知识"是从业人员缺乏的重要能力之一。

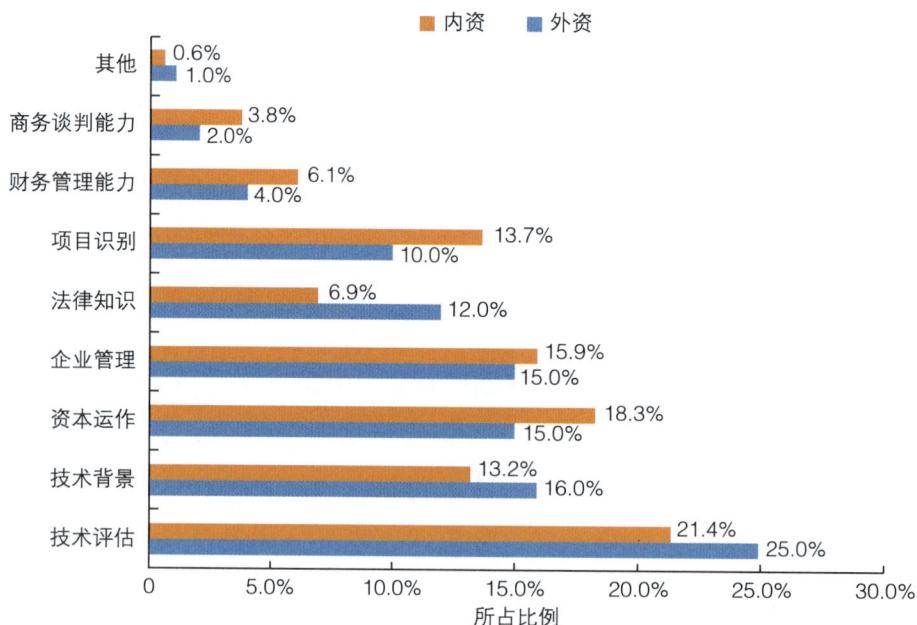

图 7-10　2020 年外资与内资创业投资机构认为我国创业投资从业人员缺乏的专业知识

----

① 有效样本数为外资 37 份，内资 2025 份。

7.9 外资创业投资机构对总体发展环境的评价

2020年，外资创业投资机构认为投资不理想的主要原因（图7-11）[1]是"市场竞争""政策环境变化""退出渠道不畅"，占比分别为25.3%、22.1%、16.8%，与内资创业投资机构基本一致。为了进一步发展创业风险投资市场，应进一步保障公平的市场竞争秩序，营造合理的政策环境，不断完善退出渠道。

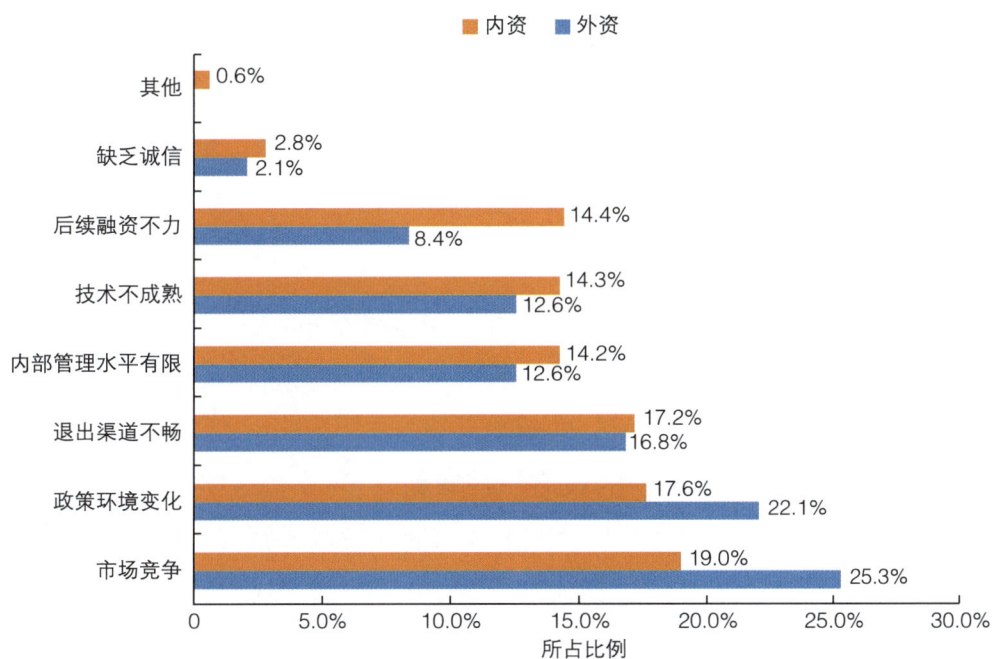

图7-11 2020年外资与内资创业投资机构认为投资效果不理想的原因

---

[1] 有效样本数为外资37份，内资2015份。

8

中国创业投资发展环境

8.1 中国创业投资机构的政策环境

2020 年，在新冠肺炎疫情冲击、中美博弈等复杂多变的国内外形势下，政府部门通过所得税试点、创业板和科创板改革、基金监管等政策引导创业投资机构健康发展。本章将重点分析 2020 年我国创业投资机构所处的政策环境。

8.1.1 中国创业投资机构可以享受的政府扶持政策

2020 年，我国创业投资机构能够享受的中央政府扶持政策情况如图 8-1 所示[①]。其中，51.7% 的创业投资机构享受了"信息交流"政策，37.8% 的创业投资机构享受了"所得税减免"政策，24.0% 的创业投资机构享受了"人员培训"政策，18.9% 的创业投资机构享受了"获得政府资金直接支持"政策，7.0% 的创业投资机构享受了"计提风险准备金"政策。

2020 年，我国创业投资机构能够享受的地方政府扶持政策情况如图 8-2 所示[②]。其中，54.9% 的创业投资机构享受了"信息交流"政策，40.7% 的创业投资机构享受了"所得税减免"政策，29.8% 的创业投资机构享受了"获得政府资金直接支持"政策，27.9% 的创业投资机构享受了"人员培训"政策，6.7% 的创业投资机构享受了"计提风险准备金"政策。

---

① 有效样本数为 2015 份。

② 有效样本数为 2015 份。

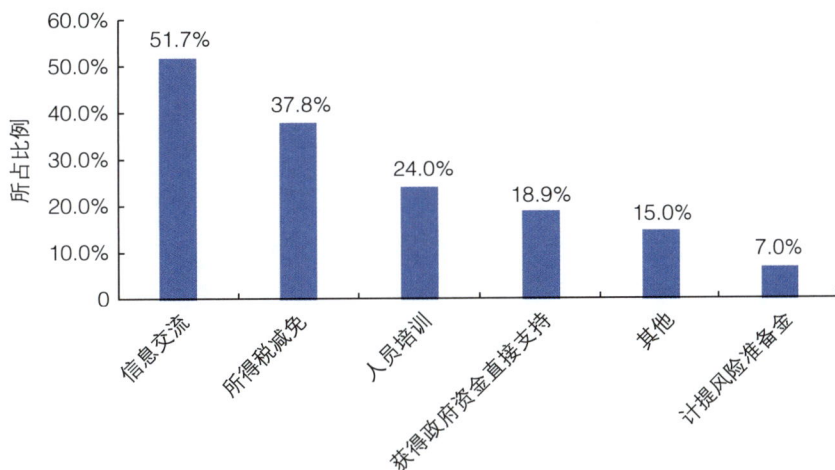

图 8-1   2020 年创业投资机构能够享受的中央政府扶持政策

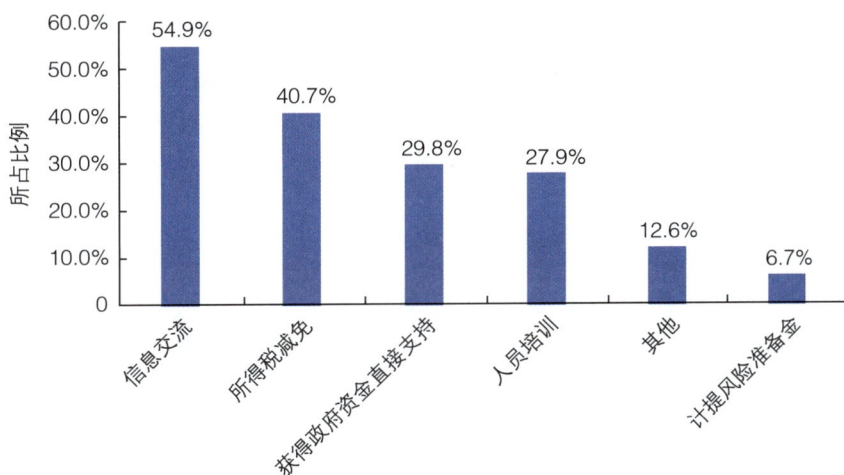

图 8-2   2020 年创业投资机构能够享受的地方政府扶持政策

由图 8-1 和图 8-2 可见，2020 年中央政府与地方政府在促进创业投资发展的政策导向上基本一致，仅存在一定细微差异。例如，与中央政府相比，更多的创业投资机构享受了地方政府资金直接支持。

从地域层面来看，2020 年我国创业投资机构能够享受的中央和地方政府扶持政策情况如图 8-3、图 8-4 所示 [1]。总体而言，青海、内蒙古、江西、西藏、海南的创业投资机构享受的政府政策扶持相对单一。

---

[1]   有效样本数为 2015 份。此处问卷设置了多选项，因此出现纵坐标轴合计比例超过 100% 的情况。

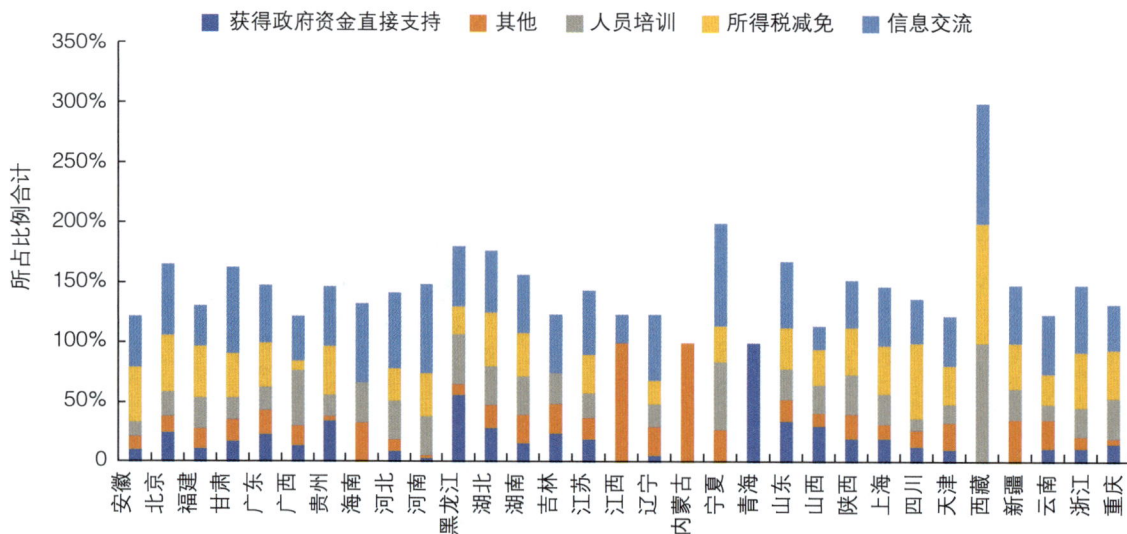

图 8-3　2020 年各地创业投资机构能够享受的中央政府扶持政策

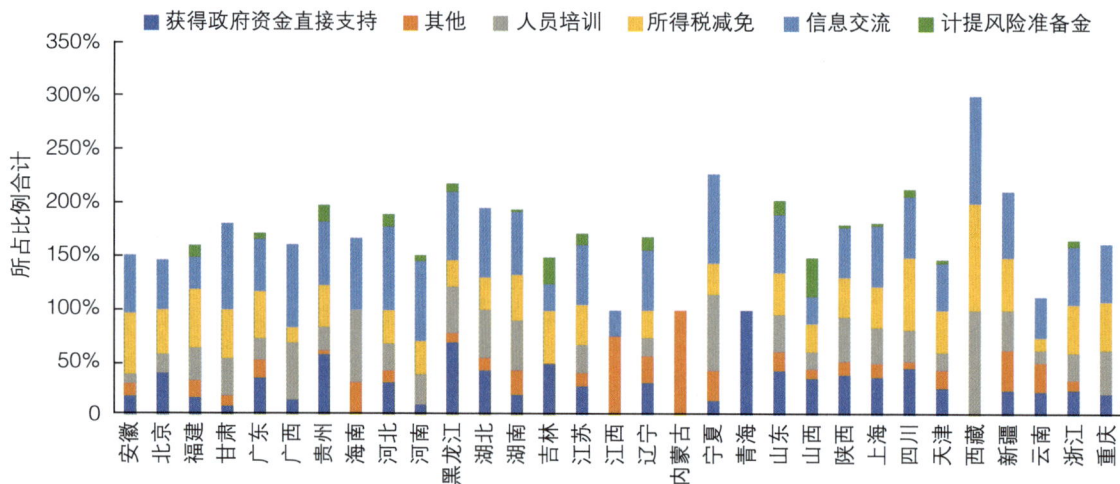

图 8-4　2020 年各地创业投资机构能够享受的地方政府扶持政策

"信息交流""所得税减免""获得政府资金直接支持"是各地创业投资机构享受的主要政策形式。从中央政府政策层面来看，甘肃、贵州、海南、河北、河南、黑龙江、湖北、吉林、江苏、辽宁、宁夏、山东、西藏、新疆、云南、浙江等地超过 50% 的创业投资机构享受了中央政府信息交流服务；安徽、北京、福建、贵州、四川、西藏、浙江、重庆等地超过 40% 的创业投资机构享受了中央政府所得税减免；黑龙江、青海、贵州、山东、山西等地超过 30% 的创业投资机构享受了中央政府资金直接支持。

从地方政府政策层面来看，安徽、甘肃、广西、贵州、海南、河北、河南、黑龙江、湖北、湖南、江苏、辽宁、宁夏、山东、上海、四川、西藏、新疆、浙江、重庆等地超过 50% 的创业投资机构享受了地方政府信息交流服务；安徽、福建、吉林、四川、西藏、新疆等地超过 50% 的创业投资机构享受了地方政府所得税减免；贵州、黑龙江、吉林、青海等地超过 50% 的创业投资机构享受了地方政府资金直接支持。

从上述分析可以看出，我国欠发达地区的创业投资企业获得的政策扶持种类单一，较为发达地区的创业投资企业享受的政策扶持更多地集中在信息交流和所得税减免方面。

8.1.2 中国创业投资机构享受的主要税收政策及缴税情况

近年来，财政部、国家税务总局等部门采取一系列税收优惠政策支持创业投资机构发展。2016 年，财政部、国家税务总局发布《关于完善股权激励和技术入股有关所得税政策的通知》（财税〔2016〕101 号），对符合条件的非上市公司股票期权、股权期权、限制性股票和股权奖励实行递延纳税政策，对上市公司股票期权、限制性股票和股权奖励延长纳税期限，对技术成果投资入股实施选择性税收优惠政策。2017 年，财政部、国家税务总局发布《关于创业投资企业和天使投资个人有关税收试点政策的通知》（财税〔2017〕38 号），对京津冀、上海、广东、安徽、四川、武汉、西安、沈阳 8 个全面创新改革试验区域和苏州工业园区，从税收试点政策、相关政策条件、管理事项及管理要求等方面做了具体说明。试点政策执行一年之后，2018 年，财政部、国家税务总局发布《关于创业投资企业和天使投资个人有关税收政策的通知》（财税〔2018〕55 号），就全国范围内实施的创业投资企业和天使投资个人税收政策进行明确。2019 年，财政部、国家税务总局、发展改革委、证监会发布《关于创业投资企业个人合伙人所得税政策问题的通知》（财税〔2019〕8 号），提出创业投资企业可以选择按单一投资基金核算或按创业投资年度所得整体核算两种方式之一。2020 年，财政部、国家税务总局、发展改革委、证监会发布《关于中关村国家自主创新示范区公司型创业投资企业有关企业所得税试点政策的通知》（财税〔2020〕63 号），明确在北京市中关村国家自主创新示范区试行公司型创业投资企业的企业所得税优惠政策。

2020 年统计数据显示，国内披露缴税情况的创业投资机构为 917 家（2019 年为 794 家），合计缴税金额逾 19.67 亿元（2019 年为 12.54 亿元）。2020 年，享受《关于创业投资企业和天使投资个人有关税收试点政策的通知》政策优惠的机构数[①]占比为 4.1%；享受《关于完善股权激励和技术入股有关所得税政策的通知》政策优惠的机构数[②]占比为 6.3%。

[①] 有效样本数为 2045 份。前文分析中，较多企业享受了税收优惠政策，但填写享受具体税收优惠政策的企业数量不多。

[②] 有效样本数为 2030 份。前文分析中，较多企业享受了税收优惠政策，但填写享受具体税收优惠政策的企业数量不多。

8.2 中国创业投资机构的政策需求

8.2.1 中国创业投资机构最希望出台的激励政策 [①]

图 8-5 展示了 2020 年我国创业投资机构最希望出台的政府激励政策，主要类型如下：

① 完善创业投资税收优惠政策。2020 年，我国创业投资机构最希望出台的政府激励政策是税收优惠类政策，占比为 30.1%。与 2019 年相比，创业投资企业的税收优惠政策诉求略微下降（2019 年数据为 30.5%）。

② 设立政策性基金。16.9% 的创业投资机构希望设立政策性基金，并通过市场化的运作方式支持创业投资发展。与 2019 年相比，这一数据有所上升（2019 年数据为 15.3%）。

③ 鼓励科研人员创新创业。11.6% 的创业投资机构认为政府应当出台鼓励科研人员创新创业的相关政策，进一步激发创新创业热情，促进科技成果转化。这一数据相比 2019 年有所上升（2019 年数据为 10.1%）。

④ 加快注册制改革，建立转板机制。希望政府继续推动资本市场注册制改革，加快建立场内外市场之间的转板机制的创业投资机构占 16.4%，与 2019 年相比有所下降（2019 年数据为 17.6%）。

⑤ 完善和落实相关法律。8.4% 的创业投资机构希望政府能够完善和落实创业投资的相关法律，营造规范的制度环境，与 2019 年一致（2019 年数据为 8.4%）。

⑥ 理顺国有创业投资管理体制。5.8% 的创业投资机构认为应当健全符合创业投资行业特点和发展规律的国有创业投资管理体制，激发国有创业投资活力，提高国有创业投资运行效率。该项诉求较 2019 年有所下降（2019 年数据为 7.1%）。

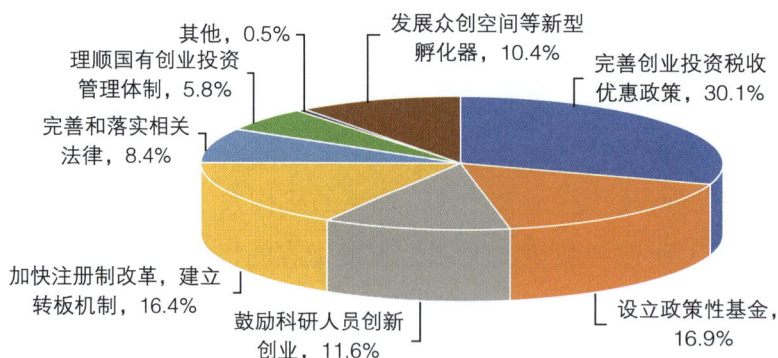

图 8-5　2020 年创业投资机构希望出台的政府激励政策

---

① 有效样本数为 2052 份。

⑦ 发展众创空间等新型孵化器。10.4% 的创业投资机构希望政府加大对众创空间等新型孵化器的扶持力度，进一步加快推进大众创新创业，该数据与 2019 年相比略有下降（2019年数据为 10.6%）。

8.2.2 中国创业投资机构对中小企业政策需求的认知[①]

图 8-6 展示了 2020 年我国创业投资机构对中小企业政策需求的认知。创业投资机构认为，政府应该在以下方面对中小企业进行政策扶持：

① 对创业投资项目给予直接资助。政府应该对投资于中小企业的创业投资项目给予直接资助，激励创业投资机构开展相关业务（占比 22.45%）。

② 尽快设立科技型中小企业上市的绿色通道。政府最应该尽快设立科技型中小企业上市的绿色通道，拓宽科技型中小企业融资渠道（占比 21.54%）。

③ 建立项目库，提高科技项目信息的透明度，推动创业投资企业投资。政府应该优化科技项目信息管理方式，建立项目库，助力创业投资机构识别相关项目信息，以便精准投资中小企业（占比 20.98%）。

④ 创新银行贷款方式，降低贷款成本。政府应该在如何创新银行贷款方式上下功夫，以便降低中小企业的贷款成本，使得融资贵问题能够得到缓解（占比 19.83%）。

⑤ 对科技类投资项目提供培训、管理咨询。政府应对科技类投资项目提供培训、管理咨询，为中小企业与创业投资对接搭建良好的理论和实践平台（占比 8.01%）。

⑥ 鼓励、资助创业投资与孵化器之间的合作。政府应鼓励、资助创业投资与孵化器之间的合作，推动科技型中小企业健康成长（占比 6.91%）。

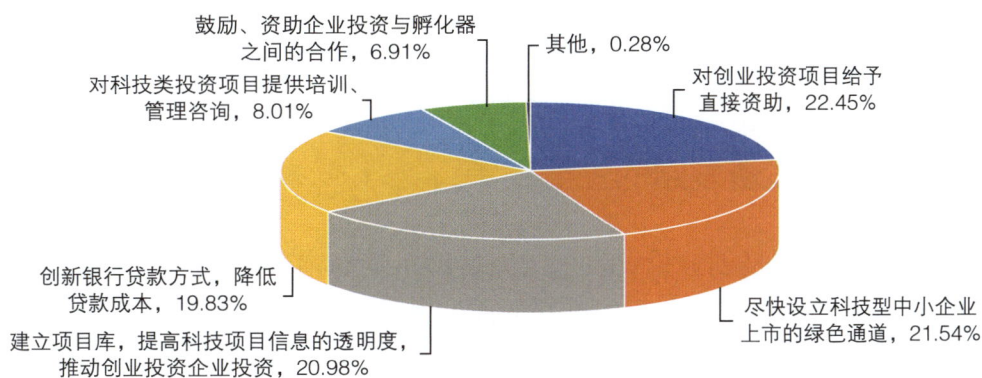

图 8-6　2020 年中国创业投资机构对中小企业政策需求的认知

---

① 有效样本数为 5153 份。

8.2.3 新冠肺炎疫情下中国创业投资机构的政策需求

据统计[①]，63.3% 的我国创业投资机构认为新冠肺炎疫情对创业投资行业的影响较大甚至非常大。新冠肺炎疫情下，我国中央政府和地方政府先后出台了支持企业发展的一系列政策措施。据调查[②]，我国创业投资机构享受的主要政策激励措施集中在社保、增值税优惠减免方面，一些地方政府为企业减免了城镇土地使用税，并支持出租方减免物业、场地租金。例如，苏州出台了支持中小企业共渡难关的十条政策，苏州高新创业投资集团有限公司等企业都享受到了该项政策。当前，全球范围内新冠肺炎疫情得到有效控制仍需时日，调查显示[③]，为应对疫情对创业投资机构的冲击，创业投资机构希望在如下方面更多地享受政府补助措施：

一是更大范围的降税减费。加快落实创业投资税收优惠政策，针对股权投资基金，出台和落地更多税收及退出的优惠政策；在科创单位税收优惠政策中，放宽对创业投资机构的界定标准；阶段性减免企业养老、失业、工伤保险等。

二是完善创业投资管理制度。尽快成立国家层面的天使投资母基金，推动各省设立子基金；根据风险投资属性，调整对风险投资母基金的管理方式；加大对早期创业投资的相关政策扶持；优化创业投资机构的基金备案、工商变更、银行托管等流程事项。

三是加大扶持和补偿力度。加大对受新冠肺炎疫情影响较大的创业投资机构的扶持力度；加大风险补偿力度。

四是完善奖励政策。加大对从事科技创新企业投资的基金管理人机构的奖励力度；可考虑根据基金募集规模、投资比例等给予机构、人才奖励支持。

五是平等、精准沟通。坚持贯彻《中华人民共和国外商投资法》，保证外商投资机构和国有政府资本机构平等沟通；多组织投融资对接活动、精准交流；相关监管部门应加强对机构的指导和培训。

8.3 中国促进创业投资发展的主要政策

政府部门的政策支持是创业投资发展的直接助推器。本节将对近年来国家层面出台的促进中国创业投资发展的相关政策文件进行梳理（表 8-1）。

[①] 有效样本数为 2038 份。据统计，创业投资机构认为新冠肺炎疫情对创业投资的影响程度占比：非常大（9.9%）、较大（53.4%）、一般（27.7%）、不大（6.5%）、非常小（0.2%）、不好说（2.3%）。

[②] 有效样本数为 143 份。

[③] 有效样本数为 143 份。

表 8-1　近年来中国促进创业投资发展的主要政策文件

文件名称	发布时间	发布机构	主要内容
《关于创业投资企业和天使投资个人有关税收政策的通知》	2018 年	财政部、国家税务总局	主要提出：①公司制创业投资企业采取股权投资方式直接投资于初创科技型企业满 2 年的，可以按照投资额的 70% 在股权持有满 2 年的当年抵扣其应纳税所得额；当年不足抵扣的，可以在以后纳税年度结转抵扣。②有限合伙制创业投资企业采取股权投资方式直接投资于初创科技型企业满 2 年的，其法人合伙人或个人合伙人可以按照对初创科技型企业投资额的 70% 抵扣其从合伙创投企业分得的所得；当年不足抵扣的，可以在以后纳税年度结转抵扣
《上市公司创业投资基金股东减持股份的特别规定》	2018 年	证监会	对作为上市公司股东的创业投资基金减持上市公司股份作出了特别规定，以鼓励创业投资基金投资于早期中小企业或者高新技术企业
《关于创业投资企业个人合伙人所得税政策问题的通知》	2019 年	财政部、国家税务总局、发展改革委、证监会	提出创投企业可以选择按单一投资基金核算或者按创投企业年度所得整体核算两种方式之一，对其个人合伙人来源于创投企业的所得计算个人所得税应纳税额
《关于在上海证券交易所设立科创板并试点注册制的实施意见》	2019 年	证监会	提出在上海证券交易所新设科创板，坚持面向世界科技前沿、面向经济主战场、面向国家重大需求，主要服务于符合国家战略、突破关键核心技术、市场认可度高的科技创新企业
《关于为设立科创板并试点注册制改革提供司法保障的若干意见》	2019 年	最高人民法院	从司法角度，提出要促进发行、上市、信息披露、交易、退市等资本市场基础制度改革统筹推进，维护公开、公平、公正的资本市场秩序，保护投资者合法权益
《关于进一步明确规范金融机构资产管理产品投资创业投资基金和政府出资产业投资基金有关事项的通知》	2019 年	发展改革委、中国人民银行、财政部、银保监会、证监会、外汇局	对创业投资基金和政府出资产业投资基金从范围、投向、运作等几个方面进行了规范
《国务院关于进一步做好利用外资工作的意见》	2019 年	国务院	提出深化对外开放、加大投资促进力度、深化投资便利化改革、保护外商投资合法权益等
《中华人民共和国外商投资法实施条例》	2019 年	国务院	围绕鼓励和促进外商投资，保护外商投资合法权益，规范外商投资管理，持续优化外商投资环境，推进更高水平对外开放等方面制定相关法律。于 2020 年 1 月 1 日实施

续表

文件名称	发布时间	发布机构	主要内容
《关于深化北京市新一轮服务业扩大开放综合试点建设国家服务业扩大开放综合示范区工作方案的批复》	2020 年	国务院	推动金融服务改革，并提出以中关村国家自主创新示范区为依托，打造创业投资集聚区，在中关村国家自主创新示范区开展公司型创业投资企业所得税优惠政策试点，在试点期限内，对符合条件的公司型创投企业按照企业年末个人股东持股比例免征企业所得税，鼓励长期投资，个人股东从该企业取得的股息红利按照规定缴纳个人所得税
《关于中关村国家自主创新示范区公司型创业投资企业有关企业所得税试点政策的通知》	2020 年	财政部、国家税务总局、发展改革委、证监会	明确在北京市中关村国家自主创新示范区试行公司型创业投资企业的企业所得税优惠政策。对示范区内公司型创业投资企业，转让持有 3 年以上股权的所得占年度股权转让所得总额的比例超过 50% 的，按照年末个人股东持股比例减半征收当年企业所得税；转让持有 5 年以上股权的所得占年度股权转让所得总额的比例超过 50% 的，按照年末个人股东持股比例免征当年企业所得税
《上市公司创业投资基金股东减持股份的特别规定（2020 年修订）》	2020 年	证监会	提出简化反向挂钩政策适用标准；取消大宗交易方式下减持受让方的锁定期限制；取消投资期限在五年以上的创业投资基金减持限制；调整投资期限计算方式；允许私募股权投资基金参照适用反向挂钩政策；明确弄虚作假申请政策的法律责任
《创业板首次公开发行股票注册管理办法（试行）》《创业板上市公司证券发行注册管理办法（试行）》《创业板上市公司持续监管办法（试行）》《科创板上市公司证券发行注册管理办法（试行）》	2020 年	证监会	推出创业板、科创板改革举措
《关于加强私募投资基金监管的若干规定》	2020 年	证监会	对私募基金管理人名称及经营范围、业务范围等的规范要求，并实行新老划断；对私募基金管理人出资人（股东）的规范要求；明确私募基金募集过程中的 10 项禁止行为；明确私募基金从业人员的 13 项禁止行为；明确私募基金投资活动的"负面清单"；细化私募基金提供借款、担保的要求

续表

文件名称	发布时间	发布机构	主要内容
《关于健全支持中小企业发展制度的若干意见》	2020 年	工业和信息化部等十七部委	提出完善中小企业直接融资支持制度。大力培育创业投资市场，完善创业投资激励和退出机制，引导天使投资人群体、私募股权、创业投资等扩大中小企业股权融资，更多地投长、投早、投小、投创新。稳步推进以信息披露为核心的注册制改革，支持更多优质中小企业登陆资本市场。鼓励中小企业通过并购重组对接资本市场；稳步推进新三板改革，健全挂牌公司转板上市机制。完善中小企业上市培育机制，鼓励地方加大对小升规、规改股、股上市企业的支持
《国务院办公厅关于进一步做好稳外贸稳外资工作的意见》	2020 年	国务院	提出给予重点外资企业金融支持，加大重点外资项目支持服务力度，鼓励外资更多投向高新技术产业，降低外资研发中心享受优惠政策门槛

2020 年，我国完善和优化创业投资环境的主要做法如下。

（1）出台创业投资企业所得税试点政策

2020 年 9 月，国务院发布《关于深化北京市新一轮服务业扩大开放综合试点建设国家服务业扩大开放综合示范区工作方案的批复》（国函〔2020〕123 号），提出要在中关村国家自主创新示范区开展公司型创投企业所得税优惠试点，在试点期限内，对符合条件的公司型创业投资企业按照企业年末个人股东持股比例免征企业所得税，鼓励长期投资，个人股东从该企业取得的股息红利按照规定缴纳个人所得税。2020 年 12 月，财政部等四部委联合颁布《关于中关村国家自主创新示范区公司型创业投资企业有关企业所得税试点政策的通知》（财税〔2020〕63 号），对此前的批复做了进一步回应，确定在北京市中关村国家自主创新示范区试行公司型创业投资企业的企业所得税优惠政策，提出对示范区内公司型创业投资企业，转让持有 3 年以上股权的所得占年度股权转让所得总额的比例超过 50% 的，按照年末个人股东持股比例减半征收当年企业所得税；转让持有 5 年以上股权的所得占年度股权转让所得总额的比例超过 50% 的，按照年末个人股东持股比例免征当年企业所得税。该政策首次设计了投资期限越长缴纳企业所得税越少的反向挂钩制度，有利于增强创业投资企业长期投资初创型科技企业的"耐心"，并首次在公司型基金中贯彻了"穿透原则"的征税理念，将公司型基金的所得区分为股权转让所得和股息红利所得，通过减免企业所得税的方式来实现降低个人在基金中的综合税负。

（2）修订创业投资基金股东减持规则

在新冠肺炎疫情等多种因素冲击下，我国私募股权和创业投资基金行业普遍面临募资困难、退出困难等问题，2018 年，证监会发布的《上市公司创业投资基金股东减持股份的特别规定》对创业投资基金适用反向挂钩政策条件要求偏严。在当前国内外形势下，为进一步鼓励、引导长期资金参与创业投资，促进创业资本形成，助力中小企业、科技企业发展，证监会于 2020 年 3 月出台《上市公司创业投资基金股东减持股份的特别规定（2020年修订）》（中国证券监督管理委员会公告〔2020〕17 号），对相关内容做出以下调整：一是简化反向挂钩政策适用标准，仅要求申请反向挂钩的项目在投资时满足"投早""投中小""投高新"三者之一即可，并删除基金层面"对早期中小企业和高新技术企业的合计投资金额占比 50% 以上"的要求；二是取消大宗交易方式下减持受让方的锁定期限制；三是取消投资期限在五年以上的创业投资基金减持限制；四是调整投资期限计算方式，调整投资期限截点，由"发行申请材料受理日"修改为"发行人首次公开发行日"，有利于连续计算基金投资时间；五是允许私募股权投资基金参照适用反向挂钩政策；六是明确弄虚作假申请政策的法律责任。深圳证券交易所、上海证券交易所陆续发布了《深圳证券交易所上市公司创业投资基金股东减持股份实施细则（2020 年修订）》《上海证券交易所上市公司创业投资基金股东减持股份实施细则（2020 年修订）》，对原有规则进行了修订。

（3）持续进行创业板、科创板改革

推进创业板、科创板改革对于支持有发展潜力、市场认可度高的优质上市公司便捷融资，进一步畅通科技、资本和实体经济的循环机制，加速科技成果向现实生产力转化，引领经济发展向创新驱动转型，增强金融服务实体经济能力等具有重要意义。2020 年 6 月，证监会发布了《创业板首次公开发行股票注册管理办法（试行）》（中国证券监督管理委员会令第 167 号）、《创业板上市公司证券发行注册管理办法（试行）》（中国证券监督管理委员会令第 168 号）、《创业板上市公司持续监管办法（试行）》（中国证券监督管理委员会令第 169 号）。与此同时，证监会、深交所、中国结算、证券业协会等发布了相关配套规则。2020 年 7 月，证监会发布了《科创板上市公司证券发行注册管理办法（试行）》（中国证券监督管理委员会令第 171 号），设定了科创板上市公司再融资基本发行条件。上述系列政策的执行，有望进一步强化资本市场对科技创新企业的服务功能，提升股权融资比重，更好地促进经济高质量发展。据统计[①]，2020 年，89.9% 的创业投资机构认为上交所设立科创板有积极作用（2019 年为 88.6%）。

---

① 有效样本数为 2036 份。

为完善退市标准，优化退市程序，保护投资者权益，深沪两所启动了新一轮退市制度改革工作。2020年6月，深圳证券交易所发布《深圳证券交易所创业板上市公司规范运作指引（2020年修订）》（深证上〔2020〕499号）落实资本市场新规，修订过严过细条款，减轻市场负担。2020年12月，上海证券交易所发布《上海证券交易所科创板股票上市规则（2020年12月修订）》（上证发〔2020〕101号），完善退市指标，明确退市风险警示股票交易限制和完善退市整理期安排。

（4）加强私募基金监管

近年来，私募基金行业在快速发展的同时，也暴露出许多问题，包括公开或变相公开募集资金、规避合格投资者要求、不履行登记备案义务、错综复杂的集团化运作、资金池运作、利益输送、自融自担等，甚至出现侵占、挪用基金财产及非法集资等严重侵害投资者利益的违法违规行为，行业风险逐步显现。为进一步加强私募基金监管，严厉打击各类违法违规行为，严控私募基金增量风险，稳妥化解私募基金存量风险，提升行业规范发展水平，保护投资者合法权益，根据有关法律法规，在总结实践经验基础上，证监会起草了《关于加强私募投资基金监管的若干规定》（中国证券监督管理委员会公告〔2020〕71号），规范私募基金管理人名称、经营范围和业务范围，优化集团化私募基金管理人监管，重申细化非公开募集和合格投资者要求，明确私募基金财产投资要求，强化私募基金管理人及从业人员等主体规范要求，明确法律责任和过渡期安排。上述要求进一步重申和强化了私募基金行业执业的底线行为规范，形成了私募基金管理人及从业人员等主体的"十不得"禁止性要求。

（5）支持中小企业直接融资

中小企业是国民经济和社会发展的主力军，是建设现代化经济体系、推动经济高质量发展的重要基础，是扩大就业、改善民生的重要支撑，是企业家精神的重要发源地。为解决制约中小企业直接融资的基础性制度性问题，2020年7月，工业和信息化部等十七部委联合印发《关于健全支持中小企业发展制度的若干意见》（工信部联企业〔2020〕108号），大力培育创业投资市场，完善创业投资激励和退出机制，引导天使投资人群体、私募股权、创业投资等扩大中小企业股权融资，更多地投长、投早、投小、投创新；稳步推进以信息披露为核心的注册制改革，支持更多优质中小企业登陆资本市场；鼓励中小企业通过并购重组对接资本市场；稳步推进新三板改革，健全挂牌公司转板上市机制；完善中小企业上市培育机制，鼓励地方加大对小升规、规改股、股上市企业的支持；加大优质中小企业债券融资，通过市场化机制开发更多适合中小企业的债券品种，完善中小企业债券融资增信机制，扩大债券融资规模。

（6）营造外商投资的良好环境

当前新冠肺炎疫情持续蔓延，世界经济严重衰退，我国外贸外资面临复杂严峻的形势，为进一步做好利用外资工作，稳定外资规模，优化外资结构，我国出台了一系列政策。2020年8月，国务院发布《国务院办公厅关于进一步做好稳外贸稳外资工作的意见》（国办发〔2020〕28号），提出给予重点外资企业金融支持，加大重点外资项目支持服务力度，鼓励外资更多投向高新技术产业，降低外资研发中心享受优惠政策门槛。2020年9月，国务院发布的《关于深化北京市新一轮服务业扩大开放综合试点建设国家服务业扩大开放综合示范区工作方案的批复》（国函〔2020〕123号）进一步提出，支持社会资本在京设立并主导运营人民币国际投贷基金，支持外资投资机构参与合格境内有限合伙人境外投资试点；深入实施合格境外有限合伙人试点，逐步放开公开市场投资范围限制；设立外商投资企业境内上市服务平台并提供相关服务；支持外商独资企业申请成为私募基金管理人，开展股权投资和资产管理业务，符合条件的私募证券投资基金管理公司可申请转为公募基金管理公司；优先在北京市允许跨国公司设立外商独资财务公司；支持更多外资银行获得证券投资基金托管资格；研究适时允许在京落地的外资银行稳妥开展国债期货交易等。上述一系列政策为全力支持外资企业恢复正常生产经营秩序、推动更高水平对外开放、持续优化外商投资环境起到了重要的推动作用。

中国创业投资引导基金发展情况

9.1 创业投资引导基金支持创业投资发展概况

截至 2020 年年底，政府引导基金带动的创业投资参股基金累计达 531 只，较 2019 年累计数量增加了 21 只；引导基金规模累计出资 1053.70 亿元，较 2019 年累计数量增加了 94.05 亿元；带动创业投资机构管理资金规模 3488.3 亿元，较 2019 年大幅缩减。

2020 年调查结果显示[①]，获得引导基金支持的创业投资机构平均管理资本规模达到 80 243.8 万元，比 2019 年减少了 41 424.4 万元，下降幅度为 33.05%；未获得引导基金支持的创业投资机构平均管理资本规模为 86 923.8 万元，比 2019 年增加了 43 618.4 万元，上升幅度为 100.72%（图 9-1）。

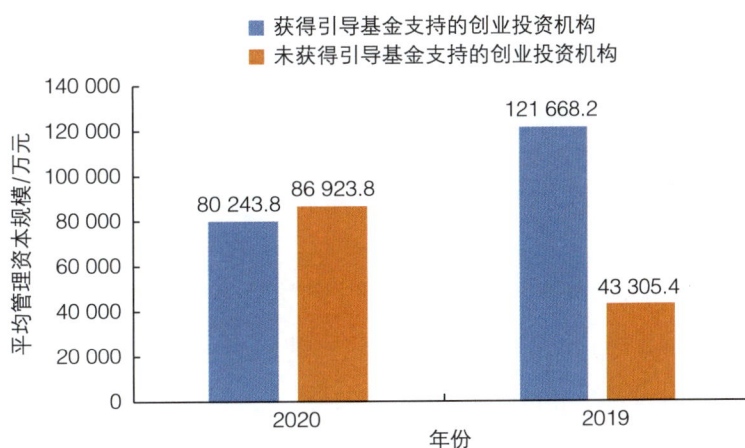

图 9-1　2019 年、2020 年获得引导基金支持的创业投资机构与未获得引导基金支持的创业投资机构的平均管理资本规模对比

---

① 有效样本数为获得引导基金支持 693 份，未获得引导基金支持 1537 份。

我们按照两种方式来划分创业投资机构的资金募集来源:一类是按照机构类型划分;另一类是按照金融资本属性划分。

按机构类型划分,2020 年数据显示,获得引导基金支持的创业投资机构资本构成中,"民营机构"资本高居首位,占比高达 25.2%;其次是"国有独资投资机构",占比为 21.3%;接着是"政府引导基金",占比为 20.9%,均比上年大幅上升。未获得引导基金支持的创业投资机构资本构成中,最多的来自"国有独资投资机构",占比上升到 29.4%;"其他"占比 21.9%,相较于上年的 26.7% 下降了 4.8 个百分点;"民营机构"占比由 2019 年的 25.7% 下降至 18.5%,居第三(图 9-2)。总体而言,获得引导基金支持的创业投资机构,更多地引入了民营资本,且相比上年大幅增加,政府引导效果凸显。

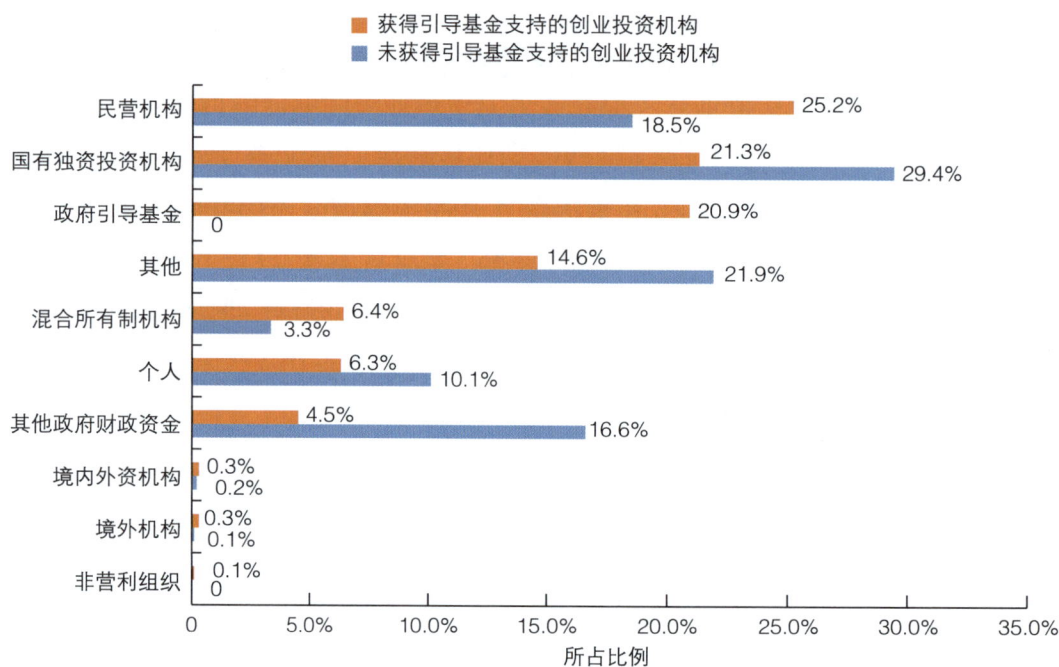

图 9-2　2020 年获得引导基金支持的创业投资机构与未获得引导基金支持的创业投资机构的资本构成(分类一)对比

按金融资本属性划分,2020 年数据显示,获得引导基金支持的创业投资机构资本构成中,"非金融资本"高居首位,占比 64.4%,较 2019 年的 44.6% 增加了 19.8 个百分点;"基金"占比 25.1%;"其他金融资本"占比 6.2%;"银行""信托""证券"等金融资本占比微乎其微。未获得引导基金支持的创业投资机构资本构成中,"非金融资本"占比 54.1%,较 2019 年的 35.1% 上升了 19.0 个百分点;"基金"占比 34.4%;"其他金融资本"占比 6.8%;"银行""信托""证券"等金融资本占比同样很少(图 9-3)。

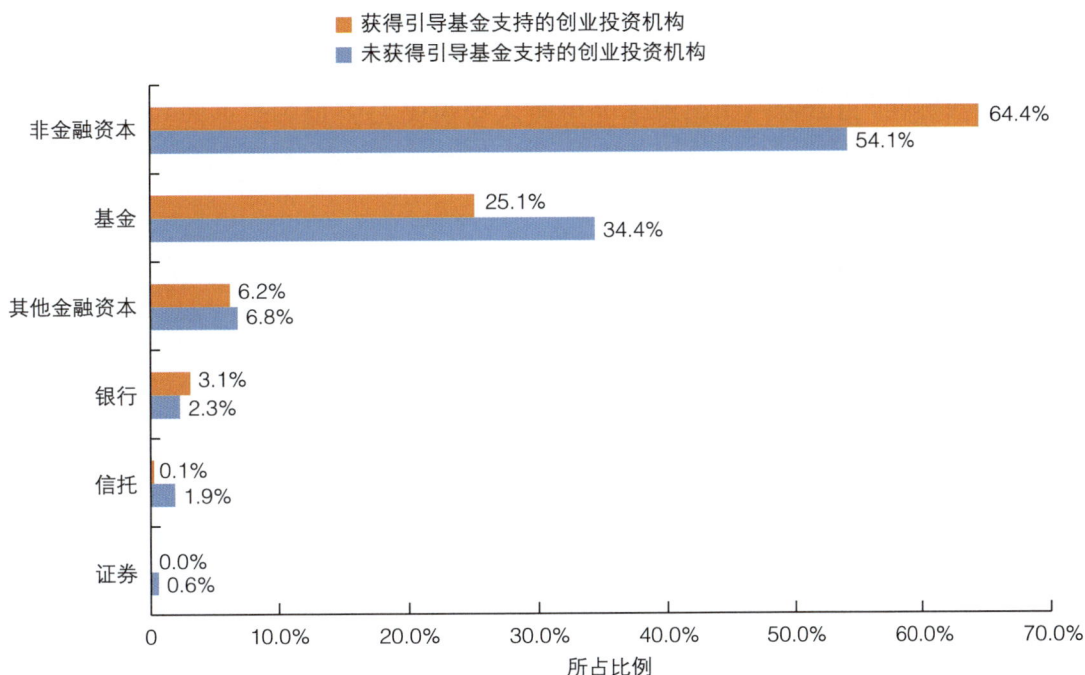

■ 获得引导基金支持的创业投资机构
■ 未获得引导基金支持的创业投资机构

图 9-3　2020 年获得引导基金支持的创业投资机构与未获得引导基金
支持的创业投资机构的资本构成（分类二）对比

9.2　中国创业投资引导基金投资项目的行业分布

从投资金额[①]来看，获得引导基金支持和未获得引导基金支持的两类创业投资机构的投资项目行业分布情况如图 9-4 所示[②]。2020 年，获得引导基金支持的创业投资机构倾向于投资医药保健、其他行业、半导体、其他制造业、生物科技、消费产品和服务等领域，这 6 个行业合计投资的金额占比达到 61.7%；未获得引导基金支持的创业投资机构倾向于投资医药保健、半导体、其他制造业、其他行业、软件产业、社会服务等领域，这 6 个行业合计投资的金额占比达到 49.2%。

---

① 排除未获得引导基金支持但资本来源中有引导基金的机构。
② 有效样本数为获得引导基金支持 879 份，未获得引导基金支持 1475 份。

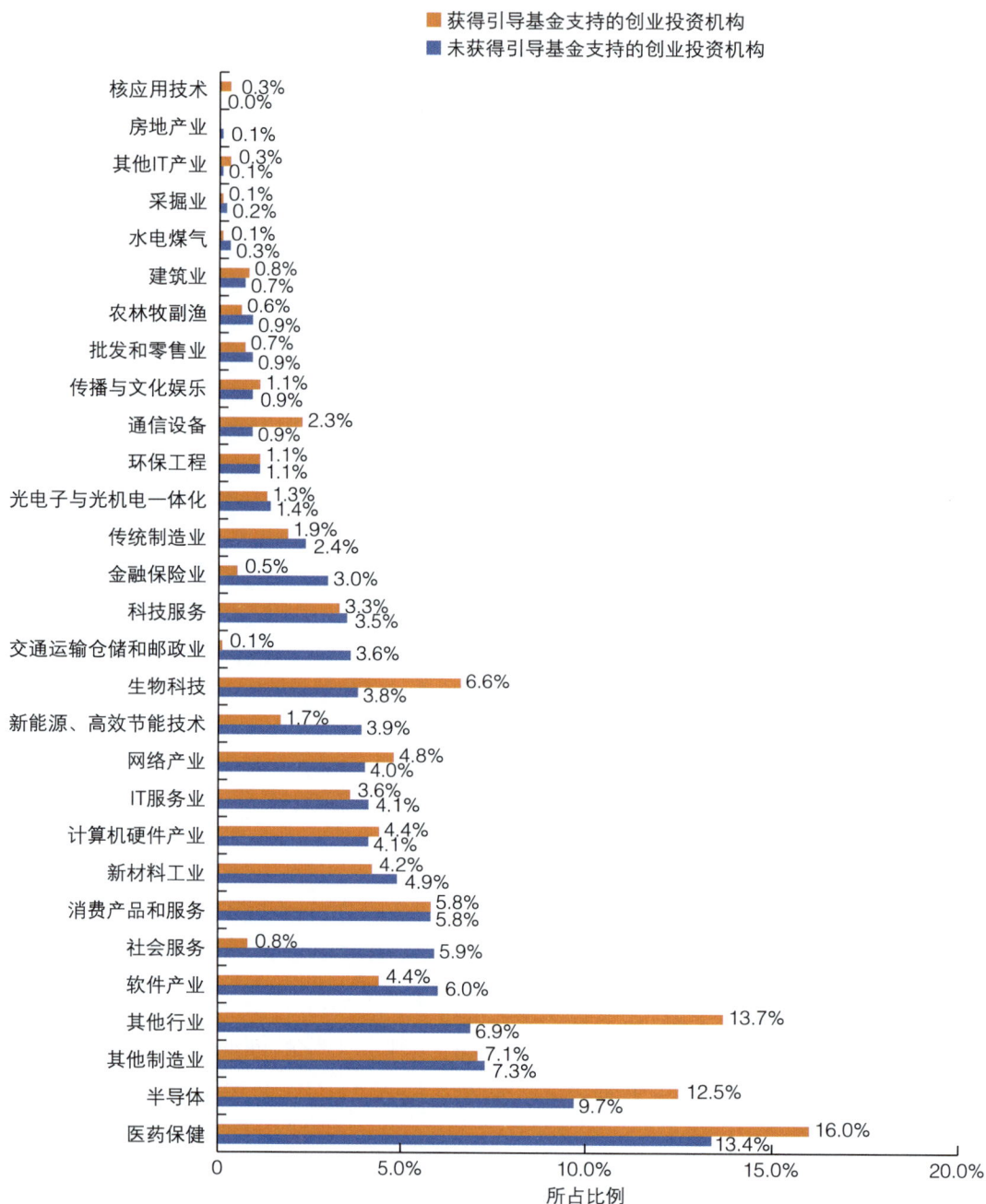

图 9-4　2020 年获得引导基金支持和未获得引导基金支持的创业投资机构
投资项目（按投资金额）行业分布对比

从投资项目数量来看，获得引导基金支持和未获得引导基金支持的两类创业投资机构的投资项目行业分布情况如图 9-5 所示 [1]。2020 年，获得引导基金支持的创业投资机构倾向于投资半导体、医药保健、其他行业、生物科技、其他制造业、软件产业等领域，这 6 个

[1]　有效样本数为获得引导基金支持 1245 份，未获得引导基金支持 1109 份。

行业合计投资的项目数量占比达到 53.7%；未获得引导基金支持的创业投资机构倾向于投资医药保健、其他制造业、其他行业、软件产业、半导体、新材料工业等领域，这 6 个行业合计投资的项目数量占比达到 50.0%。

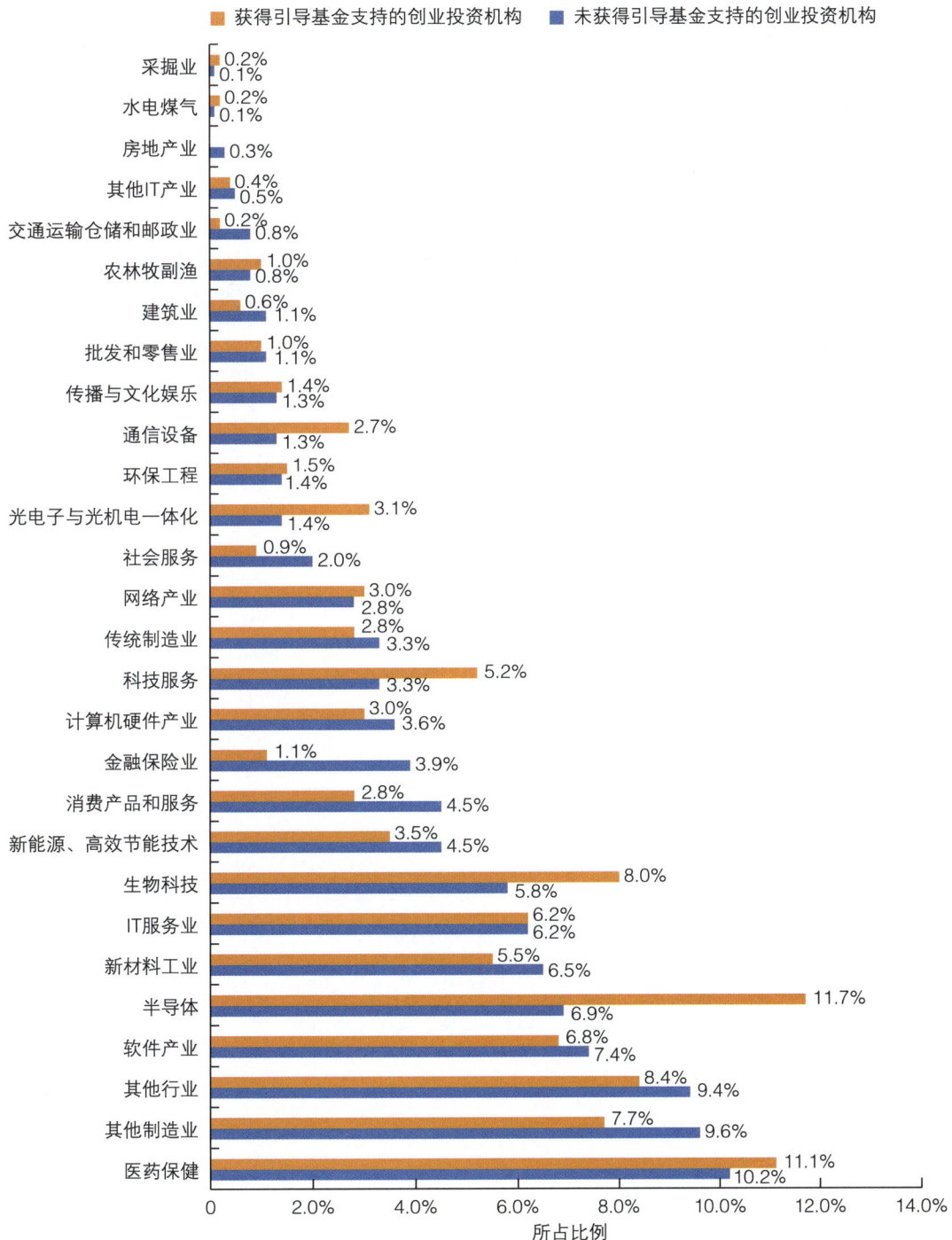

　　■ 获得引导基金支持的创业投资机构　　■ 未获得引导基金支持的创业投资机构

行业	获得引导基金支持	未获得引导基金支持
采掘业	0.2%	0.1%
水电煤气	0.2%	0.1%
房地产业		0.3%
其他IT产业	0.4%	0.5%
交通运输仓储和邮政业	0.2%	0.8%
农林牧副渔	1.0%	0.8%
建筑业	0.6%	1.1%
批发和零售业	1.0%	1.1%
传播与文化娱乐	1.4%	1.3%
通信设备	2.7%	1.3%
环保工程	1.5%	1.4%
光电子与光机电一体化	3.1%	1.4%
社会服务	0.9%	2.0%
网络产业	3.0%	2.8%
传统制造业	2.8%	3.3%
科技服务	5.2%	3.3%
计算机硬件产业	3.0%	3.6%
金融保险业	1.1%	3.9%
消费产品和服务	2.8%	4.5%
新能源、高效节能技术	3.5%	4.5%
生物科技	8.0%	5.8%
IT服务业	6.2%	6.2%
新材料工业	5.5%	6.5%
半导体	11.7%	6.9%
软件产业	6.8%	7.4%
其他行业	8.4%	9.4%
其他制造业	7.7%	9.6%
医药保健	11.1%	10.2%

所占比例

图 9-5　2020 年获得引导基金支持与未获得引导基金支持的创业
投资机构投资项目（按投资项目数量）行业分布对比

比较获得引导基金支持创业投资机构的投资行业分布趋势情况：

按投资金额计算，2020 年在半导体、医药保健、计算机硬件产业、其他行业、生物科技、消费产品和服务等方面明显提升；在传统制造业，新能源、高效节能技术，传播与文化娱乐，环保工程，金融保险业，农林牧副渔等方面明显下降。

按投资项目数量计算，2020 年在半导体、生物科技、软件产业、其他行业、新材料工业、医药保健等方面明显提升；在科技服务、其他制造业、网络产业、消费产品和服务、环保工程、金融保险业等方面有所下降（表 9-1）。

表 9-1　2018—2020 年获得引导基金支持的创业投资机构投资项目行业分布　　单位：%

投资行业	投资金额占比			投资项目数量占比		
	2020 年	2019 年	2018 年	2020 年	2019 年	2018 年
生物科技	6.6	3.7	7.1	8.0	5.7	7.7
医药保健	16.0	9.6	19.3	11.1	10.1	11.2
其他行业	13.7	8.4	6.2	8.4	7.2	6.7
其他制造业	7.1	9.1	6.3	7.7	10.3	6.4
金融保险业	0.5	1.6	0.6	1.1	2.4	1.3
软件产业	4.4	3.9	5.2	6.8	5.1	8.6
IT 服务业	3.6	3.9	5.8	6.2	5.7	7.4
新能源、高效节能技术	1.7	9.2	5.2	3.5	4.1	4.4
新材料工业	4.2	4.5	6.4	5.5	4.4	6.9
传统制造业	1.9	9.3	2.6	2.8	3.5	3.0
环保工程	1.1	2.2	0.9	1.5	3.0	1.5
消费产品和服务	5.8	2.1	3.5	2.8	4.7	4.3
网络产业	4.8	4.8	3.2	3.0	4.9	5.6
建筑业	0.8	0	0.3	0.6	0.2	0.3
农林牧副渔	0.6	1.7	0.3	1.0	0.9	0.7
传播与文化娱乐	1.1	3.9	2.5	1.4	2.0	3.0
科技服务	3.3	3.4	3.6	5.2	8.1	4.6
通信设备	2.3	1.1	1.8	2.7	2.3	2.8
半导体	12.5	10.0	1.9	11.7	5.4	3.0
交通运输仓储和邮政业	0.1	0.7	0.2	0.2	0.8	0.5

续表

投资行业	投资金额占比			投资项目数量占比		
	2020 年	2019 年	2018 年	2020 年	2019 年	2018 年
其他 IT 产业	0.3	0.6	2.2	0.4	1.6	1.8
计算机硬件产业	4.4	0.9	2.8	3.0	2.2	2.8
光电子与光机电一体化	1.3	2.6	2.5	3.1	2.6	2.1
社会服务	0.8	0.7	7.8	0.9	1.2	1.8
批发和零售业	0.7	1.0	1.7	1.0	0.9	1.6

9.3 中国创业投资引导基金投资项目所处阶段

从投资金额来看，2020 年获得引导基金支持与未获得引导基金支持的创业投资机构投资项目按所处阶段分类，分布情况如图 9-6 所示[①]。

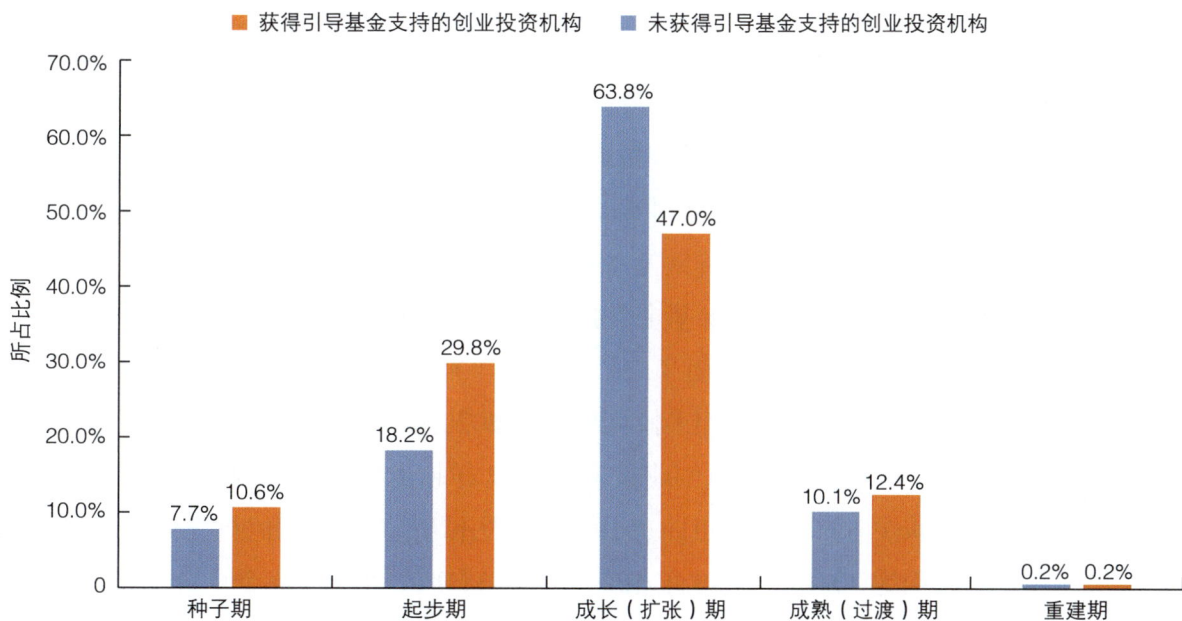

图 9-6 2020 年获得引导基金支持与未获得引导基金支持的创业投资机构
投资项目（按投资金额）所处阶段对比

在种子期，获得引导基金支持的创业投资机构占比为 10.6%，未获得引导基金支持的创业投资机构占比为 7.7%；在起步期，获得引导基金支持的创业投资机构占比为 29.8%，未

---

① 有效样本数为获得引导基金支持 1197 份，未获得引导基金支持 1067 份。

获得引导基金支持的创业投资机构占比为 18.2%；在成长（扩张）期，获得引导基金支持的创业投资机构占比为 47.0%，未获得引导基金支持的创业投资机构占比为 63.8%；在成熟（过渡）期，获得引导基金支持的创业投资机构占比为 12.4%，未获得引导基金支持的创业投资机构占比为 10.1%。总体而言，获得引导基金支持的创业投资机构在早前期阶段的项目投资金额占比明显高于未获得引导基金支持的创业投资机构。

与 2019 年相比，2020 年获得引导基金支持的创业投资机构在成长（扩张）期的项目占比明显增加，成熟（过渡）期略有增加，种子期、起步期的项目相对减少。获得引导基金支持和未获得引导基金支持的创业投资机构 2019 年在种子期的项目占比分别为 17.9% 和 12.0%，而 2020 年分别为 10.6% 和 7.7%，分别减少了 7.3 个百分点和 4.3 个百分点；获得引导基金支持和未获得引导基金支持的创业投资机构 2019 年在起步期的项目占比分别为 42.6% 和 22.6%，而 2020 年分别为 29.8% 和 18.2%，分别减少了 12.8 个百分点和 4.4 个百分点。

从投资项目数量（图 9-7）[①] 上来看，在种子期，获得引导基金支持的创业投资机构占比为 18.5%，未获得引导基金支持的创业投资机构占比为 18.4%；在起步期，获得引导基金支持的创业投资机构占比为 37.2%，未获得引导基金支持的创业投资机构占比为 28.9%；在成长（扩张）期，获得引导基金支持的创业投资机构占比为 38.0%，未获得引导基金支持的创业投资机构占比为 45.3%；在成熟（过渡）期，获得引导基金支持的创业投资机构占比为 6.0%，未获得引导基金支持的创业投资机构占比为 7.1%。总体而言，获得引导基金支持的创业投资机构在早前期阶段的投资项目数量占比略高于未获得引导基金支持的创业投资机构。

与 2019 年相比，2020 年获得引导基金支持的创业投资机构在起步期的项目占比明显减少，种子期略有减少，成熟（过渡）期和成长（扩张）期有所增加。2019 年获得引导基金支持的创业投资机构投资种子期项目比例为 20.7%，2020 年相应数据为 18.5%，下降 2.2 个百分点；2019 年获得引导基金支持的创业投资机构投资起步期项目比例为 43.8%，2020 年相应数据为 37.2%，减少 6.6 个百分点；2019 年获得引导基金支持的创业投资机构投资成长（扩张）期项目比例为 30.0%，2020 年相应数据为 38.0%，增加 8.0 个百分点；2019 年获得引导基金支持的创业投资机构投资成熟（过渡）期项目比例为 5.6%，2020 年相应数据为 6.0%，小幅增加 0.4 个百分点。

---

① 排除未获得引导基金支持但资本来源中有引导基金的机构。

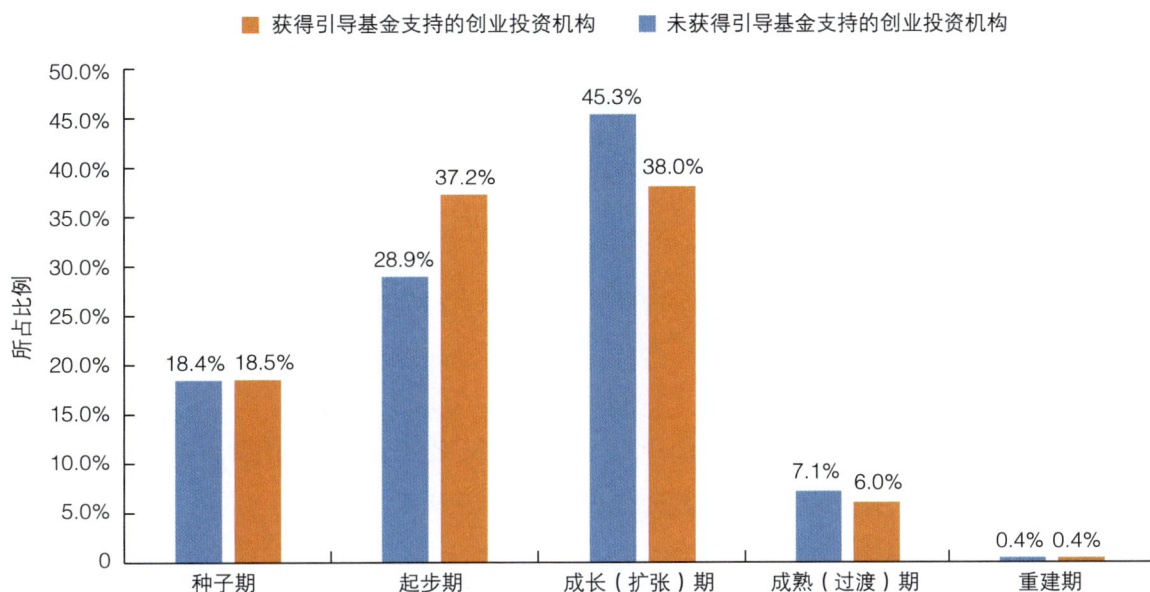

图 9-7　2020 年获得引导基金支持与未获得引导基金支持的创业投资机构
投资项目（按投资项目数量）所处阶段对比

9.4　中国创业投资引导基金投资项目运作情况

2020 年，获得引导基金支持的创业投资机构与未获得引导基金支持的创业投资机构在投资强度上存在一定差异。相比而言，未获得引导基金支持的创业投资机构投资强度更大，2000 万元以上项目的投资占比为 76.1%，高于获得引导基金支持的创业投资机构（图 9-8、表 9-2）。

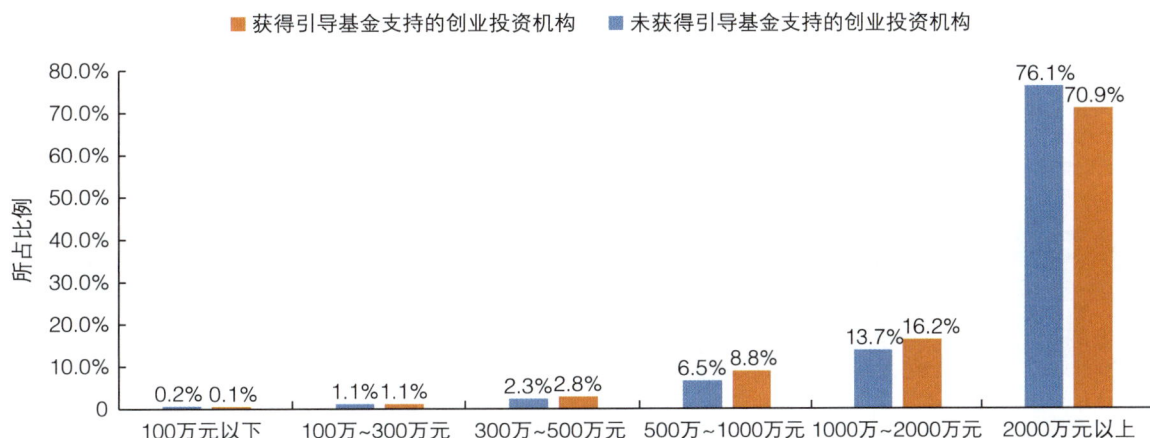

图 9-8　2020 年获得引导基金支持与未获得引导基金支持的创业投资机构单项投资金额分布

表 9-2　2020 年获得引导基金支持与未获得引导基金支持的
创业投资机构单项投资金额占比

单位：%

单项投资金额	100 万元以下	100 万 ~ 300 万元	300 万 ~ 500 万元	500 万 ~ 1000 万元	1000 万 ~ 2000 万元	2000 万元以上
获得引导基金支持的创业投资机构	0.1	1.1	2.8	8.8	16.2	70.9
未获得引导基金支持的创业投资机构	0.2	1.1	2.3	6.5	13.7	76.1

从投资趋势来看，数据显示，2020 年获得引导基金支持的创业投资机构投资金额在 2000 万元以上的项目占比明显下降，投资强度增大（表 9-3）。

表 9-3　2017—2020 年获得引导基金支持的创业投资机构单项投资金额

单位：%

单项投资金额	100 万元以下	100 万 ~ 300 万元	300 万 ~ 500 万元	500 万 ~ 1000 万元	1000 万 ~ 2000 万元	2000 万元以上
2017 年	0.2	1.4	3.5	8.6	17.5	68.8
2018 年	0.2	1.4	3.1	6.8	13.4	75.0
2019 年	0.2	1.2	2.5	6.4	12.6	77.2
2020 年	0.1	1.1	2.8	8.8	16.2	70.9

统计数据显示，2020 年获得引导基金支持的创业投资机构共计投资了 551 家高新技术企业，未获得引导基金支持的创业投资机构共计投资了 351 家高新技术企业。可见，获得引导基金支持的创业投资机构更倾向于选择高新技术企业进行投资。与 2019 年相比，获得引导基金支持的创业投资机构投资于高新技术企业的项目数占比有所上升，平均投资金额有所下降（表 9-4、图 9-9 至图 9-11）。

表 9-4　2019—2020 年创业投资机构项目中投资高新技术企业情况

企业分类	投资高新技术企业数量 / 家		投资高新技术企业项目数占比 /%		平均投资金额 / 万元	
	2020 年	2019 年	2020 年	2019 年	2020 年	2019 年
获得引导基金支持的创业投资机构	551	468	42.2	33.3	2144.7	2387.7
未获得引导基金支持的创业投资机构	351	301	30.6	25.6	1895.4	1803.1

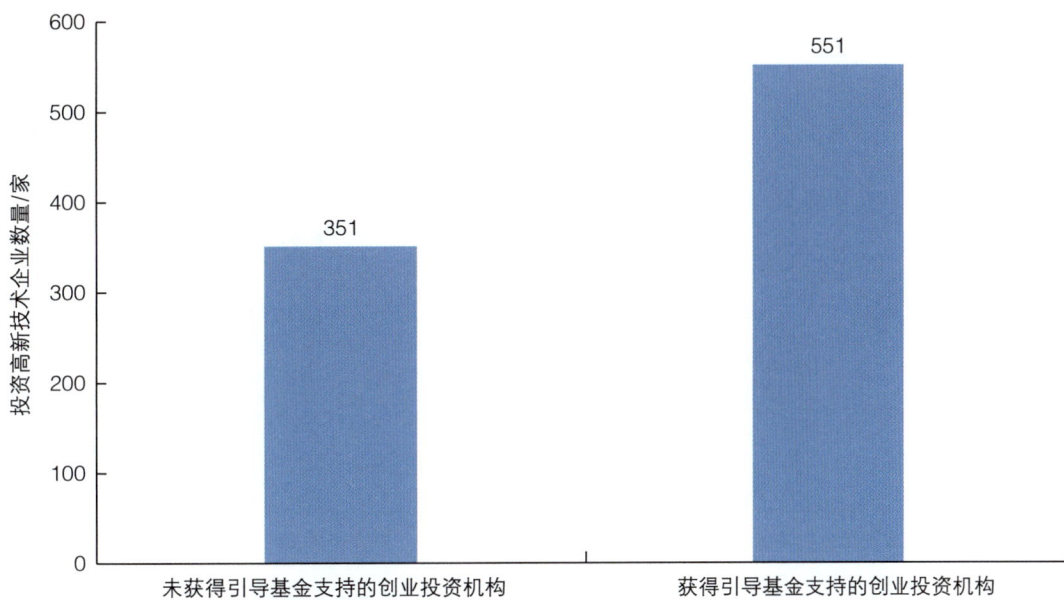

图 9–9　获得引导基金支持与未获得引导基金支持的创业投资
机构投资高新技术企业数量

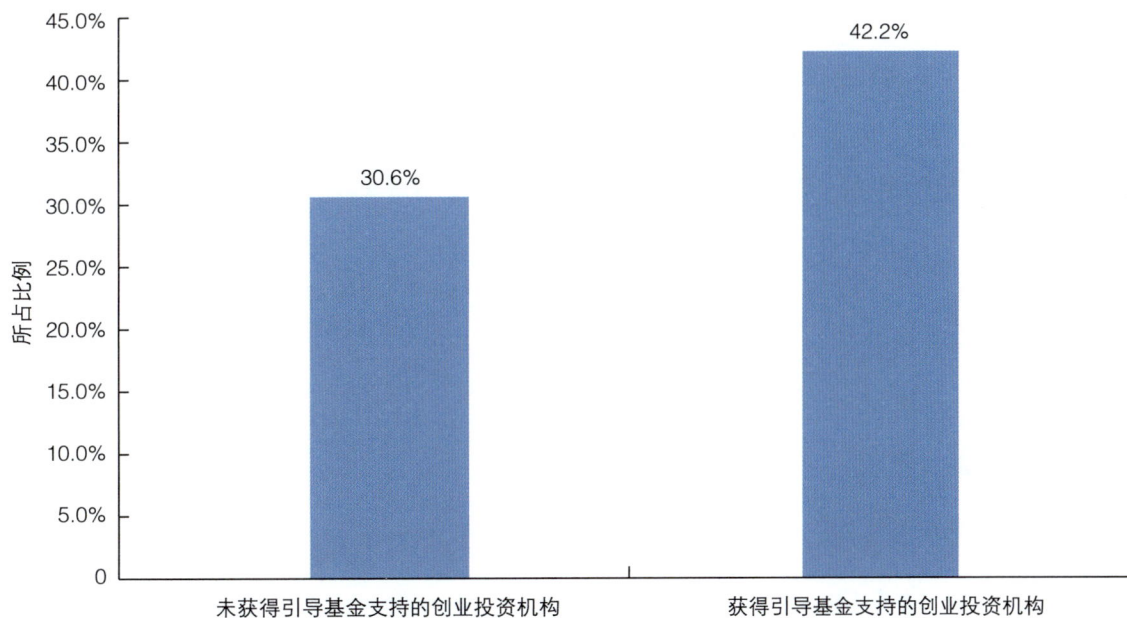

图 9–10　获得引导基金支持与未获得引导基金支持的创业投资
机构投资高新技术企业项目数占比

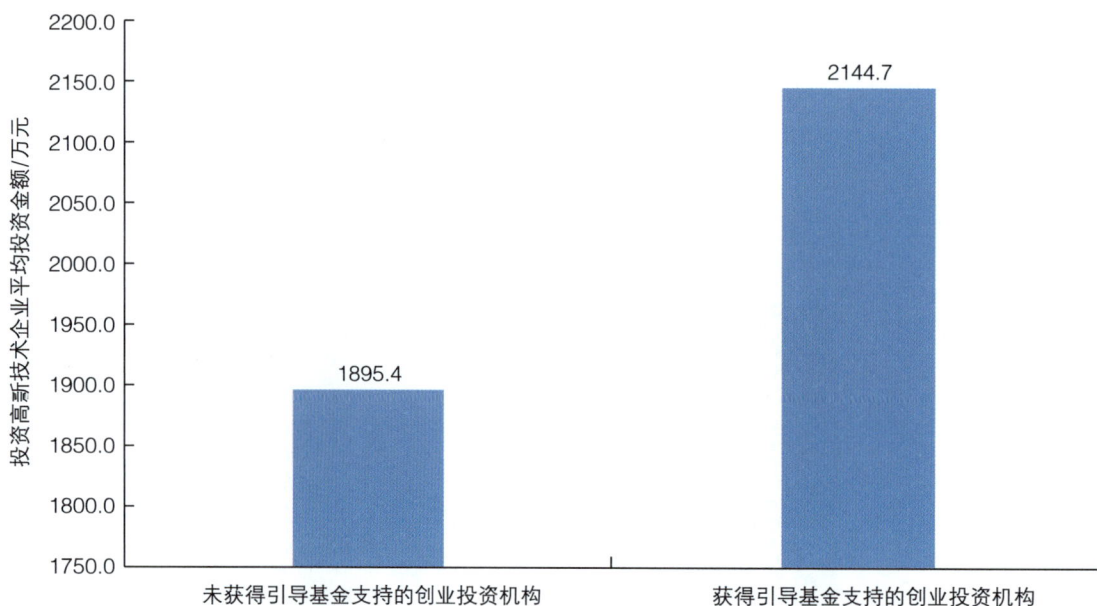

图 9-11　获得引导基金支持与未获得引导基金支持的创业投资
机构投资高新技术企业平均投资金额

图 9-12 和表 9-5 对比了 2020 年获得引导基金支持与未获得引导基金支持的创业投资机构的项目运作状况。结果显示，获得引导基金支持的创业投资机构的投资项目中，继续运行的比例较高，未获得引导基金支持的创业投资机构的投资项目中，原股东（创业者）回购、境内上市、被境内上市公司收购、管理层收购、清算的比例相对较高。这种分布比例与 2019 年分布比例基本一致。

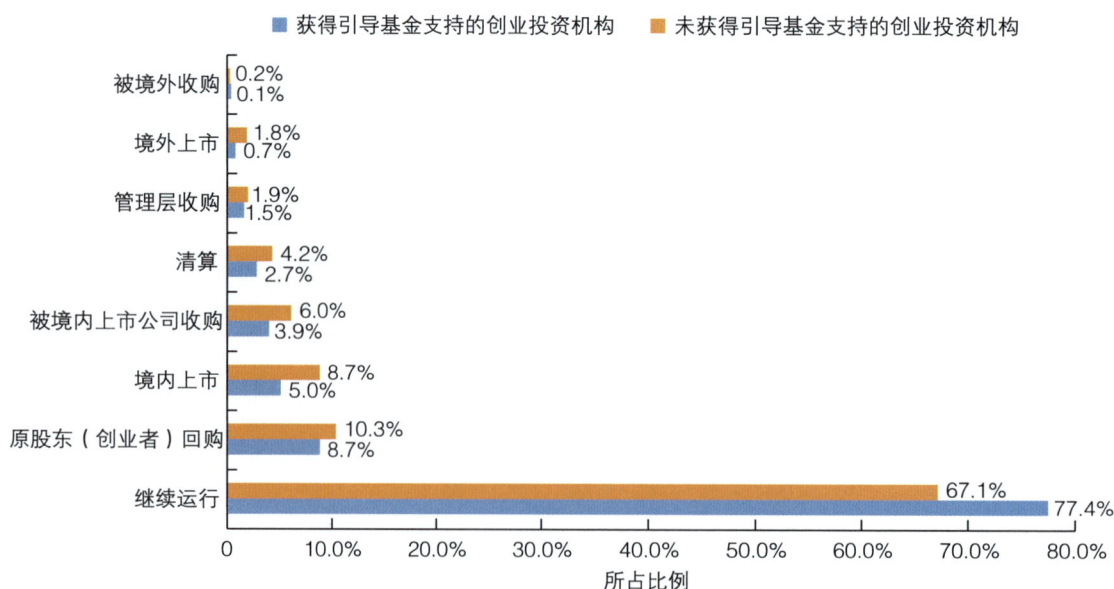

图 9-12　2020 年获得引导基金支持与未获得引导基金支持的创业投资机构投资项目运作情况对比

表 9-5　2020 年创业投资机构项目运作状况　　　　　　　　单位：%

运作状况	继续运行	境内上市	境外上市	被境内上市公司收购	管理层收购	被境外收购	原股东（创业者）回购	清算
获得引导基金支持的创业投资机构	77.4	5.0	0.7	3.9	1.5	0.1	8.7	2.7
未获得引导基金支持的创业投资机构	67.1	8.7	1.8	6.0	1.9	0.2	10.3	4.2

附　录

附录 A　2020 年美国创业投资回顾

一、总体概括

2020 年是美国创业投资历史上具有纪念意义的一年。受新冠肺炎疫情影响，本年度成为大萧条以来经济衰退最严重的年份。但是，美国的创业投资基金却在融资、投资和退出环节均有突破。2020 年实现连续第三年对高增长性初创企业投资超过 1300 亿美元，也是连续第四年有超过 10 000 家创业投资机构获得融资。

截至 2020 年年底，共有 1965 家公司管理着 3680 家风险基金，管理的美国创业投资资产约为 5480 亿美元，其中包括 1510 亿美元可用于投资而未动用的资金（附表 A-1、附图 A-1）。

附表 A-1　美国创业投资总体情况

指标	2007 年	2013 年	2020 年
现存创业投资管理机构数 / 家	931	952	1965
现存创业投资基金数 / 家	1614	1554	3680
首次募集的创业投资数量 / 家	34	38	54
当年募集资金的创业投资基金数量 / 家	192	266	339
当年募集的资本额 / 十亿美元	34.6	20.7	74.5
创业投资管理资本金额 / 十亿美元	227.6	266.7	548.2
平均创业投资管理资本额 / 百万美元	224.2	245.5	281.3
平均创业投资基金规模 / 百万美元	128.1	131.0	129.7
当年新增创业投资基金平均规模 / 百万美元	205.9	91.3	229.2
创业投资管理机构管理资金规模中位值 / 百万美元	69.6	60.7	47.5

指标	2007 年	2013 年	2020 年
截至目前创业投资基金规模中位值 / 百万美元	55.0	52.0	45.0
当年创业投资基金规模中位值 / 百万美元	115.5	28.9	75.0
截至目前最大创业投资基金募集额 / 百万美元	3000.0	1100.0	3750.0

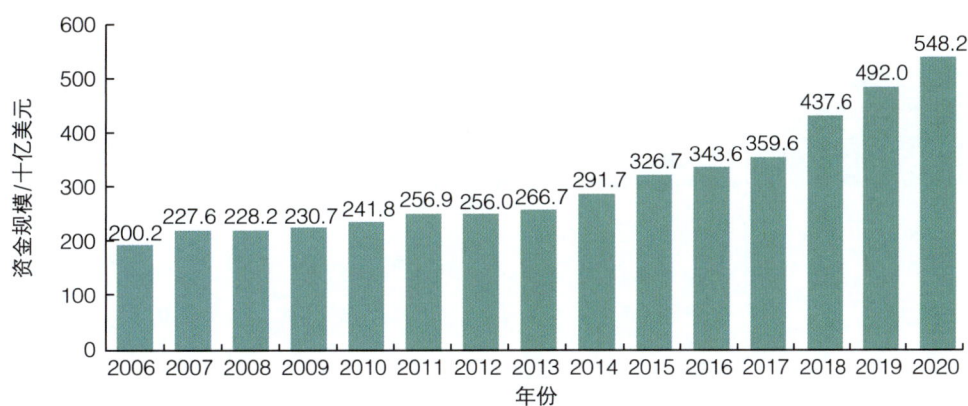

附图 A-1　2006—2020 年美国创业投资管理资金规模

　　2020 年，美国创业投资企业规模中位值为 4800 万美元，显著低于 2013 年的 6100 万美元和 2007 年的 7000 万美元，这主要受到近年来创业投资企业迅速增长的影响。从绝对数量来看，2020 年的创业投资企业数量和基金数量都已经是 2013 年的 2 倍多。在创业投资企业规模中位值降低的同时，企业的平均规模却在增加。2020 年为 2810 万美元，比 2013 年的 2460 万美元增长了 15%，比 2007 年的 2240 万美元增长了 25%。2020 年超大规模基金（5000 万美元以上）也持续增长，有 207 家企业管理着超过 5 亿美元的基金（附图 A-2）。

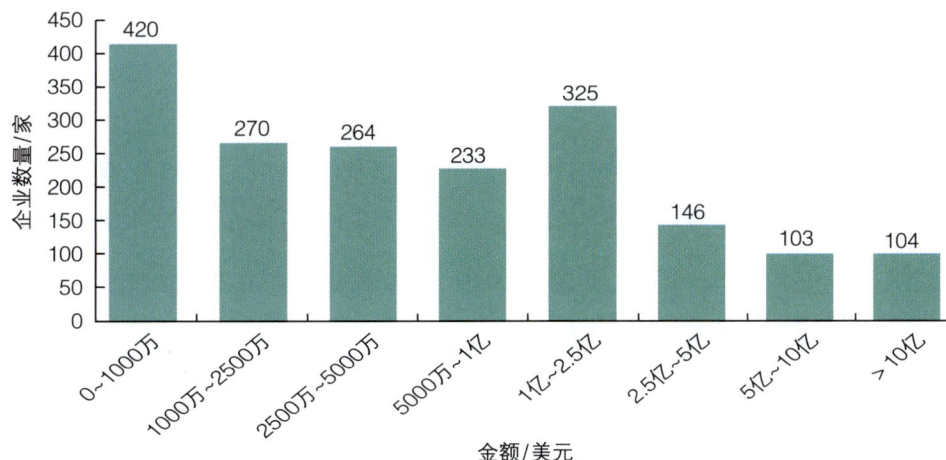

附图 A-2　2020 年美国创业投资管理资金规模分布

2020 年，全球共有 10 596 家活跃的创业投资者（包含所有类型）对美国企业进行了一轮或多轮投资，比 2019 年略有下降（10 703 家），但仍接近 2015 年峰值（11 010 家）。其中，美国投资者数量为 2599 家，略低于 2019 年的 2750 家。从全球范围来看，美国吸引投资的竞争性优势依然很明显。2020 年，美国创业投资总额占全球比重达到 51.0%（附表 A-2）。

附表 A-2　美国创业投资交易量在全球的占比情况

指标	全球交易量 /十亿美元	美国交易量 /十亿美元	全球交易量 /项	美国交易量 /项	美国交易量占全球交易量的百分比 /%	美国交易量占全球交易量的百分比 /%
2009 年	37.4	27.5	7157	4587	73.5	64.1
2010 年	47.8	31.8	9208	5519	66.6	59.9
2011 年	66.9	45.2	11 729	6892	67.6	58.8
2012 年	62.0	41.5	13 999	8023	66.9	57.3
2013 年	73.7	48.2	17 264	9474	65.4	54.9
2014 年	118.6	73.8	21 114	10 662	62.2	50.5
2015 年	174.2	85.1	25 756	11 272	48.8	43.8
2016 年	176.9	80.9	25 402	10 086	45.7	39.7
2017 年	198.7	87.3	26 402	10 919	43.9	41.4
2018 年	331.4	142.6	29 046	11 324	43.0	39.0
2019 年	282.5	139.5	28 982	12 307	49.4	42.5
2020 年	321.3	164.0	26 575	11 651	51.1	43.8

二、资金募集

2020 年，美国创业投资市场中有 339 项创业投资基金完成了 745 亿美元的资本募集，与 2019 年相比，投资基金数量同比下降 36%，但是，募集金额增加了 30%。这一趋势反映出投资者更加倾向规模比较大的投资基金。2020 年度也是美国募集资金连续第六年超过 400 亿美元，连续第三年超过 550 亿美元（附图 A-3）。

附图 A–3　2006—2020 年美国创业投资基金募集情况

2020 年，大型基金数量持续增加，10 亿美元以上规模的基金数量达到了 14 家，2019 年仅有 8 家（附表 A–3）。

附表 A–3　2020 年美国募集的十大创业投资基金

投资者	基金名称	基金规模 / 百万美元	募资完成日	基金所在州
老虎全球管理基金	老虎全球私募投资合伙人团体十二期	3750.0	2020–01–30	纽约州
恩颐投资	恩颐投资 17 期	3600.0	2020–03–11	加州
安德森·霍洛维茨基金	安德森·霍洛维茨基金 LSV 二期	3230.7	2020–11–20	加州
General Catalyst	General Catalyst 十期	2300.0	2020–04–09	马萨诸塞州
亚马逊	气候宣言基金	2000.0	2020–07–23	华盛顿州
美国光速资本	美国光速资本四期	1830.0	2020–04–14	加州
美国光速资本	美国光速机会基金	1500.0	2020–04–15	加州
创始人基金	创始人基金增长	1500.0	2020–02–19	加州
安德森·霍洛维茨基金	安德森·霍洛维茨基金 LSV 七期	1341.3	2020–11–20	加州
Addition	Addition 一期	1300.0	2020–07–01	纽约州

三、投资活动

2020 年，美国创业投资企业共向 10 862 家企业投资了 1640 亿美元，投资项目达到 11 651 项（附图 A-4）。

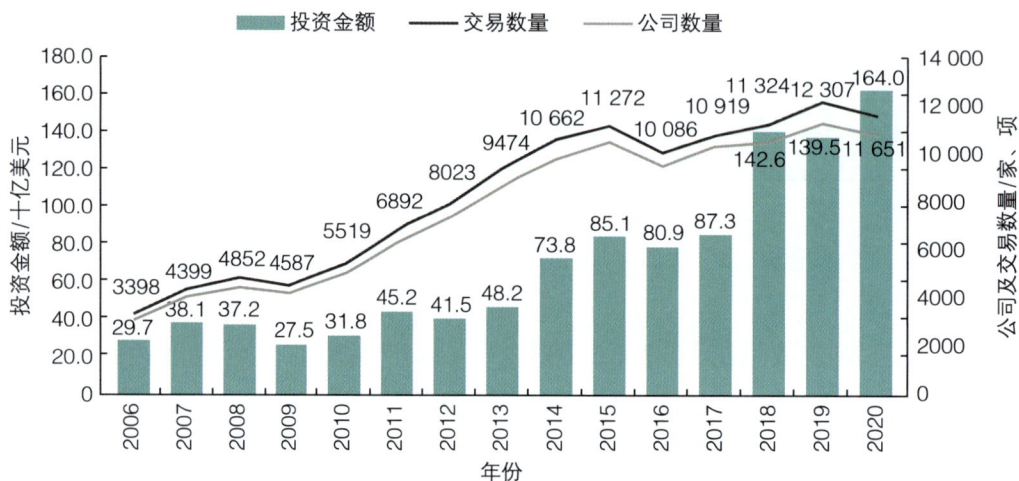

附图 A-4　2006—2020 年美国创业投资企业当年投资情况

2020 年，单笔投资额在 1 亿美元以上的大型交易保持了连续五年的增长态势，327 笔大型交易总额达到了 760 亿美元。大型交易数量比 2019 年增长了 36%，是 2016 年（76 项）的 4 倍之多。这些大型交易中有相当部分针对独角兽企业，因为它们往往处于成长周期的后期，规模更大。2020 年，独角兽企业吸引了 525 亿美元，占总投资的 32%；独角兽企业交易数量（232 项），也创下了历史新高，占交易总量的 2%（附图 A-5）。

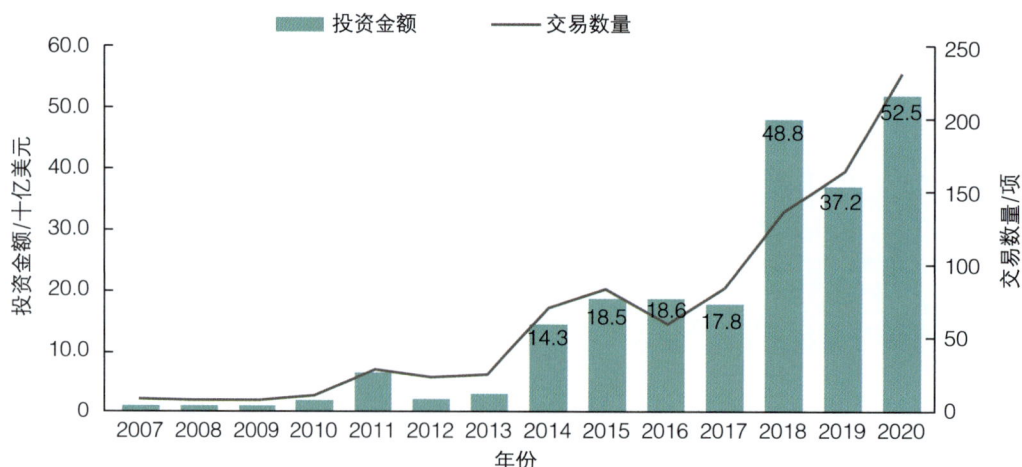

附图 A-5　2007—2020 年美国创业投资企业投资独角兽企业情况

（一）投资阶段

2020年，受新冠肺炎疫情影响，美国创业投资更加关注处于后期的企业，对早期或天使/种子期的企业态度更加谨慎。2020年，投资于后期企业的交易数量比2019年增加了302项（阶段占比9%），但是，投资于天使/种子期的交易数量下降了418项（阶段占比8.6%），投资早期企业的交易数量也降了540项（阶段占比15.7%）。2016年以来，投资于后期企业的交易数量持续增加，2016—2020年已经增长了58.7%，年均增长率达到12.2%（附表A-4、附图A-6）。

附表 A-4　美国创业投资的阶段分布（交易数量）　　　单位：项

阶段	2011年	2012年	2013年	2014年	2015年	2016年	2017年	2018年	2019年	2020年
天使/种子期	2585	3513	4596	5237	5702	4852	5131	4954	5277	4859
早期	2518	2674	2928	3228	3353	3128	3475	3703	3990	3450
后期	1789	1836	1950	2197	2217	2106	2313	2667	3040	3342

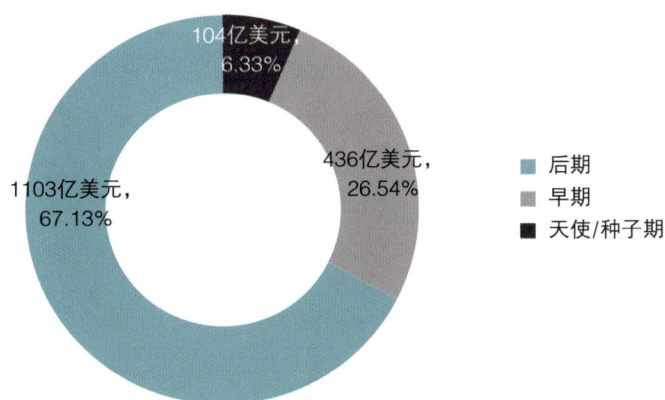

附图 A-6　2020年美国创业投资的阶段分布（投资金额）

（二）投资行业

2020年，软件继续占据主导地位，投资金额占比达到31%，基本保持了近十年来的稳定态势。制药与生物技术投资金额远低于软件，仅为283亿美元，占比为17%。尽管如此，其投资金额比2019年增长了116亿美元，投资占比增加了4.5个百分点。

2020年，美国创业投资机构投资生命科学领域共360亿美元，比上一个峰值的2018年（260亿美元）增加了41%。投资医药研发领域的金额达到162亿美元，比2019年的88亿美元增长了近一倍。但是，对商业服务、消费品与娱乐行业的投资明显减少，分别从101亿美元、53亿美元降至87亿美元和45亿美元（附表A-5）。

附表 A-5　2019—2020 年按行业分类统计的投资状况　　　单位：十亿美元

行业分类	2019 年	2020 年
软件	44.8	51.6
制药与生物技术	16.7	28.3
医疗服务和系统	7.1	11.6
商业服务	10.1	8.7
医疗设备和用品	5.7	7.8
IT 硬件	3.9	5.0
消费品与娱乐	5.3	4.5
媒体	2.9	3.5
能源	1.5	1.9
其他行业	30.6	41.1

（三）投资轮次

2020 年，首轮投资金额和交易数量占比均创下 17 年来的新低，分别为 7.9% 和 28.5%，这也延续了自 2012 年以来的下降态势。其中，制药与生物技术行业企业占比最高，融资额达到了 35 亿美元，软件行业跌至第 2 位（29 亿美元）。投资者更加关注后续阶段的投资，投资金额达到了 1510 亿美元，比 2018 年的 1280 亿美元增长了 18%（附图 A-7、附图 A-8）。

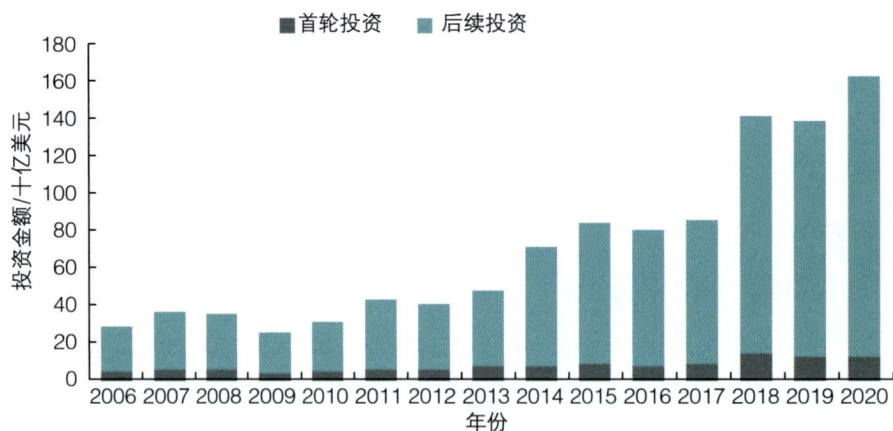

附图 A-7　2006—2020 年美国创业投资的首轮投资与后续投资（按投资金额划分）

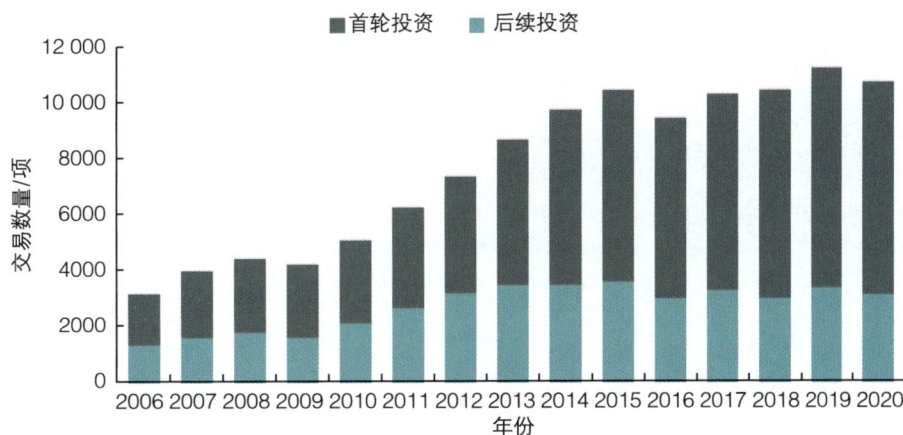

附图 A-8　2006—2020 年美国创业投资的首轮投资与后续投资（按交易数量划分）

四、投资退出

健康的退出环境是创业投资生命周期的关键组成部分。一旦投资成功，创业投资基金通常会通过首次公开募股（IPO），或者将其出售给可能更大的实体（收购、合并或交易出售），或者出售给金融买家（优先购买权）的方式，将其从这些公司中退出。

2020 年，创业投资机构通过 IPO 实现退出的 103 个项目的总价值为 2220 亿美元，创下有记录以来的最高年度退出价值。2020 年度，IPO 规模中位值达到 5.18 亿美元，IPO 后估值中位值达到 7.18 亿美元，两项指标均达到历史新高。这些上市企业从首次获得创业投资到 IPO 的时间中位值从 2019 年的 6.9 年降至 5.3 年，这也是自 2009 年以来唯一一次降低。有创业投资机构参与的 IPO 企业数量占比由 2019 年的 34% 降至 22%（附图 A-9、附表 A-6）。

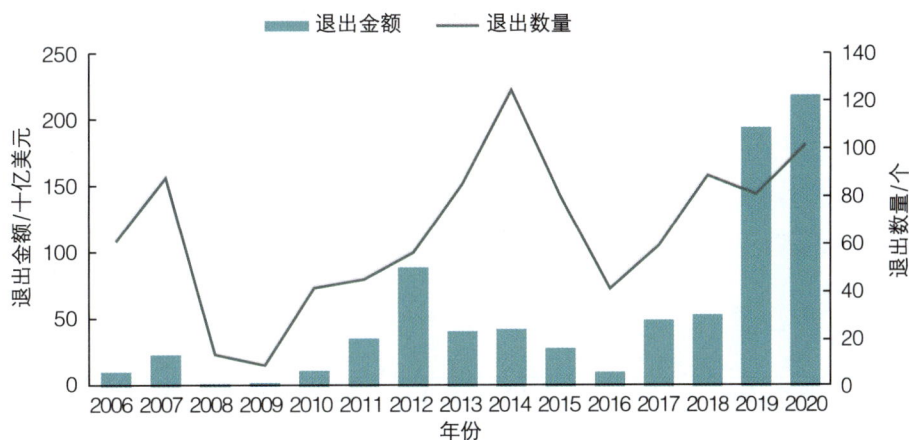

附图 A-9　2006—2020 年美国创业投资支持企业 IPO 情况

附表 A-6　2009—2020 年美国创业投资企业的 IPO 价值及特征

时间	IPO 数量 / 个	总价值 / 百万美元	IPO 规模中位值 / 百万美元	平均交易值 / 百万美元	IPO 后价值 / 百万美元	IPO 后估值中位值 / 百万美元	IPO 后价值平均数 / 百万美元	从首次获得创业投资到 IPO 的时间中位值 / 年	从首次获得创业投资到 IPO 的平均时间 / 年
2009 年	9	3386.8	243.4	423.3	4392.1	327.5	549.0	6.0	7.1
2010 年	42	12 582.2	203.2	299.6	15 890.2	278.7	378.3	6.6	7.1
2011 年	46	37 480.0	337.6	961.0	42 935.5	425.9	1100.9	5.5	6.4
2012 年	58	91 249.2	303.3	1862.2	112 655.8	356.6	2086.2	7.2	7.8
2013 年	85	42 134.7	240.0	554.4	50 718.0	324.6	634.0	6.6	7.2
2014 年	126	44 426.3	185.8	364.2	53 727.4	248.5	447.7	7.2	7.3
2015 年	80	30 248.6	219.3	414.4	37 160.1	289.4	502.2	6.5	6.1
2016 年	41	12 363.6	178.3	325.4	15 681.6	239.3	382.5	8.1	7.3
2017 年	60	51 290.0	306.2	899.8	59 683.9	411.2	1047.1	7.2	6.9
2018 年	90	55 030.8	336.0	655.1	66 130.5	432.4	778.0	4.6	6.3
2019 年	82	197 182.4	367.2	2434.4	221 190.1	459.8	2730.7	6.9	6.9
2020 年	103	221 911.7	517.7	2264.4	252 411.4	717.8	2575.6	5.3	6.3

虽然 2020 年度 IPO 退出创下历史新高，并购依然是创业投资的主要退出形式。2020 年，创业投资机构共参与了 886 项并购，数量比 2019 年的 1042 项显著下降。但是，并购交易金额却达到了历史新高的 750 亿美元，比上一个峰值（2014 年）增加了 60 亿美元。交易金额中位值和平均值分别达到 0.94 亿美元和 3.49 亿美元，比上一个峰值分别增加了 0.15 亿美元和 1.12 亿美元。并购退出的平均时间为 5.3 年（附图 A-10、附表 A-7）。

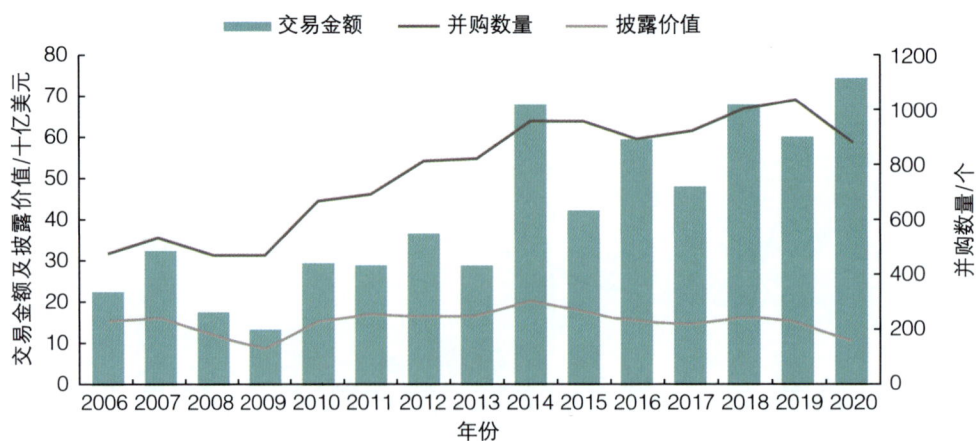

附图 A-10　2006—2020 年美国创业投资支持企业并购情况

附表 A-7　2009—2020 年美国创业投资企业并购退出情况及特征

指标	并购数量/个	披露并购数量/个	交易金额/百万美元	交易金额中位值/百万美元	交易金额平均值/百万美元	并购退出时间的中位值/年	并购退出的平均时间/年
2009 年	472	137	13 513.8	23.8	91.9	4.4	4.9
2010 年	678	235	30 192.3	40.0	121.7	4.4	5.0
2011 年	697	259	29 554.8	43.3	111.1	4.2	4.9
2012 年	817	249	37 258.3	43.5	144.4	4.5	5.1
2013 年	827	249	29 592.5	35.0	110.8	3.8	5.0
2014 年	963	301	68 291.7	50.0	210.1	4.5	5.3
2015 年	960	267	42 528.6	46.0	147.2	4.3	5.4
2016 年	898	232	60 179.1	68.2	225.4	4.5	5.7
2017 年	923	220	48 659.2	59.8	194.6	5.2	6.1
2018 年	1010	249	68 244.8	70.8	237.0	5.2	6.1
2019 年	1042	234	60 300.9	79.0	211.6	5.2	6.0
2020 年	886	165	74 665.5	94.0	348.9	5.3	6.3

资料来源：美国创业投资协会（National Venture Capital Association）。

附录 B　2020 年欧洲创业投资回顾

2020年，欧洲虽未能幸免于新冠肺炎疫情的影响，但其创业投资规模仍达到了历史高位，投资金额为 428 亿欧元，较上年增长 14.8%（附图 B-1）。

附图 B-1　2010—2020 年欧洲创业投资总体情况

一、资金募集

2020年，欧洲创业投资融资总额达到 1960 亿欧元，较 2019 年增长 35.2%，达到历史新高。开展融资的创业投资基金数量也一改前两年的下降趋势，本年度上升至 172 家（附图 B-2）。

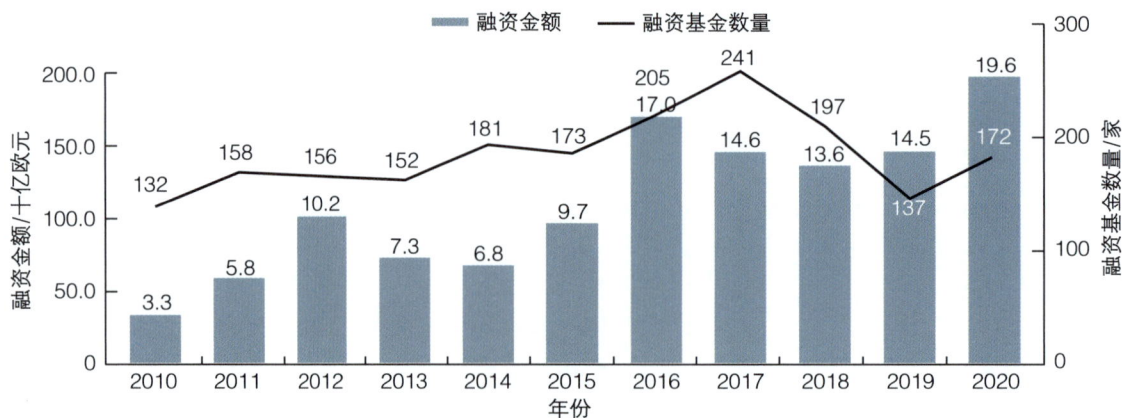

附图 B-2　2010—2020 年欧洲创业投资基金融资情况

创业投资基金规模在过去的 20 年中一直呈现增长态势。2020 年度超过 1 亿欧元的基金融资总额占比达到 82.0%，仅低于 2019 年峰值（83.8%）（附图 B-3）。创业投资在欧洲金融市场中的地位日益凸显，受到了众多非传统渠道投资者的青睐，包括富有的科技型企业家、股权投资基金、退休基金、对冲基金和主权财富基金。

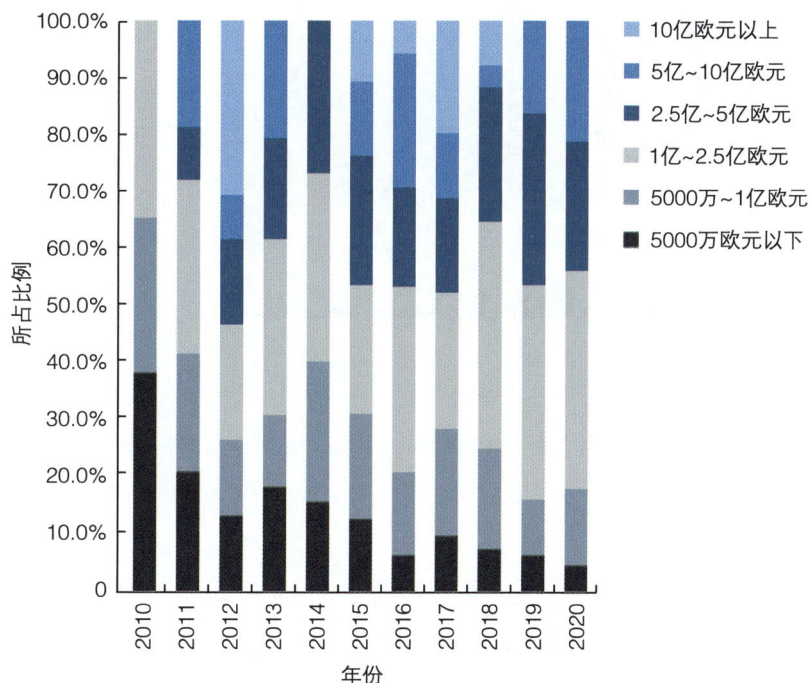

附图 B-3　2010—2020 年欧洲创业投资基金按照规模分类

二、投资活动

2020 年，欧洲创业投资单个项目规模在 2500 万欧元以上的项目数量继续以惊人速度增长，基金总额占比达到历史新高的 61.8%，投资总规模达到 265 亿欧元（附图 B-4）。

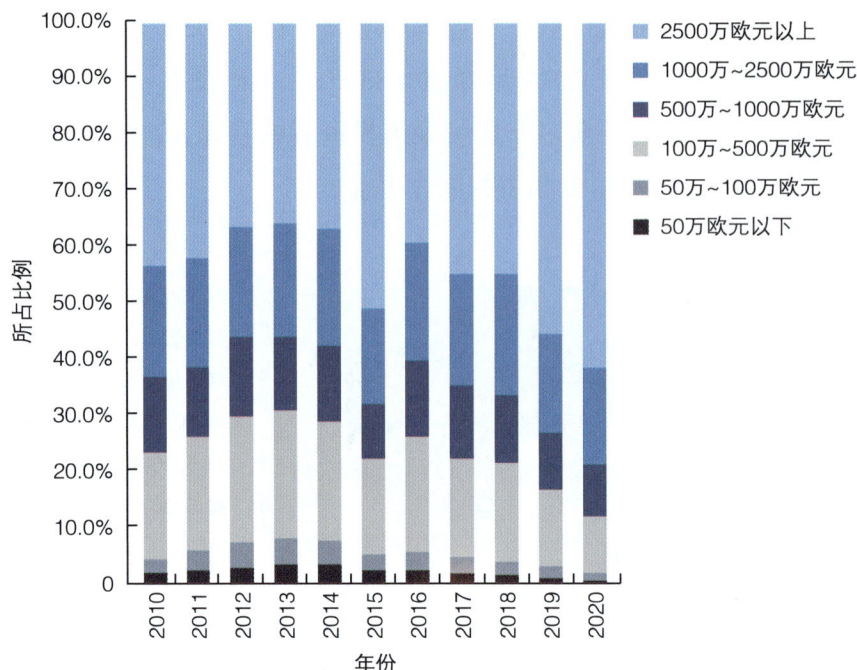

附图 B-4　2010—2020 年欧洲创业投资单个项目规模

（一）投资阶段

2020 年，数字经济继续迅猛发展，受新冠肺炎疫情影响线上经营企业或有能力开展线上经营的企业更能够契合市场需求，其竞争优势愈发凸显。因此，新兴的初创企业吸引到投资者的关注，2020 年度获取首次创业投资总额与前两年持平，达到 31 亿欧元（附图 B-5）。

图 B-5　2010—2020 年获得欧洲创业投资基金首次投资总额及投资项目数量

（二）投资行业分布

从创业投资所投资的行业来看，2020 年主要集中在软件、生物技术与医药行业。其中，软件行业获得创业投资总额达到 145 亿欧元，比上年增长 7.9%；投资项目达到 2123 项，比上年下降 22.3%（附图 B-6）。

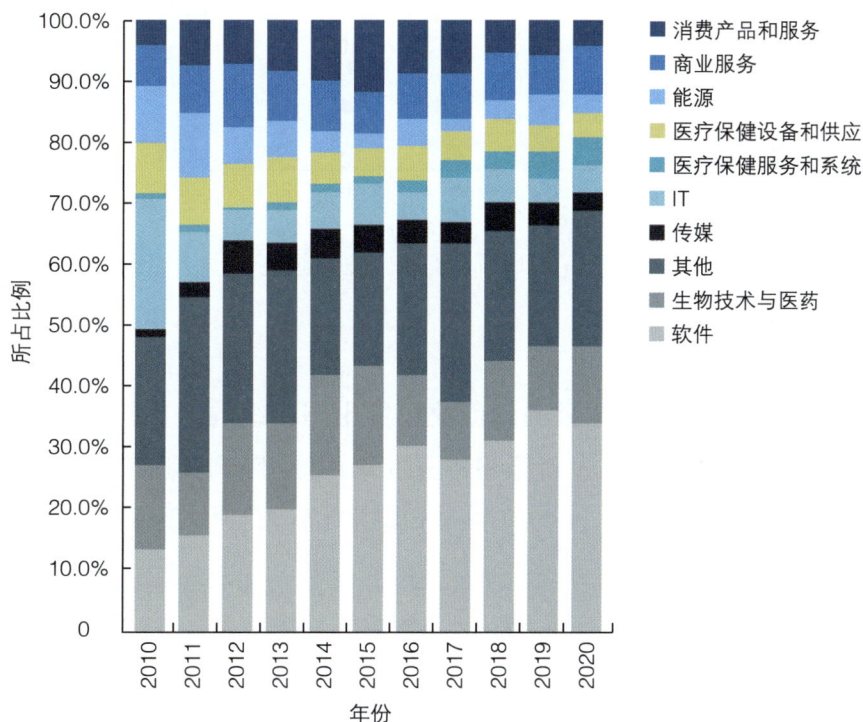

附图 B-6　2010—2020 年欧洲创业投资基金投资的行业分布（按投资金额）

三、退出活动

2020 年，在欧洲市场波动性增大的情况下，创业投资基金退出金额总额仍高达 186 亿欧元，实现了 13.4% 的同比增长（附图 B-7）。

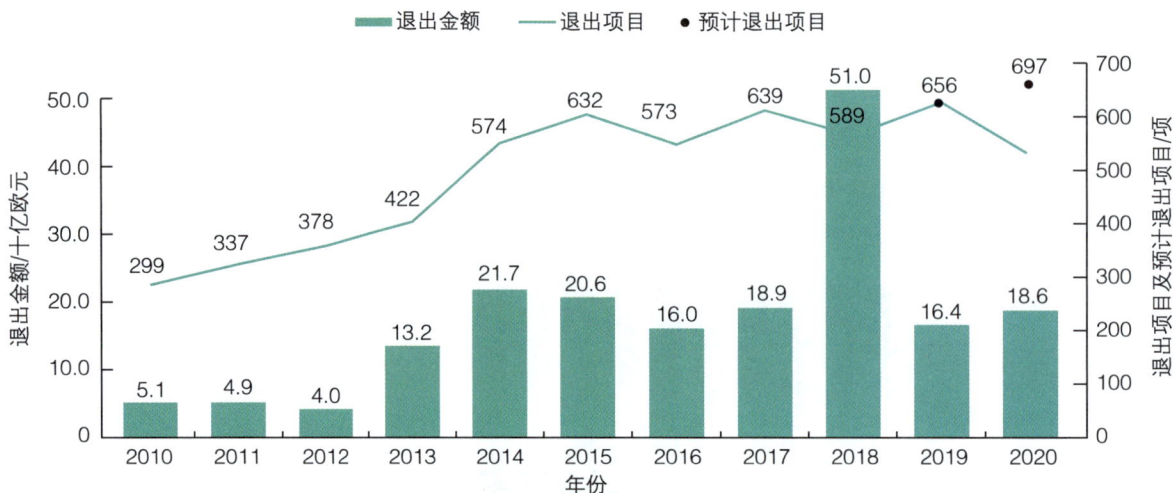

附图 B-7　2010—2020 年欧洲创业投资基金退出情况

（一）退出方式

2020 年，欧洲市场环境深刻地影响到创业投资生态系统的退出机制。创业投资者将本行业和领域的个别成功退出案例视为趋势和普遍现象，并会影响其退出时机和速度。2020 年，以 IPO 形式实现退出的项目数量从 2019 年的 46 项微升至 50 项（附图 B-8）。

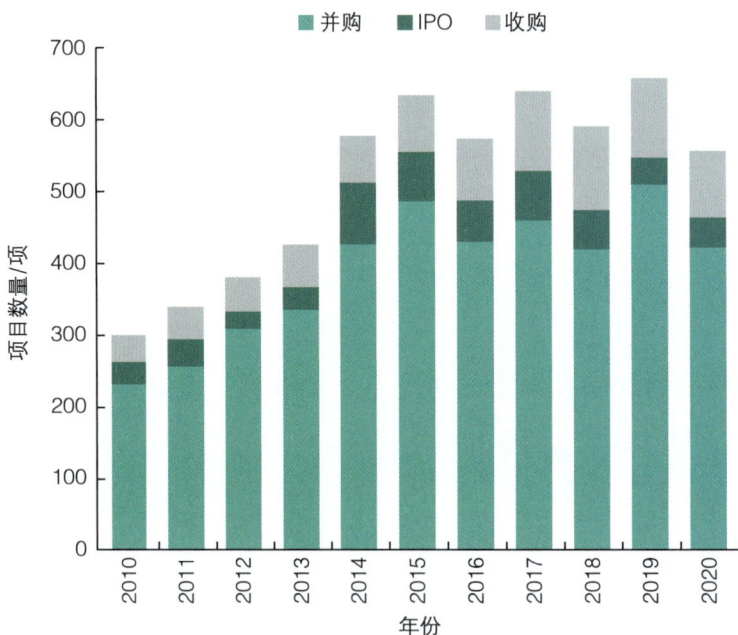

附图 B-8　2010—2020 年欧洲创业投资的主要退出方式（按项目数量划分）

（二）退出行业

2020 年，新冠肺炎疫情已经深入到日常生活的方方面面，受此影响，一些特定行业企业实现了短期内的快速增长，如生物医药、网络安全、电商等医疗和技术相关领域。因此，这些行业的创业投资退出时机较好。

从具体行业情况来看，生物技术与医药行业退出金额最多，达到 67 亿欧元，占比为 35.9%（附图 B-9）。

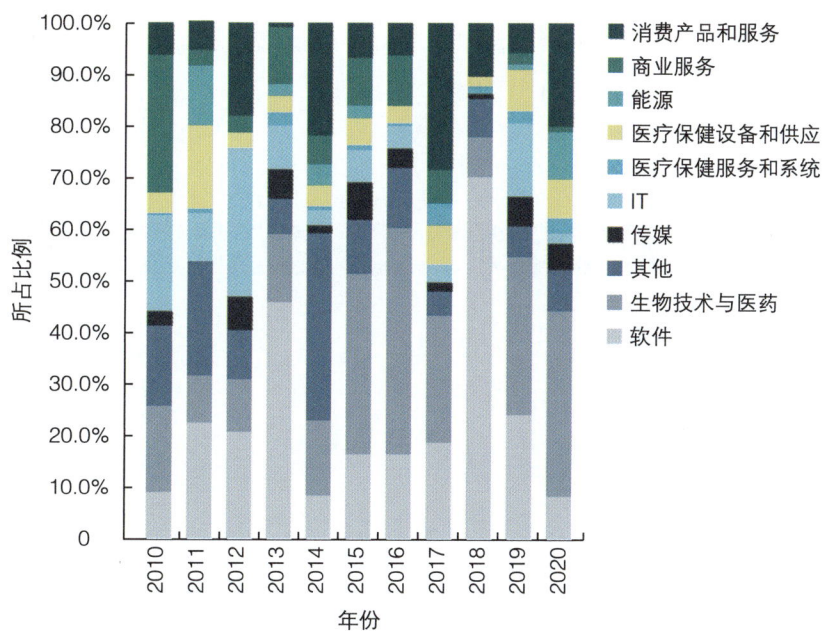

附图 B-9　2010—2020 年欧洲创业投资退出行业分布

[资料来源：欧洲创业投资协会（Europe Venture Capital Association）]

附录 C 2020 年韩国创业投资回顾

一、市场概况

2020 年，韩国创业投资发展再次创下 10 年以来新高，新注册机构数和注册资本累计总量持续增加。当年机构存量较 2019 年增加了 16 家，新增机构 21 家，注销机构 5 家，累计注册资本达 18 837 亿韩元（附表 C-1、附图 C-1）。

附表 C-1 2011—2020 年韩国创业投资机构情况

指标	2011 年	2012 年	2013 年	2014 年	2015 年	2016 年	2017 年	2018 年	2019 年	2020 年
当年新注册数 / 家	9	6	3	6	14	13	5	20	19	21
当年注销数 / 家	7	6	7	4	2	8	4	8	3	5
当年机构存量 / 家	105	105	101	103	115	120	121	133	149	165
累计注册资本 / 十亿韩元	1398.5	1445.5	1394.7	1418.5	1484.3	1502.6	1522.8	1615.6	1788.3	1883.7

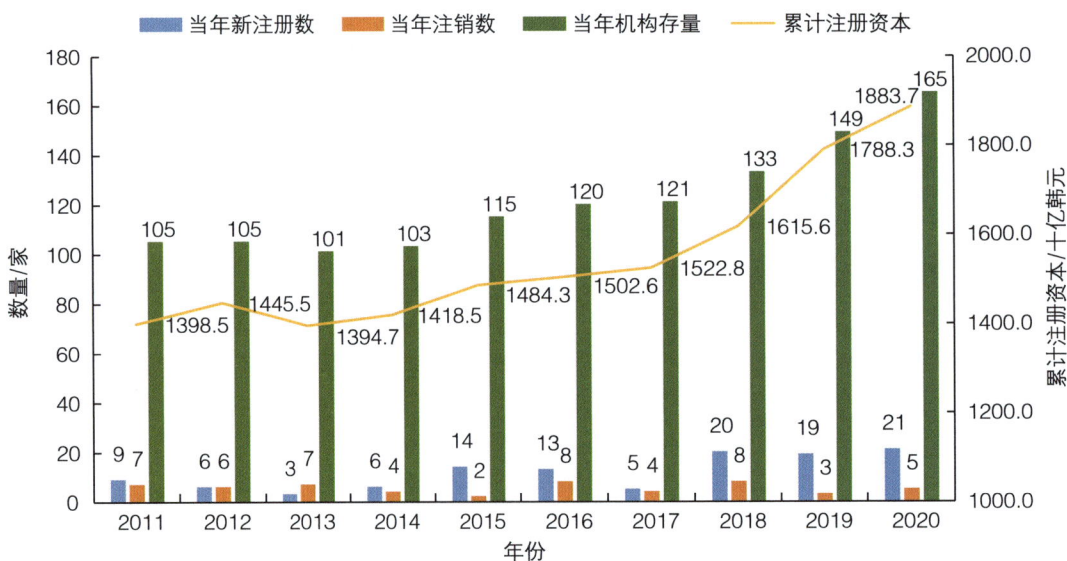

附图 C-1 2011—2020 年韩国创业投资机构情况

截至 2020 年，共有 165 家创业投资机构管理着 1076 只基金（附表 C-2、附图 C-2）。其中，当年新注册基金 206 只，较 2019 年增加了 36 只；注销基金 48 只，少于 2019 年注销数量，连续两年下降；创业投资基金累计承诺资本总额 329 334 亿韩元。

附表 C-2　2011—2020 年韩国创业投资基金情况

指标	2011 年	2012 年	2013 年	2014 年	2015 年	2016 年	2017 年	2018 年	2019 年	2020 年
当年新注册数/只	66	41	54	82	108	120	164	146	170	206
承诺资本额/十亿韩元	2110.6	881.7	1624.1	2610.0	2596.4	3779.3	4588.1	4847.0	4243.3	6567.6
当年注销数/只	45	46	31	37	26	46	51	58	56	48
承诺资本额/十亿韩元	4540.0	8586.0	5272.0	8330.0	5709.0	8424.0	11143.0	11256.0	9895.0	9935.0
当年基金存量/只	384	379	402	447	529	603	716	804	918	1076
累计承诺资本总额/十亿韩元	9050.7	9073.8	10 170.6	11 947.7	13 973.2	16 910.2	20 384.0	24 105.4	27 359.2	32 933.4

附图 C-2　2011—2020 年韩国创业投资市场概况

二、投资活动

2020 年，韩国创业投资共投资项目 2130 项，投资金额为 43 045 亿韩元，两项指标连年保持增长态势；但项目投资强度（投资金额除以投资项目数）略低于 2019 年，由 2019 年的 2.66% 降为 2.02%（附表 C-3）。

附表 C-3　2011—2020 年韩国创业投资项目数及金额

指标	2011 年	2012 年	2013 年	2014 年	2015 年	2016 年	2017 年	2018 年	2019 年	2020 年
投资项目数 / 项	613	688	755	901	1045	1191	1266	1399	1608	2130
投资金额 / 十亿韩元	1260.8	1233.3	1384.5	1639.3	2085.8	2150.3	2380.3	3424.9	4277.7	4304.5
投资强度 /%	2.06	1.79	1.83	1.82	2.00	1.81	1.88	2.45	2.66	2.02

三、投资行业分布

2020 年，从投资项目看，排名前三的分别是 ICT 服务、零售 / 服务及生物 / 医药；从投资金额看，生物 / 医药、ICT 服务和零售 / 服务继续成为投资金额最多的 3 个行业。以上排名前三的行业仍旧延续了 2019 年的态势，投资项目和投资金额绝对数额增加较多，三者占比合计分别达到了 62.41% 和 69.64%（附表 C-4、附图 C-3）。

附表 C-4　2020 年韩国创业投资行业分布

指标	游戏	ICT 制造	化工 / 材料	电子 / 机器 / 设备	图像 / 性能 / 存储	生物 / 医药	零售 / 服务	ICT 服务	其他	合计
投资项目数 / 项	70	103	112	189	213	339	421	686	184	2317[①]
投资金额 / 十亿韩元	124.9	187.0	176.5	273.8	290.2	1197.0	724.2	1076.4	254.6	4304.6[②]

---

① 报告原文投资项目数合计为 2130 项，但根据其表格前面几个分项合并计算为 2317 项，此处暂修正为 2317 项。

② 报告原文投资金额合计为 43 045 亿韩元，但根据其表格前面几个分项合并计算为 43 046 亿韩元，此处暂修正为 43 046 亿韩元。

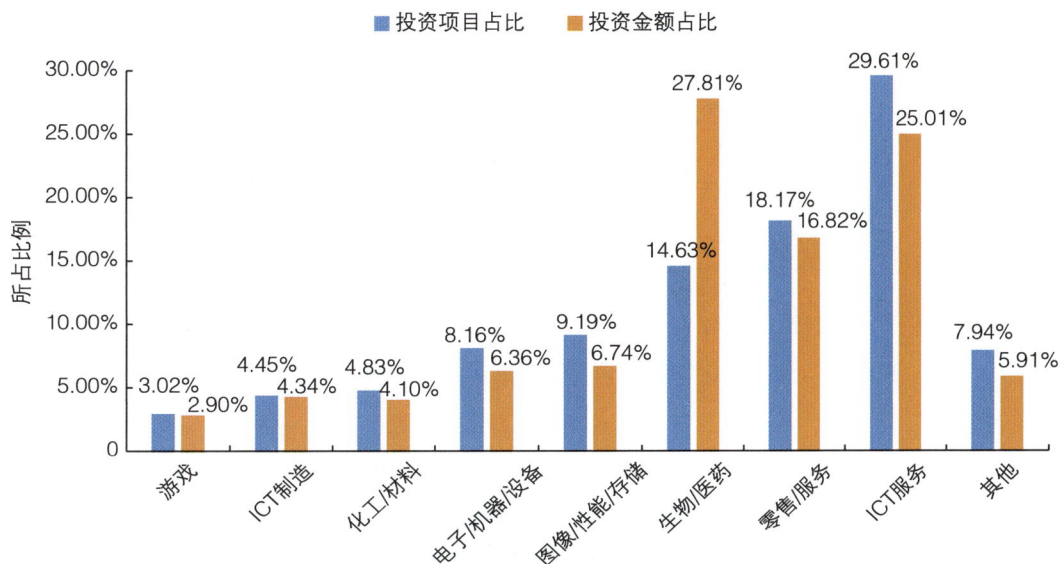

附图 C-3　2020 年韩国创业投资行业分布

四、投资阶段分布

2020 年，从投资项目看，早期的投资项目仍然多于创建期和扩展期，占比较 2019 年有所提升，从 44.31% 上升至 46.29%；从投资金额看，早期和创建期仍然集中了韩国创业投资的大量资金，但二者累计占比较 2019 年略有降低，从 73.78% 下降至 70.79%（附表 C-5、附图 C-4、附图 C-5）。

附表 C-5　2020 年韩国创业投资阶段分布

指标	早期	创建期	扩展期	合计
投资项目数 / 项	998	768	390	2156①
投资金额 / 十亿韩元	1320.5	1726.8	1257.2	4304.5②

---

① 报告原文投资项目数合计为 2130 项，根据其表格前面几个分项合并计算为 2156 项，此处暂修正为 2156 项。不仅与前文不一致，且与附表 C-3 也不一致。

② 投资金额合计前面分类项后，该项数据与原文一致，但与修正后的附表 C-3 不一致。

扩展期，18.09%　　早期，46.29%

创建期，35.62%

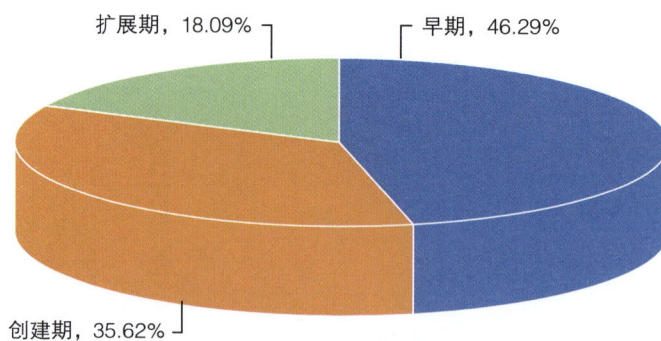

附图 C–4　2020 年韩国创业投资阶段分布（按投资项目划分）

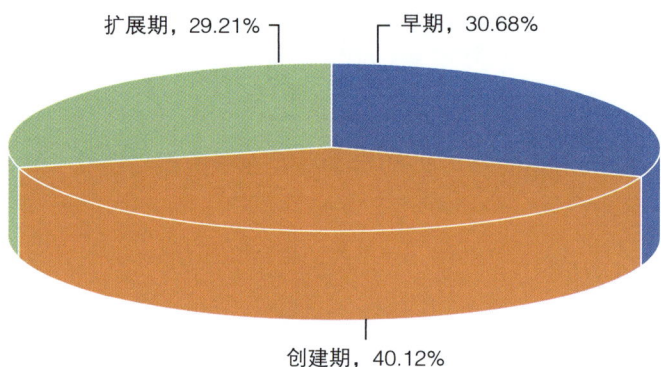

扩展期，29.21%　　早期，30.68%

创建期，40.12%

附图 C–5　2020 年韩国创业投资阶段分布（按投资金额划分）

［资料来源：韩国创业投资协会（Korean Venture Capital Association）］

附录 D　国务院办公厅关于进一步做好稳外贸稳外资工作的意见

国办发〔2020〕28 号

各省、自治区、直辖市人民政府，国务院各部委、各直属机构：

当前国际疫情持续蔓延，世界经济严重衰退，我国外贸外资面临复杂严峻形势。为深入贯彻习近平总书记关于稳住外贸外资基本盘的重要指示批示精神，落实党中央、国务院决策部署，做好"六稳"工作，落实"六保"任务，进一步加强稳外贸稳外资工作，稳住外贸主体，稳住产业链供应链，经国务院同意，现提出以下意见：

一、更好发挥出口信用保险作用。中国出口信用保险公司在风险可控前提下，积极保障出运前订单被取消的风险。2020 年底前，中国出口信用保险公司根据外贸企业申请，可合理变更短期险支付期限或延长付款宽限期、报损期限等。

二、支持有条件的地方复制或扩大"信保＋担保"的融资模式。鼓励有条件的地方支持政府性融资担保机构参与风险分担，对出口信用保险赔付额以外的贷款本金进行一定比例的担保，商业银行在"信保＋担保"条件下，合理确定贷款利率。

三、以多种方式为外贸企业融资提供增信支持。充分发挥国家融资担保基金和地方政府性融资担保机构作用，参与外贸领域融资风险分担，支持、引导各类金融机构加大对小微外贸企业融资支持。鼓励银行机构结合内部风险管理要求，与资质较好的外贸类服务平台进行合作，获取贸易相关信息和资信评估服务，优化贸易背景真实性审核，更好地服务外贸企业。

四、进一步扩大对中小微外贸企业出口信贷投放。更好发挥金融支持作用，进一步加大对中小微外贸企业的信贷投放，缓解融资难、融资贵问题。

五、支持贸易新业态发展。尽快推动在有条件的地方新增一批市场采购贸易方式试点，力争将全国试点总量扩大至 30 个左右，带动中小微企业出口。充分利用外经贸发展专项资金、服务贸易创新发展引导基金等现有渠道，支持跨境电商平台、跨境物流发展和海外仓建设等。鼓励进出口银行、中国出口信用保险公司等各类金融机构在风险可控前提下积极支持海外仓建设。深入落实外贸综合服务企业代办退税管理办法，不断优化退税服务，持续加快退税进度。加大对外贸综合服务企业的信用培育力度，使更多符合认证标准的外贸综合服务企业成为海关"经认证的经营者"（AEO）。

六、引导加工贸易梯度转移。鼓励有条件的地方结合当地实际，通过基金等方式，支持加工贸易梯度转移。培育一批东部与中西部、东北地区共建的加工贸易产业园区。借助中国加工贸易产品博览会等平台，完善产业转移对接机制。鼓励中西部、东北地区发挥优势，承接劳动密集型外贸产业。

七、加大对劳动密集型企业支持力度。对纺织品、服装、家具、鞋靴、塑料制品、箱包、玩具、石材、农产品、消费电子类产品等劳动密集型产品出口企业，在落实减税降费、出口信贷、出口信保、稳岗就业、用电用水等各项普惠性政策基础上进一步加大支持力度。

八、助力大型骨干外贸企业破解难题。研究确定大型骨干外贸企业名单，梳理大型骨干外贸企业及其核心配套企业需求，建立问题批办制度，推动解决生产经营中遇到的矛盾问题，在进出口各环节予以支持，"一企一策"做好服务。研究在风险可控前提下，对大型骨干外贸企业进一步加快出口退税进度的支持措施。

九、拓展对外贸易线上渠道。推进"线上一国一展"，支持和鼓励有能力、有意愿的地方政府、重点行业协会举办线上展会。用好外经贸发展专项资金，在规定范围内，支持中小外贸企业开拓市场，参加线上线下展会。发挥好国内商协会、驻外机构、海外中资企业协会作用，积极对接国外商协会，帮助出口企业对接更多海外买家。

十、进一步提升通关便利化水平。持续优化口岸营商环境，继续巩固压缩货物整体通关时间成效，进一步推动规范和降低进出口环节合规成本，在有条件的口岸推广口岸收费"一站式阳光价格"，提升口岸收费透明度和可比性。加大对出口企业提供技术贸易措施咨询服务力度，助力企业开拓海外市场。推进扩大油脂油料、肉类、乳品市场准入，促进进口，保障市场供应。

十一、提高外籍商务人员来华便利度。在严格落实好防疫要求前提下，继续与有关国家商谈建立"快捷通道"，为外贸外资企业重要商务、物流、生产和技术服务急需人员往来提供便利。继续对符合条件的来华复工复产外国人全面实施"快捷通道"。参照"快捷通道"有关做法，本着"防疫为先、确保必需、压实责任、体现便利"原则，对来华从事必要经贸、科技等活动的外国人作出便利性安排。支持地方结合当地市场采购贸易方式特点，开通专有通道，便利外商入市采购，优先安排在华常驻外商尽快返华入市。在做好疫情防控的前提下，逐步有序恢复中外人员往来。按照国务院联防联控机制部署，分阶段增加国际客运航班总量，在防疫证明齐全的情况下，适度增加与我主要投资来源地民航班次，便利外籍商务人员来华。

十二、给予重点外资企业金融支持。外资企业同等适用现有 1.5 万亿元再贷款再贴现专项额度支持。加大对重点外资企业的金融支持力度，进出口银行 5700 亿元新增贷款规模可用于积极支持符合条件的重点外资企业。各省区市商务主管部门摸清辖区内重点外资企业融资需求及经营情况，及时与银行业金融机构共享重点外资企业信息，加强各地外资企业协会等机构与银行业金融机构的合作，推动开展"银企对接"，银行业金融机构按市场化原则积极保障重点外资企业融资需求。

十三、加大重点外资项目支持服务力度。对全国范围内投资额 1 亿美元以上的重点外资项目，梳理形成清单，在前期、在建和投产等环节，内外资一视同仁加大用海、用地、能耗、环保等方面服务保障力度。

十四、鼓励外资更多投向高新技术产业。推动高新技术企业认定管理和服务的便利化，进一步加强对外商投资企业申请高新技术企业认定的培训和宣传解读，着重加强对疫情防控等应急领域企业的政策服务，吸引更多外资投向高新技术和民生健康领域。

十五、降低外资研发中心享受优惠政策门槛。降低适用支持科技创新进口税收政策的外资研发中心专职研究与试验发展人员数量要求，鼓励外商来华投资设立研发中心，提升引资质量。

各地区、各部门要以习近平新时代中国特色社会主义思想为指导，增强"四个意识"、坚定"四个自信"、做到"两个维护"，坚决贯彻党中央、国务院决策部署，提高站位、积极作为、狠抓落实。各地区要结合实际，完善配套措施，认真组织实施，推动各项政策在本地区落地见效。各部门要按职责分工，加强协作、形成合力，确保各项政策落实到位。

国务院办公厅

2020 年 8 月 5 日

（本文有删减）

附录 E 关于健全支持中小企业发展制度的若干意见

工信部联企业〔2020〕108 号

各省、自治区、直辖市及计划单列市人民政府，新疆生产建设兵团：

中小企业是国民经济和社会发展的主力军，是建设现代化经济体系、推动经济高质量发展的重要基础，是扩大就业、改善民生的重要支撑，是企业家精神的重要发源地。党中央、国务院高度重视中小企业发展，近年来出台了一系列政策措施，有关工作取得积极成效，但仍存在一些突出问题，特别是一些基础性制度性问题亟待解决。为深入贯彻党的十九届四中全会精神，坚持和完善社会主义基本经济制度，坚持"两个毫不动摇"，形成支持中小企业发展的常态化、长效化机制，促进中小企业高质量发展，经国务院同意，现就健全支持中小企业发展制度，提出如下意见。

一、完善支持中小企业发展的基础性制度

（一）健全中小企业法律法规体系。以《中小企业促进法》为基础，加快构建具有中国特色、支持中小企业发展、保护中小企业合法权益的法律法规体系。鼓励地方依法制定本地促进中小企业发展的地方法规。探索建立中小企业法律法规评估制度和执行情况检查制度，督促法律法规落实到位。

（二）坚持公平竞争制度。全面实施市场准入负面清单制度，公正公平对待中小企业，破除不合理门槛和限制，实现大中小企业和各种所有制经济权利平等、机会平等、规则平等。全面落实公平竞争审查制度，完善审查流程和标准，建立健全公平竞争审查投诉、公示、抽查制度。加强和改进反垄断和反不正当竞争执法，维护市场竞争秩序。

（三）完善中小企业统计监测和发布制度。健全中小企业统计监测制度，定期发布中小企业统计数据。建立中小企业融资状况调查统计制度，编制中小微企业金融条件指数。加强中小企业结构化分析，提高统计监测分析水平。探索利用大数据等手段开展中小企业运行监测分析。完善《中小企业主要统计数据》手册，研究编制中小企业发展指数。适时修订中小企业划型标准。

（四）健全中小企业信用制度。坚持"政府＋市场"的模式，建立健全中小企业信用信息归集、共享、查询机制，依托全国信用信息共享平台，及时整合共享各类涉企公共服务数据。建立健全中小企业信用评价体系，完善金融信用信息基础数据库，创新小微企业征信产品，高效对接金融服务。研究出台有关法律法规，规范中小企业信用信息采集、公示查询和信用监管等。发挥国家企业信用信息公示系统的基础作用，将涉企信息记于企业名下并依法公示。

（五）完善公正监管制度。减少监管事项，简化办事流程，推广全程网上办、引导帮办，全面推行信用监管和"互联网＋监管"改革。推进分级分类、跨部门联合监管，加强和规范事中事后监管，落实和完善包容审慎监管，避免对中小企业采取简单粗暴处理措施，对"一刀切"行为严肃查处。

二、坚持和完善中小企业财税支持制度

（六）健全精准有效的财政支持制度。中央财政设立中小企业科目，县级以上财政根据实际情况安排中小企业发展专项资金。建立国家中小企业发展基金公司制母基金，健全基金管理制度，完善基金市场化运作机制，引导有条件的地方政府设立中小企业发展基金。完善专项资金管理办法，加强资金绩效评价。

（七）建立减轻小微企业税费负担长效机制。实行有利于小微企业发展的税收政策，依法对符合条件的小微企业按照规定实行缓征、减征、免征企业所得税、增值税等措施，简化税收征管程序；对小微企业行政事业性收费实行减免等优惠政策，减轻小微企业税费负担。落实好涉企收费目录清单制度，加强涉企收费监督检查，清理规范涉企收费。

（八）强化政府采购支持中小企业政策机制。修订《政府采购促进中小企业发展暂行办法》，完善预留采购份额、价格评审优惠等措施，提高中小企业在政府采购中的份额。向中小企业预留采购份额应占本部门年度政府采购项目预算总额的30%以上；其中，预留给小微企业的比例不低于60%。

三、坚持和完善中小企业融资促进制度

（九）优化货币信贷传导机制。综合运用支小再贷款、再贴现、差别存款准备金率等货币政策工具，引导商业银行增加小微企业信贷投放。进一步疏通利率传导渠道，确保贷款市场报价利率（LPR）有效传导至贷款利率。建立差异化小微企业利率定价机制，促进信贷利率和费用公开透明，保持小微企业贷款利率定价合理水平。

（十）健全多层次小微企业金融服务体系。推进普惠金融体系建设，深化大中型银行普惠金融事业部改革，推动中小银行、非存款类金融机构和互联网金融有序健康发展。鼓励金融机构创新产品和服务，发展便利续贷业务和信用贷款，增加小微企业首贷、中长期贷款、知识产权质押贷款等，开展供应链金融、应收账款融资，加强银税互动。推动金融科技赋能金融机构服务中小企业。研究出台《非存款类放贷组织条例》。加快推进小额金融纠纷快速解决等机制建设。完善规范银行业涉企服务收费监管法规制度，降低小微企业综合性融资成本。

（十一）强化小微企业金融差异化监管激励机制。健全商业银行小微企业金融服务监管长效机制，出台《商业银行小微企业金融服务监管评价办法》。修订《金融企业绩效评价办法》。将商业银行小微企业服务情况与资本补充、金融债发行、宏观审慎评估（MPA）考核、金融机构总部相关负责人考核及提任挂钩。引导银行业金融机构探索建立授信尽职免责负面清单制度。督促商业银行优化内部信贷资源配置和考核激励机制，单列小微企业信贷计划，改进贷款服务方式。

（十二）完善中小企业直接融资支持制度。大力培育创业投资市场，完善创业投资激励和退出机制，引导天使投资人群体、私募股权、创业投资等扩大中小企业股权融资，更多地投长、投早、投小、投创新。稳步推进以信息披露为核心的注册制改革，支持更多优质中小企业登陆资本市场。鼓励中小企业通过并购重组对接资本市场。稳步推进新三板改革，健全挂牌公司转板上市机制。完善中小企业上市培育机制，鼓励地方加大对小升规、规改股、股上市企业的支持。加大优质中小企业债券融资，通过市场化机制开发更多适合中小企业的债券品种，完善中小企业债券融资增信机制，扩大债券融资规模。

（十三）完善中小企业融资担保体系。健全政府性融资担保体系，发挥国家融资担保基金作用，实施小微企业融资担保降费奖补政策，完善风险补偿机制和绩效考核激励机制，引导各级政府性融资担保机构扩大小微企业融资担保业务规模、降低担保费率水平。鼓励银行业金融机构加大与政府性融资担保机构合作，合理确定风险分担比例和担保贷款风险权重，落实金融机构和融资担保机构尽职免责制度，提高小微企业融资可获得性。推动建立统一的动产和权利担保登记公示系统。

四、建立和健全中小企业创新发展制度

（十四）完善创业扶持制度。改善创业环境，广泛培育创业主体。完善创业载体建设，健全扶持与评价机制，为小微企业创业提供低成本、便利化、高质量服务。鼓励大企业发挥技术优势、人才优势和市场优势，为创业活动提供支撑。鼓励服务机构提供创业相关规范化、专业化服务。

（十五）完善中小企业创新支持制度。创新中小企业产学研深度融合机制，促进大中小企业联合参与重大科技项目，推动高校、科研院所和大企业科研仪器、实验设施、中试小试基地等创新资源向中小企业开放。调整完善科技计划立项、任务部署和组织管理方式，大幅提高中小企业承担研发任务比例，加大对中小企业研发活动的直接支持。完善专业化市场化创新服务体系，完善国家技术创新中心、制造业创新中心等支持中小企业创新的机制，提升小微企业创业创新示范基地、科技企业孵化器、专业化众创空间、大学科技园等扶持中小企业创新的能力与水平。完善中小企业创新人才引进和培育制度，优化人才激励和权益保障机制。以包容审慎的态度，鼓励中小企业技术创新、产品创新、模式创新。

（十六）完善支持中小企业"专精特新"发展机制。健全"专精特新"中小企业、专精特新"小巨人"企业和制造业单项冠军企业梯度培育体系、标准体系和评价机制，引导中小企业走"专精特新"之路。完善大中小企业和各类主体协同创新和融通发展制度，发挥大企业引领支撑作用，提高中小企业专业化能力和水平。

（十七）构建以信息技术为主的新技术应用机制。支持中小企业发展应用5G、工业互联网、大数据、云计算、人工智能、区块链等新一代信息技术以及新材料技术、智能绿色服务制造技术、先进高效生物技术等，完善支持中小企业应用新技术的工作机制，提升中小企业数字化、网络化、智能化、绿色化水平。支持产业园区、产业集群提高基础设施支撑能力，建立中小企业新技术公共服务平台，完善新技术推广机制，提高新技术在园区和产业链上的整体应用水平。

五、完善和优化中小企业服务体系

（十八）完善中小企业服务体系。健全政府公共服务、市场化服务、社会化公益服务相结合的中小企业服务体系，完善服务机构良性发展机制和公共服务平台梯度培育、协同服务和评价激励机制。探索建立全国中小企业公共服务一体化平台。发展中小企业服务产业，引导服务机构提供规范化、精细化、个性化服务，引导大企业结合产业链、供应链、价值链、创新链为中小企业提供配套服务。鼓励各类社会组织为企业提供公益性服务，探索建立志愿服务机制。

（十九）健全促进中小企业管理提升机制。完善中小企业培训制度，构建具有时代特点的课程、教材、师资和组织体系，建设慕课平台，构建多领域、多层次、线上线下相结合的中小企业培训体系。健全技能人才培养、使用、评价、激励制度，加快培养高素质技能人才，弘扬"工匠精神"。健全中小企业品牌培育机制。实施小微企业质量管理提升行动。完善中小企业管理咨询服务机制。

（二十）夯实中小企业国际交流合作机制。深化双多边中小企业合作机制，促进中小企业国际交流合作。探索建设中小企业海外服务体系，夯实中小企业国际化发展服务机制，在国际商务法务咨询、知识产权保护、技术性贸易措施、质量认证等方面为中小企业提供帮助。支持有条件的地方建设中外中小企业合作区，完善评价激励机制。推进关税保证保险改革。鼓励跨境电商等新业态发展，探索建立 B2B 出口监管制度，支持跨境电商优进优出。

六、建立和健全中小企业合法权益保护制度

（二十一）构建保护中小企业及企业家合法财产权制度。坚决保护中小企业及企业家合法财产权，依法惩治侵犯中小企业投资者、管理者和从业人员合法权益的违法犯罪行为。严格按照法定程序采取查封、扣押、冻结等措施，依法严格区分违法所得、其他涉案财产与合法财产，严格区分企业法人财产与股东个人财产，严格区分涉案人员个人财产与家庭成员财产。建立涉政府产权纠纷治理长效机制。出台并落实《保障中小企业款项支付条例》，从源头遏制拖欠问题。

（二十二）健全中小企业知识产权保护制度。完善知识产权保护法律法规和政策，建立健全惩罚性赔偿制度，提高法定赔偿额。实施中小企业知识产权战略推进工程，加强知识产权服务业集聚发展区建设，强化专利导航工作机制，完善支持中小企业开发自主知识产权技术和产品的政策，提升中小企业创造、运用、保护和管理知识产权能力。优化中小企业知识产权维权机制，建设一批知识产权保护中心。构建知识产权纠纷多元化解决机制，强化中小企业知识产权信息公共服务，推进知识产权纠纷仲裁调解工作。提高知识产权审查效率，减轻中小企业申请和维持知识产权的费用负担。

（二十三）完善中小企业维权救济制度。构建统一的政务咨询投诉举报平台，畅通中小企业表达诉求渠道，完善咨询投诉举报处理程序和督办考核机制。探索建立中小企业公益诉讼制度、国际维权服务机制。鼓励法律服务机构开展小微企业法律咨询公益服务。建立健全中小企业应急救援救济机制，帮助中小企业应对自然灾害、事故灾难、公共卫生事件和社会安全事件等不可抗力事件。

七、强化促进中小企业发展组织领导制度

（二十四）强化各级促进中小企业发展工作机制。县级以上地方人民政府必须建立健全促进中小企业发展领导小组，由政府领导担任领导小组组长，办公室设在负责中小企业促进工作的综合管理部门，强化促进中小企业发展工作队伍建设。领导小组要定期召开会议研究落实党中央、国务院促进中小企业发展的重大决策部署，及时向上一级领导小组办

公室报告有关工作情况。领导小组各成员单位要认真执行领导小组议定事项，建立内部责任制，加强工作落实。

（二十五）完善中小企业决策保障工作机制。完善中小企业政策咨询制度，培育一批聚焦中小企业研究的中国特色新型智库，建立政策出台前征求中小企业与专家意见制度和政策实施效果评估制度。完善中小企业政策发布、解读和舆情引导机制，提高政策知晓率、获得感和满意度。定期开展中小企业发展环境第三方评估，并向社会公布结果。

工业和信息化部 国家发展和改革委员会
科学技术部 财政部 人力资源和社会保障部
生态环境部 农业农村部 商务部 文化和旅游部
中国人民银行 海关总署 国家税务总局
国家市场监督管理总局 国家统计局
中国银行保险监督管理委员会
中国证券监督管理委员会 国家知识产权局
2020 年 7 月 3 日

附录 F　财政部　税务总局　发展改革委　证监会关于中关村国家自主创新示范区公司型创业投资企业有关企业所得税试点政策的通知

财税〔2020〕63 号

北京市财政局、国家税务总局北京市税务局、北京市地方金融监督管理局、中国证券监督管理委员会北京监管局：

为进一步推动创业投资发展，根据国务院有关批复精神，在北京市中关村国家自主创新示范区（以下简称示范区）试行公司型创业投资企业的企业所得税优惠政策。现将有关政策通知如下：

一、对示范区内公司型创业投资企业，转让持有 3 年以上股权的所得占年度股权转让所得总额的比例超过 50% 的，按照年末个人股东持股比例减半征收当年企业所得税；转让持有 5 年以上股权的所得占年度股权转让所得总额的比例超过 50% 的，按照年末个人股东持股比例免征当年企业所得税。

上述两种情形下，应分别适用以下公式计算当年企业所得税免征额：

（一）转让持有 3 年以上股份的所得占年度股权转让所得总额的比例超过 50% 的：

企业所得税免征额 = 年末个人股东持股比例 × 本年度企业所得税应纳税额 ÷ 2

（二）转让持有 5 年以上股权的所得占年度股权转让所得总额的比例超过 50% 的：

企业所得税免征额 = 年末个人股东持股比例 × 本年度企业所得税应纳税额

二、本通知所称公司型创业投资企业，应同时符合以下条件：

（一）在示范区内注册成立，实行查账征收的居民企业。

（二）符合《创业投资企业管理暂行办法》（发展改革委等 10 部门令第 39 号）或者《私募投资基金监督管理暂行办法》（证监会令第 105 号）要求，并按照规定完成备案且规范运作。

三、个人股东从公司型创业投资企业取得的股息红利，按照规定缴纳个人所得税。

四、本通知自 2020 年 1 月 1 日起实施。2020 年 1 月 1 日前发生的股权投资，在本通知规定的执行期内转让股权取得的所得符合本通知第一条规定的，适用本通知规定的税收政策。

财政部

税务总局

发展改革委

证监会

2020 年 12 月 29 日

附录 G 上市公司创业投资基金股东减持股份的特别规定

中国证券监督管理委员会公告〔2020〕17 号

现公布《上市公司创业投资基金股东减持股份的特别规定》（2020 年修订），自 2020 年 3 月 31 日起施行。

中国证监会
2020 年 3 月 6 日

附件 1：《上市公司创业投资基金股东减持股份的特别规定》
附件 2：《上市公司创业投资基金股东减持股份的特别规定》修订说明

上市公司创业投资基金股东减持股份的特别规定（2020 年修订）

第一条 为了贯彻落实《国务院关于促进创业投资持续健康发展的若干意见》要求，对专注于长期投资和价值投资的创业投资基金减持其持有的上市公司首次公开发行前的股份给予政策支持，更好地发挥创业投资对于支持中小企业、科创企业创业创新的作用，依据《公司法》《证券法》等法律法规和中国证券监督管理委员会的规定，制定本规定。

第二条 在中国证券投资基金业协会（以下简称基金业协会）备案的创业投资基金，其所投资符合条件的企业上市后，通过证券交易所集中竞价交易减持其持有的发行人首次公开发行前发行的股份，适用下列比例限制：

（一）截至发行人首次公开发行上市日，投资期限不满 36 个月的，在 3 个月内减持股份的总数不得超过公司股份总数的 1%；

（二）截至发行人首次公开发行上市日，投资期限在 36 个月以上但不满 48 个月的，在 2 个月内减持股份的总数不得超过公司股份总数的 1%；

（三）截至发行人首次公开发行上市日，投资期限在 48 个月以上但不满 60 个月的，在 1 个月内减持股份的总数不得超过公司股份总数的 1%；

（四）截至发行人首次公开发行上市日，投资期限在 60 个月以上的，减持股份总数不再受比例限制。

投资期限自创业投资基金投资该首次公开发行企业金额累计达到 300 万元之日或者投资金额累计达到投资该首次公开发行企业总投资额 50% 之日开始计算。

第三条　创业投资基金所投资符合条件的企业是指满足下列情形之一的企业：

（一）首次接受投资时，企业成立不满 60 个月；

（二）首次接受投资时，企业职工人数不超过 500 人，根据会计事务所审计的年度合并会计报表，年销售额不超过 2 亿元、资产总额不超过 2 亿元；

（三）截至发行申请材料受理日，企业依据《高新技术企业认定管理办法》（国科发火〔2016〕32 号）已取得高新技术企业证书。

第四条　创业投资基金通过大宗交易方式减持其持有的公司首次公开发行前发行的股份，股份出让方、受让方应当遵守证券交易所关于减持数量、持有时间等规定。

第五条　在基金业协会备案的私募股权投资基金，参照本规定执行。

第六条　不符合本规定条件，通过弄虚作假等手段进行减持的，中国证监会依照有关规定可以采取行政监管措施。

第七条　本规定未规定的上市公司股东减持股份事项，适用《上市公司股东、董监高减持股份的若干规定》（证监会公告〔2017〕9 号）及其他有关规定。

第八条　本规定自 2020 年 3 月 31 日起施行。《上市公司创业投资基金股东减持股份的特别规定》（证监会公告〔2018〕4 号）同时废止。

《上市公司创业投资基金股东减持股份的特别规定》修订说明

一、修订的背景

2016 年 9 月，国务院发布《关于促进创业投资持续健康发展的若干意见》，要求对创业投资（基金）企业，"研究建立所投资企业上市解禁期与上市前投资期限长短反向挂钩的制度安排"。2018 年 3 月，我会发布《上市公司创业投资基金股东减持股份的特别规定》（以下简称《特别规定》），明确创业投资基金反向挂钩政策。《特别规定》的出台，有利于创业投资基金市场化退出，促进形成"投资－退出－再投资"的良性循环，效果良好。

去年以来，私募股权和创投基金行业普遍面临募资困难、退出困难等问题，行业反映，《特别规定》对创业投资基金适用反向挂钩政策条件要求偏严，建议加大减持优惠力度。经研究，为进一步鼓励、引导长期资金参与创业投资，促进创业资本形成，助力中小企业、科技企业发展，我会着手对《特别规定》内容作出相应调整。

二、修订的主要内容

一是简化反向挂钩政策适用标准。原《特别规定》要求创业投资基金申请享受反向挂钩政策需要符合两个条件：项目投资时符合"早期中小企业"或者"高新技术企业"外，还要求该基金"对早期中小企业和高新技术企业的合计投资金额占比 50% 以上"。此次修订予以简化优化，仅要求申请反向挂钩的项目在投资时满足"投早""投中小""投高新"三者之一即可，并删除基金层面"对早期中小企业和高新技术企业的合计投资金额占比 50% 以上"的要求。

二是取消大宗交易方式下减持受让方的锁定期限制。大宗交易是创业投资基金减持股份的重要方式之一，为激活大宗交易方式下受让方的交易动力，此次通过交易所修订实施细则，取消了创业投资基金减持受让方的锁定期限制。

三是取消投资期限在五年以上的创业投资基金减持限制。反向挂钩政策旨在鼓励真正从事长期投资的基金更为便捷地退出，从而实现再投资。为引导长期资金投资创业投资基金，促进长期资本形成，对投资期限达 5 年以上的创业投资基金，锁定期满后不再限制减持比例，更好体现差异化扶持和引导。

四是合理调整投资期限计算方式。调整投资期限截至点，由"发行申请材料受理日"修改为"发行人首次公开发行日"，有利于连续计算基金投资时间。

五是允许私募股权投资基金参照适用反向挂钩政策。实践中，部分私募股权投资基金的投资标的也符合"投早""投中小""投高新"的要求。因此，此次修订允许私募股权投资基金参照适用。

六是明确弄虚作假申请政策的法律责任。对于不符合条件但通过弄虚作假等手段申请适用反向挂钩政策的，中国证监会可以对其采取行政监管措施。

附录 H　创业板首次公开发行股票注册管理办法（试行）

中国证券监督管理委员会令 第 167 号

《创业板首次公开发行股票注册管理办法（试行）》已经 2020 年 6 月 1 日中国证券监督管理委员会 2020 年第 5 次委务会议审议通过，现予公布，自公布之日起施行。

中国证券监督管理委员会主席：易会满

2020 年 6 月 12 日

创业板首次公开发行股票注册管理办法（试行）

第一章　总　则

第一条　为规范在深圳证券交易所创业板试点注册制首次公开发行股票相关活动，促进成长型创新创业企业的发展，保护投资者合法权益和社会公共利益，根据《中华人民共和国证券法》《国务院办公厅关于贯彻实施修订后的证券法有关工作的通知》《国务院办公厅转发证监会关于开展创新企业境内发行股票或存托凭证试点若干意见的通知》（以下简称《若干意见》）及相关法律法规，制定本办法。

第二条　在中华人民共和国境内首次公开发行并在深圳证券交易所创业板（以下简称创业板）上市的股票的发行注册，适用本办法。

第三条　发行人申请首次公开发行股票并在创业板上市，应当符合创业板定位。

创业板深入贯彻创新驱动发展战略，适应发展更多依靠创新、创造、创意的大趋势，主要服务成长型创新创业企业，支持传统产业与新技术、新产业、新业态、新模式深度融合。

第四条　中国证券监督管理委员会（以下简称中国证监会）加强对审核注册工作的统筹指导，统一审核理念，统一审核标准，定期检查深圳证券交易所（以下简称交易所）审核标准、制度的执行情况。

第五条　首次公开发行股票并在创业板上市，应当符合发行条件、上市条件以及相关信息披露要求，依法经交易所发行上市审核，并报中国证监会注册。

第六条　发行人应当诚实守信，依法充分披露投资者作出价值判断和投资决策所必需的信息，所披露信息必须真实、准确、完整，简明清晰、通俗易懂，不得有虚假记载、误导性陈述或者重大遗漏。

发行人应当按保荐人、证券服务机构要求，依法向其提供真实、准确、完整的财务会计资料和其他资料，配合相关机构开展尽职调查和其他相关工作。

发行人的控股股东、实际控制人、董事、监事、高级管理人员应当配合相关机构开展尽职调查和其他相关工作，不得要求或者协助发行人隐瞒应当提供的资料或者应当披露的信息。

第七条　保荐人应当诚实守信，勤勉尽责，按照依法制定的业务规则和行业自律规范的要求，充分了解发行人经营情况和风险，对注册申请文件和信息披露资料进行全面核查验证，对发行人是否符合发行条件、上市条件独立作出专业判断，审慎作出推荐决定，并对招股说明书及其所出具的相关文件的真实性、准确性、完整性负责。

第八条　证券服务机构应当严格遵守法律法规、中国证监会制定的监管规则、业务规则和本行业公认的业务标准和道德规范，建立并保持有效的质量控制体系，保护投资者合法权益，审慎履行职责，作出专业判断与认定，并对招股说明书或者其他信息披露文件中与其专业职责有关的内容及其所出具的文件的真实性、准确性、完整性负责。

证券服务机构及其相关执业人员应当对与本专业相关的业务事项履行特别注意义务，对其他业务事项履行普通注意义务，并承担相应法律责任。

证券服务机构及其执业人员从事证券服务应当配合中国证监会的监督管理，在规定的期限内提供、报送或披露相关资料、信息，并保证其提供、报送或披露的资料、信息真实、准确、完整，不得有虚假记载、误导性陈述或者重大遗漏。

证券服务机构应当妥善保存客户委托文件、核查和验证资料、工作底稿以及与质量控制、内部管理、业务经营有关的信息和资料。

第九条　对发行人首次公开发行股票申请予以注册，不表明中国证监会和交易所对该股票的投资价值或者投资者的收益作出实质性判断或者保证，也不表明中国证监会和交易所对注册申请文件的真实性、准确性、完整性作出保证。

第二章　发行条件

第十条　发行人是依法设立且持续经营三年以上的股份有限公司，具备健全且运行良好的组织机构，相关机构和人员能够依法履行职责。

有限责任公司按原账面净资产值折股整体变更为股份有限公司的，持续经营时间可以从有限责任公司成立之日起计算。

第十一条　发行人会计基础工作规范，财务报表的编制和披露符合企业会计准则和相关信息披露规则的规定，在所有重大方面公允地反映了发行人的财务状况、经营成果和现金流量，最近三年财务会计报告由注册会计师出具无保留意见的审计报告。

发行人内部控制制度健全且被有效执行，能够合理保证公司运行效率、合法合规和财务报告的可靠性，并由注册会计师出具无保留结论的内部控制鉴证报告。

第十二条　发行人业务完整，具有直接面向市场独立持续经营的能力：

（一）资产完整，业务及人员、财务、机构独立，与控股股东、实际控制人及其控制的其他企业间不存在对发行人构成重大不利影响的同业竞争，不存在严重影响独立性或者显失公平的关联交易；

（二）主营业务、控制权和管理团队稳定，最近二年内主营业务和董事、高级管理人员均没有发生重大不利变化；控股股东和受控股股东、实际控制人支配的股东所持发行人的股份权属清晰，最近二年实际控制人没有发生变更，不存在导致控制权可能变更的重大权属纠纷；

（三）不存在涉及主要资产、核心技术、商标等的重大权属纠纷，重大偿债风险，重大担保、诉讼、仲裁等或有事项，经营环境已经或者将要发生重大变化等对持续经营有重大不利影响的事项。

第十三条　发行人生产经营符合法律、行政法规的规定，符合国家产业政策。

最近三年内，发行人及其控股股东、实际控制人不存在贪污、贿赂、侵占财产、挪用财产或者破坏社会主义市场经济秩序的刑事犯罪，不存在欺诈发行、重大信息披露违法或者其他涉及国家安全、公共安全、生态安全、生产安全、公众健康安全等领域的重大违法行为。

董事、监事和高级管理人员不存在最近三年内受到中国证监会行政处罚，或者因涉嫌犯罪正在被司法机关立案侦查或者涉嫌违法违规正在被中国证监会立案调查且尚未有明确结论意见等情形。

第三章　注册程序

第十四条　发行人董事会应当依法就本次发行股票的具体方案、本次募集资金使用的可行性及其他必须明确的事项作出决议，并提请股东大会批准。

第十五条　发行人股东大会应当就本次发行股票作出决议，决议至少应当包括下列事项：

（一）本次公开发行股票的种类和数量；

（二）发行对象；

（三）定价方式；

（四）募集资金用途；

（五）发行前滚存利润的分配方案；

（六）决议的有效期；

（七）对董事会办理本次发行具体事宜的授权；

（八）其他必须明确的事项。

第十六条　发行人申请首次公开发行股票并在创业板上市，应当按照中国证监会有关规定制作注册申请文件，依法由保荐人保荐并向交易所申报。

交易所收到注册申请文件后，五个工作日内作出是否受理的决定。

第十七条　注册申请文件受理后，未经中国证监会或者交易所同意，不得改动。

发生重大事项的，发行人、保荐人、证券服务机构应当及时向交易所报告，并按要求更新注册申请文件和信息披露资料。

第十八条　交易所设立独立的审核部门，负责审核发行人公开发行并上市申请；设立行业咨询专家库，负责为创业板建设和发行上市审核提供专业咨询和政策建议；设立创业板上市委员会，负责对审核部门出具的审核报告和发行人的申请文件提出审议意见。

交易所主要通过向发行人提出审核问询、发行人回答问题方式开展审核工作，判断发行人是否符合发行条件、上市条件和信息披露要求。

第十九条　交易所按照规定的条件和程序，形成发行人是否符合发行条件和信息披露要求的审核意见。认为发行人符合发行条件和信息披露要求的，将审核意见、发行人注册申请文件及相关审核资料报中国证监会注册；认为发行人不符合发行条件或者信息披露要求的，作出终止发行上市审核决定。

第二十条　交易所应当自受理注册申请文件之日起在规定的时限内形成审核意见。发行人根据要求补充、修改注册申请文件，或者交易所按照规定对发行人实施现场检查，要求保荐人、证券服务机构对有关事项进行专项核查，并要求发行人补充、修改申请文件的时间不计算在内。

第二十一条　交易所应当提高审核工作透明度，接受社会监督，公开下列事项：

（一）发行上市审核标准和程序等发行上市审核业务规则和相关业务细则；

（二）在审企业名单、企业基本情况及审核工作进度；

（三）发行上市审核问询及回复情况，但涉及国家秘密或者发行人商业秘密的除外；

（四）上市委员会会议的时间、参会委员名单、审议的发行人名单、审议结果及现场问询问题；

（五）对股票公开发行并上市相关主体采取的自律监管措施或者纪律处分；

（六）交易所规定的其他事项。

第二十二条　中国证监会依法履行发行注册程序，发行注册主要关注交易所发行上市审核内容有无遗漏，审核程序是否符合规定，以及发行人在发行条件和信息披露要求的重大方面是否符合相关规定。中国证监会认为存在需要进一步说明或者落实事项的，可以要求交易所进一步问询。

中国证监会认为交易所对影响发行条件的重大事项未予关注或者交易所的审核意见依据明显不充分的，可以退回交易所补充审核。交易所补充审核后，认为发行人符合发行条件和信息披露要求的，重新向中国证监会报送审核意见及相关资料，本办法第二十三条规定的注册期限重新计算。

第二十三条　中国证监会在二十个工作日内对发行人的注册申请作出予以注册或者不予注册的决定。发行人根据要求补充、修改注册申请文件，或者中国证监会要求交易所进一步问询，要求保荐人、证券服务机构等对有关事项进行核查，对发行人现场检查，并要求发行人补充、修改申请文件的时间不计算在内。

第二十四条　中国证监会的予以注册决定，自作出之日起一年内有效，发行人应当在注册决定有效期内发行股票，发行时点由发行人自主选择。

第二十五条　中国证监会作出予以注册决定后、发行人股票上市交易前，发行人应当及时更新信息披露文件内容，财务报表已过有效期的，发行人应当补充财务会计报告等文件；保荐人以及证券服务机构应当持续履行尽职调查职责；发生重大事项的，发行人、保荐人应当及时向交易所报告。

交易所应当对上述事项及时处理，发现发行人存在重大事项影响发行条件、上市条件的，应当出具明确意见并及时向中国证监会报告。

第二十六条　中国证监会作出予以注册决定后、发行人股票上市交易前，发现可能影响本次发行的重大事项的，中国证监会可以要求发行人暂缓发行、上市；相关重大事项导致发行人不符合发行条件的，应当撤销注册。中国证监会撤销注册后，股票尚未发行的，发行人应当停止发行；股票已经发行尚未上市的，发行人应当按照发行价并加算银行同期存款利息返还股票持有人。

第二十七条　交易所认为发行人不符合发行条件或者信息披露要求，作出终止发行上市审核决定，或者中国证监会作出不予注册决定的，自决定作出之日起六个月后，发行人可以再次提出公开发行股票并上市申请。

第二十八条　中国证监会应当按规定公开股票发行注册行政许可事项相关的监管信息。

第二十九条　存在下列情形之一的，发行人、保荐人应当及时书面报告交易所或者中国证监会，交易所或者中国证监会应当中止相应发行上市审核程序或者发行注册程序：

（一）相关主体涉嫌违反本办法第十三条第二款规定，被立案调查或者被司法机关侦查，尚未结案；

（二）发行人的保荐人以及律师事务所、会计师事务所等证券服务机构因首次公开发行股票、上市公司证券发行、并购重组业务涉嫌违法违规，或者其他业务涉嫌违法违规且对市场有重大影响，正在被中国证监会立案调查，或者正在被司法机关侦查，尚未结案；

（三）发行人的签字保荐代表人以及签字律师、签字会计师等证券服务机构签字人员因首次公开发行股票、上市公司证券发行、并购重组业务涉嫌违法违规，或者其他业务涉嫌违法违规且对市场有重大影响，正在被中国证监会立案调查，或者正在被司法机关侦查，尚未结案；

（四）发行人的保荐人以及律师事务所、会计师事务所等证券服务机构被中国证监会依法采取限制业务活动、责令停业整顿、指定其他机构托管、接管等措施，或者被交易所实施一定期限内不接受其出具的相关文件的纪律处分，尚未解除；

（五）发行人的签字保荐代表人、签字律师、签字会计师等中介机构签字人员被中国证监会依法采取认定为不适当人选等监管措施或者证券市场禁入的措施，或者被交易所实施一定期限内不接受其出具的相关文件的纪律处分，尚未解除；

（六）发行人及保荐人主动要求中止发行上市审核程序或者发行注册程序，理由正当且经交易所或者中国证监会同意；

（七）发行人注册申请文件中记载的财务资料已过有效期，需要补充提交；

（八）中国证监会规定的其他情形。

前款所列情形消失后，发行人可以提交恢复申请；因前款第（二）（三）项规定情形中止的，保荐人以及律师事务所、会计师事务所等证券服务机构按照有关规定履行复核程序后，发行人也可以提交恢复申请。交易所或者中国证监会按照规定恢复发行上市审核程序或者发行注册程序。

第三十条　存在下列情形之一的，交易所或者中国证监会应当终止相应发行上市审核程序或者发行注册程序，并向发行人说明理由：

（一）发行人撤回注册申请或者保荐人撤销保荐；

（二）发行人未在要求的期限内对注册申请文件作出解释说明或者补充、修改；

（三）注册申请文件存在虚假记载、误导性陈述或者重大遗漏；

（四）发行人阻碍或者拒绝中国证监会、交易所依法对发行人实施检查、核查；

（五）发行人及其关联方以不正当手段严重干扰发行上市审核或者发行注册工作；

（六）发行人法人资格终止；

（七）注册申请文件内容存在重大缺陷，严重影响投资者理解和发行上市审核或者发行注册工作；

（八）发行人注册申请文件中记载的财务资料已过有效期且逾期三个月未更新；

（九）发行人发行上市审核程序中止超过交易所规定的时限或者发行注册程序中止超过三个月仍未恢复；

（十）交易所认为发行人不符合发行条件或者信息披露要求；

（十一）中国证监会规定的其他情形。

第三十一条　中国证监会和交易所可以对发行人进行现场检查，可以要求保荐人、证券服务机构对有关事项进行专项核查并出具意见。

中国证监会和交易所应当建立健全信息披露质量现场检查以及对保荐业务、发行承销业务的常态化检查制度。

第三十二条　中国证监会与交易所建立全流程电子化审核注册系统，实现电子化受理、审核，发行注册各环节实时信息共享，并依法向社会公开相关信息。

第四章　信息披露

第三十三条　发行人申请首次公开发行股票并在创业板上市，应当按照中国证监会制定的信息披露规则，编制并披露招股说明书，保证相关信息真实、准确、完整。信息披露内容应当简明清晰，通俗易懂，不得有虚假记载、误导性陈述或者重大遗漏。

中国证监会制定的信息披露规则是信息披露的最低要求。不论上述规则是否有明确规定，凡是投资者作出价值判断和投资决策所必需的信息，发行人均应当充分披露，内容应当真实、准确、完整。

第三十四条　中国证监会依法制定招股说明书内容与格式准则、编报规则等信息披露规则，对相关信息披露文件的内容、格式、编制要求、披露形式等作出规定。

交易所可以依据中国证监会部门规章和规范性文件，制定信息披露细则或指引，在中国证监会确定的信息披露内容范围内，对信息披露提出细化和补充要求，报中国证监会批准后实施。

第三十五条　发行人及其董事、监事、高级管理人员应当在招股说明书上签字、盖章，保证招股说明书的内容真实、准确、完整，不存在虚假记载、误导性陈述或者重大遗漏，按照诚信原则履行承诺，并声明承担相应法律责任。

发行人控股股东、实际控制人应当在招股说明书上签字、盖章，确认招股说明书的内容真实、准确、完整，不存在虚假记载、误导性陈述或者重大遗漏，按照诚信原则履行承诺，并声明承担相应法律责任。

第三十六条　保荐人及其保荐代表人应当在招股说明书上签字、盖章，确认招股说明书的内容真实、准确、完整，不存在虚假记载、误导性陈述或者重大遗漏，并声明承担相应的法律责任。

第三十七条　为证券发行出具专项文件的律师、注册会计师、资产评估人员、资信评级人员以及其所在机构，应当在招股说明书上签字、盖章，确认对发行人信息披露文件引用其出具的专业意见无异议，信息披露文件不因引用其出具的专业意见而出现虚假记载、误导性陈述或者重大遗漏，并声明承担相应的法律责任。

第三十八条　发行人应当以投资者需求为导向，结合所属行业的特点和发展趋势，充分披露自身的创新、创造、创意特征，针对性披露科技创新、模式创新或者业态创新情况，以及对新旧产业融合的促进作用，充分披露业务模式、公司治理、发展战略、经营政策、会计政策、财务状况分析等信息。

第三十九条　发行人应当以投资者需求为导向，精准清晰充分地披露可能对公司经营业绩、核心竞争力、业务稳定性以及未来发展产生重大不利影响的各种风险因素。

第四十条　发行人尚未盈利的，应当充分披露尚未盈利的成因，以及对公司现金流、业务拓展、人才吸引、团队稳定性、研发投入、战略性投入、生产经营可持续性等方面的影响。

第四十一条　发行人应当披露募集资金的投向和使用管理制度，披露募集资金对发行人主营业务发展的贡献、未来经营战略的影响以及发行人业务创新、创造、创意性的支持作用。

第四十二条　符合相关规定、存在特别表决权股份的企业申请首次公开发行股票并在创业板上市的，发行人应当在招股说明书等公开发行文件中，披露并特别提示差异化表决安排的主要内容、相关风险和对公司治理的影响，以及依法落实保护投资者合法权益的各项措施。

保荐人和发行人律师应当就公司章程规定的特别表决权股份的持有人资格、特别表决权股份拥有的表决权数量与普通股份拥有的表决权数量的比例安排、持有人所持特别表决权股份能够参与表决的股东大会事项范围、特别表决权股份锁定安排以及转让限制等事项是否符合有关规定发表专业意见。

第四十三条 发行人应当在招股说明书中披露公开发行股份前已发行股份的锁定期安排，特别是尚未盈利情况下发行人控股股东、实际控制人、董事、监事、高级管理人员股份的锁定期安排。

保荐人和发行人律师应当就前款事项是否符合有关规定发表专业意见。

第四十四条 招股说明书的有效期为六个月，自公开发行前最后一次签署之日起算。

招股说明书引用经审计的财务报表在其最近一期截止日后六个月内有效，特殊情况下发行人可申请适当延长，但至多不超过三个月。财务报表应当以年度末、半年度末或者季度末为截止日。

第四十五条 交易所受理注册申请文件后，发行人应当按规定，将招股说明书、发行保荐书、上市保荐书、审计报告和法律意见书等文件在交易所网站预先披露。

第四十六条 预先披露的招股说明书及其他注册申请文件不能含有价格信息，发行人不得据此发行股票。

发行人应当在预先披露的招股说明书显要位置作如下声明："本公司的发行申请尚需经深圳证券交易所和中国证监会履行相应程序。本招股说明书不具有据以发行股票的法律效力，仅供预先披露之用。投资者应当以正式公告的招股说明书作为投资决定的依据。"

第四十七条 交易所认为发行人符合发行条件和信息披露要求，将发行人注册申请文件报送中国证监会时，招股说明书、发行保荐书、上市保荐书、审计报告和法律意见书等文件应当同步在交易所网站和中国证监会网站公开。

第四十八条 发行人在发行股票前应当在交易所网站和符合中国证监会规定条件的网站全文刊登招股说明书，同时在符合中国证监会规定条件的报刊刊登提示性公告，告知投资者网上刊登的地址及获取文件的途径。

发行人可以将招股说明书以及有关附件刊登于其他网站，但披露内容应当完全一致，且不得早于在交易所网站、符合中国证监会规定条件的网站的披露时间。

保荐人出具的发行保荐书、证券服务机构出具的文件以及其他与发行有关的重要文件应当作为招股说明书的附件。

第五章 发行承销的特别规定

第四十九条 首次公开发行股票并在创业板上市的发行与承销行为，适用《证券发行与承销管理办法》，本办法和《创业板首次公开发行证券发行与承销特别规定》另有规定的除外。

第五十条　交易所应当根据《证券发行与承销管理办法》、本办法以及中国证监会相关规定制定创业板股票发行承销业务规则，并报中国证监会批准。

创业板首次公开发行股票的定价方式、投资者报价要求、最高报价剔除比例、发行价格确定、网下初始配售比例、网下优先配售比例、网上网下回拨机制、网下分类配售安排、网下配售锁定安排、战略配售、超额配售选择权等事项，应当同时遵守交易所相关规定。

第五十一条　首次公开发行股票采用询价方式的，应当向证券公司、基金管理公司、信托公司、财务公司、保险公司、合格境外机构投资者和私募基金管理人等专业机构投资者（以下统称网下投资者）询价。网下投资者参与询价，应当向中国证券业协会注册，并接受自律管理。

发行人和主承销商可以在符合中国证监会相关规定和证券交易所、中国证券业协会自律规则前提下，协商设置参与询价的网下投资者具体条件，并在发行公告中预先披露。

第五十二条　战略投资者在承诺的持有期限内，可以按规定向证券金融公司借出获得配售的股票。借出期限届满后，证券金融公司应当将借入的股票返还给战略投资者。

第五十三条　保荐人的相关子公司或者保荐人所属证券公司的相关子公司参与发行人股票配售的具体规则由交易所另行规定。

第五十四条　中国证监会作出予以注册的决定后，发行人与主承销商应当及时向交易所报备发行与承销方案。交易所在五个工作日内无异议的，发行人与主承销商可以依法刊登招股意向书，启动发行工作。

第五十五条　交易所对证券发行承销过程实施监管。发行承销涉嫌违法违规或者存在异常情形的，中国证监会可以要求交易所进行调查处理，或者直接责令发行人和承销商暂停或者中止发行。

第六章　监督管理和法律责任

第五十六条　中国证监会负责建立健全以信息披露为中心的注册制规则体系，制定股票发行注册并上市的规章规则，依法批准交易所制定的有关业务规则，并监督相关业务规则执行情况。

第五十七条　中国证监会建立对交易所发行上市审核工作和发行承销过程监管的监督机制，持续关注交易所审核情况和发行承销过程监管情况。

第五十八条　中国证监会对交易所发行上市审核和发行承销过程监管等相关工作进行年度例行检查，在检查过程中，可以调阅审核工作文件，列席相关审核会议。

中国证监会定期或者不定期按一定比例对交易所发行上市审核和发行承销过程监管等相关工作进行抽查。

对于中国证监会在检查和抽查等监督过程中发现的问题，交易所应当整改。

第五十九条　中国证监会建立对发行上市监管全流程的权力运行监督制约机制，对发行上市审核程序和发行注册程序相关内控制度运行情况进行督导督察，对廉政纪律执行情况和相关人员的履职尽责情况进行监督监察。

第六十条　交易所应当建立内部防火墙制度，发行上市审核部门、发行承销监管部门与其他部门隔离运行。参与发行上市审核的人员，不得与发行人及其控股股东、实际控制人、相关保荐人、证券服务机构有利害关系，不得直接或者间接与发行人、保荐人、证券服务机构有利益往来，不得持有发行人股票，不得私下与发行人接触。

第六十一条　交易所应当建立定期报告制度，及时总结发行上市审核和发行承销监管的工作情况，并报告中国证监会。

第六十二条　交易所发行上市审核工作违反本办法规定，有下列情形之一的，由中国证监会责令改正；情节严重的，追究直接责任人员相关责任：

（一）未按审核标准开展发行上市审核工作；

（二）未按审核程序开展发行上市审核工作；

（三）不配合中国证监会对发行上市审核工作和发行承销监管工作的检查、抽查，或者不按中国证监会的整改要求进行整改。

第六十三条　发行人在证券发行文件中隐瞒重要事实或者编造重大虚假内容的，中国证监会采取五年内不接受发行人公开发行证券相关文件的监管措施；对相关责任人员，视情节轻重，采取认定为不适当人选的监管措施，或者采取证券市场禁入的措施。

第六十四条　发行人存在本办法第三十条第（三）项、第（四）项、第（五）项规定的情形，重大事项未报告、未披露，或者发行人及其董事、监事、高级管理人员、控股股东、实际控制人的签字、盖章系伪造或者变造的，中国证监会采取三年至五年内不接受发行人公开发行证券相关文件的监管措施。

第六十五条　发行人的控股股东、实际控制人违反本办法规定，致使发行人所报送的注册申请文件和披露的信息存在虚假记载、误导性陈述或者重大遗漏，或者组织、指使发行人进行财务造假、利润操纵或者在证券发行文件中隐瞒重要事实或编造重大虚假内容的，中国证监会视情节轻重，对相关单位和责任人员采取一年到五年内不接受相关单位及其控制的下属单位公开发行证券相关文件，对责任人员采取认定为不适当人选等监管措施，或者采取证券市场禁入的措施。

发行人的董事、监事和高级管理人员违反本办法规定，致使发行人所报送的注册申请文件和披露的信息存在虚假记载、误导性陈述或者重大遗漏的，中国证监会视情节轻重，对责任人员采取认定为不适当人选等监管措施，或者采取证券市场禁入的措施。

第六十六条　保荐人未勤勉尽责，致使发行人信息披露资料存在虚假记载、误导性陈述或者重大遗漏的，中国证监会视情节轻重，采取暂停保荐人业务资格一年到三年，或者责令保荐人更换相关负责人的监管措施；情节严重的，撤销保荐人业务资格，并对相关责任人员采取证券市场禁入的措施。

保荐代表人未勤勉尽责，致使发行人信息披露资料存在虚假记载、误导性陈述或者重大遗漏的，按规定认定为不适当人选。

证券服务机构未勤勉尽责，致使发行人信息披露资料中与其职责有关的内容及其所出具的文件存在虚假记载、误导性陈述或者重大遗漏的，中国证监会视情节轻重，采取三个月至三年不接受相关单位及其责任人员出具的发行证券专项文件的监管措施；情节严重的，对证券服务机构相关责任人员采取证券市场禁入的措施。

第六十七条　保荐人存在下列情形之一的，中国证监会视情节轻重，采取暂停保荐人业务资格三个月至三年的监管措施；情节特别严重的，撤销其业务资格：

（一）伪造或者变造签字、盖章；

（二）重大事项未报告、未披露；

（三）以不正当手段干扰审核注册工作；

（四）不履行其他法定职责。

保荐代表人存在前款规定情形之一的，中国证监会视情节轻重，三个月至三年不受理其具体负责的推荐；情节严重的，认定为不适当人选。

证券服务机构及其相关人员存在第一款规定情形的，中国证监会视情节轻重，采取三个月至三年不接受相关单位及其责任人员出具的发行证券专项文件的监管措施。

第六十八条　保荐人、证券服务机构存在以下情形之一的，中国证监会视情节轻重，采取责令改正、监管谈话、出具警示函、一年内不接受相关单位及其责任人员出具的与注册申请有关的文件等监管措施；情节严重的，可以同时采取三个月到一年内不接受相关单位及其责任人员出具的发行证券专项文件的监管措施：

（一）制作或者出具的文件不齐备或者不符合要求；

（二）擅自改动注册申请文件、信息披露资料或者其他已提交文件；

（三）注册申请文件或者信息披露资料存在相互矛盾或者同一事实表述不一致且有实质性差异；

（四）文件披露的内容表述不清，逻辑混乱，严重影响投资者理解；

（五）未及时报告或者未及时披露重大事项。

发行人存在前款规定情形的，中国证监会视情节轻重，采取责令改正、监管谈话、出具警示函、六个月至一年内不接受发行人公开发行证券相关文件的监管措施。

第六十九条　发行人披露盈利预测，利润实现数如未达到盈利预测的百分之八十的，除因不可抗力外，其法定代表人、财务负责人应当在股东大会以及证券交易所网站、符合中国证监会规定条件的媒体上公开作出解释并道歉；中国证监会可以对法定代表人处以警告。

利润实现数未达到盈利预测的百分之五十的，除因不可抗力外，中国证监会在三年内不受理该公司的公开发行证券申请。

注册会计师为上述盈利预测出具审核报告的过程中未勤勉尽责的，中国证监会视情节轻重，对相关机构和责任人员采取监管谈话等监管措施；情节严重的，给予警告等行政处罚。

第七十条　发行人及其控股股东和实际控制人、董事、监事、高级管理人员，保荐人、承销商、证券服务机构及其相关执业人员，在股票公开发行并上市相关的活动中存在其他违反本办法规定行为的，中国证监会视情节轻重，采取责令改正、监管谈话、出具警示函、责令公开说明、责令定期报告、认定为不适当人选、暂不受理与行政许可有关的文件等监管措施，或者采取证券市场禁入的措施。

第七十一条　发行人及其控股股东、实际控制人、保荐人、证券服务机构及其相关人员违反《中华人民共和国证券法》依法应予以行政处罚的，中国证监会将依法予以处罚。涉嫌犯罪的，依法移送司法机关，追究其刑事责任。

第七十二条　交易所负责对发行人及其控股股东、实际控制人、保荐人、承销商、证券服务机构等进行自律监管。

中国证券业协会负责制定保荐业务、发行承销自律监管规则，对保荐人、承销商、保荐代表人、网下投资者进行自律监管。

交易所和中国证券业协会应当对发行上市过程中违反自律监管规则的行为采取自律监管措施或者给予纪律处分。

第七十三条　中国证监会将遵守本办法的情况记入证券市场诚信档案，会同有关部门加强信息共享，依法实施守信激励与失信惩戒。

第七章 附 则

第七十四条 符合《若干意见》等规定的红筹企业，申请首次公开发行股票并在创业板上市，应当同时符合本办法的规定，但公司形式可以适用其注册地法律规定；申请发行存托凭证并在创业板上市的，发行上市审核注册程序适用本办法的规定。

前款规定的红筹企业在创业板发行上市，适用《若干意见》"营业收入快速增长，拥有自主研发、国际领先技术，同行业竞争中处于相对优势地位"的具体标准由交易所制定，并报中国证监会批准。

第七十五条 本办法自公布之日起施行。《首次公开发行股票并在创业板上市管理办法》（证监会令第 142 号）同时废止。

附录I　科创板上市公司证券发行注册
管理办法（试行）

中国证券监督管理委员会令 第 171 号

《科创板上市公司证券发行注册管理办法（试行）》已经 2020 年 5 月 14 日中国证券监督管理委员会 2020 年第 4 次委务会议审议通过，现予公布，自公布之日起施行。

中国证券监督管理委员会主席：易会满

2020 年 7 月 3 日

科创板上市公司证券发行注册管理办法（试行）

第一章　总　则

第一条　为了规范科创板上市公司（以下简称上市公司）证券发行行为，保护投资者合法权益和社会公共利益，根据《中华人民共和国证券法》（以下简称《证券法》）《国务院办公厅关于贯彻实施修订后的证券法有关工作的通知》《关于在上海证券交易所设立科创板并试点注册制的实施意见》《国务院办公厅转发证监会关于开展创新企业境内发行股票或存托凭证试点若干意见的通知》（以下简称《若干意见》）及相关法律法规，制定本办法。

第二条　上市公司申请在境内发行证券，适用本办法。本办法所称证券，指下列证券品种：

（一）股票；

（二）可转换公司债券（以下简称可转债）；

（三）存托凭证；

（四）中国证券监督管理委员会（以下简称中国证监会）认可的其他品种。

前款所称可转债，是指上市公司依法发行、在一定期间内依据约定的条件可以转换成股份的公司债券。

第三条　上市公司发行证券，可以向不特定对象发行，也可以向特定对象发行。

向不特定对象发行证券包括上市公司向原股东配售股份（以下简称配股）、向不特定对象募集股份（以下简称增发）和向不特定对象发行可转债。

向特定对象发行证券包括上市公司向特定对象发行股票、向特定对象发行可转债。

第四条　上市公司发行证券的，应当符合《证券法》和本办法规定的发行条件和相关信息披露要求，依法经上海证券交易所（以下简称交易所）发行上市审核并报经中国证监会注册，但因依法实行股权激励、公积金转为增加公司资本、分配股票股利的除外。

第五条　上市公司应当诚实守信，依法充分披露投资者作出价值判断和投资决策所必需的信息，所披露信息必须真实、准确、完整，简明清晰、通俗易懂，不得有虚假记载、误导性陈述或者重大遗漏。

上市公司应当按照保荐人、证券服务机构要求，依法向其提供真实、准确、完整的财务会计资料和其他资料，配合相关机构开展尽职调查和其他相关工作。

上市公司控股股东、实际控制人、董事、监事、高级管理人员应当配合相关机构开展尽职调查和其他相关工作，不得要求或者协助上市公司隐瞒应当提供的资料或者应当披露的信息。

第六条　保荐人应当诚实守信，勤勉尽责，按照依法制定的业务规则和行业自律规范的要求，充分了解上市公司经营情况和风险，对注册申请文件和信息披露资料进行全面核查验证，对上市公司是否符合发行条件独立作出专业判断，审慎作出推荐决定，并对募集说明书或者其他信息披露文件及其所出具的相关文件的真实性、准确性、完整性负责。

第七条　证券服务机构应当严格遵守法律法规、中国证监会制定的监管规则、业务规则和本行业公认的业务标准和道德规范，建立并保持有效的质量控制体系，保护投资者合法权益，审慎履行职责，作出专业判断与认定，并对募集说明书或者其他信息披露文件中与其专业职责有关的内容及其所出具的文件的真实性、准确性、完整性负责。

证券服务机构及其相关执业人员应当对与本专业相关的业务事项履行特别注意义务，对其他业务事项履行普通注意义务，并承担相应法律责任。

证券服务机构及其执业人员从事证券服务业务应当配合中国证监会的监督管理，在规定的期限内提供、报送或披露相关资料、信息，并保证其提供、报送或披露的资料、信息真实、准确、完整，不得有虚假记载、误导性陈述或者重大遗漏。证券服务机构应当妥善保存客户委托文件、核查和验证资料、工作底稿以及与质量控制、内部管理、业务经营有关的信息和资料。

第八条　对上市公司发行证券申请予以注册，不表明中国证监会和交易所对该证券的投资价值或者投资者的收益作出实质性判断或者保证，也不表明中国证监会和交易所对申请文件的真实性、准确性、完整性作出保证。

第二章　发行条件

第一节　发行股票

第九条　上市公司向不特定对象发行股票，应当符合下列规定：

（一）具备健全且运行良好的组织机构；

（二）现任董事、监事和高级管理人员具备法律、行政法规规定的任职要求；

（三）具有完整的业务体系和直接面向市场独立经营的能力，不存在对持续经营有重大不利影响的情形；

（四）会计基础工作规范，内部控制制度健全且有效执行，财务报表的编制和披露符合企业会计准则和相关信息披露规则的规定，在所有重大方面公允反映了上市公司的财务状况、经营成果和现金流量，最近三年财务会计报告被出具无保留意见审计报告；

（五）除金融类企业外，最近一期末不存在金额较大的财务性投资。

第十条　上市公司存在下列情形之一的，不得向不特定对象发行股票：

（一）擅自改变前次募集资金用途未作纠正，或者未经股东大会认可；

（二）上市公司及其现任董事、监事和高级管理人员最近三年受到中国证监会行政处罚，或者最近一年受到证券交易所公开谴责，或者因涉嫌犯罪正被司法机关立案侦查或者涉嫌违法违规正在被中国证监会立案调查；

（三）上市公司及其控股股东、实际控制人最近一年存在未履行向投资者作出的公开承诺的情形；

（四）上市公司及其控股股东、实际控制人最近三年存在贪污、贿赂、侵占财产、挪用财产或者破坏社会主义市场经济秩序的刑事犯罪，或者存在严重损害上市公司利益、投资者合法权益、社会公共利益的重大违法行为。

第十一条　上市公司存在下列情形之一的，不得向特定对象发行股票：

（一）擅自改变前次募集资金用途未作纠正，或者未经股东大会认可；

（二）最近一年财务报表的编制和披露在重大方面不符合企业会计准则或者相关信息披露规则的规定；最近一年财务会计报告被出具否定意见或者无法表示意见的审计报告；最近一年财务会计报告被出具保留意见的审计报告，且保留意见所涉及事项对上市公司的重大不利影响尚未消除。本次发行涉及重大资产重组的除外；

（三）现任董事、监事和高级管理人员最近三年受到中国证监会行政处罚，或者最近一年受到证券交易所公开谴责；

（四）上市公司及其现任董事、监事和高级管理人员因涉嫌犯罪正在被司法机关立案侦查或者涉嫌违法违规正被中国证监会立案调查；

（五）控股股东、实际控制人最近三年存在严重损害上市公司利益或者投资者合法权益的重大违法行为；

（六）最近三年存在严重损害投资者合法权益或者社会公共利益的重大违法行为。

第十二条　上市公司发行股票，募集资金使用应当符合下列规定：

（一）应当投资于科技创新领域的业务；

（二）符合国家产业政策和有关环境保护、土地管理等法律、行政法规规定；

（三）募集资金项目实施后，不会与控股股东、实际控制人及其控制的其他企业新增构成重大不利影响的同业竞争、显失公平的关联交易，或者严重影响公司生产经营的独立性。

第二节　发行可转债

第十三条　上市公司发行可转债，应当符合下列规定：

（一）具备健全且运行良好的组织机构；

（二）最近三年平均可分配利润足以支付公司债券一年的利息；

（三）具有合理的资产负债结构和正常的现金流量。

除前款规定条件外，上市公司向不特定对象发行可转债，还应当遵守本办法第九条第（二）项至第（五）项、第十条的规定；向特定对象发行可转债，还应当遵守本办法第十一条的规定。但是，按照公司债券募集办法，上市公司通过收购本公司股份的方式进行公司债券转换的除外。

第十四条　上市公司存在下列情形之一的，不得发行可转债：

（一）对已公开发行的公司债券或者其他债务有违约或者延迟支付本息的事实，仍处于继续状态；

（二）违反《证券法》规定，改变公开发行公司债券所募资金用途。

第十五条　上市公司发行可转债，募集资金除不得用于弥补亏损和非生产性支出外，还应当遵守本办法第十二条的规定。

第三章　发行程序

第十六条　上市公司申请发行证券，董事会应当依法就下列事项作出决议，并提请股东大会批准：

（一）本次证券发行的方案；

（二）本次发行方案的论证分析报告；

（三）本次募集资金使用的可行性报告；

（四）其他必须明确的事项。

上市公司董事会拟引入战略投资者的，应当将引入战略投资者的事项作为单独议案，就每名战略投资者单独审议，并提交股东大会批准。

董事会依照前二款作出决议，董事会决议日与首次公开发行股票上市日的时间间隔不得少于六个月。

第十七条　董事会在编制本次发行方案的论证分析报告时，应当结合上市公司所处行业和发展阶段、融资规划、财务状况、资金需求等情况进行论证分析，独立董事应当发表专项意见。论证分析报告至少应当包括下列内容：

（一）本次发行证券及其品种选择的必要性；

（二）本次发行对象的选择范围、数量和标准的适当性；

（三）本次发行定价的原则、依据、方法和程序的合理性；

（四）本次发行方式的可行性；

（五）本次发行方案的公平性、合理性；

（六）本次发行对原股东权益或者即期回报摊薄的影响以及填补的具体措施。

第十八条　股东大会就发行证券作出的决定，至少应当包括下列事项：

（一）本次发行证券的种类和数量；

（二）发行方式、发行对象及向原股东配售的安排；

（三）定价方式或者价格区间；

（四）募集资金用途；

（五）决议的有效期；

（六）对董事会办理本次发行具体事宜的授权；

（七）其他必须明确的事项。

第十九条　股东大会就发行可转债作出的决定，至少应当包括下列事项：

（一）本办法第十八条规定的事项；

（二）债券利率；

（三）债券期限；

（四）赎回条款；

（五）回售条款；

（六）还本付息的期限和方式；

（七）转股期；

（八）转股价格的确定和修正。

第二十条　股东大会就发行证券事项作出决议，必须经出席会议的股东所持表决权的三分之二以上通过，中小投资者表决情况应当单独计票。向本公司特定的股东及其关联人发行证券的，股东大会就发行方案进行表决时，关联股东应当回避。股东大会对引入战略投资者议案作出决议的，应当就每名战略投资者单独表决。

上市公司就发行证券事项召开股东大会，应当提供网络投票方式，公司还可以通过其他方式为股东参加股东大会提供便利。

第二十一条　上市公司年度股东大会可以根据公司章程的规定，授权董事会决定向特定对象发行融资总额不超过人民币三亿元且不超过最近一年末净资产百分之二十的股票，该项授权在下一年度股东大会召开日失效。

上市公司年度股东大会给予董事会前款授权的，应当就本办法第十八条规定的事项通过相关决定。

第二十二条　上市公司申请发行证券，应当按照中国证监会有关规定制作注册申请文件，依法由保荐人保荐并向交易所申报。交易所收到注册申请文件后，五个工作日内作出是否受理的决定。

第二十三条　申请文件受理后，未经中国证监会或者交易所同意，不得改动。发生重大事项的，上市公司、保荐人、证券服务机构应当及时向交易所报告，并按要求更新申请文件和信息披露资料。

第二十四条　交易所审核部门负责审核上市公司证券发行上市申请；科创板上市委员会负责对上市公司向不特定对象发行证券的申请文件和审核部门出具的审核报告提出审议意见。

交易所主要通过向上市公司提出审核问询、上市公司回答问题方式开展审核工作，判断上市公司发行申请是否符合发行条件和信息披露要求。

第二十五条　上市公司应当向交易所报送审核问询回复的相关文件，并以临时公告的形式披露交易所审核问询回复意见。

第二十六条　交易所按照规定的条件和程序，形成上市公司是否符合发行条件和信息披露要求的审核意见，认为上市公司符合发行条件和信息披露要求的，将审核意见、上市公司注册申请文件及相关审核资料报中国证监会注册；认为上市公司不符合发行条件或者信息披露要求的，作出终止发行上市审核决定。

第二十七条　交易所应当自受理注册申请文件之日起二个月内形成审核意见，但本办法另有规定的除外。上市公司根据要求补充、修改申请文件，或者交易所按照规定对上市公司实施现场检查，要求保荐人、证券服务机构对有关事项进行专项核查，并要求上市公司补充、修改申请文件的时间不计算在内。

第二十八条　符合相关规定的上市公司按照本办法第二十一条规定申请向特定对象发行股票的，适用简易程序。

第二十九条　交易所采用简易程序的，应当在收到注册申请文件后，二个工作日内作出是否受理的决定，自受理之日起三个工作日内完成审核并形成上市公司是否符合发行条件和信息披露要求的审核意见。交易所应当制定简易程序的业务规则，并报中国证监会批准。

第三十条　中国证监会依法履行发行注册程序，主要关注交易所发行上市审核内容有无遗漏，审核程序是否符合规定，以及上市公司在发行条件和信息披露要求的重大方面是否符合相关规定。中国证监会认为存在需要进一步说明或者落实事项的，可以要求交易所进一步问询。

中国证监会认为交易所对影响发行条件的重大事项未予关注或者交易所的审核意见依据明显不充分的，可以退回交易所补充审核。交易所补充审核后，认为上市公司符合发行条件和信息披露要求的，重新向中国证监会报送审核意见及相关资料，本办法第三十一条规定的注册期限重新计算。

第三十一条　中国证监会在十五个工作日内对上市公司的注册申请作出予以注册或者不予注册的决定。上市公司根据要求补充、修改注册申请文件，或者中国证监会要求交易所进一步问询，要求保荐人、证券服务机构等对有关事项进行核查，对上市公司现场检查，并要求上市公司补充、修改申请文件的时间不计算在内。

中国证监会收到交易所依照本办法第二十九条规定报送的审核意见、上市公司注册申请文件及相关审核资料后，三个工作日内作出予以注册或者不予注册的决定。

第三十二条　中国证监会的予以注册决定，自作出之日起一年内有效，上市公司应当在注册决定有效期内发行证券，发行时点由上市公司自主选择。适用简易程序的，应当在中国证监会作出予以注册决定后十个工作日内完成发行缴款，未完成的，本次发行批文失效。

第三十三条　中国证监会作出予以注册决定后、上市公司证券上市交易前，上市公司应当及时更新信息披露文件；保荐人以及证券服务机构应当持续履行尽职调查职责；发生重大事项的，上市公司、保荐人应当及时向交易所报告。交易所应当对上述事项及时处理，发现上市公司存在重大事项影响发行条件的，应当出具明确意见并及时向中国证监会报告。

第三十四条　中国证监会作出予以注册决定后、上市公司证券上市交易前，发现可能影响本次发行的重大事项的，中国证监会可以要求上市公司暂缓发行、上市；相关重大事项导致上市公司不符合发行条件的，应当撤销注册。

中国证监会撤销注册后，证券尚未发行的，上市公司应当停止发行；证券已经发行尚未上市的，上市公司应当按照发行价并加算银行同期存款利息返还证券持有人。

第三十五条　交易所认为上市公司不符合发行条件或者信息披露要求，作出终止发行上市审核决定，或者中国证监会作出不予注册决定的，自决定作出之日起六个月后，上市公司可以再次提出证券发行申请。

第三十六条　上市公司证券发行上市审核或者注册程序的中止、终止等情形参照适用《科创板首次公开发行股票注册管理办法（试行）》的相关规定。

第三十七条　中国证监会和交易所可以对上市公司进行现场检查，或者要求保荐人、证券服务机构对有关事项进行专项核查并出具意见。

第四章　信息披露

第三十八条　上市公司发行证券，应当以投资者决策需求为导向，按照中国证监会制定的信息披露规则，编制募集说明书或者其他信息披露文件，依法履行信息披露义务，保证相关信息真实、准确、完整。信息披露内容应当简明清晰，通俗易懂，不得有虚假记载、误导性陈述或者重大遗漏。

中国证监会制定的信息披露规则是信息披露的最低要求。不论上述规则是否有明确规定，凡是投资者作出价值判断和投资决策所必需的信息，上市公司均应当充分披露，内容应当真实、准确、完整。

第三十九条　中国证监会依法制定募集说明书或者其他证券发行信息披露文件内容与格式准则、编报规则等信息披露规则，对申请文件和信息披露资料的内容、格式、编制要求、披露形式等作出规定。

交易所可以依据中国证监会部门规章和规范性文件，制定信息披露细则或者指引，在中国证监会确定的信息披露内容范围内，对信息披露提出细化和补充要求，报中国证监会批准后实施。

第四十条　上市公司应当在募集说明书或者其他证券发行信息披露文件中，以投资者需求为导向，有针对性地披露行业特点、业务模式、公司治理、发展战略、经营政策、会计政策，充分披露科研水平、科研人员、科研资金投入等相关信息，并充分揭示可能对公司核心竞争力、经营稳定性以及未来发展产生重大不利影响的风险因素。

第四十一条　证券发行议案经董事会表决通过后，应当在二个工作日内披露，并及时公告召开股东大会的通知。

使用募集资金收购资产或者股权的，应当在公告召开股东大会通知的同时，披露该资产或者股权的基本情况、交易价格、定价依据以及是否与公司股东或者其他关联人存在利害关系。

第四十二条　股东大会通过本次发行议案之日起二个工作日内，上市公司应当披露股东大会决议公告。

第四十三条　上市公司提出发行申请后，出现下列情形之一的，应当在次一个工作日予以公告：

（一）收到交易所不予受理或者终止发行上市审核决定；

（二）收到中国证监会终止发行注册决定；

（三）收到中国证监会予以注册或者不予注册的决定；

（四）上市公司撤回证券发行申请。

第四十四条　上市公司及其董事、监事、高级管理人员应当在募集说明书或者其他证券发行信息披露文件上签字、盖章，保证信息披露内容真实、准确、完整，不存在虚假记载、误导性陈述或者重大遗漏，按照诚信原则履行承诺，并声明承担相应的法律责任。

上市公司控股股东、实际控制人应当在募集说明书或者其他证券发行信息披露文件上签字、盖章，确认信息披露内容真实、准确、完整，不存在虚假记载、误导性陈述或者重大遗漏，按照诚信原则履行承诺，并声明承担相应法律责任。

第四十五条　保荐人及其保荐代表人应当在募集说明书或者其他证券发行信息披露文件上签字、盖章，确认信息披露内容真实、准确、完整，不存在虚假记载、误导性陈述或者重大遗漏，并声明承担相应的法律责任。

第四十六条　为证券发行出具专项文件的律师、注册会计师、资产评估人员、资信评级人员及其所在机构，应当在募集说明书或者其他证券发行信息披露文件上签字、盖章，确认对上市公司信息披露文件引用其出具的专业意见无异议，信息披露文件不因引用其出具的专业意见而出现虚假记载、误导性陈述或者重大遗漏，并声明承担相应的法律责任。

第四十七条　募集说明书等证券发行信息披露文件所引用的审计报告、盈利预测审核报告、资产评估报告、资信评级报告，应当由符合规定的证券服务机构出具，并由至少二名有执业资格的人员签署。募集说明书或者其他证券发行信息披露文件所引用的法律意见书，应当由律师事务所出具，并由至少二名经办律师签署。

第四十八条　募集说明书自最后签署之日起六个月内有效。募集说明书或者其他证券发行信息披露文件不得使用超过有效期的资产评估报告或者资信评级报告。

第四十九条　向不特定对象发行证券申请经注册后，上市公司应当在证券发行前二至五个工作日内将公司募集说明书刊登在交易所网站和符合中国证监会规定条件的网站，供公众查阅。

第五十条　向特定对象发行证券申请经注册后，上市公司应当在证券发行前将公司募集文件刊登在交易所网站和符合中国证监会规定条件的网站，供公众查阅。向特定对象发行证券的，上市公司应当在证券发行后的二个工作日内，将发行情况报告书刊登在交易所网站和符合中国证监会规定条件的网站，供公众查阅。

第五十一条　上市公司可以将募集说明书或者其他证券发行信息披露文件、发行情况报告书刊登于其他网站，但不得早于按照本办法第四十九条、第五十条规定披露信息的时间。

第五章　发行承销的特别规定

第五十二条　上市公司证券发行与承销行为，适用《证券发行与承销管理办法》（以下简称《承销办法》），但本办法另有规定的除外。

交易所可以根据《承销办法》和本办法制定上市公司证券发行承销业务规则，并报中国证监会批准。

第五十三条　上市公司配股的，拟配售股份数量不超过本次配售前股本总额的百分之五十，并应当采用代销方式发行。控股股东应当在股东大会召开前公开承诺认配股份的数量。控股股东不履行认配股份的承诺，或者代销期限届满，原股东认购股票的数量未达到拟配售数量百分之七十的，上市公司应当按照发行价并加算银行同期存款利息返还已经认购的股东。

第五十四条　上市公司增发的，发行价格应当不低于公告招股意向书前二十个交易日或者前一个交易日公司股票均价。

第五十五条　上市公司向特定对象发行证券，发行对象应当符合股东大会决议规定的条件，且每次发行对象不超过三十五名。

第五十六条　上市公司向特定对象发行股票，发行价格应当不低于定价基准日前二十个交易日公司股票均价的百分之八十。前款所称"定价基准日"，是指计算发行底价的基准日。

第五十七条　向特定对象发行股票的定价基准日为发行期首日。上市公司应当以不低于发行底价的价格发行股票。上市公司董事会决议提前确定全部发行对象，且发行对象属于下列情形之一的，定价基准日可以为关于本次发行股票的董事会决议公告日、股东大会决议公告日或者发行期首日：

（一）上市公司的控股股东、实际控制人或者其控制的关联人；

（二）通过认购本次发行的股票取得上市公司实际控制权的投资者；

（三）董事会拟引入的境内外战略投资者。

第五十八条　向特定对象发行股票发行对象属于本办法第五十七条第二款规定以外的情形的，上市公司应当以竞价方式确定发行价格和发行对象。董事会决议确定部分发行对象的，确定的发行对象不得参与竞价，且应当接受竞价结果，并明确在通过竞价方式未能产生发行价格的情况下，是否继续参与认购、价格确定原则及认购数量。

第五十九条　向特定对象发行的股票，自发行结束之日起六个月内不得转让。发行对象属于本办法第五十七条第二款规定情形的，其认购的股票自发行结束之日起十八个月内不得转让。

第六十条　向特定对象发行股票的定价基准日为本次发行股票的董事会决议公告日或者股东大会决议公告日的，向特定对象发行股票的董事会决议公告后，出现下列情况需要重新召开董事会的，应当由董事会重新确定本次发行的定价基准日：

（一）本次发行股票股东大会决议的有效期已过；

（二）本次发行方案发生重大变化；

（三）其他对本次发行定价具有重大影响的事项。

第六十一条　可转债应当具有期限、面值、利率、评级、债券持有人权利、转股价格及调整原则、赎回及回售、转股价格向下修正等要素。

向不特定对象发行的可转债利率由上市公司与主承销商依法协商确定。向特定对象发行的可转债应当采用竞价方式确定利率和发行对象。

第六十二条　可转债自发行结束之日起六个月后方可转换为公司股票，转股期限由公司根据可转债的存续期限及公司财务状况确定。

债券持有人对转股或者不转股有选择权，并于转股的次日成为上市公司股东。

第六十三条　向特定对象发行的可转债不得采用公开的集中交易方式转让。向特定对象发行的可转债转股的，所转股票自可转债发行结束之日起十八个月内不得转让。

第六十四条　向不特定对象发行可转债的转股价格应当不低于募集说明书公告日前二十个交易日上市公司股票交易均价和前一个交易日均价。向特定对象发行可转债的转股价格应当不低于认购邀请书发出前二十个交易日上市公司股票交易均价和前一个交易日的均价，且不得向下修正。

第六十五条　上市公司发行证券，应当由证券公司承销。上市公司董事会决议提前确定全部发行对象的，可以由上市公司自行销售。

第六十六条　向特定对象发行证券，上市公司及其控股股东、实际控制人、主要股东不得向发行对象做出保底保收益或者变相保底保收益承诺，也不得直接或者通过利益相关方向发行对象提供财务资助或者其他补偿。

第六十七条　上市公司发行证券采用竞价方式的，认购邀请书内容、认购邀请书发送对象范围、发行价格及发行对象的确定原则等应当符合中国证监会及交易所相关规定，上市公司和主承销商的控股股东、实际控制人、董事、监事、高级管理人员及其控制或者施加重大影响的关联方不得参与竞价。

第六十八条　网下投资者应当结合行业监管要求、资产规模等合理确定申购金额，不得超资产规模申购，承销商可以认定超资产规模的申购为无效申购。

第六十九条　上市公司向不特定对象发行证券的，投资者弃购数量占发行总数比例较大的，上市公司和主承销商可以将投资者弃购部分向网下投资者二次配售。比例较大的标准由交易所规定。

第七十条　上市公司和主承销商可以在符合中国证监会和交易所相关规定前提下约定中止发行的情形。

第七十一条　交易所对证券发行承销过程实施监管。发行承销涉嫌违法违规或者存在异常情形的，中国证监会可以要求交易所对相关事项进行调查处理，或者直接责令上市公司和承销商暂停或者中止发行。

第六章　监督管理和法律责任

第七十二条　中国证监会依法批准交易所制定的科创板上市公司证券发行上市的审核标准、审核程序、信息披露、发行承销等方面的制度规则，指导交易所制定与发行上市审核相关的其他业务规则。

第七十三条　中国证监会建立对交易所发行上市审核工作和发行承销过程监管的监督机制，持续关注交易所审核情况和发行承销过程监管情况，发现交易所自律监管措施或者纪律处分失当的，可以责令交易所改正。

第七十四条　中国证监会对交易所发行上市审核和发行承销过程监管等相关工作进行年度例行检查。在检查过程中，可以调阅审核工作文件，列席相关审核会议。中国证监会定期或者不定期按一定比例对交易所发行上市审核和发行承销过程监管等相关工作进行抽查。对于中国证监会在检查和抽查等监督过程中发现的问题，交易所应当整改。

第七十五条　交易所发行上市审核工作违反本办法规定，有下列情形之一的，由中国证监会责令改正；情节严重的，追究直接责任人员相关责任：

（一）未按审核标准开展发行上市审核工作；

（二）未按审核程序开展发行上市审核工作；

（三）不配合中国证监会对发行上市审核工作和发行承销监管工作的检查、抽查，或者不按中国证监会的整改要求进行整改。

第七十六条　上市公司在证券发行文件中隐瞒重要事实或者编造重大虚假内容的，中国证监会采取五年内不接受上市公司发行证券相关文件的监管措施。对相关责任人员，视情节轻重，采取认定为不适当人选的监管措施，或者采取证券市场禁入的措施。

第七十七条　存在下列情形之一的，中国证监会采取三年至五年内不接受上市公司发行证券相关文件的监管措施：

（一）申请文件存在虚假记载、误导性陈述或者重大遗漏；

（二）上市公司阻碍或者拒绝中国证监会、交易所依法对其实施检查、核查；

（三）上市公司及其关联方以不正当手段严重干扰发行上市审核或者发行注册工作；

（四）重大事项未报告、未披露；

（五）上市公司及其董事、监事、高级管理人员、控股股东、实际控制人的签名、盖章系伪造或者变造。

第七十八条　上市公司控股股东、实际控制人违反本办法的规定，致使上市公司所报送的申请文件和披露的信息存在虚假记载、误导性陈述或者重大遗漏，或者组织、指使上市公司进行财务造假、利润操纵或者在证券发行文件中隐瞒重要事实或者编造重大虚假内容的，中国证监会视情节轻重，对相关单位和责任人员采取一年到五年内不接受相关单位及其控制的下属单位发行证券相关文件，对责任人员采取认定为不适当人选等监管措施，或者采取证券市场禁入的措施。上市公司董事、监事和高级管理人员违反本办法规定，致使上市公司所报送的申请文件和披露的信息存在虚假记载、误导性陈述或者重大遗漏的，中国证监会视情节轻重，对责任人员采取认定为不适当人选等监管措施，或者采取证券市场禁入的措施。

第七十九条　保荐人未勤勉尽责，致使上市公司信息披露资料存在虚假记载、误导性陈述或者重大遗漏的，中国证监会视情节轻重，采取暂停保荐人业务资格一年至三年，责令保荐人更换相关负责人的监管措施；情节严重的，撤销保荐人业务资格，对相关责任人员采取证券市场禁入的措施。

保荐代表人未勤勉尽责，致使上市公司信息披露资料存在虚假记载、误导性陈述或者重大遗漏的，按规定认定为不适当人选。

证券服务机构未勤勉尽责，致使上市公司信息披露资料中与其职责有关的内容及其所出具的文件存在虚假记载、误导性陈述或者重大遗漏的，中国证监会视情节轻重，采取三个月至三年内不接受相关单位及其责任人员出具的发行证券专项文件的监管措施；情节严重的，对证券服务机构相关责任人员采取证券市场禁入的措施。

第八十条　保荐人存在下列情形之一的，中国证监会视情节轻重，采取暂停保荐人业务资格三个月至三年的监管措施；情节特别严重的，撤销其业务资格：

（一）伪造或者变造签字、盖章；

（二）重大事项未报告或者未披露；

（三）以不正当手段干扰审核注册工作；

（四）不履行其他法定职责。

保荐代表人存在前款规定情形的，视情节轻重，按规定三个月至三年不受理相关保荐代表人具体负责的推荐；情节特别严重的，按规定认定为不适当人选。

证券服务机构及其相关人员存在第一款规定情形的，中国证监会视情节轻重，采取三个月至三年内不接受相关单位及其责任人员出具的发行证券专项文件的监管措施。

第八十一条　保荐人、证券服务机构及其责任人员存在下列情形之一的，中国证监会视情节轻重，采取责令改正、监管谈话、出具警示函、一年内不接受相关单位及其责任人员出具的与注册申请有关的文件等监管措施；情节严重的，可以同时采取三个月至一年内不接受相关单位及其责任人员出具的发行证券专项文件的监管措施：

（一）制作或者出具的文件不齐备或者不符合要求；

（二）擅自改动申请文件、信息披露资料或者其他已提交文件；

（三）申请文件或者信息披露资料存在相互矛盾或者同一事实表述不一致且有实质性差异；

（四）文件披露的内容表述不清，逻辑混乱，严重影响阅读理解；

（五）对重大事项未及时报告或者未及时披露。上市公司存在前款规定情形的，中国证监会视情节轻重，采取责令改正、监管谈话、出具警示函、六个月至一年内不接受上市公司发行证券相关文件的监管措施。

第八十二条　按照本办法第二十八条申请注册的，交易所和中国证监会发现上市公司或者相关中介机构及其责任人员存在相关违法违规行为的，中国证监会按照本章规定从重处罚，并采取三年至五年内不接受上市公司和保荐人该类发行证券相关文件的监管措施。

第八十三条　上市公司披露盈利预测的，利润实现数如未达到盈利预测的百分之八十，除因不可抗力外，其法定代表人、财务负责人应当在股东大会以及证券交易所网站、符合中国证监会规定条件的媒体上公开作出解释并道歉；中国证监会可以对法定代表人处以警告。利润实现数未达到盈利预测百分之五十的，除因不可抗力外，中国证监会在三年内不接受上市公司发行证券相关文件。注册会计师为上述盈利预测出具审核报告的过程中未勤勉尽责的，中国证监会视情节轻重，对相关机构和责任人员采取监管谈话等监管措施；情节严重的，给予警告等行政处罚。

第八十四条　参与认购的投资者擅自转让限售期限未满的证券的，中国证监会可以责令改正；情节严重的，十二个月内不得作为特定对象认购证券。

第八十五条　相关主体违反本办法第六十六条规定的，中国证监会视情节轻重，采取责令改正、监管谈话、出具警示函、认定为不适当人选、一年至三年内不接受发行证券相关文件的监管措施，以及市场禁入的措施；保荐人、证券服务机构未勤勉尽责的，中国证监会还可以采取一年至三年内不接受相关单位及其责任人员出具的与注册申请有关的文件等监管措施。

第八十六条　上市公司及其控股股东和实际控制人、董事、监事、高级管理人员，保荐人、承销商、证券服务机构及其相关执业人员、参与认购的投资者，在证券发行并上市相关的活动中存在其他违反本办法规定行为的，中国证监会视情节轻重，采取责令改正、监管谈话、出具警示函、责令公开说明、责令定期报告、认定为不适当人选、暂不受理与行政许可有关的文件等监管措施，或者采取证券市场禁入的措施。

第八十七条　上市公司及其控股股东、实际控制人、保荐人、证券服务机构及其相关执业人员违反《证券法》依法应予以行政处罚的，中国证监会依法予以处罚；涉嫌犯罪的，依法移送司法机关，追究其刑事责任。

第七章　附　则

第八十八条　本办法所称战略投资者，是指符合下列情形之一，且具有同行业或者相关行业较强的重要战略性资源，与上市公司谋求双方协调互补的长期共同战略利益，愿意长期持有上市公司较大比例股份，愿意并且有能力认真履行相应职责，委派董事实际参与公司治理，提升上市公司治理水平，帮助上市公司显著提高公司质量和内在价值，具有良好诚信记录，最近三年未受到中国证监会行政处罚或者被追究刑事责任的投资者：

（一）能够给上市公司带来国际国内领先的核心技术资源，显著增强上市公司的核心竞争力和创新能力，带动上市公司的产业技术升级，显著提升上市公司的盈利能力；

（二）能够给上市公司带来国际国内领先的市场、渠道、品牌等战略性资源，大幅促进上市公司市场拓展，推动实现上市公司销售业绩大幅提升；境外战略投资者应当同时遵守国家的相关规定。

第八十九条　符合《若干意见》等规定的红筹企业，首次公开发行股票并在科创板上市后，发行股票还应当符合本办法的规定。符合《若干意见》等规定的红筹企业，首次公开发行存托凭证并在科创板上市后，发行以红筹企业新增证券为基础证券的存托凭证，适用《证券法》《若干意见》以及本办法关于上市公司发行股票的规定，本办法没有规定的，适用中国证监会关于存托凭证的有关规定。发行存托凭证的红筹企业境外基础股票配股时，相关方案安排应确保存托凭证持有人实际享有权益与境外基础股票持有人权益相当。

第九十条　上市公司发行优先股、向员工发行证券用于激励的办法，由中国证监会另行规定。

第九十一条　上市公司向特定对象发行股票将导致上市公司控制权发生变化的，还应当符合中国证监会的其他规定。

第九十二条　依据本办法通过向特定对象发行股票取得的上市公司股份，其减持不适用《上市公司股东、董监高减持股份的若干规定》的有关规定。

第九十三条　本办法自公布之日起施行。

上海证券交易所

2020 年 7 月 3 日

附录 J　关于加强私募投资基金监管的若干规定

中国证券监督管理委员会公告〔2020〕71 号

现公布《关于加强私募投资基金监管的若干规定》，自公布之日起施行。

中国证监会

2020 年 12 月 30 日

关于加强私募投资基金监管的若干规定

第一条　为了规范私募投资基金（以下简称私募基金）业务活动，保护投资者和相关当事人的合法权益，促进私募基金行业健康发展，防范金融风险，根据《证券投资基金法》《私募投资基金监督管理暂行办法》（以下简称《私募办法》）等法律法规，制定本规定。

第二条　在中国证券投资基金业协会（以下简称基金业协会）依法登记的私募基金管理人从事私募基金业务，适用本规定。

私募基金管理人在初次开展资金募集、基金管理等私募基金业务活动前，应当按照规定在基金业协会完成登记。

第三条　未经登记，任何单位或者个人不得使用"基金"或者"基金管理"字样或者近似名称进行私募基金业务活动，法律、行政法规另有规定的除外。

私募基金管理人应当在名称中标明"私募基金""私募基金管理""创业投资"字样，并在经营范围中标明"私募投资基金管理""私募证券投资基金管理""私募股权投资基金管理""创业投资基金管理"等体现受托管理私募基金特点的字样。

第四条　私募基金管理人不得直接或者间接从事民间借贷、担保、保理、典当、融资租赁、网络借贷信息中介、众筹、场外配资等任何与私募基金管理相冲突或者无关的业务，中国证券监督管理委员会（以下简称中国证监会）另有规定的除外。

第五条　私募基金管理人的出资人不得有代持、循环出资、交叉出资、层级过多、结构复杂等情形，不得隐瞒关联关系或者将关联关系非关联化。同一单位、个人控股或者实际控制两家及以上私募基金管理人的，应当具有设立多个私募基金管理人的合理性与必要性，全面、及时、准确披露各私募基金管理人业务分工，建立完善的合规风控制度。

第六条　私募基金管理人、私募基金销售机构及其从业人员在私募基金募集过程中不得直接或者间接存在下列行为：

（一）向《私募办法》规定的合格投资者之外的单位、个人募集资金或者为投资者提供多人拼凑、资金借贷等满足合格投资者要求的便利；

（二）通过报刊、电台、电视、互联网等公众传播媒体，讲座、报告会、分析会等方式，布告、传单、短信、即时通讯工具、博客和电子邮件等载体，向不特定对象宣传推介，但是通过设置特定对象确定程序的官网、客户端等互联网媒介向合格投资者进行宣传推介的情形除外；

（三）口头、书面或者通过短信、即时通讯工具等方式直接或者间接向投资者承诺保本保收益，包括投资本金不受损失、固定比例损失或者承诺最低收益等情形；

（四）夸大、片面宣传私募基金，包括使用安全、保本、零风险、收益有保障、高收益、本金无忧等可能导致投资者不能准确认识私募基金风险的表述，或者向投资者宣传预期收益率、目标收益率、基准收益率等类似表述；

（五）向投资者宣传的私募基金投向与私募基金合同约定投向不符；

（六）宣传推介材料有虚假记载、误导性陈述或者重大遗漏，包括未真实、准确、完整披露私募基金交易结构、各方主要权利义务、收益分配、费用安排、关联交易、委托第三方机构以及私募基金管理人的出资人、实际控制人等情况；

（七）以登记备案、金融机构托管、政府出资等名义为增信手段进行误导性宣传推介；

（八）委托不具有基金销售业务资格的单位或者个人从事资金募集活动；

（九）以从事资金募集活动为目的设立或者变相设立分支机构；

（十）法律、行政法规和中国证监会禁止的其他情形。

私募基金管理人的出资人、实际控制人、关联方不得从事私募基金募集宣传推介，不得从事或者变相从事前款所列行为。

私募基金募集完毕，私募基金管理人应当按照规定到基金业协会履行备案手续。私募基金管理人不得管理未备案的私募基金。

第七条　私募基金的投资者人数累计不得超过《证券投资基金法》《公司法》《合伙企业法》等法律规定的特定数量。投资者转让基金份额的，受让人应当为合格投资者且基金份额受让后投资者人数应当符合本条规定。国务院金融监督管理部门监管的机构依法发行的资产管理产品、合格境外机构投资者、人民币合格境外机构投资者，视为《私募办法》第十三条规定的合格投资者，不再穿透核查最终投资者。

任何单位和个人不得通过将私募基金份额或者其收（受）益权进行拆分转让，或者通过为单一融资项目设立多只私募基金等方式，以变相突破合格投资者标准或投资者人数限制。

第八条　私募基金管理人不得直接或者间接将私募基金财产用于下列投资活动：

（一）借（存）贷、担保、明股实债等非私募基金投资活动，但是私募基金以股权投资为目的，按照合同约定为被投企业提供 1 年期限以内借款、担保除外；

（二）投向保理资产、融资租赁资产、典当资产等类信贷资产、股权或其收（受）益权；

（三）从事承担无限责任的投资；

（四）法律、行政法规和中国证监会禁止的其他投资活动。

私募基金有前款第（一）项规定行为的，借款或者担保到期日不得晚于股权投资退出日，且借款或者担保余额不得超过该私募基金实缴金额的 20%；中国证监会另有规定的除外。

第九条　私募基金管理人及其从业人员从事私募基金业务，不得有下列行为：

（一）未对不同私募基金单独管理、单独建账、单独核算，将其固有财产、他人财产混同于私募基金财产，将不同私募基金财产混同运作，或者不公平对待不同私募基金财产；

（二）使用私募基金管理人及其关联方名义、账户代私募基金收付基金财产；

（三）开展或者参与具有滚动发行、集合运作、期限错配、分离定价等特征的资金池业务；

（四）以套取私募基金财产为目的，使用私募基金财产直接或者间接投资于私募基金管理人、控股股东、实际控制人及其实际控制的企业或项目等自融行为；

（五）不公平对待同一私募基金的不同投资者，损害投资者合法权益；

（六）私募基金收益不与投资项目的资产、收益、风险等情况挂钩，包括不按照投资标的实际经营业绩或者收益情况向投资者分红、支付收益等；

（七）直接或者间接侵占、挪用私募基金财产；

（八）不按照合同约定进行投资运作或者向投资者进行信息披露；

（九）利用私募基金财产或者职务之便，以向私募基金、私募基金投资标的及其关联方收取咨询费、手续费、财务顾问费等名义，为自身或者投资者以外的人牟取非法利益、进行利益输送；

（十）泄露因职务便利获取的未公开信息、利用该信息从事或者明示、暗示他人从事相关的交易活动；

（十一）从事内幕交易、操纵证券期货市场及其他不正当交易活动；

（十二）玩忽职守，不按照监管规定或者合同约定履行职责；

（十三）法律、行政法规和中国证监会禁止的其他行为。私募基金管理人的出资人和实际控制人，私募基金托管人、私募基金销售机构及其他私募基金服务机构及其出资人、实际控制人，不得有前款所列行为或者为前款行为提供便利。

第十条　私募基金管理人管理的私募基金不得直接或者间接投资于国家禁止或者限制投资的项目，不符合国家产业政策、环境保护政策、土地管理政策的项目，但证券市场投资除外。

第十一条　私募基金管理人不得从事损害私募基金财产或者投资者利益的关联交易等投资活动。私募基金管理人应当建立健全关联交易管理制度，对关联交易定价方法、交易审批程序等进行规范。使用私募基金财产与关联方进行交易的，私募基金管理人应当遵守法律、行政法规、中国证监会的规定和私募基金合同约定，防范利益冲突，投资前应当取得全体投资者或者投资者认可的决策机制决策同意，投资后应当及时向投资者充分披露信息。

第十二条　私募基金管理人及其出资人和实际控制人、私募基金托管人、私募基金销售机构和其他私募基金服务机构所提交的登记备案信息及其他信息材料，不得有虚假记载、误导性陈述或者重大遗漏，并应当按照规定持续履行信息披露和报送义务，确保所提交信息材料及时、准确、真实、完整。

私募基金管理人及其出资人和实际控制人、私募基金托管人、私募基金销售机构和其他私募基金服务机构及其从业人员应当配合中国证监会及其派出机构依法履行职责，如实提供有关文件和材料，不得拒绝、阻碍和隐瞒。

第十三条　中国证监会及其派出机构依法从严监管私募基金管理人、私募基金托管人、私募基金销售机构和其他私募基金服务机构及其从业人员的私募基金业务活动，严厉打击各类违法违规行为。对违反本规定的，中国证监会及其派出机构可以依照《私募办法》的规定，采取行政监管措施、市场禁入措施，实施行政处罚，并记入中国资本市场诚信信息数据库；涉嫌犯罪的，依法移送司法机关追究刑事责任。《证券投资基金法》等法律、行政法规另有规定的，依照其规定处理。

基金业协会依法开展私募基金管理人登记和私募基金备案，加强自律管理与风险监测。对违反本规定的，基金业协会可以依法依规进行处理。

第十四条　本规定自发布之日起施行。

证券公司、基金管理公司、期货公司及其子公司从事私募基金业务，不适用本规定。

本规定施行前已登记私募基金管理人不符合本规定，按下列要求执行：

（一）不符合本规定第四条、第五条、第六条第一款第（九）项、第十一条的，应当自本规定施行之日起一年内完成整改；

（二）不符合本规定第六条第三款的，应当自本规定施行之日六个月内完成整改，整改期内暂停新增私募基金募集和备案；

（三）不符合本规定第六条第一款第（一）项至第（八）项、第六条第一款第（十）项、第七条、第九条、第十二条的，中国证监会及其派出机构可以依照本规定第十三条进行处理，基金业协会可以依法依规进行处理；

（四）不符合本规定第八条、第十条的，不得新增此类投资，不得新增募集规模，不得新增投资者，不得展期，合同到期后予以清算。

《关于加强私募投资基金监管的若干规定》起草说明

为进一步加强私募投资基金（以下简称私募基金）监管，严厉打击各类违法违规行为，严控私募基金增量风险，稳妥化解私募基金存量风险，提升行业规范发展水平，保护投资者合法权益，根据有关法律法规，在总结实践经验基础上，经反复研究，中国证监会起草了《关于加强私募投资基金监管的若干规定》（以下简称《规定》）。现说明如下：

一、起草背景

近年来，我国私募基金行业快速发展，在支持创业创新、推进供给侧结构性改革、提高直接融资比重、服务实体经济和居民财富管理等方面发挥了重要作用。截至 2020 年底，在基金业协会登记的私募基金管理人 2.46 万家，备案私募基金 9.68 万只，管理基金规模 15.97 万亿元。但私募基金行业在快速发展同时，也暴露出许多问题，包括公开或者变相公开募集资金、规避合格投资者要求、不履行登记备案义务、错综复杂的集团化运作、资金池运作、利益输送、自融自担等，甚至出现侵占、挪用基金财产、非法集资等严重侵害投资者利益的违法违规行为，行业风险逐步显现。

根据关于加强金融监管的有关要求，紧紧围绕贯彻落实服务实体经济、防范金融风险、深化金融改革的基本任务，经反复调研，全面总结私募基金领域风险事件的发生特点和处置经验，通过重申和细化私募基金监管的底线要求，让私募行业真正回归"私募"和"投资"的本源，推动优胜劣汰的良性循环，促进行业规范可持续发展。

二、主要内容

《规定》共十四条，主要包括以下内容：

（一）规范私募基金管理人名称、经营范围和业务范围

名称上，私募基金管理人应当统一规范，标明"私募基金""私募基金管理""创业投资"字样。经营范围上，为体现受托管理私募基金的业务属性特点，应当标明"私募投资基金管理""私募证券投资基金管理""私募股权投资基金管理""创业投资基金管理"等字样。对上述要求，《规定》实行"新老划断"。

业务范围上，要求私募基金管理人聚焦投资管理主业，可以围绕私募基金管理开展资金募集、投资管理、顾问服务、为被投企业提供管理咨询等业务，但不得从事与私募基金管理存在冲突或无关的其他业务。

（二）优化集团化私募基金管理人监管

私募基金管理人股权结构应当清晰、稳定，《规定》要求私募基金管理人在登记时如实披露其出资结构，不得隐瞒关联关系，严禁出资人代持、交叉持股、循环出资等行为。

为优化对集团化私募基金管理人监管效能，《规定》允许同一主体设立两家以上私募基金管理人，但其应当如实说明设立多个管理人的合理性与必要性，披露各管理人业务分工，建立完善的合规风控制度，确保集团能对其控制的各管理人说得清楚、控制得住、负得起责。对于能够建立良好内部治理和风控体系的集团化私募基金管理人，可给予差异化监管，实现扶优限劣。

（三）重申细化非公开募集和合格投资者要求

《规定》进一步细化《私募投资基金监督管理暂行办法》合格投资者的范围，对国务院金融监督管理部门监管的资产管理产品不再穿透核查，不合并计算投资者人数，为私募

基金引入长期资金扫除制度障碍。同时，立足私募基金"非公开募集"本质，坚守"合格投资者"基石不动摇，细化重申私募基金募集过程中的禁止性行为要求，包括不得违反合格投资者要求募集资金，不得通过互联网等载体向不特定对象宣传推介，不得向投资者承诺保本保收益、夸大宣传、虚假宣传，不得设立以从事资金募集活动为目的的分支机构以及突破投资者人数限制等。

此外，明确私募基金管理人的出资人、实际控制人、关联方如果不具有基金销售资格，未受私募基金管理人委托从事基金销售的，不得从事资金募集活动。

（四）明确私募基金财产投资要求

《规定》着力引导私募基金回归证券投资、股权投资等，重申投资活动"利益共享、风险共担"的本质，严禁使用基金财产从事借（存）贷、担保、明股实债等非私募基金投资活动，严禁投向类信贷资产或其收（受）益权，不得从事承担无限责任的投资，不得从事国家禁止投资、限制投资以及不符合国家产业政策、环保政策、土地管理政策的项目等。

同时，遵从商业惯例，允许私募基金以股权投资为目的，为被投企业提供短期借款、担保，借款或者担保余额不得超过该私募基金实缴金额的 20%。

（五）强化私募基金管理人及从业人员等主体规范要求

《规定》要求私募基金管理人、私募基金托管人、私募基金销售机构、其他服务机构及从业人员践行诚实信用、谨慎勤勉的义务，秉承投资者合法利益优先原则，规范开展关联交易，严禁基金财产混同、资金池运作、违规自融、不公平对待基金财产和投资者等违法违规情形。

（六）明确法律责任和过渡期安排

《规定》重申私募基金管理人及从业人员等主体从事私募基金业务应当主动配合监管，对违反规定从事私募基金业务的，综合运用行政、自律、司法等多种手段追究相关机构和人员的法律责任。为平稳过渡，《规定》针对不符合规定的存量私募基金管理人，通过实行新老划断、设置过渡期等予以分类处理。同时将结合整改情况，对主动提前完成整改的私募基金管理人，给予适当的差异化监管和自律安排。

总体上，《规定》进一步重申和强化了私募基金行业执业的底线行为规范，形成了私募基金管理人及从业人员等主体的"十不得"禁止性要求。

附录 K　2021 年通过审核的机构清单

公司名称	成立时间	网址	电话	省份
IDG 资本投资顾问（北京）有限公司	1992-08-01	www.idgcapital.com		北京
爱康创业投资有限公司	2008-04-03	www.aikanggroup.com		北京
北极光投资顾问（北京）有限公司	2005-12-15	www.nlvc.com	010-5769-6500	北京
北京安芙兰创业投资有限公司	2009-06-11	www.vcpe.hk	0532-88018557	北京
北京桉桉投资管理有限公司	2014-10-23	www.aatouzi.com		北京
北京晨光宏盛中小企业创业投资有限公司	2009-03-11	www.bjcghs.com	010-89710922	北京
北京晨晖创新投资管理有限公司	2015-02-27	www.aurora-pe.com		北京
北京初者之心投资管理有限公司	2015-04-22	www.chuxincapital.com		北京
北京创时信和创业投资有限公司	2009-12-08			北京
北京创新壹舟投资管理有限公司	2014-06-10			北京
北京鼎金翔辉创业投资有限责任公司	2010-06-29	www.dinkincapital.com	010-85679486	北京
北京鼎元合创投资有限公司	2010-07-27	genesis-vc.com	010-83528966	北京
北京丰泽久源创业投资有限责任公司	2002-07-02			北京
北京富智阳光投资管理有限公司	2010-07-16	www.pekingfund.com		北京
北京高榕资本管理咨询有限公司	2014-03-03	www.gaorongvc.com	010-84442729	北京
北京高新技术创业投资有限公司	1998-10-27	www.bhti.com.cn	010-62140588	北京
北京海洋基石创业投资管理有限公司	2011-09-22	www.stonevc.com		北京
北京海豫祺创业投资管理有限公司	2012-02-22	www.haiyuqi.com		北京
北京荷塘国际健康创业投资管理有限公司	2017-10-18		010-62776611	北京
北京恒资时代创业投资股份有限公司	2011-02-11	www.bjhzsd.com	010-83488782	北京
北京洪泰同创投资管理有限公司	2014-10-24	www.apluscap.com	010-65000261	北京

公司名称	成立时间	网址	电话	省份
北京厚生投资管理中心（有限合伙）	2010-03-18	www.hosencapital.com	010-58287188	北京
北京华晨成长投资管理有限公司	2010-12-30			北京
北京华平投资咨询有限公司	2007-03-29	www.warburgpincus.com.cn		北京
北京华夏天信白鲸创业投资有限公司	2010-02-23			北京
北京华信金石创业投资有限公司	2008-01-23		010-65511474	北京
北京汇江华盛创业投资有限公司	2010-02-08			北京
北京惠通高创投资管理中心（有限合伙）	2012-02-02		0371-86615679	北京
北京吉磊创业投资有限公司	2009-06-17	www.jileivc.com	010-59604999	北京
北京嘉木英实创业投资管理中心（有限合伙）	2012-05-02			北京
北京金港创业投资顾问有限公司	2000-04-24		010-62137301/010-62133569	北京
北京金科君创投资管理有限公司	2014-01-27	www.jkjccapital.com	010-64852921	北京
北京九合锐致投资合伙企业（有限合伙）	2018-12-21		010-52905493	北京
北京久银投资控股股份有限公司	2010-09-25	www.eagle-fund.com		北京
北京开物投资管理有限公司	2011-05-16	www.kaiwucapital.com	+86-21-34240557	北京
北京科技创新投资管理有限公司	2018-04-11	www.bjstif.com		北京
北京朗玛峰创业投资管理有限公司	2010-07-19	www.lmfvc.com	010-52486519	北京
北京老鹰投资基金管理有限公司	2015-07-21	eaglesfund.com	(86)1062680656	北京
北京联想之星投资管理有限公司	2015-10-29	www.legendstar.com.cn		北京
北京启航投资管理有限公司	2016-08-31	www.qihangcapital.cn	010-83453566	北京
北京启沃博观投资管理合伙企业（有限合伙）	2015-10-22	www.insightcapital.com.cn		北京
北京青年创业投资有限公司	2000-04-29		010-88116668	北京

续表

公司名称	成立时间	网址	电话	省份
北京青山同创投资有限公司	2011-11-18	www.hwazing.com	010-8591-0317	北京
北京清控水木投资管理有限公司	2015-05-29	www.tsingcap.com		北京
北京软银赛富投资顾问有限公司	2001-02-27	www.saifpartners.com.cn	010-85282666	北京
北京瑞鑫安泰创业投资中心（有限合伙）	2008-02-02			北京
北京三行资本管理有限责任公司	2015-03-20	www.triniticapital.com	010-6506-8290	北京
北京神都天骄投资管理有限公司	2009-09-09	www.stutendril.com	010-68131313	北京
北京圣德创业投资有限公司	2000-10-09	www.sdziben.com		北京
北京盛邦惠民创业投资有限责任公司	2009-05-25	www.shbhm.com	010-62151203	北京
北京盛元丰亨创业投资有限公司	2009-03-11	www.syfhct.cn	010-88596658	北京
北京施拉特创业投资管理有限公司	2014-01-03			北京
北京世纪方舟资本管理中心（有限合伙）	2009-12-15	macapital.cn	010-65686698	北京
北京市久盛立德创业投资管理中心（有限合伙）	2011-03-29			北京
北京市元亨盈盛创业投资管理中心（有限合伙）	2011-03-29			北京
北京首创创业投资有限公司	1998-07-24	www.capitalvc.com	010-68964806	北京
北京水木国鼎投资管理有限公司	2012-07-20	www.shuimu-vc.com		北京
北京顺为创业投资有限公司	2011-05-17	shunwei.com	010-85315100	北京
北京腾业创业投资管理有限公司	2013-12-24	www.tengye-vc.com		北京
北京同方以衡资产管理有限公司	2013-10-01			北京
北京万丰创新投资有限公司	2009-08-03		010-85296783	北京
北京险峰长青投资咨询有限公司	2014-04-04	www.k2vc.com		北京
北京新光创业投资有限公司	2001-06-29			北京
北京信中利投资股份有限公司	1999-05-17	www.chinaequity.net	010-85550508	北京
北京雅惠资产管理有限公司	2015-11-10		010-85906188	北京
北京亿润创业投资有限公司	2007-05-15	www.yiruntz.com		北京

续表

公司名称	成立时间	网址	电话	省份
北京亦庄国际投资发展有限公司	2009-02-06	www.etowncapital.com		北京
北京亦庄普丰国际创业投资管理有限公司	2009-08-17		010-67877699	北京
北京银河吉星创业投资有限责任公司	2010-08-27		010-66568890	北京
北京引航创业投资有限公司	2007-11-08	www.pilotcapital.com		北京
北京英诺创易佳科技创业投资中心（有限合伙）	2019-09-04	www.innoangel.com	010-82449487	北京
北京用友幸福投资管理有限公司	2010-05-12	www.ufcap.com	010-62436279	北京
北京愉悦资本投资管理有限公司	2015-03-04	joycapital.com.cn		北京
北京远望创业投资有限公司	2001-09-27	www.visionfunds.cn		北京
北京浙控金诚资产管理有限公司	2012-07-06		010-51690535	北京
北京执一资本投资管理有限公司	2015-10-12	zhiyivc.com		北京
北京中关村创业投资发展有限公司	1998-10-07	www.zgcvc.com	010-82483087	北京
北京中技天博创业投资有限公司	2010-04-08	www.tbroadcapital.com		北京
北京中科创星创业投资管理合伙企业（有限合伙）	2017-08-11	www.casstar.com.cn	010-62418390	北京
北京中通和达创业投资管理有限公司	2008-02-03			北京
北京中投新华投资管理有限公司	2014-11-14			北京
北京众联投资有限公司	2009-12-01	www.legendstar.com.cn	010-8298-2599	北京
创客壹佰科技孵化器（北京）有限公司	2015-05-27	www.100tmt.com		北京
创世伙伴（北京）管理咨询有限公司	2017-08-21	www.ccvcap.com		北京
丰厚投资管理（北京）有限公司	2012-11-26	www.fhcapital.cn	010-89508968	北京
富汇创新创业投资管理有限公司	2009-05-14	www.fuhocapital.com		北京
高能天汇创业投资有限公司	2007-01-29	www.powercapital.cn	010-52185240	北京
光大三山创业投资管理有限公司	2007-12-14	www.everbright165.com	010-68947976	北京
硅谷天堂产业集团股份有限公司	2006-08-23	www.ggttvc.com	010-62125588	北京
国投创新投资管理有限公司	2009-07-13	www.sdicfund.com		北京

续表

公司名称	成立时间	网址	电话	省份
国投创业投资管理有限公司	2016-01-12	www.sdicvc.com		北京
海风联投资顾问（北京）有限责任公司	2007-09-06	www.hflcapital.com	010-59733417	北京
荷塘创业投资管理（北京）有限公司	2001-03-30	www.tsinghua-vc.com	010-62776611	北京
弘毅投资（北京）有限公司	2009-07-24	www.honycapital.com	010-82655888	北京
红土嘉智投资管理顾问（北京）有限公司	2009-04-02			北京
洪范基金管理有限公司	2009-02-24		010-59051120	北京
吉视传媒创业投资有限公司	2012-10-25			北京
经纬创投（北京）投资管理顾问有限公司	2008-03-17	www.matrixpartners.com.cn	010-65000088	北京
九州华伟创业投资有限公司	2010-05-10	www.chinagreat.cn		北京
君联资本管理股份有限公司	2003-11-19	www.legendcapital.com.cn	+861089139000	北京
开信创业投资管理（北京）有限公司	2008-08-01			北京
昆吾九鼎（北京）医药投资管理有限公司	2009-11-11			北京
昆吾九鼎投资管理有限公司	2007-07-27	www.jdcapital.com	010-63221100	北京
蓝图创新投资管理（北京）有限公司	2014-03-13	www.lanfund.com.cn	010-80456052	北京
理工创动（北京）投资管理有限公司	2016-11-03		010-68730850-8004	北京
联创策源投资咨询（北京）有限公司	2005-06-14	www.ceyuan.com	010-84028800	北京
领航蓝海投资咨询（北京）有限公司	2008-10-29	navicapital.com.cn		北京
启迪之星（北京）投资管理有限公司	2014-08-22	www.tusstar.com	010-62785888	北京
千山资本管理有限公司	2016-02-04	www.qianshancapital.com	010-65889989	北京
清控科创控股股份有限公司	2010-09-01	www.tiholding.cn		北京
清控银杏创业投资管理（北京）有限公司	2015-07-10	www.th-vc.com		北京
仁和金砂（北京）投资基金管理有限公司	2011-02-24	cpembj.com	010-58673308	北京

公司名称	成立时间	网址	电话	省份
赛伯乐投资集团有限公司	2007-09-11	www.cybernaut.com.cn		北京
圣康世纪投资控股（北京）有限公司	2013-11-05	www.skkg.com.cn	010-83020098	北京
世纪方舟投资有限公司	1999-12-27	www.millenniumark.com.cn		北京
首一创业投资有限公司	2006-09-21	www.sonevc.com.cn	010-64939765	北京
丝路华创投资管理（北京）有限公司	2016-05-24			北京
腾飞天使（北京）投资管理有限公司	2016-06-14	www.soaringx.com		北京
天裕创业投资有限公司	2010-12-06	www.tyvc.com.cn	010-88092061	北京
通用技术创业投资有限公司	2012-03-19	www.gtimvc.com.cn		北京
同冀华成创业投资（北京）有限公司	2010-10-27			北京
维多利安创业投资管理有限公司	2012-04-27			北京
梧桐投资有限公司	2011-06-16	www.sycaventures.com		北京
银港创业投资有限责任公司	2009-11-17			北京
优点（北京）投资管理咨询有限公司	2008-01-17			北京
浙商万嘉（北京）创业投资管理有限公司	2010-12-22	entworks.com.cn		北京
中鼎开源创业投资管理有限公司	2012-02-08	www.ccnew.com	0371-69177108	北京
中关村发展集团股份有限公司	2010-03-31	www.zgcgroup.com.cn		北京
中国风险投资有限公司	1987-04-24	www.c-vc.com.cn	010-64685180	北京
中国国投高新产业投资有限公司	1989-04-19	www.gaoxin-china.com		北京
中国科技产业投资管理有限公司	1987-10-17	www.casim.cn	010-82607629	北京
中金高技术资产管理有限公司	2000-04-17	www.cicmc.cn	010-66083534	北京
中金佳成投资管理有限公司	2007-10-26			北京
中科院创业投资管理有限公司	2017-11-16	www.casvc.com	010-86252888	北京
中科智能(北京)投资中心（有限合伙）	2016-04-29		010-84244188	北京
中天利达风险投资有限公司	2001-11-15		010-65260663	北京

续表

公司名称	成立时间	网址	电话	省份
中希农创业投资有限公司	2013-12-10			北京
紫光创新投资有限公司	2000-04-19	www.thuvc.com	010-68949919	北京
菁英汇投资管理（天津）有限责任公司	2015-12-15	www.jingyinghuitj.com	022-28389033	天津
菁英科创（天津）创业投资合伙企业（有限合伙）	2018-07-10			天津
上创普盛（天津）创业投资管理有限公司	2015-12-29		022-23528389	天津
天创博盛（天津）股权投资基金合伙企业（有限合伙）	2011-10-18		022-86259216	天津
天津北洋海棠创业投资合伙企业（有限合伙）	2020-02-18			天津
天津滨海财富股权投资基金有限公司	2007-08-21	www.behycapital.com	022-23374055	天津
天津滨海创投投资管理有限公司	2007-09-18	www.binhaicapital.com	022-58909361	天津
天津滨海天创众鑫股权投资基金有限公司	2010-02-04		022-86259326	天津
天津财富嘉绩投资合伙企业（有限合伙）	2014-10-22	www.behycapital.com	022-233740550-608	天津
天津陈塘海天创业投资合伙企业（有限合伙）	2017-01-25		022-58909361	天津
天津创业投资管理有限公司	2003-03-28	www.tjvcm.com	022-86259216	天津
天津创业投资有限公司	2001-03-30	www.tjvc.com.cn	022-58785807	天津
天津东虹科技创业投资发展有限公司	2011-04-28		022-58785818	天津
天津方皋创业投资有限公司	2017-07-03		022-60638678	天津
天津蜂巢投资管理合伙企业（有限合伙）	2011-09-15		022-59908091	天津
天津海达创业投资管理有限公司	2007-11-29	www.hideavc.com	022-59852167	天津
天津海泰戈壁创业投资管理有限公司	2008-02-21	www.htgvc.com	18622575116	天津
天津虹桥天使投资有限公司	2017-08-24		022-23374055-608	天津

公司名称	成立时间	网址	电话	省份
天津华慧泰有电子信息投资合伙企业（有限合伙）	2020-04-30			天津
天津华金锦天医药医疗创业投资合伙企业（有限合伙）	2016-12-30			天津
天津汇鑫创富股权投资基金管理有限公司	2010-10-21	www.behycapital.com	022-23374055	天津
天津金星创业投资有限公司	2013-12-26			天津
天津京立创业投资合伙企业（有限合伙）	2019-12-26		0532-58586868	天津
天津科创天使投资有限公司	2006-06-19	www.tjacco.com	022-87459868	天津
天津科技投资集团有限公司	1997-12-01	www.stic.com.cn	022-28355150	天津
天津陆石昱航股权投资中心（有限合伙）	2017-08-22		022-84908955	天津
天津普银创业投资合伙企业（有限合伙）	2016-04-28		022-23528389	天津
天津普银天使创业投资有限公司	2017-06-20		022-23528389	天津
天津清研华阳投资管理有限公司	2015-11-09		022-84819332	天津
天津泰达恒鼎创业投资合伙企业（有限合伙）	2018-01-12		022-66299990	天津
天津泰达科技投资股份有限公司	2000-10-13	www.tedavc.com.cn	022-66299990	天津
天津泰达盛林创业投资合伙企业（有限合伙）	2016-09-01		022-66299990	天津
天津天创华鑫现代服务产业创业投资合伙企业（有限合伙）	2012-12-04		022-86259216	天津
天津天创荣鑫创业投资合伙企业（有限合伙）	2016-05-17			天津
天津天创盈鑫创业投资合伙企业（有限合伙）	2015-12-31		022-86259766	天津
天津天地酬勤创业投资合伙企业（有限合伙）	2016-05-19	www.tianjinvc.net	022-23708159	天津
天津天地酬勤股权投资管理有限公司	2015-11-16	www.tianjinvc.net	022-23708159	天津
天津天富创业投资有限公司	2007-12-04		022-86259216	天津

公司名称	成立时间	网址	电话	省份
天津天以生物医药股权投资基金有限公司	2010-11-25		022-86259216	天津
天津天英创业投资管理有限公司	2010-06-22		022-86259216	天津
天津浔渡创业投资合伙企业（有限合伙）	2011-04-08		0510-81801900	天津
天津宜科天创智能制造产业创业投资合伙企业（有限合伙）	2016-10-27			天津
天津沅渡创业投资合伙企业（有限合伙）	2010-08-11		0510-81801900	天津
天津中汽瑷睿创业投资有限公司	2017-06-01		022-86259756	天津
天津中睿海天创业投资合伙企业（有限合伙）	2019-12-17		022-58909361	天津
天津中知创富创业投资合伙企业（有限合伙）	2019-08-12		022-23374055	天津
万联道一（天津）创业投资合伙企业（有限合伙）	2017-07-13		022-59908091	天津
保定市创元科技风险投资有限公司	2008-12-22		0312-6775532	河北
沧州渤海新区创兴创业高新生物医药合伙企业（有限合伙）	2019-10-15			河北
沧州渤海新区创兴天使生物医药创业有限公司	2019-10-15			河北
沧州渤海新区沿海发展投资基金合伙企业（有限合伙）	2015-10-29		0317-7558086	河北
沧州市科技创业中心	2000-06-28		0317-5555631	河北
河北国创创业投资有限公司	2012-06-01	www.guochuangchuangtou.com	0311-67663758	河北
河北金冀达创业投资有限公司	2009-08-31		0311-85961615	河北
河北科技投资集团有限公司	2001-02-15	www.hebvc.com	0311-85961611	河北
河北领创嘉盛创业投资有限公司	2015-10-19		0311-67667379	河北
河北天鑫创业投资有限公司	2011-07-04		0311-85961617	河北
河北兴石创业投资有限公司	2009-12-21		022-59852167	河北

公司名称	成立时间	网址	电话	省份
河北燕郊燕胜创业投资有限公司	2011-05-27		022-283067276	河北
廊坊市高科创新创业投资有限公司	2006-10-19	www.lfvc.cc	0316-2394450	河北
秦皇岛市科技创新投资有限公司	2000-02-18		0335-3639741	河北
秦皇岛燕大产业集团有限公司	1996-12-23	www.ysusp.com.cn	0335-8500964	河北
荣盛创业投资有限公司	2007-09-08		010-59232688 转 808	河北
石家庄高新区科发投资有限公司	2010-03-23		0311-66685387	河北
石家庄科技创业投资有限公司	2002-09-19		0311-66685167	河北
唐山高新创业投资有限公司	2007-07-02		0315-3858385	河北
唐山科技创业投资管理有限责任公司	2009-04-22		0315-5066554	河北
内蒙古生产力促进中心有限公司	2004-12-08		0471-3907915	内蒙古
大同市财汇基金管理有限公司	2015-12-11		13935214929	山西
大同市创业投资基金管理有限公司	2020-05-13		5628139	山西
晋商世纪山西股权投资管理有限公司	2013-08-07	www.jssjjt.com	0351-5627586	山西
临汾市创业投资基金管理有限公司	2019-02-25		0357-2125291	山西
灵石县晋典投资管理有限公司	2013-03-11		13485494658	山西
山西澳华加德投资有限责任公司	2010-06-22	www.qipei361.com	0351-7061980	山西
山西百川兴晋私募基金有限公司	2020-09-01		0351-5677526	山西
山西佰世投资管理有限公司	2010-07-05	www.sxbstz.com	13935103856	山西
山西财惠资本管理有限公司	2017-01-05			山西
山西晨皓创业投资有限公司	2011-03-15		0351-8062171	山西
山西大地控股股权投资基金管理有限公司	2018-08-21		0351-5690300	山西
山西大正元投资咨询有限公司	2007-06-12	www.tdrcap.com	15303539910	山西
山西丰创股权投资管理有限公司	2016-02-02		13834215856	山西
山西高新产业投资基金管理有限公司	2017-07-05		0351-2799766	山西
山西国电创业投资有限公司	2011-04-14		0351-2157281	山西
山西国金股权投资管理有限公司	2015-01-29		0351-5628152	山西
山西国盈富通股权投资管理有限公司	2018-05-03		0351-5618189	山西

公司名称	成立时间	网址	电话	省份
山西红土创新创业投资有限公司	2011-10-11		0351-7032998	山西
山西黄河股权投资管理有限公司	2017-10-11		0351-5628198	山西
山西汇融产业发展有限公司	2010-09-26		13683376156	山西
山西惠百川创业投资有限公司	2009-12-22		0351-7560304	山西
山西佳信德股权投资管理有限公司	2016-12-27		0358-8292188	山西
山西金丰汇智创业投资有限公司	2009-04-10	www.jfhjzvc.com	0351-3343158	山西
山西金通创业投资有限公司	2012-12-07		0351-5623730	山西
山西晋尚博银股权投资管理有限公司	2013-03-13		0351-6650883	山西
山西龙城燕园创业投资管理有限公司	2012-02-15		0351-5608598	山西
山西省创业风险投资引导基金有限责任公司	2008-08-06		0351-8330500	山西
山西省创业投资基金管理集团有限公司	2012-11-01	www.sxcxt.com.cn	0351-5628151	山西
山西省科技基金发展有限公司	1993-06-01	www.sxstf.com	0351-4157808	山西
山西省文化产业股权投资管理有限公司	2015-10-21		0351-7785157	山西
山西省中小企业创业投资有限公司	2013-10-25		0351-8225779	山西
山西首赫私募股权投资基金管理有限公司	2012-11-14	www.sxshouhe.cn	0351-5269168	山西
山西太钢创业投资有限公司	2010-02-05		0351-5262800	山西
山西信卓股权投资管理有限公司	2017-09-26		13934640233	山西
山西易鑫创业投资有限公司	2009-02-26	www.sxyxct.com	0351-2197666	山西
山西中盈洛克利创业投资有限公司	2011-03-14		0351-8225532	山西
山证基金管理有限公司	2013-06-05		0351-7028554	山西
太原海信汇峰资产管理有限公司	2016-01-29		0351-5619653	山西
太原清控科创投资基金管理有限公司	2016-04-07			山西
天安地恒资产管理有限公司	2016-03-01		0351-7091565	山西
魏都基金管理有限公司	2014-09-04	www.weidujijin.com	0352-2831777	山西
阳泉市众科高新技术产业股权投资有限公司	2014-10-15		0353-6699019	山西

公司名称	成立时间	网址	电话	省份
成都博源投资管理有限公司	2008-03-07	www.beyondcapital.com.cn		四川
成都成创汇智创业投资有限公司	2009-12-16		028-85337114	四川
成都春垒科技创业投资合伙企业（有限合伙）	2017-08-30	www.beyondcapital.com.cn		四川
成都鼎祥创业投资合伙企业（有限合伙）	2018-01-08		028-85343188	四川
成都禾睿股权投资基金管理有限公司	2015-09-06	www.angelplus-cd.com	028-64770755	四川
成都合力蓉信股权投资基金管理有限公司	2015-12-16		028-86026342	四川
成都技转智石股权投资基金管理有限公司	2018-02-02		028-62037121	四川
成都阶梯创业投资合伙企业（有限合伙）	2016-03-09		028-65471211	四川
成都阶梯创业投资有限公司	2015-04-15		028-65471211	四川
成都空港创新创业投资有限公司	2009-10-28	www.sljygs.com	85689886	四川
成都老鹰易真创业投资有限公司	2015-06-05			四川
成都晟华创合投资管理合伙企业（有限合伙）	2017-07-28		028-84388422	四川
成都盛华世代投资开发有限公司	2006-07-08	www.cdshqyy.com	028-83601896	四川
成都同德创客投资管理合伙企业（有限合伙）	2015-07-02	www.newtdvc.com	028-86154811	四川
成都银科创业投资有限公司	2009-03-18	www.ykvc.cn	028-85336380	四川
成都盈创德弘股权投资基金管理有限公司	2015-09-08			四川
成都盈创动力投资管理有限公司	2010-03-09		028-65938907	四川
成都盈创世纪股权投资基金管理有限公司	2011-04-20		028-65938907	四川
成都盈创泰富股权投资基金管理有限公司	2015-06-11		028-65938907	四川

公司名称	成立时间	网址	电话	省份
成都盈创兴科股权投资基金管理有限公司	2014-09-23		028-85318681	四川
成都纵任创业投资有限公司	2010-08-16		65938919	四川
东方三峡（成都）股权投资基金管理有限公司	2019-08-15			四川
合之力蓉盛成都创业投资中心（有限合伙）	2015-12-31		028-86026342	四川
洪泰天创投成都创业投资中心（有限合伙）	2015-09-06	www.angelplus-cd.com	028-64770755	四川
绵阳高新旗胜投资基金管理有限公司	2017-05-02		0816-2626031	四川
绵阳金慧通股权投资基金管理有限公司	2014-12-02		18681268882	四川
绵阳久盛科技创业投资有限公司	2004-03-05	www.myvicc.com	0816-2354363	四川
绵阳市金慧丰股权投资基金管理中心（有限合伙）	2014-03-26		13350011221	四川
四川创新发展投资管理有限公司	2015-12-21	www.sichuan-vc.com	028-83385977	四川
四川鼎祥股权投资基金有限公司	2014-07-17	www.dinxcapital.com	028-85343188	四川
四川天河生物医药产业创业投资基金合伙企业（有限合伙）	2015-06-23		028-66070521	四川
真友成都股权投资基金管理企业（有限合伙）	2016-12-22		028-68058724	四川
圆基（重庆）股权投资基金管理有限公司	2010-02-05	www.elementscap.com	023-63329022	重庆
重庆德同创业投资中心（有限合伙）	2010-04-01	www.dtcap.comen	023-67889908	重庆
重庆德同股权投资基金管理有限公司	2009-12-29		023-67889908	重庆
重庆德同领航创业投资中心（有限合伙）	2014-04-30	www.dtcap.com	023-67889908	重庆
重庆富坤创业投资中心（有限合伙）	2009-09-22	www.rlequities.com	023-67030567	重庆
重庆富坤新智能交通投资合伙企业（有限合伙）	2014-04-08	www.rlequities.com	023-67030600	重庆
重庆富坤智通投资管理有限公司	2013-12-31	www.rlequities.com	023-67030567	重庆

公司名称	成立时间	网址	电话	省份
重庆汉能科技创业投资中心（有限合伙）	2011-08-30	www.hinagroup.com.cn	010-85889000	重庆
重庆华犇创业投资管理有限公司	2010-04-16	www.chinarunvc.com	023-63807808	重庆
重庆华犇电子信息创业投资中心（有限合伙）	2010-11-16		023-63807807	重庆
重庆汇涌金股权投资基金管理有限公司	2014-04-04	www.cqhyj.cn	023-67876780	重庆
重庆开创高新技术创业投资有限公司	2005-03-25		023-63118585	重庆
重庆科技风险投资有限公司	1993-01-16	www.cqskjvc.com	023-67516829	重庆
重庆科兴股权投资管理有限公司	2011-10-28		023-67516997	重庆
重庆科兴乾健创业投资有限公司	2011-12-01			重庆
重庆临云股权投资基金管理有限公司	2014-08-22	www.linyunziben.com	023-88720606	重庆
重庆清研股权投资基金管理中心（有限合伙）	2016-03-15		023-68616881	重庆
重庆市大渡口区科技产业创业投资有限公司	2013-01-21		023-67516108	重庆
重庆天使科技创业投资有限公司	2010-01-25		023-67516829	重庆
重庆天使投资引导基金有限公司	2009-07-17	www.cqvcgf.com	023-67512501	重庆
重庆同趣控股有限公司	2005-06-10		023-67680083	重庆
重庆兴农股权投资基金管理有限公司	2014-05-07	www.cqxnjj.com	023-82968008	重庆
重庆英飞尼迪创业投资中心（有限合伙）	2011-08-16	www.infinity-equity.com	023-12345678	重庆
重庆圆基新能源创业投资基金合伙企业（有限合伙）	2011-01-27		023-63329022	重庆
重庆中冶泊达股权投资基金管理有限公司	2013-12-17	www.zyboda.com	023-67683039	重庆
安徽安元投资基金有限公司	2015-07-17		0551-63894124	安徽
安徽鼎信创业投资有限公司	2012-06-05		0551-65312833	安徽
安徽丰创生物技术产业创业投资有限公司	2013-04-02		0551-65182095	安徽
安徽高科创业投资有限公司	2010-01-28	www.ahgoco.com	0551-65323126	安徽

公司名称	成立时间	网址	电话	省份
安徽高新金通安益二期创业投资基金（有限合伙）	2015-12-24	www.jtay.cn	0551-66187661	安徽
安徽高新金通安益股权投资基金（有限合伙）	2015-03-23	www.jtay.cn	0551-66103781	安徽
安徽国安创业投资有限公司	2010-09-15		0551-65732844	安徽
安徽国耀创业投资有限公司	2013-11-28		0551-62625578	安徽
安徽国元创投有限责任公司	2010-06-13	www.ahgyct.com	0551-63699708	安徽
安徽徽商产业投资基金管理有限公司	2008-03-18	www.hygcapital.com	0551-5844788-8000	安徽
安徽汇智富创业投资有限公司	2013-03-26	www.tzjf.com.cn	0551-65383158	安徽
安徽火花科技创业投资有限公司	2013-06-25		18756917539	安徽
安徽纪元时代创业投资管理有限公司	2011-12-15		0551-65312833	安徽
安徽省创投资本基金有限公司	2010-07-27		0551-67131875	安徽
安徽省创业投资有限公司	2008-07-09	www.ahinv.com	0551-63677280	安徽
安徽省高新创业投资有限责任公司	2009-12-23		0555-8331877	安徽
安徽省科技产业投资有限公司	1999-07-01	www.ahkjtz.com.cn	0551-66195717	安徽
安徽兴皖创业投资有限公司	2010-08-20		0551-65732831	安徽
安徽云松投资管理有限公司	2010-09-28		0551-65732831	安徽
安徽智鼎创业投资有限公司	2009-11-01	www.qyzyw.com	0551-64651822	安徽
安徽中德创新发展基金有限公司	2016-07-26		0551-65255316	安徽
安庆发投创业投资有限公司	2012-09-28		0556-5289108	安徽
蚌埠市科技创业投资有限公司	2008-06-26		0552-3186801	安徽
蚌埠市天使投资基金（有限合伙）	2016-10-20		0552-3183878	安徽
蚌埠市远大创新创业投资有限公司	2010-09-28		0551-63186678	安徽
蚌埠皖北金牛创业投资有限公司	2011-05-17		0552-4129773	安徽
蚌埠中城创业投资有限公司	2009-03-16		0552-3183878	安徽
池州中安创业投资基金合伙企业（有限合伙）	2016-06-14		0551-65732844	安徽
滁州浚源创业投资中心（有限合伙）	2011-06-01	jycapital.cn	010-82609194	安徽
滁州市城投创业投资有限公司	2016-03-30			安徽

公司名称	成立时间	网址	电话	省份
合肥德丰杰启峰创业投资管理有限公司	2015-06-23		18956061603	安徽
合肥高特佳创业投资有限责任公司	2010-04-19	www.szgig.com	15056922103	安徽
合肥高特佳投资管理有限公司	2019-01-01		15056922103	安徽
合肥高新产业投资有限公司	2016-07-12		0551-65326361	安徽
合肥高新创业投资管理合伙企业（有限合伙）	2015-08-21	www.hfgxt.com.cn	0551-65326361	安徽
合肥高新科技创业投资有限公司	2012-10-19	www.hfgxt.com.cn	0551-65326361	安徽
合肥国科新能股权投资管理合伙企业（有限合伙）	2014-09-28		0551-62668639	安徽
合肥朗程投资合伙企业（有限合伙）	2014-12-19	www.lccapital.com.cn	0551-63631012	安徽
合肥赛富合元创业投资中心（有限合伙）	2011-01-13		010-65630202	安徽
合肥市创新科技风险投资有限公司	2000-08-28	www.hfgk.com	0551-62616563	安徽
合肥市高科技风险投资有限公司	2000-04-18		0551-63535831	安徽
合肥兴泰资本管理有限公司	1997-06-02	www.hfxtzb.com	0551-63758977	安徽
合肥中科亚商创业投资管理有限公司	2017-12-07			安徽
合肥中投中财产业投资管理有限公司	2016-12-20		0551-62876017	安徽
淮南市创业风险投资有限公司	2011-11-26		0554-6699152	安徽
六安中安天使基金合伙企业（有限合伙）	2016-06-21		0551-63677280	安徽
铜陵明源循环经济产业创业投资基金中心（有限合伙）	2014-04-30		0562-2885287	安徽
芜湖富海浩研创业投资基金（有限合伙）	2012-12-27		0553-3850671	安徽
芜湖瑞建汽车产业创业投资有限公司	2010-07-01		0553-3812768	安徽
芜湖市世纪江东创业投资中心（有限合伙）	2009-08-18	www.jd-capital.cn	0553-5772022	安徽
芜湖远大创业投资有限公司	2009-04-23		0553-5992132	安徽
新能源汽车科技创新（合肥）股权投资合伙企业（有限合伙）	2016-02-25		0551-62668639	安徽

公司名称	成立时间	网址	电话	省份
宣城火花科技创业投资有限公司	2017-06-15		0551-65168562	安徽
福建北辰星投资管理有限公司	2014-02-24	www.poritarcap.com	18750108821	福建
福建红桥创业投资管理有限公司	2007-08-29	hqcapital.com.cn	0592-2278621	福建
福建华兴创业投资有限公司	2000-12-26	www.fjhxvc.com	0591-88524881	福建
福州盈通投资管理有限公司	2035-04-26		059183815306	福建
弘信创业工场投资集团股份有限公司	1996-10-30	www.xmhx.com	0592-5670100	福建
南安市红桥创业投资有限公司	2010-08-13	www.hqcapital.com.cn	0595-86392980	福建
泉州市红桥创业投资有限公司	2010-02-22	www.hqcapital.com.cn	0595-28292980	福建
泉州市红桥民间资本管理股份有限公司	2008-10-29	www.hqcapital.com.cn	0595-82032099	福建
厦门创翼创业投资有限公司	2008-06-20		0592-2360788	福建
厦门创兆私募基金管理有限公司	2012-03-26		0592-5566635	福建
厦门高能海银创业投资管理有限公司	2014-03-04		0592-2681116	福建
厦门高新技术风险投资有限公司	1998-12-09		0592-2078632	福建
厦门高新科创天使创业投资有限公司	2013-03-11	www.xmibi.com	0592-6036652	福建
厦门广道创业投资管理有限公司	2010-12-30	www.bnwvc.com	0592-5961813	福建
厦门国海坚果投资管理有限公司	2013-03-28	www.capitalnuts.com	0592-2577214	福建
厦门海西创业投资有限公司	2015-06-09	www.hxvc.cn	0592-2519991	福建
厦门海西股权投资中心管理有限公司	2013-09-30		0592-2519991	福建
厦门海峡科技创新股权投资基金管理有限公司	2015-08-11		0592-2529061	福建
厦门弘信移动互联股权投资合伙企业（有限合伙）	2014-08-01		0592-5670277	福建
厦门红土创业投资有限公司	2010-06-08		0592-5778290	福建
厦门红土投资管理有限公司	2010-06-12		0592-5778290	福建
厦门华登创业投资有限公司	2008-08-13	www.xmerqing.com	0592-2206777	福建
厦门火炬集团创业投资有限公司	2004-04-05	www.xmhjtz.com	0592-5711928	福建
厦门坚果投资管理有限公司	2012-08-07	www.capitalnuts.com	0592-2577214	福建

续表

公司名称	成立时间	网址	电话	省份
厦门健和熙资本管理有限公司	2016-01-16		0592-5952900	福建
厦门京道产业投资基金管理有限公司	2011-12-27	www.kingdomcapital.com.cn	0592-3869888	福建
厦门京道科创投资合伙企业（有限合伙）	2015-08-17		0592-3869888	福建
厦门京道乐勤创业投资管理有限公司	2012-02-24		0592-3869888	福建
厦门隆领海西创业投资合伙企业（有限合伙）	2016-01-14		0592-2652999	福建
厦门隆领投资合伙企业（有限合伙）	2011-03-29	www.longling.com	0592-2652999	福建
厦门铭源红桥投资管理有限公司	2011-08-31		0592-2278621	福建
厦门七匹狼节能环保产业创业投资管理有限公司	2012-12-28		0592-5977387	福建
厦门青瓦投资管理有限公司	2014-05-05	www.greytile.cn	0592-2387228	福建
厦门软件产业投资发展有限公司	1998-12-02	www.xsoft.com.cn	0592-2519991	福建
厦门天鈺基业股权投资合伙企业（有限合伙）	2011-06-17		18950069009	福建
厦门伟泰晟弘股权投资合伙企业（有限合伙）	2017-03-02		0592-5655853	福建
厦门携合创业投资合伙企业（有限合伙）	2013-08-01		0592-2278621	福建
厦门信诚通创业投资有限公司	2015-03-27		0592-5952900	福建
厦门信息集团资本运营有限公司	2015-01-30		0592-5952900	福建
厦门英诺嘉业股权投资基金合伙企业（有限合伙）	2016-08-12		13400645852	福建
厦门英特嘉投资管理有限公司	2016-05-10			福建
厦门中和元投资管理有限公司	2011-12-19	www.cnhor.om	0592-2511533	福建
厦门中和致信创业投资合伙企业（有限合伙）	2012-12-11		2511533	福建
白银科键创新创业投资基金合伙企业（有限合伙）	2016-11-04		0931-8539642	甘肃
白银兰白大健康产业创业投资基金（有限合伙）	2017-02-15		0931-8539642	甘肃

公司名称	成立时间	网址	电话	省份
甘肃低碳产业科技发展投资基金（有限合伙）	2017-09-05		0931-8826221	甘肃
甘肃兰白试验区张江创新创业投资基金合伙企业（有限合伙）	2017-01-10		021-50313139	甘肃
甘肃普高创业投资基金（有限合伙）	2016-09-14	www.gspgct.com	0931-8515983	甘肃
甘肃省科技风险投资有限公司	2001-08-01		0931-8537882	甘肃
甘肃中睿泰德新兴农业投资基金（有限合伙）	2016-07-11		010-57613004	甘肃
兰州鸿富创业投资基金（有限合伙）	2018-08-02	www.gspgct.com	0931-8551882	甘肃
兰州科技产业发展投资基金（有限合伙）	2016-07-28	www.hljczb.com	0931-4890527	甘肃
兰州科技创新创业风险投资基金（有限合伙）	2016-07-28		0931-4890527	甘肃
兰州重点产业知识产权运营基金（有限合伙）	2018-07-19		0931-8388539	甘肃
宸科创业投资（深圳）合伙企业（有限合伙）	2017-07-17		82789571	广东
诚承投资控股有限公司	2013-10-08		13318396166	广东
东莞东理大米成长智能制造合伙企业（有限合伙）	2018-06-14			广东
东莞红土创业投资有限公司	2013-03-15	www.szvc.com.cn	0769-26622138	广东
佛山白桦林投资管理有限公司	2017-12-05			广东
佛山吉富投资管理有限公司	2016-08-23		020-38992333	广东
佛山金茂投资顾问管理有限公司	2008-06-05		0757-22216839	广东
佛山市荟金海纳资本管理有限公司	2011-12-16		86332370	广东
佛山市科海创业投资有限公司	2002-05-15		0757-86683130	广东
佛山市优势集成创业投资管理有限公司	2010-05-04		0757-83216333	广东
佛山市优势集成创业投资合伙企业（有限合伙）	2010-06-08		0757-83216333	广东
佛山优势资本创业投资管理有限公司	2012-09-26		0757-81231622	广东

公司名称	成立时间	网址	电话	省份
广东安信德摩牙科产业股权投资合伙企业（有限合伙）	2014-01-09			广东
广东博源创业投资有限公司	2009-09-24		076-923022118	广东
广东广晟新材料创业投资基金（有限合伙）	2015-01-21		020-38652257	广东
广东国科蓝海创业投资企业（有限合伙）	2015-06-17		0755-88265270	广东
广东国民凯得科技创业投资企业（有限合伙）	2017-12-14		020-37031333	广东
广东珩创投资管理有限公司	2017-06-07		0757-81850790	广东
广东弘德恒顺新材料创业投资合伙企业（有限合伙）	2017-06-19		0755-88265270	广东
广东集成创业投资有限公司	2008-09-23	www.ipevc.cn	0757-83216333	广东
广东集成富达基金管理中心（有限合伙）	2009-12-16	www.ipevc.cn	0757-83216333	广东
广东暨科成果转化创业投资基金合伙企业（有限合伙）	2020-02-24		020-88836036	广东
广东金九格基金管理有限公司	2017-03-07	www.gllzjj.com	0757-86234541	广东
广东金宇投资管理有限公司	2011-07-25	www.jinyufund.com		广东
广东力合开物创业投资基金合伙企业（有限合伙）	2017-01-12		0757-86367375	广东
广东猎投创业投资基金合伙企业（有限合伙）	2014-10-28		0757-86367375	广东
广东猎投基金管理合伙企业（有限合伙）	2014-06-17		0757-86367375	广东
广东领阳投资管理有限公司	2017-03-07		0760-88800213	广东
广东清合创业投资有限公司	2016-02-04			广东
广东瑞信投资有限公司	2008-09-11	www.gdrxi.com	0757-81238182	广东
广东睿和投资管理有限公司	2010-12-08	www.gdjrh.cn	0757-81850246	广东
广东三泽投资管理有限公司	2015-11-23	www.sunzfund.com	0731-82768320	广东
广东省科技创业投资有限公司	1992-11-05	www.gvcgc.com	020-87680388	广东
广东省科技风险投资有限公司	1998-01-08	www.gvcgc.com	020-87683662	广东

公司名称	成立时间	网址	电话	省份
广东省粤科大学生创新创业投资有限公司	2015-06-11		020-83256905	广东
广东省粤科金融集团有限公司	2000-09-21	www.gvcgc.com	020-87680388	广东
广东顺德高新创业投资管理有限公司	2013-09-17	www.gdsgt.com	0757-22229666	广东
广东乡融股权投资基金管理有限公司	2018-10-18			广东
广东湘三泽医药创业投资企业（有限合伙）	2017-11-29		0731-82768320	广东
广东协同创新产业投资基金管理有限公司	2019-12-11		13570283274	广东
广东星域股权投资基金管理有限公司	2019-04-26	www.polcap.com.cn		广东
广东燕缘股权投资基金管理有限公司	2019-08-16			广东
广东蚁米创业投资合伙企业（有限合伙）	2015-05-05		020-28212008	广东
广东优势易盛创业投资管理合伙企业（有限合伙）	2016-07-26		0757-81231622	广东
广东远智先行股权投资基金管理有限公司	2019-10-19			广东
广东粤科白云新材料创业投资有限公司	2014-12-16		020-83256918	广东
广东粤科财信创业投资合伙企业（有限合伙）	2019-05-08		020-83256935	广东
广东粤科创赛种子一号创业投资有限公司	2015-09-22			广东
广东粤科创业投资管理有限公司	2006-04-28		020-83256904	广东
广东粤科风险投资管理有限公司	2009-04-01	www.gvcgc.com	020-83256904	广东
广东粤科格金先进制造投资合伙企业（有限合伙）	2018-06-07		020-83256913	广东
广东粤科泓润创业投资有限公司	2015-12-23		13676166990	广东
广东粤科惠华电子信息产业创业投资有限公司	2013-12-20		020-83256973	广东
广东粤科佳都创业投资中心（有限合伙）	2017-09-01		020-85656201	广东

续表

公司名称	成立时间	网址	电话	省份
广东粤科钜华创业投资有限公司	2010-10-11		0757-22391723	广东
广东粤科润华创业投资有限公司	2012-10-18	www.gvcgc.com	0750-3882729	广东
广东粤科天使一号创业投资有限公司	2013-12-09		020-83256918	广东
广东粤科拓思智能装备创业投资有限公司	2015-07-03		020-83256918	广东
广东粤科新鹤创业投资有限公司	2015-12-24			广东
广东粤科粤茂创新创业投资基金（有限合伙）	2019-04-02		020-85656201	广东
广东中大粤科投资有限公司	2009-10-10		020-84114038	广东
广州安健信医疗健康产业股权投资基金（有限合伙）	2014-12-02		020-22017968	广东
广州长策投资管理有限公司	2015-05-29	www.ccinv.cn	020-85235200	广东
广州辰途国创创业投资合伙企业（有限合伙）	2019-09-03		020-38082077	广东
广州辰途九号创业投资合伙企业（有限合伙）	2019-09-03		020-38082077	广东
广州达安京汉医疗健康产业投资企业（有限合伙）	2015-05-06		020-22017968	广东
广州海汇财富创业投资企业（有限合伙）	2010-12-06		020-32210188	广东
广州海汇科创创业投资合伙企业（有限合伙）	2019-01-10		020-32210188	广东
广州瀚科股权投资合伙企业（有限合伙）	2019-10-10		13601637616	广东
广州花城三号创业投资合伙企业（有限合伙）	2019-08-22			广东
广州黄埔创赢股权投资合伙企业（有限合伙）	2019-10-24		020-82230049	广东
广州佳诚六号创业投资合伙企业（有限合伙）	2019-11-29			广东
广州开发区华埔进取产业投资基金合伙企业（有限合伙）	2019-10-17		020-89854161	广东

公司名称	成立时间	网址	电话	省份
广州开发区投资基金管理有限公司	2016-09-28		14718597127，020-82230129，15013081624	广东
广州凯得瞪羚创业投资合伙企业（有限合伙）	2017-09-07		020-82118686	广东
广州科学城创业投资管理有限公司	2018-03-22	gzscvc.com	020-82517530	广东
广州力华投资有限公司	2015-08-03		15013037843，020-85206832	广东
广州萌芽投资企业（有限合伙）	2014-03-26		020-66685558	广东
广州前润一号健康产业投资基金合伙企业（有限合伙）	2017-10-12		020-31609512	广东
广州乾兴引导股权投资合伙企业（有限合伙）	2018-01-04		020-85655572	广东
广州勤安投资管理有限公司	2014-12-18		020-22017968	广东
广州睿诚创业投资有限公司	2017-11-01		020-84625788	广东
广州尚智创业投资企业（有限合伙）	2013-10-21		020-82118908	广东
广州市达安资本投资管理有限公司	2016-12-02		020-22017968，18620638101	广东
广州市英诺投资合伙企业（有限合伙）	2015-10-08	www.innoangel.com	080-84788935	广东
广州市中海汇金创业投资合伙企业（有限合伙）	2017-11-03		020-31077846	广东
广州穗开创芯股权投资基金合伙企业（有限合伙）	2019-07-08		020-31603832	广东
广州穗开股权投资有限公司	2017-12-28		020-31603832	广东
广州穗甬原创投资管理有限公司	2016-06-30		020-80929283	广东
广州天使投资有限公司	2014-02-13	www.gzangel.cn	020-32210068	广东
广州万博佳诚创业投资合伙企业（有限合伙）	2019-10-15			广东
广州星海爱乐股权投资管理有限公司	1998-06-26		020-83623836	广东
广州蚁米凯得产业投资基金合伙企业（有限合伙）	2019-06-25		020-28212008	广东

公司名称	成立时间	网址	电话	省份
广州蚁米町丰创业投资合伙企业（有限合伙）	2016-08-03		020-28212008	广东
广州蚁米投资管理有限公司	2015-02-09		020-28212008,020-28212000,020-28219686	广东
广州蚁米戊星股权投资合伙企业（有限合伙）	2017-08-07		020-28212008	广东
广州原创壹号投资管理合伙企业（有限合伙）	2017-04-28		020-80929283	广东
广州粤科人才创业投资中心（有限合伙）	2019-11-25		020-85656201	广东
广州正达创业投资合伙企业（有限合伙）	2019-07-08		022-59852167	广东
广州至善创业投资合伙企业（有限合伙）	2011-02-24		020-82118908	广东
广州中创崔毅天使投资企业（有限合伙）	2016-04-14		020-66685558	广东
国信弘盛私募基金管理有限公司	2008-08-08	hs.guosen.com.cn	0755-83235934	广东
红土君晟（广东）创业投资合伙企业（有限合伙）	2019-12-10		020-33372666	广东
华夏创业投资管理有限公司	2014-03-05		0755-66815676	广东
惠州市恺萌二期创业投资管理有限公司	2017-07-28		0752-7831539	广东
君盛投资管理有限公司	2003-01-13	www.junsancapital.com	0755-82571118	广东
深圳创富成长创业投资有限公司	2009-05-22		0755-26994534	广东
深圳创维创业投资有限公司	2015-05-11		0755-26602137	广东
深圳创展谷创业投资有限公司	2016-10-31		0755-86681555	广东
深圳德威精选股权投资有限公司	2013-11-25		0755-88603888	广东
深圳国成世纪创业投资有限公司	2003-04-16	www.ciamvc.com	0755-83733767	广东
深圳凯盈华枫创业投资合伙企业（有限合伙）	2016-01-22		0755-86529978	广东

公司名称	成立时间	网址	电话	省份
深圳力合清源创业投资管理有限公司	2010-04-28	www.leaguercapital.com	0755-26711968	广东
深圳力合融通创业投资有限公司	2011-12-13			广东
深圳力合载物创业投资有限公司	2016-08-16	www.leaguervc.comsy	0755-26608576	广东
深圳力合智汇创新基金管理有限公司	2016-08-18	www.leaguerf.com	0755-86577888	广东
深圳南山上华红土双创股权投资基金合伙企业（有限合伙）	2017-08-25		0755-86668800	广东
深圳鹏德创业投资有限公司	2010-07-01	www.pengdecapital.com	0755-26549385	广东
深圳奇迹之光创业投资企业（有限合伙）	2016-03-24		18420086966	广东
深圳前海创享恒利股权投资基金合伙企业（有限合伙）	2017-01-10	www.creationventure.com	0755-26653799	广东
深圳前海同威资本有限公司	2013-04-10		0755-86715587	广东
深圳前海掌趣创享股权投资企业（有限合伙）	2014-08-22	www.creationventure.com	0755-86653799	广东
深圳市爱义创业创投服务有限公司	2015-11-16	www.aiyict.com	0755-85221220	广东
深圳市创东方投资有限公司	2007-08-21	www.cdfcn.com	0755-83189608	广东
深圳市创福汇产业运营信息有限公司	2017-11-22	www.cfhsz.cn	0755-89826666	广东
深圳市达晨财智创业投资管理有限公司	2008-12-15	www.fortunevc.com	0755-83515108	广东
深圳市大米成长新兴产业股权投资基金合伙企业（有限合伙）	2017-04-13	www.damivc.com		广东
深圳市鼎实创业投资有限公司	2001-04-18		0755-25771135	广东
深圳市鼎正投资咨询有限公司	2003-04-23		0755-26551907	广东
深圳市沸腾创业投资有限公司	2014-04-08	www.fantaxvc.com	0755-86103956	广东
深圳市分享创业投资管理有限公司	2009-04-28	www.sharecapital.cn	0755-86331909	广东
深圳市分享投资合伙企业（有限合伙）	2007-08-27	www.sharecapital.cn	0755-86331909	广东
深圳市孚威创业投资有限公司	2007-10-15	www.szfuweivc.com	0755-25771135	广东
深圳市高特佳投资集团有限公司	2001-03-02	www.szgig.com	0755-86332999	广东

公司名称	成立时间	网址	电话	省份
深圳市高新投创业投资有限公司	1994-12-29	www.szhti.com.cn	0755-82852588	广东
深圳市国成科技投资有限公司	1997-09-08	www.szgcvc.com	0755-83515450	广东
深圳市海创创新基金合伙企业（有限合伙）	2016-04-19	www.hc-vc.com	0755-82568486	广东
深圳市汉迪创业投资有限公司	2009-07-30		26739100	广东
深圳市和辉信达投资有限公司	2010-02-23	www.hbtscapital.com	0755-83515661	广东
深圳市和康投资管理有限公司	2010-09-17		0755-26776208	广东
深圳市红土孔雀创业投资有限公司	2015-07-15		0755-82912888	广东
深圳市红土星河创业投资合伙企业（有限合伙）	2016-03-16		0755-83883956	广东
深圳市加法创业投资有限公司	2017-02-23		13798545070	广东
深圳市佳利泰创业投资有限公司	2009-07-20	www.jialitai.com	0755-25312078	广东
深圳市金域九鼎股权投资中心（有限合伙）	2012-05-23		0755-26551907	广东
深圳市君丰创业投资基金管理有限公司	2009-09-30	www.jfamc.com	0755-82823636	广东
深圳市南桥资本投资管理合伙企业（有限合伙）	2012-05-08		0755-86550699	广东
深圳市年利达创业投资有限公司	2007-09-20		0755-23993628	广东
深圳市诺亚信成长一期股权投资合伙企业（有限合伙）	2015-05-27		0755-25588909	广东
深圳市朋年投资集团有限公司	2007-03-21	www.pn1970.com	0755-26501133	广东
深圳市坪山区红土创新发展创业投资有限公司	2015-12-24		0755-82912888	广东
深圳市睿鼎成长一期投资基金合伙企业（有限合伙）	2016-04-22	www.readingcap.com	0755-23947927	广东
深圳市深港产学研科技发展有限公司	2001-04-06	www.ier.org.cn	0755-33631902	广东
深圳市天图创业投资有限公司	2002-04-11	www.tiantu.com.cn	0755-36909866	广东
深圳市同创伟业创业投资有限公司	2000-06-26	www.cowincapital.com.cn	0755-82877047	广东
深圳市同心文鼎基金管理有限公司	2014-10-31		0755-86958592	广东

续表

公司名称	成立时间	网址	电话	省份
深圳市亚布力创新股权投资管理有限公司	2017-03-24		0755-88605150	广东
深圳市倚锋创业投资有限公司	2007-08-22	www.efung.cc	0755-88302078	广东
深圳市远联产业投资企业（有限合伙）	2018-02-14		0571-85025900	广东
深圳市中美创投硅谷行基金管理企业（有限合伙）	2015-01-09	www.suvc.com.cn	0755-35596629	广东
深圳市中美共创互联网资产管理企业（有限合伙）	2015-11-04	www.suvc.com.cn	0755-86957093	广东
深圳西交海纳创业投资有限公司	2018-12-19		0755-86525985	广东
深圳仙瞳精睿创业投资企业（有限合伙）	2014-12-30	www.sage-angel.com	0755-26069007	广东
深圳仙瞳生物医疗股权投资基金合伙企业（有限合伙）	2016-11-08		0755-26069007	广东
深圳远致富海新兴产业投资企业（有限合伙）	2016-02-16		0755-83885732	广东
深圳中时鼎诚投资管理有限公司	2010-09-10	www.zs-capital.com	0755-83235987	广东
深圳追梦者投资企业（有限合伙）	2016-03-24		0755-22676481	广东
泰豪晟大创业投资有限公司	2001-08-16		0755-27529188	广东
银河粤科（广东）产业投资基金（有限合伙）	2013-12-16		13332893287	广东
银河粤科基金管理有限公司	2013-11-04		13332893287	广东
盈富泰克创业投资有限公司	2000-04-20	www.infovc.com	0755-82966478	广东
盈富泰克国家新兴产业创业投资引导基金（有限合伙）	2016-09-01		0755-23884335	广东
中山火炬开发区点亮天使投资合伙企业（有限合伙）	2016-12-19		0755-89366624	广东
中山英诺天使投资合伙企业（有限合伙）	2016-04-25	www.innoangel.com		广东
珠海港湾科宏创业投资有限公司	2018-03-16		0756-3616903	广东
珠海港湾科睿创业投资有限公司	2018-03-16		0756-3616903	广东
珠海港湾壹号创业投资基金合伙企业（有限合伙）	2020-05-27		0756-3616137	广东

公司名称	成立时间	网址	电话	省份
珠海高科创业投资管理有限公司	2017-09-28			广东
珠海高新创业投资有限公司	2015-09-29			广东
珠海高新技术创业投资管理有限公司	2017-08-25	www.zhgxct.cn	0756-3616903	广东
珠海高新天使创业投资有限公司	2017-01-25		0756-3616903	广东
珠海横琴长策二号股权投资企业（有限合伙）	2016-08-18		020-85235200	广东
珠海横琴长卓股权投资企业（有限合伙）	2016-08-23		020-85235200	广东
珠海横琴零壹智能科技产业投资合伙企业（有限合伙）	2017-03-21			广东
珠海横琴西玛斯股权投资合伙企业（有限合伙）	2016-03-03		020-85235200	广东
珠海红杉资本股权投资中心（有限合伙）	2010-03-26		010-84475668	广东
珠海金控高新产业投资中心（有限合伙）	2014-04-23			广东
珠海九控投资有限公司	2015-04-16		0756-3262037	广东
珠海科创高科创业投资基金合伙企业（有限合伙）	2018-04-13		0756-3626308	广东
珠海力高壹号创业投资基金合伙企业（有限合伙）	2018-05-30		0756-3616903	广东
珠海领先互联高新技术产业投资中心（有限合伙）	2014-09-03		0756-3333838-8305	广东
珠海清华科技园创业投资有限公司	2001-07-01	www.tspz.com	0756-3612888	广东
珠海市横琴乾元中鼎股权投资合伙企业（有限合伙）	2016-08-05		020-85655572	广东
珠海招商银科股权投资中心（有限合伙）	2012-01-21		0755-26672068	广东
北海万豪铭安投资合伙企业（有限合伙）	2019-02-21			广西
广西广投鼎新引导基金运营有限责任公司	2015-11-20		0771-5573871	广西

公司名称	成立时间	网址	电话	省份
广西国富创新股权投资基金管理有限公司	2016-01-29		0771-5573396	广西
广西国厚资产管理有限公司	2016-12-23		0771-4796604	广西
广西海东科技创业投资有限公司	2010-04-14		0772-3867268	广西
广西锦蓝投资管理中心（有限合伙）	2016-04-16		0771-5726315	广西
广西来宾鑫隆创业基金投资管理有限公司	2016-04-14		0772-4251335	广西
广西米富基础创投投资管理中心（有限合伙）	2015-11-03		0771-5711009	广西
广西榕华创业孵化基地有限公司	2015-05-18	www.gxrhcyfh.com	0770-6128836	广西
广西榕华科技投资有限公司	2015-11-12		13807704884	广西
南宁厚润德基金管理有限公司	2016-05-18		0771-5656665	广西
南宁市揽胜亿融基金管理有限公司	2016-10-21		0771-3389381	广西
梧州市引导基金有限责任公司	2019-12-13		0774-3887678	广西
毕节市科技创业投资有限公司	2014-12-29		0851-85567187	贵州
鼎信博成创业投资有限公司	2010-08-26		0851-85806707	贵州
贵阳博实火炬新兴产业创业投资企业（有限合伙）	2013-07-30		0851-84111363	贵州
贵阳成创合力创业投资管理企业（有限合伙）	2011-03-25		0851-84757198	贵州
贵阳创新天使投资基金有限公司	2014-03-01		0851-85806600	贵州
贵阳高新创业投资有限公司	2011-04-27		0851-82203995	贵州
贵阳工投生物医药产业创业投资有限公司	2013-02-19		0851-84757198	贵州
贵阳贵银科技创业投资基金管理中心（有限合伙）	2016-12-09			贵州
贵阳花溪科技创业投资有限公司	2011-07-19		0851-83863159	贵州
贵阳甲秀创业投资中心（有限合伙）	2011-04-08		0851-84757198	贵州
贵阳市创业投资有限公司	2010-12-28	www.gyvc.cn	0851-84757198	贵州
贵阳市大数据安全产业创业投资基金有限公司	2017-10-19		0851-84757198	贵州

公司名称	成立时间	网址	电话	省份
贵阳市服务外包及呼叫产业创业投资基金有限公司	2016-02-19		0851-84757198	贵州
贵阳市工业和信息化产业发展引导基金有限公司	2016-12-26		0851-84757198	贵州
贵阳市科技创新引导基金创业投资有限公司	2019-12-30		0851-84757198	贵州
贵阳市星火现代服务业创业投资有限公司	2014-05-13		0851-85806600	贵州
贵阳市引凤高技术产业创业投资基金有限公司	2014-05-13		0851-84757198	贵州
贵阳市筑创大数据发展创业投资有限公司	2019-03-21		0851-84757198	贵州
贵州创在青春创业投资中心（有限合伙）	2018-07-16	www.kkmfund.cn	0851-85281869	贵州
贵州得天汇信创业股权投资中心（有限合伙）	2013-09-23	simon6.s6.sumy.org.cn	0851-85081869	贵州
贵州鼎信博成投资管理有限公司	2009-09-16		0851-85806707	贵州
贵州鼎信卓越创业投资有限公司	2013-12-06		0851-85806707	贵州
贵州贵孵创业孵化投资管理有限公司	2015-08-25	kkmfund.cn	0851-85281869	贵州
贵州贵孵一起创天使基金投资中心（有限合伙）	2015-09-25	www.kkmfund.com	0851-85281869	贵州
贵州国喜投资有限公司	2011-09-06		0851-82264888	贵州
贵州红土创业投资有限公司	2014-08-22	www.szvc.com.cn	0851-84397138	贵州
贵州金通达投资有限公司	2012-10-22	www.jtd.cc	0592-8079999	贵州
贵州经开创业投资管理有限公司	2012-06-01	www.gzjkct.com	0851-3890646	贵州
贵州经开创业投资有限公司	2012-08-21		0851-3890646	贵州
贵州省贵鑫瑞和创业投资管理有限责任公司	2014-07-31		0851-86893303	贵州
贵州省科技风险投资有限公司	1998-12-01	222.85.151.242	0851-85806600	贵州
贵州双龙航空港创业投资有限公司	2015-10-13		0851-85537637 转 8273	贵州
贵州中水建设管理股份有限公司	2004-02-17	www.gsgcgw.com	0851-85584571	贵州

公司名称	成立时间	网址	电话	省份
贵州筑银资本管理有限公司	2012-03-02		0851-84757198	贵州
六盘水市科技创业投资有限公司	2011-04-14		0851-84847535	贵州
黔西南州创业投资基金有限公司	2015-07-31		0851-3890646	贵州
铜仁梵净山科技创业投资有限公司	2013-04-09		0851-85806597	贵州
遵义科技创业投资有限公司	2010-11-05		0851-28235322	贵州
海南青创投资管理有限公司	2014-03-17		0898-66212231	海南
海南师范大学科技园管理有限公司	2014-07-01	www.hkdsp.com	0898-65797407	海南
海南众汇资本管理有限公司	2015-11-12			海南
河南汴州基金管理有限公司	2018-04-12		0371-22717799	河南
河南秉鸿生物高新技术创业投资有限公司	2012-11-05	www.beyondfund.com	010-82483542	河南
河南创业投资股份有限公司	2002-09-01	www.hnvc.cn	0371-67897008	河南
河南德瑞恒通高端装备创业投资基金有限公司	2013-05-15	www.sendrain	0371-55698755	河南
河南高新众创空间有限公司	2015-09-01	www.rongyiip.com	0371-56716168	河南
河南国新启迪股权投资基金（有限合伙）	2017-08-02			河南
河南科源产业投资基金合伙企业（有限合伙）	2018-03-05		010-62365885	河南
河南睿达资产管理中心（有限合伙）	2012-12-06	www.henanruida.com	0371-86002515	河南
河南赛淇高技术服务创业投资基金（有限合伙）	2016-11-25		0371-68599029	河南
河南省国控基金管理有限公司	2012-10-31		0371-86556701	河南
河南信科股权投资基金管理有限公司	2016-03-28		0379-60869936	河南
河南战兴产业投资基金（有限合伙）	2018-07-11		15565132553	河南
河南中创信环保产业创业投资基金（有限合伙）	2016-10-21		0371-53369659	河南
河南中证开元创业投资基金（有限合伙）	2013-09-17		0371-55918219	河南

公司名称	成立时间	网址	电话	省份
鹤壁金鹤上市辅导投资基金（有限合伙）	2016-04-07		0371-55636377	河南
焦作通财创新创业投资基金（有限合伙）	2019-04-19		0391-3121387	河南
洛阳红土创新资本创业投资有限公司	2009-04-18		0379-64902650	河南
洛阳前海科创发展基金（有限合伙）	2020-12-20		0755-82911319	河南
洛阳周山高创科技成果转化创业投资基金（有限合伙）	2020-12-30		0371-61916792	河南
许昌市发展创业投资有限公司	2006-06-20	www.xcct.cn	13849881409	河南
郑州百瑞创新资本创业投资有限公司	2007-07-30	www.szvc.com.cn	0371-69177633	河南
郑州浩海投资发展中心（有限合伙）	2011-02-11		15736725726	河南
郑州企巢资产管理有限公司	2017-08-22		0371-55555536	河南
郑州乾乾投资管理中心（有限合伙）	2014-07-23		0371-86068198	河南
郑州易企投资产管理有限公司	2018-03-23		0371-56716168	河南
郑州优埃富欧投资管理有限公司	2015-10-29	www.ufowork.com	0371-56788629	河南
郑州郑大眉湖创业投资管理有限公司	2017-10-13		0371-66782822	河南
郑州中惠融金创业投资管理中心（有限合伙）	2017-11-22		17719803626	河南
大庆市高新技术产业投资企业（有限合伙）	2016-07-22		0451-89910666	黑龙江
佛山昆仑律方股权投资基金管理有限公司	2019-06-25			黑龙江
哈尔滨爱立方投资管理有限公司	2016-03-31		0451-85996739	黑龙江
哈尔滨创新投资有限公司	2002-06-28	www.hrbkjjr.com	0451-84686551	黑龙江
哈尔滨创业投资集团有限公司	2009-02-26	www.hrbvc.com.cn	0451-82668766	黑龙江
哈尔滨东方汇富创业投资管理有限公司	2015-07-10		13817502705	黑龙江
哈尔滨富德恒创业投资企业（有限合伙）	2014-01-24		18686790885	黑龙江
哈尔滨华滨创业投资管理有限公司	2014-12-02		15145110504	黑龙江

公司名称	成立时间	网址	电话	省份
哈尔滨华滨光辉创业投资企业（有限合伙）	2014-12-29		15145110504	黑龙江
哈尔滨经济技术开发区新兴产业股权投资企业（有限合伙）	2016-06-24		0451-89910666	黑龙江
哈尔滨君丰创业投资企业（有限合伙）	2015-01-29		0451-82336520	黑龙江
哈尔滨凯致辰风投资管理有限公司	2015-08-19		0451-51920707	黑龙江
哈尔滨科力创业投资管理有限公司	2016-05-19		0451-89910666	黑龙江
哈尔滨朗江创新股权投资企业（有限合伙）	2015-04-01		0451-84865253	黑龙江
哈尔滨朗江创业投资管理有限公司	2015-03-26		0451-82622588	黑龙江
哈尔滨联创创业投资企业（有限合伙）	2015-12-03		010-59781568	黑龙江
哈尔滨市天琪创业投资企业（有限合伙）	2014-07-30		0451-82287777	黑龙江
哈尔滨市天琪股权投资基金管理企业（有限合伙）	2014-07-25	tqtz.com.cn	0451-82287777	黑龙江
哈尔滨越榕先锋创业投资有限责任公司	2014-12-15		0451-87186164	黑龙江
哈尔滨越榕阳光创业投资企业（有限合伙）	2014-12-25		0451-87186164	黑龙江
哈尔滨云谷创业投资管理有限公司	2013-04-15		13904649197	黑龙江
哈尔滨云谷创业投资企业（有限合伙）	2013-07-09		13904649197	黑龙江
黑龙江凯致天使创业投资企业（有限合伙）	2015-11-04		13936057371	黑龙江
黑龙江科力北方投资企业（有限合伙）	2018-02-08		0451-89910666	黑龙江
黑龙江科力天使创业投资有限公司	2014-07-11		0451-51920806	黑龙江
黑龙江省工研院创业投资管理有限公司	2017-08-04		0451-87171034	黑龙江
黑龙江省工研院创业投资企业（有限合伙）	2017-11-15		0451-87171034	黑龙江
黑龙江省科力高科技产业投资有限公司	2003-06-25	www.hljkl.com	0451-51920806	黑龙江

公司名称	成立时间	网址	电话	省份
齐齐哈尔市科技成果转化创业投资合伙企业（有限合伙）	2017-09-20		0451-89910666	黑龙江
楚商领先（武汉）创业投资基金管理有限公司	2013-06-25	www.chushang-invest.cc	027-87750826	湖北
湖北长江资本（股权）投资基金管理有限公司	2011-08-18	www.cjcapital.com.cn	027-85600088	湖北
湖北九派创业投资有限公司	2010-09-09	www.jiupaivc.com	027-59339179	湖北
湖北量科高投创业投资有限公司	2010-11-26		027-87734221	湖北
湖北珞珈梧桐创业投资有限公司	2014-04-23	www.luojiacapital.com	027-87115066	湖北
湖北盛世高金创业投资有限公司	2011-03-24		027-87813798	湖北
湖北新能源投资管理有限公司	2010-08-18		027-65796331	湖北
人福大成（武汉）投资管理有限公司	2013-10-29		027-87618636	湖北
武汉博行问道创业投资合伙企业（有限合伙）	2018-03-13		010-82081261	湖北
武汉布斯投资资讯有限公司	2012-01-05	www.rivercityinv.com	027-87575575	湖北
武汉长投新能科技成果转化投资基金合伙企业（有限合伙）	2019-04-23			湖北
武汉创星汇天使投资基金合伙企业（有限合伙）	2017-08-18		027-87990999	湖北
武汉点亮创业投资基金合伙企业（有限合伙）	2017-01-09			湖北
武汉东湖高新股权投资管理有限公司	2015-10-28	www.elht.com	027-87172116	湖北
武汉东湖华科创业投资中心（有限合伙）	2014-12-22		027-87180008	湖北
武汉东湖众合天使基金管理有限公司	2015-03-30	www.eastlakeventures.cn	027-87053267	湖北
武汉东科创星创业投资管理有限公司	2016-11-22	www.esescn.com	027-87179098	湖北
武汉烽火光电子信息创业投资基金企业（有限合伙）	2014-10-11		87602015	湖北
武汉光谷人福生物医药创业投资基金中心（有限合伙）	2014-08-21		027-87618636	湖北

公司名称	成立时间	网址	电话	省份
武汉汇博永道创业投资管理有限公司	2014-12-09	www.lingducapital.com	027-87372532	湖北
武汉科融成长创业投资管理有限公司	2015-05-22		15927420752	湖北
武汉启迪东湖创业投资有限公司	2013-05-20		87571728	湖北
武汉天堂硅谷科技创新资产管理有限公司	2005-03-31		027-81778768	湖北
武汉天亿弘方投资管理有限公司	2017-10-19	www.ihealthwork.com	13437285207	湖北
武汉禹生私募基金管理有限公司	2007-11-05			湖北
武汉智启临空智慧城市创业投资基金合伙企业（有限合伙）	2017-10-26		027-87691179	湖北
武汉中科开物创业投资基金管理有限公司	2018-12-26		87198123	湖北
翼天使（湖北）股权投资管理有限公司	2018-03-29		13986050366	湖北
长沙大定投资管理有限公司	2012-02-29	www.dadingcaifu.com	0731-82777501	湖南
长沙鼎钧投资管理有限公司	2014-07-02		0731-84156188	湖南
长沙高新技术创业投资管理有限公司	2000-09-09	www.cshvc.com	0731-88286868	湖南
长沙麓谷创业投资管理有限公司	2007-12-18		0731-88713979	湖南
长沙麓谷高新移动互联网创业投资有限公司	2014-03-25	www.lggxct.com#	0731-85414128	湖南
长沙启泰创业投资管理有限公司	2017-05-25			湖南
长沙市科技风险投资管理有限公司	2000-05-18	www.csvcc.cn	0731-88286890	湖南
长沙天巽投资合伙企业（有限合伙）	2017-05-24		0731-84110285	湖南
长沙通程投资管理有限公司	2014-07-14	www.d-fin.com	0731-84141228	湖南
长沙通和投资管理咨询有限公司	2010-01-21		0731-84418986	湖南
长沙先导产业投资有限公司	2009-05-15	www.cpih.cn	0731-88222827	湖南
长沙兴创投资管理合伙企业（有限合伙）	2007-11-13		0731-82953001	湖南
常德沅澧产业投资控股有限公司	2014-01-22	www.cdcxjt.com		湖南

公司名称	成立时间	网址	电话	省份
常德智能制造装备产业投资合伙企业（有限合伙）	2017-01-20		021-66313081	湖南
常德中科芙蓉创业投资有限责任公司	2011-01-12		0736-7703192	湖南
哈工成长（岳阳）私募股权基金企业（有限合伙）	2018-05-30			湖南
衡阳高新南粤基金管理有限公司	2016-12-26		0734-816857	湖南
洪江市产业引导基金合伙企业（有限合伙）	2018-01-08		0755-82793420	湖南
湖南财富同超创业投资管理股份有限公司	2010-07-19		0731-82567348	湖南
湖南财富同超创业投资有限公司	2010-10-10		0731-82567348	湖南
湖南达晨财鑫创业投资有限公司	2011-03-28		0736-7123168	湖南
湖南达晨文化旅游创业投资管理有限公司	2010-10-21		0731-89823058	湖南
湖南鼎信泰和股权投资管理有限公司	2012-06-07		0731-89714685	湖南
湖南枫石私募股权投资基金管理有限公司	2019-09-19		0731-85260690	湖南
湖南高科发创智能制造装备创业投资有限公司	2013-02-05		0731-28861596	湖南
湖南高新创业投资管理有限公司	2011-03-10	www.hhtvc.com	0731-85165395	湖南
湖南高新创业投资集团有限公司	2007-06-28	www.hhtvc.com	0731-85935901	湖南
湖南国微集成电路创业投资基金合伙企业（有限合伙）	2015-12-24		0731-89952611	湖南
湖南国微投资管理合伙企业（有限合伙）	2015-11-27		0731-89952611	湖南
湖南海捷投资有限公司	2010-04-09	www.hiyield.cn	0731-88780176	湖南
湖南海捷先进装备创业投资有限公司	2013-05-08	www.hiyield.cn	0731-88780116	湖南
湖南弘高高技术服务创业投资有限公司	2015-07-07		0731-62190624	湖南
湖南湖大海捷津杉创业投资有限公司	2011-04-29	www.hiyield.cn	0731-88780116	湖南
湖南华鸿景开投资管理有限公司	2010-06-08	www.huahongtz.com	0731-88186797	湖南
湖南浚源鼎立创业投资管理有限公司	2015-06-25		0731-82263898	湖南

公司名称	成立时间	网址	电话	省份
湖南昆石私募股权基金管理有限公司	2017-07-06		0738-8282105	湖南
湖南力合创业投资有限公司	2016-07-21		0731-55515511	湖南
湖南麓晨创业投资基金管理有限公司	2016-02-18		15675846944	湖南
湖南美林股权投资基金管理有限公司	2014-04-11	www.hnmlzb.com	0731-22130992	湖南
湖南蒲公英私募股权基金管理有限公司	2017-07-25		0731-89725979	湖南
湖南千帆私募股权基金管理有限公司	2017-06-06		0731-22161798	湖南
湖南瑞世私募股权基金管理有限公司	2018-02-02		0731-89728763	湖南
湖南三一创业投资管理有限公司	2016-10-21		0731-84031031	湖南
湖南省财信产业基金管理有限公司	2001-01-17	www.hncxvc.com	0731-85196810	湖南
湖南省天惠军民融合投资基金合伙企业（有限合伙）	2019-12-26	www.tianhuipe.com	0731-84120350	湖南
湖南省中小微企业产业投资基金管理有限公司	2014-08-11		0731-84311858	湖南
湖南天巽高端制造产业投资基金合伙企业（有限合伙）	2018-06-05		0731-84110285	湖南
湖南天巽投资管理有限公司	2015-08-31		0731-84110285	湖南
湖南唯通领创投资管理有限责任公司	2015-11-05	www.wt-amc.com	0731-82297788	湖南
湖南文化旅游创业投资基金企业（有限合伙）	2010-12-21	www.fortunevc.com	0731-89820078	湖南
湖南兴湘新兴产业投资基金管理有限公司	2017-09-13			湖南
湖南永创伟业创业投资企业（有限合伙）	2015-10-28		13973122165	湖南
湖南云发股权投资管理有限公司	2018-03-21		0731-28689851	湖南
湖南浙商嘉立创业投资有限公司	2010-08-06		0731-85696976	湖南
湖南臻泰股权投资管理合伙企业（有限合伙）	2012-12-27		0731-88705916	湖南
湖南中科高科动力产业创业投资基金企业（有限合伙）	2017-11-30		0731-28861596	湖南
华菱津杉（湖南）创业投资有限公司	2011-01-04	www.jinshancapital.cn	0731-89952613	湖南

续表

公司名称	成立时间	网址	电话	省份
怀化众益达私募股权基金管理有限公司	2017-09-05		0745-2837973	湖南
涟源市创业投资有限责任公司	2017-01-18		0738-4213099	湖南
三泽创业投资管理有限公司	2008-02-28	www.sunzfund.com	0731-82768320	湖南
韶山高新创业投资有限公司	2013-06-07		0731-55679508	湖南
益阳高新产业发展投资集团有限公司	1992-06-03		0737-2938300	湖南
岳阳临港高新技术产业发展有限公司	2016-12-29		0730-8422112	湖南
株洲高新动力产业投资发展有限公司	2016-11-12		0731-28861563	湖南
株洲高新晋祺投资管理有限公司	2016-11-21		0731-28861563	湖南
株洲科创创业投资管理有限公司	2015-04-26			湖南
株洲科聚创业投资企业（有限合伙）	2016-11-21			湖南
株洲时代创新投资企业（有限合伙）	2016-10-19	www.timesinvest.cn	0731-22877368	湖南
株洲市国投创新创业投资有限公司	2015-11-27	www.zzgtct.com	0731-28688892	湖南
株洲市国投创盈私募股权基金合伙企业（有限合伙）	2018-01-03		0731-28688892	湖南
株洲市青年创业引导投资合伙企业（有限合伙）	2016-12-06		18373351655	湖南
株洲市融创基金管理有限公司	2017-03-10	www.zzrcfund.com	0731-28537427	湖南
株洲市世富投资管理有限公司	2009-12-14	www.zzsafer.com	0731-22727860	湖南
株洲中车时代高新投资有限公司	2003-05-12	www.timesinvest.cn	0731-22877368	湖南
摆渡创新工场集团有限公司	2014-05-23	www.baiduworks.com	043-181940729	吉林
长春市科技发展中心有限公司	1997-06-06		0431-88578575	吉林
吉林省创投基金管理有限公司	2018-07-26		0431-85578002	吉林
吉林省科技投资基金有限公司	2009-12-16	www.jlkjtz.com	81951206	吉林
博辰创业投资管理（苏州）有限公司	2007-11-26		0512-66969660	江苏
长三角创业投资企业	2008-01-07		021-53835999	江苏
常创（常州）创业投资合伙企业（有限合伙）	2013-09-03	www.jzvc.cn	0519-85220258	江苏

公司名称	成立时间	网址	电话	省份
常创天使（常州）创业投资中心（有限合伙）	2014-03-04	www.jzvc.cn	0519-85220258	江苏
常熟博瀚创业投资有限公司	2009-11-23		0512-52350818	江苏
常熟博融创业投资有限公司	2016-08-12		52350818	江苏
常熟金茂创业投资管理有限公司	2010-11-01	www.jolmo.com	025-84730370	江苏
常熟市国发创业投资有限公司	2010-11-25	www.csgfct.com.cn	0512-52896730	江苏
常州常金创业投资有限公司	2014-12-12		0519-82690301	江苏
常州常荣创业投资有限公司	2009-09-08	www.ndinvest.cn	0519-89816652	江苏
常州常以创业投资管理有限公司	2009-12-31	www.infinity-equity.com	0519-89629927	江苏
常州常以创业投资中心（有限合伙）	2010-01-12	www.infinity-equity.com	0519-89189161	江苏
常州创业投资集团有限公司	2013-12-27	www.eccjt.com	0519-86680622	江苏
常州德丰杰清洁技术创业投资中心（有限合伙）	2009-12-01	www.dfjcompass.com	0519-89189161	江苏
常州德丰杰投资管理有限公司	2009-12-01	www.dfjcompass.com	0519-89189161	江苏
常州德丰杰正道创业投资中心（有限合伙）	2012-03-01	www.dfjcompass.com	0519-89189161	江苏
常州德丰杰正道投资管理有限公司	2012-02-20	www.dfjcompass.com	0519-89189161	江苏
常州沣时扬创业投资中心（有限合伙）	2017-11-07	xcap.com.cn	0519-89189161	江苏
常州高睿创业投资管理有限公司	2007-09-24		0519-85150557	江苏
常州高投创业投资有限公司	2008-07-22		0519-85150557	江苏
常州高新创业投资有限公司	2012-01-18	www.czhti.com.cn	0519-81235008	江苏
常州高新技术风险投资有限公司	2000-12-22	www.cz-vc.com	0519-85150557	江苏
常州高新区印刷电子产业基金创业投资有限公司	2013-09-05		0519-88850171	江苏
常州和泰股权投资有限公司	2001-10-29		85176186	江苏
常州和裕创业投资有限公司	2011-04-01		0519-85176186	江苏

公司名称	成立时间	网址	电话	省份
常州红土人才投资合伙企业（有限合伙）	2017-11-27	www.szvc.com.cn	0519-86318332	江苏
常州嘉和达创业投资中心（有限合伙）	2016-12-12			江苏
常州金码创业投资管理合伙企业（有限合伙）	2011-11-30	www.jolmo.net	025-84730307	江苏
常州金茂经信创业投资管理企业（有限合伙）	2013-12-31	www.jolmo.net	025-84730307	江苏
常州金茂新兴产业创业投资合伙企业（有限合伙）	2011-09-01		025-84730370	江苏
常州九洲创星创业投资合伙企业（有限合伙）	2018-01-03	www.jzvc.cn	0519-85220258	江苏
常州力合华富创业投资有限公司	2010-09-27	www.leaguercapital.com	0519-86220118	江苏
常州力合清源投资管理合伙企业（有限合伙）	2011-12-14	www.leaguercapital.com	0519-86220118	江苏
常州牡丹江南创业投资有限责任公司	2010-03-15	www.blackpeony.com	0519-68866959	江苏
常州青年创业投资中心（有限合伙）	2012-12-20	www.jzvc.cn	0519-85220258	江苏
常州青企联合创业投资合伙企业（有限合伙）	2013-01-05	www.jzvc.cn	0519-85220258	江苏
常州清源创新投资管理合伙企业（有限合伙）	2016-01-25	www.leaguercapital.com	0519-86220118	江苏
常州清源东方投资管理合伙企业（有限合伙）	2016-06-12	www.leaguercapital.com	0519-86220118	江苏
常州瑞烁创业投资合伙企业（有限合伙）	2017-06-15			江苏
常州睿泰捌号创业投资中心（有限合伙）	2018-02-27		0518-81081860	江苏
常州睿泰创业投资管理有限公司	2012-01-06		0519-81081860	江苏
常州睿泰创业投资中心（有限合伙）	2012-01-09		0519-81081861	江苏
常州睿泰贰号创业投资中心（有限合伙）	2017-07-20		0519-81081860	江苏

续表

公司名称	成立时间	网址	电话	省份
常州睿泰玖号创业投资中心（有限合伙）	2019-09-02		81081860	江苏
常州睿泰陆号创业投资中心（有限合伙）	2017-11-20		81081860	江苏
常州睿泰叁号创业投资中心（有限合伙）	2017-10-18		0519-81081860	江苏
常州睿泰拾号创业投资中心（有限合伙）	2020-11-05		0519-81081860	江苏
常州赛富高新创业投资管理有限公司	2009-10-28	www.sbaif.com	0519-89189161	江苏
常州赛富高新创业投资中心（有限合伙）	2009-12-01	www.sbaif.com	0519-89189161	江苏
常州天崑股权投资中心（有限合伙）	2016-10-19		0519-81081860	江苏
常州天融股权投资中心（有限合伙）	2016-06-30			江苏
常州武进红土创业投资有限公司	2008-08-19	www.szvc.com.cn	0519-86318332	江苏
常州信辉创业投资有限公司	2007-05-11	www.chinaczig.com	0519-88137096	江苏
常州正赛联创业投资管理有限公司	2017-05-24		0519-69877777	江苏
常州正赛联创业投资合伙企业（有限合伙）	2017-06-06		0519-69877777	江苏
丹阳市高新技术创业投资有限公司	2010-12-31		0511-86873352	江苏
东吴创业投资有限公司	2010-01-01	www.dwjq.com.cn	0512-62938012	江苏
高投名力成长创业投资有限公司	2007-04-29	www.mcgf.com.cn	021-62889998	江苏
光大创业投资江阴有限公司	2009-07-28		010-88009100	江苏
光控（海门）创业投资有限公司	2012-11-30		(8610)88009259	江苏
国科瑞祺物联网创业投资有限公司	2010-07-22	www.casim.cn	010-82607629	江苏
国仟创业投资管理（苏州）有限公司	2017-03-03	www.guoqianvc.com	0512-62916766	江苏
国润创业投资（苏州）管理有限公司	2008-05-01	www.guorun.com	0512-62998661	江苏
海安峰融创业投资有限公司	2014-12-18		0513-88760065	江苏
海安建新创业投资有限公司	2016-09-18		0513-88783109	江苏
海安科创投资有限公司	2016-03-28			江苏
海安青蓝创业投资有限公司	2015-03-26			江苏

公司名称	成立时间	网址	电话	省份
海安双惠创业投资有限公司	2015-03-25		0513-88765003	江苏
海安向嵘投资合伙企业（有限合伙）	2019-03-15		88773296	江苏
海门时代伯乐创富股权投资合伙企业（有限合伙）	2017-08-29		0755-83063277	江苏
海门时代伯乐股权投资合伙企业（有限合伙）	2014-09-26		0755-83068383	江苏
华软创业投资无锡合伙企业（有限合伙）	2009-08-01	www.csinvestmentgroup.com	010-82525455	江苏
华软创业投资宜兴合伙企业（有限合伙）	2010-08-25	www.csinvestmentgroup.com	010-82525455	江苏
淮安市淮上英才创业投资有限公司	2014-07-17		0517-83660936	江苏
淮安市金控创业投资有限公司	2016-10-19	hajrkg.cn	0517-83509316	江苏
淮安浙科成远创业投资合伙企业（有限合伙）	2017-10-30		0571-88869317	江苏
江苏常州武商创业投资合伙企业（有限合伙）	2013-04-10	www.jzvc.cn	0519-85220258	江苏
江苏大运河星轩创业投资基金（有限合伙）	2019-07-25		025-52346678	江苏
江苏鼎信资本管理有限公司	2009-06-25		025-86586900	江苏
江苏风行天下创业投资有限公司	2017-08-08		0516-69090027	江苏
江苏高鼎科技创业投资有限公司	2007-08-31	www.js-vc.com	025-85529819	江苏
江苏高弘投资管理有限公司	2006-09-01		025-52308939	江苏
江苏高晋创业投资有限公司	2008-06-12		0519-85150557	江苏
江苏高科技投资集团有限公司	1992-07-30	www.js-vc.com	025-85529999	江苏
江苏高投成长价值股权投资合伙企业（有限合伙）	2011-05-01		025-85529624	江苏
江苏高投创新科技创业投资合伙企业（有限合伙）	2011-04-01		025-85529999	江苏
江苏高投创业投资管理有限公司	1999-01-29	www.js-vc.com	025-85529999	江苏
江苏高投发展创业投资有限公司	2010-07-16		025-85529999	江苏

公司名称	成立时间	网址	电话	省份
江苏高投科贷创业投资企业（有限合伙）	2013-12-31	www.js-vc.com	025-85529999	江苏
江苏高投宁泰创业投资合伙企业（有限合伙）	2012-01-30		025-85529999	江苏
江苏高投中小企业创业投资有限公司	2009-05-01		025-85529999	江苏
江苏高新创业投资管理有限公司	2005-01-14	www.js-vc.com	025-85529819	江苏
江苏高新创业投资有限公司	2005-08-15	www.js-vc.com	025-85529819	江苏
江苏弘瑞科技创业投资有限公司	2002-09-01		025-52308939	江苏
江苏红黄蓝创业投资有限公司	2014-02-19		0513-88869893	江苏
江苏华控创业投资有限公司	2008-07-10	www.huakongpe.com	025-87716620	江苏
江苏华控投资管理有限公司	2008-01-15		025-87716620	江苏
江苏华全创业投资有限公司	2013-01-05		13961076917	江苏
江苏华睿投资管理有限公司	2010-06-12	www.hrvc.vip	025-82263032	江苏
江苏汇鸿创业投资有限公司	2004-07-06	www.jd.com	025-86770767	江苏
江苏嘉睿创业投资有限公司	2008-03-28		88160137	江苏
江苏聿泉君海荣芯投资合伙企业（有限合伙）	2019-12-26		010-83030629	江苏
江苏金茂低碳产业创业投资有限公司	2010-11-19		025-84730370	江苏
江苏金茂环保产业创业投资有限公司	2010-12-17	www.jolmo.net	025-84730370	江苏
江苏金炻创业投资有限公司	2012-05-25		0515-82342000	江苏
江苏九洲创业投资管理有限公司	2007-09-30	www.jzvc.cn	0519-85220258	江苏
江苏九洲投资集团创业投资有限公司	2007-09-19	www.jzvc.cn	0519-85228057	江苏
江苏聚融创业投资有限公司	2011-11-16		0511-87899196	江苏
江苏科泉高新创业投资有限公司	2012-10-31	www.kequanvc.com	025-85589170	江苏
江苏隆鑫创业投资有限公司	2006-05-01		025-84575383	江苏
江苏南通沿海创业投资基金（有限合伙）	2016-11-08			江苏
江苏如东高新创业投资有限公司	2014-05-05		0513-88158079	江苏
江苏瑞明创业投资管理有限公司	2009-12-30		025-83172132	江苏

公司名称	成立时间	网址	电话	省份
江苏瑞庭投资管理有限公司	2013-09-27		0513-89158556	江苏
江苏桑夏投资有限公司	2010-04-28		0513-86249377	江苏
江苏省高科技产业投资股份有限公司	1997-04-08	www.jsvc.com.cn	0513-86639999	江苏
江苏省苏高新风险投资股份有限公司	2000-03-31	www.sz-vc.com	0512-68240582	江苏
江苏省现代服务业发展创业投资基金（有限合伙）	2015-05-29		025-85529999	江苏
江苏盛泉创业投资有限公司	2007-06-01	www.vc-century.com	025-52346678	江苏
江苏思佰益投资管理有限公司	2013-07-02		18552090808	江苏
江苏苏豪投资集团有限公司	1999-05-06	www.sohocapital.cn		江苏
江苏腾海创业投资有限公司	2015-03-27		0513-81883299	江苏
江苏天氏创业投资有限公司	2005-01-01		025-85867799	江苏
江苏新顶旭科技创业投资有限公司	2010-04-27		0518-85882962	江苏
江苏信泉创业投资管理有限公司	2006-12-30		025-52346678	江苏
江苏兴科创业投资有限公司	2007-08-20	www.jsxkct.com	0519-86302528	江苏
江苏毅达成果创新创业投资基金（有限合伙）	2015-05-19		025-85529617	江苏
江苏毅达股权投资基金管理有限公司	2014-02-18	www.addorcapital.com	025-85529999	江苏
江苏鹰能创业投资有限公司	2007-08-28		025-85529999	江苏
江苏智光创业投资有限公司	2015-04-22		0523-87320009	江苏
江苏中关村科技产业园创业投资有限公司	2016-04-26		0519-80996817	江苏
江苏中科物联网科技创业投资有限公司	2010-07-14	www.casiot.com	0510-85383398	江苏
江苏紫金文化产业二期创业投资基金（有限合伙）	2014-09-16			江苏
江苏紫金文化产业发展基金（有限合伙）	2010-03-15		025-85529999	江苏
江苏紫金文化创业投资合伙企业（有限合伙）	2011-08-04	www.js-vc.com		江苏

公司名称	成立时间	网址	电话	省份
江阴滨江科技创业投资有限公司	2016-06-20	www.joindcxcy.com	0510-86869712	江苏
江阴市高新技术创业投资有限公司	2007-02-06		0510-81602090	江苏
江阴银杏谷股权投资合伙企业（有限合伙）	2014-12-08		0510-86036868	江苏
句容市高新创业投资有限公司	2014-10-10		0511-80789908	江苏
凯风创业投资有限公司	2006-10-30		0512-66969999	江苏
昆山红土创业投资管理有限公司	2012-08-08		0512-36607931	江苏
昆山红土高新创业投资有限公司	2012-07-13		0512-36607931	江苏
昆山市国科创业投资有限公司	2001-08-31		0512-57367278	江苏
连云港金海创业投资有限公司	2006-07-19	www.lygjhvc.com	0518-85523512	江苏
连云港市润财创业投资发展有限公司	2010-10-22		0518-85523092	江苏
明石创业投资江苏有限公司	2015-01-13		0513-88478979	江苏
南京创熠信安呈益科技股权投资基金（有限合伙）	2020-07-01		025-83419567	江苏
南京创熠中南投资基金合伙企业（有限合伙）	2020-11-13	www.zhongnancapital.com	021-54592105	江苏
南京高达资本管理有限公司	2011-09-22	www.goodvc.cn	025-83153506	江苏
南京红土创业投资有限公司	2010-05-31	www.szvc.com.cn	025-58861750	江苏
南京科源投资管理有限公司	2012-08-22		025-85589170	江苏
南京栖霞科技发展投资有限公司	2012-03-16		025-85393171	江苏
南京瑞明博创业投资有限公司	2010-12-15		025-83172132	江苏
南京市高新技术风险投资股份有限公司	2001-02-24	www.nj-vc.com	025-86579659	江苏
南京市鼓楼科技创新投资发展有限公司	2011-03-17		025-83170781	江苏
南京市栖霞区科技创业投资有限公司	2009-07-31		025-85329822	江苏
南京市秦淮产业发展基金有限公司	2018-11-30			江苏
南京文化创业投资有限公司	2011-02-24		025-83196330	江苏
南京协立创业投资有限公司	2009-05-11		025-86816827	江苏

续表

公司名称	成立时间	网址	电话	省份
南京信安呈益股权投资基金（有限合伙）	2019-10-14		025-83419567	江苏
南京毅达股权投资管理企业（有限合伙）	2016-02-23			江苏
南京中成创业投资有限公司	2009-08-28	www.nj-vc.com	025-83196330	江苏
南通邦融二期股权投资基金中心（有限合伙）	2017-11-24		0513-88760065	江苏
南通成为常青股权投资合伙企业（有限合伙）	2016-10-28		021-54048566	江苏
南通国泰创业投资有限公司	2006-10-20	www.ntgtvc.com	0513-85288204	江苏
南通瀚信股权投资合伙企业（有限合伙）	2016-03-21		0755-83068383	江苏
南通衡盛股权投资基金中心（有限合伙）	2016-07-15		0513-80799116	江苏
南通红土伟达创业投资管理有限公司	2014-04-21	www.szvc.com.cn	0513-83562508	江苏
南通红土伟达创业投资有限公司	2014-04-21	www.szvc.com.cn	0513-83562508	江苏
南通金源汇富创业投资合伙企业（有限合伙）	2015-04-07		025-86816827	江苏
南通康成亨重点成长型企业股权投资合伙企业（有限合伙）	2012-10-25		0513-80770310	江苏
南通科创创业投资管理有限公司	2013-04-23		0513-85728710	江苏
南通科技创业投资有限公司	2011-04-22		0513-55005137	江苏
南通蓝湾壹号创业投资合伙企业（有限合伙）	2017-10-25		0513-82182109	江苏
南通鲤鱼高新技术创业服务有限公司	2014-12-25	www.innovationpark.cn	18616299615	江苏
南通玲珑湾天使投资基金合伙企业（有限合伙）	2017-01-16		0755-83068383	江苏
南通平衡创业投资基金中心（有限合伙）	2015-06-11		025-51889763	江苏
南通启华生物医疗产业基金合伙企业（有限合伙）	2017-02-23		0513-82182109	江苏

公司名称	成立时间	网址	电话	省份
南通时代伯乐创业投资合伙企业（有限合伙）	2016-09-12		0755-83068383	江苏
南通时代伯乐汇邦股权投资合伙企业（有限合伙）	2017-08-17		0755-83063277	江苏
南通时代伯乐众邦股权投资合伙企业（有限合伙）	2017-08-17		0755-83068383	江苏
南通松禾创业投资合伙企业（有限合伙）	2009-01-01		0513-55005135	江苏
南通松禾资本管理有限公司	2009-01-05		0513-55005135	江苏
南通中南谷投资管理有限公司	2015-12-18	www.zhongnanvalley.com	0513-89075597	江苏
农银国联无锡投资管理有限公司	2011-09-30		0510-85199125	江苏
启东天择产业投资合伙企业（有限合伙）	2018-11-22		0755-25117348	江苏
启赋安泰（常州）新材料产业基金合伙企业（有限合伙）	2017-03-03		010-83020158	江苏
人保（苏州）科技保险创业投资企业（有限合伙）	2016-10-09			江苏
日亚创业投资企业	2009-01-06		021-61976238	江苏
软库博辰创业投资企业	2008-03-03		0512-66969660	江苏
三角洲创业投资管理（苏州）有限公司	2007-10-16		021-53835999	江苏
苏民创业投资有限公司	2017-10-16		0510-88585200	江苏
苏州创禾创业投资管理有限公司	2014-10-21	www.wjdfgz.com	0512-63011402	江苏
苏州丛蓉投资管理合伙企业（有限合伙）	2015-06-11	j-capital.cn	0512-62825556	江苏
苏州达泰创业投资管理有限公司	2010-05-01	www.delta-capital.cn	0512-66969928	江苏
苏州大通箐鹰投资合伙企业（有限合伙）	2017-07-18			江苏
苏州德睿亨风创业投资有限公司	2010-04-21		0512-66969662	江苏
苏州德晟亨风创业投资合伙企业（有限合伙）	2011-01-01		0512-66969662	江苏

公司名称	成立时间	网址	电话	省份
苏州荻溪文化创意产业投资中心（有限合伙）	2012-04-28		0512-65808807	江苏
苏州东方汇富创业投资企业（有限合伙）	2012-12-06	www.sidvc.com	0512-65126291	江苏
苏州东合创业投资有限公司	2019-07-01		0512-62620233	江苏
苏州东合鼎盛创业投资合伙企业（有限合伙）	2019-04-17		0512-62620233	江苏
苏州敦行价值创业投资合伙企业（有限合伙）	2017-06-23		0512-68159093	江苏
苏州敦行投资管理有限公司	2017-03-22	www.honestcapital.com.cn	0512-68159093	江苏
苏州富丽东方能源股权投资企业（有限合伙）	2011-07-28		0512-68322279	江苏
苏州富丽高新投资企业（有限合伙）	2010-11-15		0512-68322279	江苏
苏州富丽泰泓投资企业（有限合伙）	2010-12-24		0512-68322279	江苏
苏州富丽投资有限公司	2010-07-29	www.fuli-capital.com	0512-68322279	江苏
苏州高创天使电子商务产业投资合伙企业（有限合伙）	2016-10-24		0512-66066050-8005	江苏
苏州高创天使二号投资合伙企业（有限合伙）	2016-10-21		0512-6606050-8005	江苏
苏州高创天使三号投资合伙企业（有限合伙）	2016-12-21		0512-66066050-8005	江苏
苏州高创天使一号投资合伙企业（有限合伙）	2015-11-09		0512-66066050-8005	江苏
苏州高华创业投资管理有限公司	2009-09-08		0512-68313150	江苏
苏州高锦创业投资有限公司	2009-03-27		0512-68240392	江苏
苏州高美云景创业投资合伙企业（有限合伙）	2018-05-25		86660809	江苏
苏州高美资本管理有限公司	2018-01-17			江苏
苏州高铨创业投资企业（有限合伙）	2011-11-10		0512-68240582	江苏
苏州高投创业投资管理有限公司	2007-01-01		68059097	江苏

续表

公司名称	成立时间	网址	电话	省份
苏州高新创业投资集团清源新麟创业投资管理有限公司	2016-10-28		0512-68762977	江苏
苏州高新创业投资集团融联管理有限公司	2012-02-08	www.sndvc.com	0512-68081106	江苏
苏州高新创业投资集团融晟投资管理有限公司	2019-02-13		0512-68315516	江苏
苏州高新创业投资集团融享投资管理有限公司	2017-12-19	www.sndvc.com	0512-68081156	江苏
苏州高新创业投资集团太湖金谷资本管理有限公司	2016-02-15		0512-68084575	江苏
苏州高新创业投资集团新麟管理有限公司	2008-12-04		0512-68762911	江苏
苏州高新创业投资集团有限公司	2008-07-30	www.sndvc.com	0512-68310566	江苏
苏州高新创业投资集团中小企业发展管理有限公司	2013-12-05		0512-66066050-8007	江苏
苏州高新创业投资集团中小企业天使投资有限公司	2015-09-09		0512-66066050-8005	江苏
苏州高新风投创业投资管理有限公司	2009-02-23		0512-68240582	江苏
苏州高新富德投资企业（有限合伙）	2015-04-22		0512-68313299	江苏
苏州高新国发创业投资有限公司	2009-05-22	www.sidvc.com	0512-65126847	江苏
苏州高新华富创业投资企业	2010-01-08		0512-68313150	江苏
苏州高新明鑫创业投资管理有限公司	2010-12-29	www.snd-capital.com	0512-68313299	江苏
苏州高新启源创业投资有限公司	2011-05-01	www.sndvc.com	0512-66066050-8005	江苏
苏州高新区创业科技投资管理有限公司	2003-03-03		0512-66066050-8005	江苏
苏州高新新联创业投资管理有限公司	2009-06-24		0512-68313528	江苏
苏州高新友利创业投资有限公司	2010-04-28		0512-68313528	江苏
苏州高远创业投资有限公司	2007-03-01		0512-68059097	江苏
苏州高钺创业投资管理有限公司	2011-01-01		0512-68240392	江苏
苏州工业园区辰融创业投资有限公司	2008-05-14	www.jsqr.com.cn	0512-62998837	江苏

公司名称	成立时间	网址	电话	省份
苏州工业园区领军创业投资有限公司	2012-12-20	www.leadervc.com.cn	67068258	江苏
苏州工业园区睿灿投资企业（有限合伙）	2016-11-29		0571-87600533	江苏
苏州工业园区太浩成长二期创业投资合伙企业（有限合伙）	2016-01-22		0512-66329155	江苏
苏州工业园区原点创业投资有限公司	2008-03-26		0512-66969999	江苏
苏州工业园区原点正则壹号创业投资企业（有限合伙）	2013-11-19		0512-66969539	江苏
苏州工业园区原点种子创业投资企业（有限合伙）	2017-12-07		0512-66969539	江苏
苏州贡湖创业投资中心（有限合伙）	2020-03-30		0512-65808807	江苏
苏州国发创富创业投资企业（有限合伙）	2010-07-14	www.sidvc.com	0512-65126847	江苏
苏州国发创新资本管理有限公司	2007-01-16	www.szvc.com.cn	0512-65165790	江苏
苏州国发服务业创业投资企业（有限合伙）	2012-04-23	www.sidvc.com	0512-65126291	江苏
苏州国发高铁文化创业投资管理有限公司	2013-08-19	www.sidvc.com		江苏
苏州国发高铁文化创业投资中心（有限合伙）	2013-09-29	www.sidvc.com		江苏
苏州国发股权投资基金管理有限公司	2012-11-21	www.sidvc.com	0512-65126291	江苏
苏州国发恒富创业投资企业（有限合伙）	2011-06-02	www.sidvc.com	0512-65126370	江苏
苏州国发宏富创业投资企业（有限合伙）	2011-04-01	www.sidvc.com	0512-65126847	江苏
苏州国发建富创业投资企业（有限合伙）	2010-06-30	www.sidvc.com	0512-65126847	江苏
苏州国发聚富创业投资有限公司	2010-03-25	www.sidvc.com	0512-65126847	江苏
苏州国发黎曼创业投资有限公司	2010-05-19	www.sidvc.com	0512-65126847	江苏
苏州国发融富创业投资企业（有限合伙）	2010-01-20	www.sidvc.com	0512-65126847	江苏

公司名称	成立时间	网址	电话	省份
苏州国发天使创业投资企业（有限合伙）	2011-06-01	www.sidvc.com	0512-65126847	江苏
苏州国发添富创业投资企业（有限合伙）	2012-05-09	www.sidvc.com	0512-65126847	江苏
苏州国发文化产业创业投资企业（有限合伙）	2012-12-17	www.sidvc.com	0512-65126291	江苏
苏州国发涌富创业投资企业（有限合伙）	2011-06-01	www.sidvc.com	0512-65126847	江苏
苏州国发源富创业投资企业（有限合伙）	2011-01-01	www.sidvc.com	0512-65126847	江苏
苏州国发智富创业投资企业（有限合伙）	2011-03-21	www.sidvc.com	0512-65126847	江苏
苏州国仟医疗创业投资企业（有限合伙）	2017-07-11		0512-62916766	江苏
苏州国仟医械二期创业投资企业（有限合伙）	2020-03-20		0512-62916766	江苏
苏州国润创业投资发展有限公司	2008-07-01	www.guorunpe.com	0512-62998661	江苏
苏州国润瑞祺创业投资企业（有限合伙）	2011-07-01	www.guorunpe.com	0512-62998661	江苏
苏州昊君华兴创业投资合伙企业（有限合伙）	2018-09-19	www.hawkinsvc.com	18116013203	江苏
苏州浩数资本管理有限公司	2017-09-20	www.haoshucapital.com	0512-66150076	江苏
苏州红土大数据创业投资有限公司	2017-06-09		13776301770	江苏
苏州华创赢达创业投资基金企业（有限合伙）	2012-01-01		0512-63936960	江苏
苏州华慧投资管理有限公司	2010-03-30		021-31352488	江苏
苏州华沛投资合伙企业（有限合伙）	2017-11-15		13681982379	江苏
苏州华研投资管理合伙企业（有限合伙）	2015-05-21		0512-87773355	江苏
苏州环秀湖创业投资中心（有限合伙）	2019-04-01		0512-65808802	江苏
苏州佳晋创业投资有限公司	2019-06-25			江苏

续表

公司名称	成立时间	网址	电话	省份
苏州嘉睿万杉创业投资合伙企业（有限合伙）	2017-12-06		0512-66108880	江苏
苏州境成高锦股权投资企业（有限合伙）	2017-12-15		0512-62840582	江苏
苏州聚瀚创业投资合伙企业（有限合伙）	2019-02-22		0512-68315516	江苏
苏州聚新中小科技创业投资企业（有限合伙）	2015-04-21		0512-68313886	江苏
苏州聚展创业投资企业（有限合伙）	2016-06-30		0512-66066938-8012	江苏
苏州君实协立创业投资有限公司	2014-01-06		025-86816827	江苏
苏州君玄创业投资中心（有限合伙）	2011-01-01		025-86816827	江苏
苏州科技城创业投资有限公司	2007-12-24		0512-66066050-8005	江苏
苏州坤融创业投资有限公司	2010-03-15		0512-62998837	江苏
苏州蓝贰创业投资有限公司	2010-01-01		0512-62993166	江苏
苏州蓝壹创业投资有限公司	2008-03-01		0512-62993166	江苏
苏州龙驹创合创业投资合伙企业（有限合伙）	2020-02-26		0512-66108886	江苏
苏州龙驹创联创业投资企业（有限合伙）	2017-02-09		0512-66108886	江苏
苏州龙驹东方投资管理企业（有限合伙）	2017-01-17		0512-66108886	江苏
苏州龙瑞创业投资管理有限公司	2009-12-01		0512-66969306	江苏
苏州龙跃投资中心（有限合伙）	2010-01-01		0512-66969306	江苏
苏州麦创投资管理有限公司	2016-10-09	www.mcinnocap.com	0512-67316828	江苏
苏州麦创正信创业投资中心（有限合伙）	2018-01-01	www.mcinnocap.com	0512-67316828	江苏
苏州孟溪创业投资中心（有限合伙）	2019-10-15		0512-65808802	江苏
苏州名优新能创业投资合伙企业（有限合伙）	2019-04-03		0512-68315147	江苏
苏州明鑫高投创业投资有限公司	2011-02-15	www.sndvc.com	0512-68313299	江苏

公司名称	成立时间	网址	电话	省份
苏州启明创智股权投资合伙企业（有限合伙）	2011-10-17	www.qimingvc.com	010-59611188	江苏
苏州乾融创禾创新资本管理有限公司	2016-10-09	chuanghe.jsqr.com.cn	0512-62998697	江苏
苏州清策创业投资合伙企业（有限合伙）	2019-12-31		13812611009	江苏
苏州清睿华赢创业投资合伙企业（有限合伙）	2019-12-25		63936998	江苏
苏州清研汽车产业创业投资企业（有限合伙）	2014-10-18		0512-63936960	江苏
苏州清研资本管理企业（有限合伙）	2014-03-07		0512-63936973	江苏
苏州清源华擎创业投资企业（有限合伙）	2017-05-19		0512-87773355	江苏
苏州人一创业投资中心（有限合伙）	2017-08-18			江苏
苏州荣元贰期创业投资合伙企业（有限合伙）	2017-12-12		13814821776	江苏
苏州融联创业投资企业（有限合伙）	2012-03-15	www.sndvc.com	0512-68081156	江苏
苏州瑞华投资合伙企业（有限合伙）	2015-07-06		025-83172132	江苏
苏州瑞璟创业投资企业（有限合伙）	2010-11-17		0512-87659826	江苏
苏州瑞曼投资管理有限公司	2010-03-17		0512-87659826	江苏
苏州瑞通龙熙新兴创业投资企业（有限合伙）	2015-07-08		022-58554425	江苏
苏州生茂创业投资合伙企业（有限合伙）	2019-01-22		13828711119	江苏
苏州盛泉百涛创业投资管理有限公司	2010-12-15		025-52346678	江苏
苏州盛泉海成创业投资合伙企业（有限合伙）	2014-10-23		025-52346678	江苏
苏州市科技创新创业投资有限公司	1993-07-01		0512-69331205	江苏
苏州市吴江创迅创业投资有限公司	2014-12-04	www.wjdfgz.com	0512-63011402	江苏
苏州市吴江创业投资有限公司	2008-09-16	www.wjdfgz.com	0512-63011402	江苏
苏州市吴中创业投资有限公司	2007-01-12		0512-65855866	江苏
苏州市吴中科技创业园管理有限公司	2004-06-01	www.wzcy.cn	0512-65859363	江苏

公司名称	成立时间	网址	电话	省份
苏州市相城创新产业创业投资中心（有限合伙）	2017-11-13		0512-65808802	江苏
苏州市相城创业投资有限责任公司	2008-01-01		0512-65808802	江苏
苏州市相城埭溪创业投资有限责任公司	2016-06-17		0512-65808802	江苏
苏州市相城高新创业投资有限责任公司	2009-03-12		0512-65808802	江苏
苏州市相城基金管理有限公司	2009-01-16		0512-65808802	江苏
苏州市相城蠡溪创业投资中心（有限合伙）	2018-11-08		0512-65808812	江苏
苏州市相城区澄悦创业投资有限责任公司	2018-12-13		0512-65808802	江苏
苏州市相城区湘溪创业投资有限公司	2018-07-24		0512-65808807	江苏
苏州顺融创业投资管理合伙企业（有限合伙）	2014-09-10	www.shunrongvc.com	0512-67902058	江苏
苏州顺融进取创业投资合伙企业（有限合伙）	2016-11-12		0512-67902058	江苏
苏州顺融进取二期创业投资合伙企业（有限合伙）	2018-01-04	www.shunrongvc.com	0512-67902098	江苏
苏州顺融瑞腾创业投资合伙企业（有限合伙）	2015-06-10	www.shunrongvc.com	0512-67902058	江苏
苏州顺融天使二期创业投资合伙企业（有限合伙）	2014-11-19	www.shunrongvc.com	0512-67902058	江苏
苏州顺融天使三期创业投资合伙企业（有限合伙）	2015-10-16	www.shunrongvc.com	0512-67902058	江苏
苏州顺融天使四期创业投资合伙企业（有限合伙）	2019-05-23	www.shunrongvc.com	0512-67902098	江苏
苏州顺融投资管理有限公司	2015-03-20	www.shunrongvc.com	0512-67902098	江苏
苏州苏科创投资管理有限公司	2016-05-04		0512-66066938-8012	江苏
苏州苏商联合产业投资合伙企业（有限合伙）	2017-07-07		021-20329333	江苏

公司名称	成立时间	网址	电话	省份
苏州太浩成长创业投资合伙企业（有限合伙）	2014-11-05		0512-66329155	江苏
苏州太浩创业投资管理合伙企业（普通合伙）	2014-06-06	www.tahoevc.com	0512-66329155	江苏
苏州蔚蓝投资管理有限公司	2008-03-07		0512-62993166	江苏
苏州吴中国发创业投资有限公司	2008-08-28	www.sidvc.com	0512-65126847	江苏
苏州吴中科技创业投资有限公司	2012-10-26		0512-65855866	江苏
苏州相渭汽车产业投资中心（有限合伙）	2015-12-08		0512-65808802	江苏
苏州香塘创业投资有限责任公司	2007-01-01		0512-53560126	江苏
苏州协立创业投资有限公司	2013-04-28		025-86816827	江苏
苏州协立股权投资管理中心（有限合伙）	2017-05-26		025-86816827	江苏
苏州协立宽禁带创业投资中心（有限合伙）	2017-09-17		025-86816827	江苏
苏州协立投资管理有限公司	2011-03-01		025-86816827	江苏
苏州新麟创业投资有限公司	2009-01-22		0512-68762977	江苏
苏州新麟二期创业投资企业（有限合伙）	2011-11-01		0512-68762911	江苏
苏州新麟三期创业投资企业（有限合伙）	2017-03-08		0512-68762911	江苏
苏州新晟信息产业投资企业（有限合伙）	2017-12-15		0512-66066938-8012	江苏
苏州信慧成创业投资管理有限公司	2014-07-28		025-52346678	江苏
苏州亿和创业投资有限公司	2009-12-29		0512-68436312	江苏
苏州亿文创新资本管理有限公司	2007-12-03		0512-68436312	江苏
苏州亿新熠合投资企业（有限合伙）	2012-09-28		0512-68436312	江苏
苏州毅达创新创业投资合伙企业（有限合伙）	2015-03-16		0512-68059097	江苏
苏州茵联启程创业投资合伙企业（有限合伙）	2017-08-29		0512-62983085	江苏

公司名称	成立时间	网址	电话	省份
苏州银基创业投资有限公司	2006-05-10		0512-67157278-806	江苏
苏州永溪创业投资中心（有限合伙）	2019-12-24		0512-65808802	江苏
苏州友和创业投资管理有限公司	2015-09-25	www.uohope.com	022-88379181	江苏
苏州元禾控股股份有限公司	2007-09-11	www.oriza.com.cn	0512-66969999	江苏
苏州元泰华实创业投资合伙企业（有限合伙）	2019-07-17			江苏
苏州阅数星辰创业投资合伙企业（有限合伙）	2018-04-24			江苏
苏州中鑫创新投资管理有限公司	2015-11-02	www.szinnocapital.cn	0512-87775948	江苏
苏州钟鼎汇元创业投资管理中心（有限合伙）	2011-09-14	www.ebvc.com.cn	021-61652668	江苏
苏州众达盛景创业投资合伙企业（有限合伙）	2019-07-31			江苏
苏州紫荆华创创业投资合伙企业（有限合伙）	2017-08-09		0512-67509067	江苏
宿迁国发创业投资企业（有限合伙）	2011-07-22	www.sidvc.com	0527-87031252	江苏
宿迁科技创业投资有限公司	2012-03-23		0527-81686005	江苏
宿迁市开创创业投资有限公司	2010-09-07		0527-88859883	江苏
泰州华诚高新技术投资发展有限公司	2005-01-01	www.tzibi.com	0523-86196006	江苏
泰州华健创业投资有限公司	2007-06-08		0523-86810027	江苏
泰州健鑫创业投资有限公司	2012-12-14		82216068	江苏
泰州市创业风险投资有限公司	2001-08-01		0523-86238689	江苏
泰州市高港区凯璞庭产业投资基金合伙企业（有限合伙）	2017-06-30		0515-88159526	江苏
泰州市盛鑫创业投资管理有限公司	2016-10-21		0523-88965006	江苏
泰州中国医药城融健达创业投资有限公司	2013-03-19		0523-82216068	江苏
无锡 TCL 爱思开半导体产业投资基金合伙企业（有限合伙）	2015-09-01		0510-82800509	江苏
无锡 TCL 创业投资合伙企业（有限合伙）	2010-07-01		0510-82800509	江苏

续表

公司名称	成立时间	网址	电话	省份
无锡滨湖科技创业投资有限责任公司	2006-07-18		0510-85898528	江苏
无锡创业投资集团有限公司	2000-10-26	www.wxvcg.com	0510-82698712	江苏
无锡高新技术创业投资股份有限公司	2000-08-01	www.wxvc.com.cn	0510-85269565	江苏
无锡国联厚泽创业投资企业（有限合伙）	2011-10-28		021-61631096	江苏
无锡国联浚源创业投资中心（有限合伙）	2010-04-16	www.jycapital.cn	0510-82700340	江苏
无锡国联卓成创业投资有限公司	2009-12-23		021-61005590	江苏
无锡厚泽成长创业投资企业（有限合伙）	2011-07-05		021-61631095	江苏
无锡厚泽创新创业投资企业（有限合伙）	2011-06-27		021-61631095	江苏
无锡华软投资管理有限公司	2009-06-01	www.csinvestmentgroup.com	010-82525455	江苏
无锡华映文化产业投资企业（有限合伙）	2011-10-19	www.meridiancapital.com.cn	021-62375090	江苏
无锡江南仁和新能源产业投资中心（有限合伙）	2011-01-21		0510-82695322	江苏
无锡江溪科技创业投资有限公司	2017-09-22		0510-88232059	江苏
无锡金茂二号新兴产业创业投资企业（有限合伙）	2011-12-21	www.jolmo.net	025-84730307	江苏
无锡金投资本管理有限公司	2015-02-10		0510-85189096	江苏
无锡均衡企业管理有限公司	2007-11-14		0510-86216651	江苏
无锡浚源资本管理中心（有限合伙）	2010-04-16	www.jycapital.cn	0510-82700340	江苏
无锡力合清源创业投资合伙企业（有限合伙）	2011-09-09	www.leaguercapital.com	0519-86220118	江苏
无锡领汇创业投资中心（有限合伙）	2011-05-23		021-64011718	江苏
无锡清研投资有限公司	2009-08-14		0510-83588689-8125	江苏
无锡润创投资管理有限公司	2018-05-07		0510-82801513	江苏
无锡赛天投资管理有限公司	2017-05-31			江苏

公司名称	成立时间	网址	电话	省份
无锡市金惠创业投资有限责任公司	2006-11-01		0510-83891372	江苏
无锡市金融创业投资集团有限公司	2013-11-27	www.wxfig.com	0510-85189096	江苏
无锡市锡山创业投资有限公司	2007-08-01		0510-88705868	江苏
无锡市新区科技金融创业投资集团有限公司	2008-01-31	www.wxvc.com.cn	0510-81816620	江苏
无锡太湖云和正奇科技成果转化创业投资企业（有限合伙）	2018-10-25	www.yunhecapital.com	0510-85012988	江苏
无锡锡山科技创业园有限公司	2005-09-20		0510-83781855	江苏
无锡新区领航创业投资有限公司	2009-08-03	www.wxvc.com.cn	0510-85269546	江苏
无锡源清创业投资有限公司	2012-06-28		0510-81801983	江苏
无锡源清盛华创业投资有限公司	2013-04-28		0510-81801983	江苏
无锡源生高科技投资有限责任公司	2006-01-01		0510-85345959-8208	江苏
无锡源鑫创业投资企业（有限合伙）	2015-01-05		0510-85160676	江苏
无锡耘杉创业投资中心（有限合伙）	2013-07-12		0510-83333767	江苏
无锡正海联云创业投资合伙企业（有限合伙）	2012-12-04		021-50937908	江苏
无锡中科汇盈二期实业投资有限责任公司	2010-04-07		0510-82739911	江苏
无锡中科汇盈实业投资有限责任公司	2008-03-07		0510-82739911	江苏
吴江东方创富创业投资企业（有限合伙）	2012-10-29	www.sidvc.com	0512-65126291	江苏
吴江东方国发创业投资有限公司	2008-11-11	www.sidvc.com	0512-65126847	江苏
吴江东方融富创业投资管理企业（有限合伙）	2012-10-12	www.sidvc.com	0512-68126291	江苏
吴江东运创业投资有限公司	2008-06-24	www.dyvc.net	63960218	江苏
吴江华业创业投资管理中心（有限合伙）	2011-12-21		0512-63936960	江苏
兴化市高新投资有限公司	2010-07-16		0523-83242636	江苏
徐州淮海红土创业投资有限公司	2014-01-14	www.szvc.com.cn	0511-85988775	江苏
徐州开宏创业投资有限公司	2017-04-21		18251728988	江苏

公司名称	成立时间	网址	电话	省份
徐州中金创业投资有限公司	2016-09-29		0516-89656788	江苏
盐城高新区创业投资有限公司	2011-01-14		0515-88638011	江苏
扬中市创新投资有限公司	2015-10-09		0511-88329629	江苏
扬州保盈投资基金合伙企业（有限合伙）	2016-06-07		13776610242	江苏
扬州长晟安众创业投资基金合伙企业（有限合伙）	2017-03-06		0514-87186568	江苏
扬州长晟创业投资基金合伙企业（有限合伙）	2014-12-03		0514-87188338	江苏
扬州长晟创业投资有限公司	2014-11-25		0514-87188338	江苏
扬州邗江高新创业投资有限公司	2011-08-05		0514-87770527	江苏
扬州嘉华创业投资有限公司	2013-12-10		010-85698073	江苏
扬州经信新兴产业创业投资中心（有限合伙）	2013-01-01	www.jolmo.net	025-84730370	江苏
扬州平衡宜创创业投资基金中心（有限合伙）	2014-12-22		025-51889752	江苏
扬州润宝投资基金合伙企业（有限合伙）	2019-04-24		13776610242	江苏
扬州神居客众创空间管理有限公司	2017-12-20	www.gysdjxh.com	0514-84419668	江苏
扬州市创业投资有限公司	2007-05-21	jrjt.yangzhou.gov.cn	0514-80789370	江苏
扬州市富海永成股权投资合伙企业（有限合伙）	2014-09-22		021-63099906	江苏
扬州市金创京杭创业投资基金中心（有限合伙）	2017-03-02		0514-80789370	江苏
扬州市金创邮城创业投资基金中心（有限合伙）	2017-06-29		0514-80789370	江苏
扬州英飞尼迪创业投资管理有限公司	2010-11-08	www.infinity-equity.com	18151067200	江苏
扬州英飞尼迪创业投资中心（有限合伙）	2010-11-26	www.infinity-equity.com	18151067200	江苏
扬州运河之帆投资基金中心（有限合伙）	2018-01-26		0514-80785691	江苏

续表

公司名称	成立时间	网址	电话	省份
宜兴环保科技创新创业投资有限公司	2010-11-24		0510-87077207	江苏
宜兴江南天源创业投资企业（有限合伙）	2011-03-16		0510-82800509	江苏
宜兴杰宜投资管理有限公司	2012-12-14		0510-87880198	江苏
怡和联创（无锡）创业投资企业（有限合伙）	2011-04-15		0510-85125611	江苏
镇江高科创业投资有限公司	2012-03-16		0511-85601080	江苏
镇江高投创业投资有限公司	2008-08-01		025-85529999	江苏
镇江高新创业投资有限公司	2010-06-11		0511-83179322	江苏
镇江国投创业投资有限公司	2011-10-19		0511-85606910	江苏
镇江红土创业投资有限公司	2011-04-22	www.szvc.com.cn	0511-85988775	江苏
镇江嘉瑞彤泰投资中心（有限合伙）	2016-12-13		020-3888166	江苏
镇江君鼎协立创业投资有限公司	2013-02-04		025-86816827	江苏
镇江君舜协立创业投资中心（有限合伙）	2016-09-08		025-86816827	江苏
镇江康成亨创业投资合伙企业（有限合伙）	2013-08-12		13912286858	江苏
镇江力合天使创业投资企业（有限合伙）	2012-12-13		13655296618	江苏
镇江领军人才创新创业股权投资有限公司	2016-10-20		0511-85289990	江苏
镇江朴卓瑞诚投资中心（有限合伙）	2015-07-22		021-61259523	江苏
镇江乾鹏创业投资基金企业（有限合伙）	2012-11-20		0511-80896166	江苏
镇江亿致能源科技孵化器有限公司	2010-10-18		0511-85986133	江苏
镇江银河创业投资有限公司	2012-06-11		010-66568022	江苏
镇江中科金山创业投资企业（有限合伙）	2011-08-24	www.csm-inv.com	0510-82739911	江苏
江西高技术产业投资股份有限公司	2002-03-01	www.jxvc.com.cn	0791-88110252	江西
江西华商股权投资管理有限公司	2012-12-14		0791-86572581	江西

公司名称	成立时间	网址	电话	省份
江西立达新材料产业创业投资中心（有限合伙）	2011-08-03	www.reitercapital.com	0791-83851565	江西
江西省创东方科技创业投资中心（有限合伙）	2014-09-24		0755-21517251	江西
南昌创业投资有限公司	2005-12-16	www.ncct.com.cn	0791-82287891	江西
南昌新世纪创业投资有限责任公司	2009-02-24	www.xsjvc.com	86757616	江西
新余诚臻投资合伙企业（有限合伙）	2017-09-16		0571-86893065	江西
新余臻美投资合伙企业（有限合伙）	2018-03-02		0571-86893065	江西
鞍山激光产业股权投资基金合伙企业中心（有限合伙）	2016-09-05		0412-31905001	辽宁
鞍山中远资产管理有限公司	2011-11-30	www.lnzyzc.cn	0412-6393666	辽宁
大连海融高新创业投资管理有限公司	2008-02-18		0411-66863683	辽宁
大连海融高新创业投资基金有限公司	2007-12-29		0411-66863675	辽宁
大连航天半岛创业投资基金合伙企业（有限合伙）	2018-06-01		0411-84722820	辽宁
大连科技风险投资基金有限公司	2000-02-01	www.dstvc.com.cn	0411-82781352	辽宁
大连赛伯乐创业投资中心（有限合伙）	2013-09-13	www.cybernaut.com.cn	0411-62946598	辽宁
大连万融天使投资有限公司	2010-11-30		0411-66863683	辽宁
大连银信创业投资有限公司	2006-09-13		0411-84802259	辽宁
大连众创空间企业管理有限公司	2015-07-10		0411-39875777	辽宁
辽宁吉嘉投资管理有限公司	2011-12-12	www.geeka.cn	024-23782596	辽宁
辽宁科发实业有限公司	1993-02-23		024-62265580	辽宁
沈阳德鸿创享创业投资合伙企业（有限合伙）	2017-06-06			辽宁
沈阳恒信安泰股权投资基金管理有限公司	2012-11-23	www.hxatvc.com	024-67767952	辽宁
沈阳星科汇创业投资有限公司	2017-09-14		024-83766267	辽宁
中天辽创投资管理有限公司	2016-08-11		024-22870888	辽宁
宁夏谷旺投资管理有限公司	2014-04-28		0951-5102596	宁夏
宁夏和鑫基金管理有限公司	2015-11-25		0951-8765603	宁夏

公司名称	成立时间	网址	电话	省份
宁夏穆坤投资基金管理有限公司	2014-03-19	www.mukunpe.com	0951-5099567	宁夏
宁夏泰昇祥投资管理有限公司	2014-05-07		0951-3026600	宁夏
宁夏正方投资基金管理有限公司	2014-11-26		0951-5955378	宁夏
宁夏中财高新投资管理有限公司	2013-04-17	www.nxzcgx.com	0951-7834967	宁夏
中骏微影（宁夏）投资管理有限公司	2015-05-13		010-85859295	宁夏
青海国科创业投资基金（有限合伙）	2013-10-23		0971-5115081	青海
青海汇富科技成果转化投资基金（有限合伙）	2015-12-21		0971-5115081	青海
青海省科技创新引导基金（有限合伙）	2018-12-12		0971-8239424	青海
滨州北海创业投资有限公司	2011-12-26	www.bzbhct.com	0543-6515002	山东
滨州市创业发展投资有限公司	2006-01-17		0543-3213887	山东
滨州市慧立创业投资有限公司	2011-06-20		0543-3160189	山东
德州市创业投资有限公司	2009-12-31		0534-2230515	山东
东营经济开发区斯博特创业投资有限公司	2012-06-04		0546-8300909	山东
菏泽创新风险投资有限公司	2000-06-02	www.hzgxct.com	0530-5880679	山东
黄河三角洲投资管理有限公司	2009-04-03		0546-7768883	山东
黄蓝创业投资有限公司	2012-08-06		0543-5164777	山东
济南科技创业投资集团有限公司	2001-04-01	www.jnvc.com.cn	0531-88879287	山东
济南科信创业投资有限公司	2011-10-01	www.jnvc.com	0531-88879287	山东
济宁共创投资有限公司	2013-09-29		0537-3292799	山东
济宁海洋基石股权投资合伙企业（有限合伙）	2012-12-24		010-59781528	山东
济宁市惠达财丰创业投资有限公司	2014-03-11	www.huidatouzi.com	0537-5170103	山东
济宁英飞尼迪创业投资管理有限公司	2010-12-22	www.infinity-equity.com.cn	0537-3281510	山东
济宁英飞尼迪创业投资中心（有限合伙）	2011-04-21	www.infinity-equity.com.cn	0537-3281510	山东
莱芜创业投资有限公司	2009-12-28		0531-76026288	山东

公司名称	成立时间	网址	电话	省份
莱芜科融投资管理合伙企业（有限合伙）	2013-08-16		0531-67803781	山东
临沂经开创业投资有限公司	2010-09-03		0536-8053388	山东
临沂市青年创业投资有限公司	2016-03-15		0539-6012023	山东
青岛北易创业投资合伙企业（有限合伙）	2020-01-09			山东
青岛长城高创创业投资管理有限公司	2014-03-21			山东
青岛迪凯投资管理有限公司	2014-11-27		0532-85717837	山东
青岛鼎科创业投资合伙企业（有限合伙）	2019-01-09			山东
青岛高新创业投资有限公司	2011-06-24	www.qdhvc.com	0532-58882882	山东
青岛红土资本管理有限公司	2009-12-31	www.szvc.com.cn	18678997210	山东
青岛华通创业投资有限责任公司	2015-09-02	www.huatongvc.com	0532-85063788	山东
青岛科创金奕投资管理有限公司	2015-12-07		010-82158900	山东
青岛里程碑创业投资管理有限公司	2011-05-20	www.ms-vc.com	0532-80931757	山东
青岛迈通创业投资管理有限公司	2016-04-21	www.ms-vc.com	0532-80931757	山东
青岛清控高创投资管理有限公司	2013-06-18		0532-88897836	山东
青岛清控科创投资管理有限公司	2014-10-14		010-82158900	山东
青岛少海高创天地投资管理有限公司	2017-09-01	www.qdshgc.com	0532-66850075	山东
青岛少海金香投资管理有限公司	2017-04-20		18600155699	山东
青岛十方智汇投资管理有限公司	2015-10-27			山东
青岛石药仙瞳创业投资合伙企业（普通合伙）	2020-12-11			山东
青岛市科技风险投资有限公司	2000-08-17	www.huatongvc.com	0532-85063788	山东
青岛协同创新股权投资管理有限公司	2013-09-27	www.huatongvc.com	0532-85063788	山东
青岛信中利少海汇高创投资管理有限公司	2016-12-12		010-85550508	山东
青岛英飞中润投资管理有限公司	2014-12-30	www.qdyfzr.com	0532-66850075	山东
青岛源创节能环保创业投资基金合伙企业（有限合伙）	2019-11-22		010-85181968	山东

公司名称	成立时间	网址	电话	省份
青岛知灼创业投资有限公司	2010-11-02		0532-85063788	山东
日照华和科技创业投资有限责任公司	2010-05-28		0633-8336990	山东
日照蓝海创投科技服务有限公司	2018-04-19		15163338621	山东
山东昌润创业投资股份有限公司	2008-08-22	www.crtz.com	0635-2119071	山东
山东多盈节能环保产业创业投资有限公司	2014-01-07		15153100210	山东
山东府新创业投资有限公司	2012-10-23		0543-3181669	山东
山东恒发创业投资有限公司	2012-02-28		0543-5077698	山东
山东红桥创业投资有限公司	2011-12-22		0531-67803781	山东
山东红桥股权投资管理有限公司	2011-11-30		0531-67803781	山东
山东嘉瑞创业投资集团有限公司	2012-08-06	jary.cc	0539-6012023	山东
山东江诣创业投资有限公司	2010-08-12		0535-6719306	山东
山东君联创业投资有限公司	2015-11-27		0533-5150158	山东
山东科创投资有限公司	2010-10-22		0537-2600758	山东
山东科融天使创业投资合伙企业（有限合伙）	2015-02-06		0531-67803781	山东
山东旗城科技创业投资股份有限公司	2009-08-19		0536-2132008	山东
山东省人力资本产业创业投资有限公司	2019-08-29		0531-82812388	山东
山东智邦创业投资有限公司	2019-01-06		0539-8612538	山东
山东中泰天使创业投资基金企业（有限合伙）	2015-12-17		18560075279	山东
泰安开发区泰山创业投资有限公司	2000-07-24	www.tsvc.com.cn	0538-8938352	山东
威海北创投资管理有限公司	2015-09-11		0631-5699019	山东
威海创新投资有限公司	2003-07-16		0631-5231709	山东
威海金子元股权投资管理有限公司	2015-12-21		0631-5198706	山东
潍坊红土资本管理有限公司	2008-08-01		0536-8795070	山东
潍坊鲁信厚源创业投资中心（有限合伙）	2014-06-13		0531-86566788	山东

公司名称	成立时间	网址	电话	省份
潍坊鲁信康大创业投资中心（有限合伙）	2013-12-20			山东
潍坊齐风文化发展投资基金合伙企业（有限合伙）	2015-05-12		15550035588	山东
潍坊市国维创业投资有限公司	2014-11-13		0536-8101056	山东
潍坊市国信创业投资有限公司	2012-07-17		0536-7100035	山东
潍坊万通创业投资有限公司	2009-09-28		0536-8101056	山东
烟台安芙兰创业投资中心（有限合伙）	2015-12-11		0535-2160208	山东
烟台创新创业投资有限公司	2014-05-08		0535-6656505	山东
烟台红土创业投资管理有限公司	2014-05-07		0535-6933130	山东
烟台昆吾祥盛九鼎投资中心（有限合伙）	2011-10-31			山东
烟台市蓝海创业投资有限公司	2011-12-01		0535-6891617	山东
烟台泰达生物及新医药产业创业投资中心（有限合伙）	2015-01-22		022-66299990	山东
烟台文化发展创业投资基金有限公司	2014-05-27		0531-86155515	山东
烟台盈智创业投资有限公司	2014-03-11		0535-6790500	山东
烟台源创科技投资中心（有限合伙）	2014-07-17		010-63597504	山东
烟台昭宣元泰九鼎创业投资中心（有限合伙）	2012-05-14		4001-600053	山东
淄博创新资本创业投资有限公司	2007-05-01		0533-3583388	山东
淄博鼎洲股权投资基金管理有限责任公司	2020-03-10		13561649688	山东
淄博高新技术风险投资股份有限公司	2003-07-10	www.zbvc.net	0533-3586338	山东
淄博市高新技术创业投资有限公司	2007-07-25		0533-6206610	山东
宝鸡雍德创盈股权基金合伙企业（有限合伙）	2017-09-05		0917-3806566	陕西
汉中投资基金管理有限公司	2017-08-04		0916-8858001	陕西
汉中众合创业投资管理有限公司	2018-04-02		0916-67853462	陕西
陕西半导体先导基金管理有限公司	2019-04-09		029-85269966	陕西
陕西创文投资管理有限公司	2016-05-20		029-81121603	陕西

公司名称	成立时间	网址	电话	省份
陕西德同福方投资管理有限公司	2012-12-20		029-88894811	陕西
陕西电子信息产业投资管理有限公司	2016-05-04	www.seci.vip	029-61816633	陕西
陕西敦敏投资合伙企业（有限合伙）	2017-02-14	www.dunmincapital.com	029-86262570	陕西
陕西高端装备高技术创业投资基金（有限合伙）	2013-06-28		0917-3322911	陕西
陕西关天资本管理有限公司	2011-06-20	guantiancapital.com.cn	029-89199885	陕西
陕西航天红土创业投资有限公司	2010-06-24		029-89195223	陕西
陕西和灵投资管理有限公司	2012-06-12	www.hlholdings.com.cn	029-68295961	陕西
陕西宏信创业投资有限公司	2017-12-29	www.sxhxtz.com	029-89188628	陕西
陕西鸿创投资管理有限公司	2014-03-04		029-86956250	陕西
陕西金河科技创业投资有限责任公司	2010-07-08		029-68255642	陕西
陕西金控知守基金管理有限公司	2017-03-10		029-88608363	陕西
陕西金资基金管理有限公司	2016-12-12		029-89820961	陕西
陕西久毅投资管理有限公司	2014-04-02	www.jiuyiziben.como	029-88601780	陕西
陕西科技创业投资管理有限公司	2012-09-18	www.cycn.net	029-88443083	陕西
陕西科控启元创业投资管理合伙企业（有限合伙）	2017-01-19		029-68953830	陕西
陕西科控协同创业投资管理合伙企业（有限合伙）	2018-09-28		029-81134970	陕西
陕西科迈投资管理合伙企业（有限合伙）	2015-08-31		029-81107655	陕西
陕西空港金控资产管理有限公司	2018-04-16		029-33637669	陕西
陕西空港临空产业投资管理有限公司	2018-09-21		029-33825129	陕西
陕西空天宏远创业投资管理有限公司	2019-12-03		029-84498193	陕西
陕西秦商投资管理有限公司	2011-03-09		029-87882393	陕西
陕西青年创业投资管理有限公司	2018-01-15	www.sxyouthcapital.com	029-88888186	陕西
陕西荣厚源创业投资有限公司	2012-07-12		029-89864267	陕西

续表

公司名称	成立时间	网址	电话	省份
陕西省产业投资有限公司	1989-06-09	www.sctouzi.com	029-87311434	陕西
陕西省创业投资引导基金管理中心	2009-04-21		029-87311506	陕西
陕西省高新技术产业投资有限公司	1999-09-03	www.china-hics.com	029-68688232	陕西
陕西省现代能源创业投资基金有限公司	2012-12-20		029-81025966	陕西
陕西省新材料高技术创业投资基金（有限合伙）	2014-03-21		029-88894811	陕西
陕西铜川飞龙资本投资管理有限公司	2018-05-22		0919-3180686	陕西
陕西未来宇航创业投资基金合伙企业（有限合伙）	2018-02-05		029-88199876	陕西
陕西文化产业投资基金（有限合伙）	2014-06-25	www.scgpimc.com	029-89558052	陕西
陕西西咸沣东产业投资管理有限公司	2020-03-25			陕西
陕西希达大同创业投资有限公司	2016-03-14	www.oneworldcapital.net	029-81100979	陕西
陕西义禧投资管理有限公司	2011-08-01		029-68295970	陕西
陕西中海创业投资有限公司	2014-05-23	www.zhhtz.com	029-89183253	陕西
神木金益基金管理有限公司	2017-01-04		0912-7110293	陕西
唐兴天下投资管理（西安）有限责任公司	2019-03-22	www.tangxcapital.com	029-81203508	陕西
西安产业投资基金管理有限公司	2018-04-26		029-88858820	陕西
西安浐灞基金管理有限公司	2016-05-27	www.xajkgroup.com	029-83540065	陕西
西安创新投资管理有限公司	2001-07-06		029-89183830	陕西
西安创业园投资管理有限公司	2003-07-04		029-81112035	陕西
西安德同迪亚士投资管理有限公司	2011-09-28		029-88894881	陕西
西安电子科大创投基金管理有限公司	2018-09-03		15619440525	陕西
西安敦成投资管理有限公司	2017-01-12		029-89528946	陕西
西安高新技术产业风险投资有限责任公司	1999-02-01	www.capitech.com.cn	029-65690856	陕西
西安高新盈峰创业投资管理有限公司	2016-11-23		029-81113016	陕西
西安关天西咸投资管理有限公司	2012-03-08		029-88854188	陕西

续表

公司名称	成立时间	网址	电话	省份
西安航创基金管理有限公司	2017-06-05	www. hangchuangfund. com	029-62651380	陕西
西安航空城产业基金管理有限公司	2018-04-27		029-89083755	陕西
西安航天基地创新投资有限公司	2009-07-08	www.xaibfs.com	029-85695581	陕西
西安红土创新投资有限公司	2008-06-24		029-89183830	陕西
西安军融电子卫星基金投资有限公司	2016-05-13		029-68518971	陕西
西安科耐特投资管理有限公司	2014-07-08	www.chinacnt.com. cn	029-88272744	陕西
西安科睿投资管理有限公司	2018-11-14		029-81130516	陕西
西安霖禾创业投资管理合伙企业（有限合伙）	2017-10-27			陕西
西安鲁信股权投资管理有限公司	2016-05-06		15688881213	陕西
西安迈朴资本管理有限公司	2012-11-29	www.mapsxa.com	029-81113288	陕西
西安青实资本管理有限公司	2017-10-26	www.xaeeq.com	029-89645185	陕西
西安曲江文化产业风险投资有限公司	2009-12-01	www.xaqjvc.com	029-85427808	陕西
西安润沣资本管理有限公司	2017-12-25		029-88614961	陕西
西安上恩创业投资管理有限公司	2018-03-28		029-88217511	陕西
西安同泽投资有限公司	1995-05-05	www.tongzegroup. com	029-88310595-208	陕西
西安微纳点石投资管理有限公司	2017-04-27		029-81123325	陕西
西安西交科创股权投资合伙企业（有限合伙）	2016-02-04		029-89550936	陕西
西安西交一八九六资本管理有限公司	2017-06-12	www.xj1896.com	029-89550936	陕西
西安西旅创新投资管理有限公司	2008-06-24		029-89183830	陕西
西安熙信科创资本管理合伙企业（有限合伙）	2016-01-22		029-89550936	陕西
西安现代服务业发展基金合伙企业（有限合伙）	2016-10-24		029-89836300	陕西
西安雍德基金管理有限公司	2017-01-24		0917-3806566	陕西
西安云杉私募基金管理有限公司	2020-07-21		029-89555625	陕西

公司名称	成立时间	网址	电话	省份
西安韵杰投资管理有限公司	2016-01-25		029-86180569	陕西
西安知守创业投资管理有限公司	2017-03-24		029-88608363	陕西
西安知行投资管理有限公司	2009-03-18			陕西
西安智信投资管理有限公司	2010-03-12		68596693	陕西
西安中辰伟业投资有限公司	2014-09-18		029-88810988	陕西
西安中科创星创业孵化企业管理咨询合伙企业（有限合伙）	2015-04-08		029-81151605	陕西
西咸新区金控资本资产管理有限公司	2017-09-05		029-33131925	陕西
亚联民加（西安）股权投资有限公司	2017-11-20		029-88815988	陕西
杨凌东方富海现代农业生物产业股权投资企业（有限合伙）	2011-06-17		0755-83475866	陕西
杨凌众创田园天使企业管理有限合伙企业	2016-09-20	www.casstar.com.cn	029-81150615	陕西
榆林能源产业基金管理有限公司	2016-11-21	ylnyfund.com	0912-7180262	陕西
榆林市煤炭转化基金投资管理有限公司	2018-03-15	www.ylccf.com	0912-3599196	陕西
中大兴业投资有限公司	2009-01-01		029-87999530	陕西
戈壁创赢（上海）创业投资管理有限公司	2011-07-13	www.gobivc.com	021-51601618	上海
戈壁盈智（上海）创业投资合伙企业（有限合伙）	2015-08-05	www.gobivc.com	021-51601618	上海
上海艾云慧信创业投资有限公司	2012-04-11	www.peivy.com	021-52989083	上海
上海百晨创业投资中心（有限合伙）	2018-11-16		021-50302656	上海
上海贝琛创业投资管理有限公司	2014-12-18		021-35963977	上海
上海贝琛网森创业投资合伙企业（有限合伙）	2014-12-31		021-35963977	上海
上海漕河泾创业投资有限公司	2002-05-22		021-54260100	上海
上海晨晖创业投资管理有限公司	2013-10-23	www.chvc.com.cn	021-50302656	上海
上海成为创伴创业投资合伙企业（有限合伙）	2020-12-01	www.chuangvest.com	021-50807777	上海

续表

公司名称	成立时间	网址	电话	省份
上海创伴创业投资合伙企业（有限合伙）	2016-03-07	www.chuangvest.com	021-50807777	上海
上海创伴投资管理有限公司	2015-10-12	www.chuangvest.com	021-50807777	上海
上海创业接力泰礼创业投资中心（有限合伙）	2014-10-31	www.stepfund.cn	021-55238521	上海
上海创业投资有限公司	1999-08-06	www.shstvc.com.cn	021-22302800	上海
上海大学生创业投资有限公司	2009-03-20	www.stepfund.cn	021-55238521	上海
上海德丰杰龙升创业投资管理中心（有限合伙）	2012-07-13	www.draperdragon.com	021-62800580	上海
上海德丰杰龙升创业投资合伙企业（有限合伙）	2012-11-01	www.draperdragon.com	021-62800580	上海
上海鼎嘉创业投资管理有限公司	2003-10-30	www.dj-vc.com	021-50801788	上海
上海复旦医疗产业创业投资有限公司	2003-01-24	www.fudanmed.com	021-64724195	上海
上海高特佳投资有限公司	2009-07-31	www.szgig.com	021-32515637	上海
上海戈壁企灵创业投资合伙企业（有限合伙）	2018-04-28	www.gobivc.com	021-51601618	上海
上海国际创投股权投资基金管理有限公司	2014-12-04	www.siicfm.com	35963977	上海
上海国盛古贤创业投资管理有限公司	2012-12-12	www.gsgx-capital.com	021-58306168	上海
上海国盛古贤创业投资合伙企业（有限合伙）	2013-04-01	www.gsgx-capital.com	021-58306168	上海
上海含泰创业投资合伙企业（有限合伙）	2017-11-20	www.stepfund.cn	021-55238521	上海
上海和君欣盛创业投资管理合伙企业（有限合伙）	2012-07-31		021-63335166	上海
上海和君欣盛创业投资合伙企业（有限合伙）	2013-04-17		021-63335166	上海
上海嘉定创业投资管理有限公司	2011-08-01	www.jdsam.com	021-59521219	上海
上海景嘉创业接力创业投资中心（有限合伙）	2011-12-15	www.stepfund.cn	021-55238521	上海

公司名称	成立时间	网址	电话	省份
上海科技创业投资股份有限公司	1993-06-30	www.sstic.com.cn	021-64338288	上海
上海科技创业投资有限公司	1992-01-01	www.shstvc.com.cn	021-22302800	上海
上海力合清源创业投资管理合伙企业（有限合伙）	2012-08-22	www.leaguercapital.com	021-60322064	上海
上海力合清源创业投资合伙企业（有限合伙）	2012-09-21	www.leaguercapital.com	021-60322064	上海
上海利彤创业投资有限公司	2015-07-23		021-50891281	上海
上海联升承业创业投资有限公司	2015-01-20		021-64718000	上海
上海联升承业投资管理中心（有限合伙）	2014-12-19		021-64718000	上海
上海联升创业投资有限公司	2010-04-09	www.atlas-venture.com	021-64718000	上海
上海联升投资管理有限公司	2010-01-07		021-64718000	上海
上海尼罗创业投资管理有限公司	2014-05-14		021-60829048	上海
上海欧奈而创业投资有限公司	2010-03-17		021-50800508	上海
上海欧奈尔创业投资中心（有限合伙）	2011-06-28		021-50800508	上海
上海浦东创业投资有限公司	1997-01-09	www.pdvc.com	021-50800216	上海
上海浦东科技投资有限公司	1999-06-01	www.pdsti.com	021-50276328	上海
上海浦软晨汇创业投资中心（有限合伙）	2014-08-27	www.jd.com	021-50302658	上海
上海浦软创业投资有限公司	2010-12-08	www.spspvc.com.cn	021-50302656	上海
上海浦软汇智创业投资合伙企业（有限合伙）	2013-11-21	www.chvc.com.cn	021-50302656	上海
上海七鹏创业投资中心（有限合伙）	2016-07-12	www.7seasvc.com	021-62225010	上海
上海七鹏乙皓创业投资中心（有限合伙）	2018-11-03	www.7seasvc.com	021-62225010	上海
上海起沧点海创业投资管理合伙企业（有限合伙）	2017-04-20	www.istartvc.com	021-52965210	上海
上海起沧点海创业投资合伙企业（有限合伙）	2017-05-18	www.istartvc.com	021-52965210	上海
上海起乾点坤创业投资管理合伙企业（有限合伙）	2011-06-23	www.istartvc.com	021-52965210	上海

公司名称	成立时间	网址	电话	省份
上海起乾点坤创业投资合伙企业（有限合伙）	2011-10-26	www.istartvc.com	021-52965210	上海
上海汽车创业投资有限公司	2001-06-19		021-22011666	上海
上海千骥创业投资管理有限公司	2010-01-07	www.cenova.com	021-64662333	上海
上海千骥创业投资中心（有限合伙）	2012-07-12	www.cenova.com	021-64662333	上海
上海千骥诺格医药创业投资管理有限公司	2012-05-30	www.cenova.com	021-64662333	上海
上海千骥生物医药创业投资有限公司	2010-04-29	www.cenova.com	021-64662333	上海
上海千骥星鹤创业投资管理有限公司	2015-02-11	www.cenova.com	021-64662333	上海
上海千骥星鹤创业投资中心（有限合伙）	2015-06-26	www.cenova.com	021-64662333	上海
上海乾莳资产管理有限公司	2014-08-26			上海
上海瑞经达创业投资有限公司	2010-02-10		13951629052	上海
上海商投创业投资有限公司	2001-06-05	www.scivc.sh.cn	021-53088751	上海
上海上实创业投资有限公司	2011-11-30	www.sigvc.com	021-35963977	上海
上海盛今创业投资有限公司	2013-10-14		021-80128690	上海
上海盛山兴钱创业投资中心（有限合伙）	2015-12-01		021-58822309	上海
上海盛山渝英创业投资中心（有限合伙）	2015-01-12		021-58822309	上海
上海盛有创业投资管理有限公司	2013-06-21	www.jadequity.com	021-80128690	上海
上海市北科技创业投资有限公司	2011-11-23		021-62509257	上海
上海肆祺创业投资中心（有限合伙）	2016-12-26		021-65055235	上海
上海泰礼创业投资管理有限公司	2014-09-15	www.stepfund.cn	021-55238521	上海
上海探针创业投资管理有限公司	2014-10-27	www.probingvc.com	021-58306168	上海
上海天地人和创业投资有限公司	2008-10-13	www.tdgc.com	021-58791618	上海
上海天际创业投资管理有限公司	2011-02-15		021-63351177	上海
上海沃燕创业投资合伙企业（有限合伙）	2015-10-13		010-87758066	上海
上海萧商创业投资合伙企业（有限合伙）	2013-02-20		021-52989083	上海

公司名称	成立时间	网址	电话	省份
上海昕朴创业投资合伙企业（有限合伙）	2015-06-26		021-64753378	上海
上海新中欧创业投资管理有限公司	2008-11-27	www.stepfund.cn	021-55238521	上海
上海杏泽兴源创业投资中心（有限合伙）	2018-02-01	www.apricot-capital.com	021-64220689	上海
上海徐汇科技创业投资有限公司	1998-12-02	www.xhvc.net	021-33687707	上海
上海英诺众程投资管理有限公司	2015-12-03		13671777930	上海
上海英诺众连创业投资中心（有限合伙）	2015-08-14		13671777930	上海
上海原禾创业投资中心（有限合伙）	2012-05-21		021-65055235	上海
上海源子创业投资中心（有限合伙）	2014-09-19		021-65055235	上海
上海蕴朴创业投资合伙企业（有限合伙）	2019-08-30		021-64753378	上海
上海责祥投资管理有限公司	2016-03-30		021-31115128	上海
上海闸北创业投资有限公司	2011-11-09		021-62509257	上海
上海张江创业投资有限公司	2000-07-12	www.zj-vc.com	021-50800508	上海
上海张江火炬创业投资有限公司	2012-10-26		021-20307008	上海
上海张江科技创业投资有限公司	2004-10-09	www.zjventure.com	021-50800601	上海
上海张江生物医药产业创业投资有限公司	2010-09-09		021-20300000	上海
上海真金创业投资管理有限公司	2011-08-26	www.shgenuine.com	021-50663766	上海
上海真金高技术服务业创业投资中心（有限合伙）	2012-11-12		021-50663736	上海
上海正海聚弘创业投资中心（有限合伙）	2014-08-21		021-50937908	上海
上海正海资产管理有限公司	2008-01-31	www.royalsea-capital.com	021-50937908	上海
上海正赛联创业投资管理有限公司	2011-01-31	www.cacfund.com	021-64286339	上海
上海正赛联创业投资有限公司	2010-10-22	www.cacfund.com	021-64286339	上海
上海谆朴投资中心（有限合伙）	2013-04-27		021-64753378	上海
上海拙朴投资管理中心（有限合伙）	2011-01-07		021-64753378	上海

公司名称	成立时间	网址	电话	省份
探针（上海）创业投资合伙企业（有限合伙）	2015-01-12	www.probingvc.com	021-58306168	上海
天翼科技创业投资有限公司	2012-07-23	www.189chuangyi.com	021-20989599	上海
天云睿海（上海）创业投资企业	2012-06-26		021-63351177	上海
原子（上海）投资股份有限公司	2012-04-01	www.atomvc.com	021-65055235	上海
曲水普特创业投资合伙企业（有限合伙）	2018-06-25		0571-86812478	西藏
西藏金缘投资管理有限公司	2015-05-22	jolmo.net	025-84730370	西藏
霍尔果斯嘉泽创业投资有限公司	2012-11-28		13301286983	新疆
喀什新昆创业投资有限公司	2012-07-24		13908871906	新疆
乌鲁木齐新奇康医药健康产业股权投资有限合伙企业	2019-07-09		0991-3638350	新疆
乌鲁木齐银创一期股权投资有限公司	2011-12-07			新疆
新疆创投资本管理有限责任公司	2010-07-15	www.xjvc.net	0991-3682873	新疆
新疆华泰天源股权投资有限合伙企业	2011-02-10		8848135	新疆
新疆火炬创业投资有限公司	2012-08-09	www.tvcxj.com	0991-3678085	新疆
新疆江之源股权投资合伙企业（有限合伙）	2010-12-02		18999182433	新疆
新疆新科源科技风险投资管理有限公司	2004-08-01		0991-3680756	新疆
新疆兴华富疆股权投资管理有限公司	2015-08-06		0991-3922612	新疆
新疆中科援疆创新创业私募基金管理有限公司	2015-10-09		0991-3820157	新疆
新疆中小企业创业投资股份有限公司	2010-01-26	www.xjvc.cn	4583310	新疆
红塔创新投资股份有限公司	2000-06-15	www.htip.net	0871-65177809	云南
云南国鼎股权投资基金管理有限公司	2014-06-11		13648842521	云南
云南红土创新企业管理有限公司	2012-03-22	www.szvc.com.cn	0871-64316710	云南
云南惠众股权投资基金管理有限公司	2011-07-06		0871-63632718	云南
云南南天盈富泰克创业投资基金管理有限公司	2015-11-26		17687199888	云南

公司名称	成立时间	网址	电话	省份
云南宁祥股权投资基金管理有限公司	2012-10-19		0871-68358445	云南
云南信诺股权投资基金管理有限公司	2011-11-09		0871-63647160	云南
云南云视股权投资基金管理有限公司	2012-12-05		0871-65933122	云南
安丰创业投资有限公司	2008-02-28	www.anfengvc.com	0571-87633583	浙江
长兴贝达股权投资合伙企业（有限合伙）	2020-01-10		0571-86091135	浙江
长兴迭代股权投资合伙企业（有限合伙）	2019-09-03			浙江
长兴君盈股权投资合伙企业（有限合伙）	2017-12-05		0571-88861566	浙江
长兴科商创业投资合伙企业（有限合伙）	2015-06-15		0571-88869317	浙江
长兴科威创业投资合伙企业（有限合伙）	2014-12-30		0571-88869317	浙江
淳安润哲涵夏股权投资合伙企业（有限合伙）	2020-05-27		0571-88861566	浙江
淳安润哲九域股权投资合伙企业（有限合伙）	2020-05-27		0571-88861566	浙江
淳安润哲诸华股权投资合伙企业（有限合伙）	2019-09-06		0571-88861566	浙江
德清奇锦股权投资合伙企业（有限合伙）	2020-07-02		0571-87205591	浙江
鄂尔多斯市嘉富泽力绿色发展基金合伙企业（有限合伙）	2019-09-29			浙江
国振资产管理（杭州）有限公司	2018-07-30		62115388	浙江
海宁力合天使创业投资合伙企业（有限合伙）	2014-09-30		0573-87296061	浙江
海宁普华友创股权投资管理合伙企业（有限合伙）	2015-09-15		0571-89774867	浙江
海宁启真毓金创业投资合伙企业（有限合伙）	2020-04-17		0571-87952529	浙江
海宁三仁腾兴股权投资合伙企业（有限合伙）	2015-06-02			浙江

公司名称	成立时间	网址	电话	省份
海宁三仁望岳股权投资合伙企业（有限合伙）	2015-06-02		0571-89774867	浙江
杭州安丰宸元创业投资合伙企业（有限合伙）	2016-01-21		0571-87633580	浙江
杭州安丰创健创业投资合伙企业（有限合伙）	2018-07-17	www.anfengvc.com	0571-87633580	浙江
杭州安丰杭盈创业投资合伙企业（有限合伙）	2017-04-20		0571-87633580	浙江
杭州安丰慧元创业投资合伙企业（有限合伙）	2016-03-15	www.anfengvc.com	0571-87633583	浙江
杭州安丰玖号创业投资合伙企业（有限合伙）	2015-09-28		0571-87633583	浙江
杭州安丰上盈创业投资合伙企业（有限合伙）	2015-01-09		0571-87633583	浙江
杭州安丰盛科创业投资合伙企业（有限合伙）	2017-06-15	www.anfengvc.com	0571-87633580	浙江
杭州安丰新干投创业投资合伙企业（有限合伙）	2017-01-09		0571-87633580	浙江
杭州安丰鑫元创业投资合伙企业（有限合伙）	2017-01-10		0571-87633580	浙江
杭州翱鹏投资管理有限公司	2015-10-14		0571-87205591	浙江
杭州翱谱投资合伙企业（有限合伙）	2018-05-04			浙江
杭州翱誉美投资管理合伙企业（有限合伙）	2017-03-22		0571-87205591	浙江
杭州帮创投资合伙企业（有限合伙）	2016-01-29			浙江
杭州帮实投资管理有限公司	2014-04-03	www.vcchina.com	0571-58100716	浙江
杭州葆光投资管理有限公司	2012-10-18		0571-85450699	浙江
杭州贝达投资管理有限公司	2011-05-11		0571-87182917	浙江
杭州倍达广顺创业投资合伙企业（有限合伙）	2020-04-20		0571-81101916	浙江
杭州滨江普华天晴股权投资合伙企业（有限合伙）	2016-02-24		0571-87755559	浙江

续表

公司名称	成立时间	网址	电话	省份
杭州滨江众创投资合伙企业（有限合伙）	2015-04-24			浙江
杭州伯乐圣赢股权投资合伙企业（有限合伙）	2015-08-06			浙江
杭州博观丰年投资合伙企业（有限合伙）	2015-04-22		0571-89774867	浙江
杭州长江创业投资有限公司	1996-01-06		0571-86622798	浙江
杭州诚和创业投资有限公司	2006-06-01		0571-88219849	浙江
杭州诚和西元投资合伙企业（有限合伙）	2012-08-30		0571-88219849	浙江
杭州崇石投资合伙企业（有限合伙）	2015-06-03		0571-89774867	浙江
杭州穿越投资合伙企业（有限合伙）	2018-06-15			浙江
杭州创客加速投资管理有限公司	2014-12-02	www.makeraccel.com	0571-87983570	浙江
杭州大头投资管理有限公司	2015-01-01	www.datoucapital.com		浙江
杭州道生投资管理有限公司	2015-04-14	www.daocin.com	13588170397	浙江
杭州道生元力投资合伙企业（有限合伙）	2016-12-20		0571-87035705	浙江
杭州道昇投资合伙企业（有限合伙）	2015-08-07		13588170397	浙江
杭州德石灵动投资合伙企业（有限合伙）	2018-07-26		0571-28920573	浙江
杭州德石驱动投资合伙企业（有限合伙）	2014-08-01		0571-28920573	浙江
杭州德石速动投资合伙企业（有限合伙）	2016-06-27		0571-28920573	浙江
杭州德石悦动投资合伙企业（有限合伙）	2017-12-18		0571-28920573	浙江
杭州德同创业投资合伙企业（有限合伙）	2010-07-08		0571-86690980	浙江
杭州德同投资管理有限公司	2010-04-21		0571-86690980	浙江

公司名称	成立时间	网址	电话	省份
杭州迭代创氪投资管理合伙企业（有限合伙）	2015-06-30			浙江
杭州迭代夸克投资管理合伙企业（有限合伙）	2014-11-19			浙江
杭州迭代升集投资管理合伙企业（有限合伙）	2018-05-22			浙江
杭州迭代投资管理有限公司	2014-10-28	www.demonow.cn	15868101937	浙江
杭州鼎聚芥园创业投资合伙企业（有限合伙）	2011-06-13			浙江
杭州鼎聚景茂投资合伙企业（有限合伙）	2018-01-11		0571-86015809	浙江
杭州鼎聚景盛创业投资合伙企业（有限合伙）	2018-08-07			浙江
杭州鼎聚景远创业投资合伙企业（有限合伙）	2016-05-23			浙江
杭州鼎聚坤华创业投资合伙企业（有限合伙）	2011-12-21			浙江
杭州鼎聚茂华创业投资合伙企业（有限合伙）	2013-01-07			浙江
杭州鼎聚投资管理有限公司	2011-04-06			浙江
杭州鼎霖投资合伙企业（有限合伙）	2018-01-12			浙江
杭州东方嘉奇投资合伙企业（有限合伙）	2016-09-09		0571-87600533	浙江
杭州敦钧资产管理有限公司	2016-01-07		0571-82333196	浙江
杭州枫惠投资管理有限公司	2006-07-14		0571-89939634	浙江
杭州复朴共进投资合伙企业（有限合伙）	2015-03-31		0571-86690980	浙江
杭州复朴投资管理有限公司	2014-09-17		0571-86690980	浙江
杭州富阳泽直股权投资合伙企业（有限合伙）	2020-04-15			浙江
杭州工创股权投资基金合伙企业（有限合伙）	2016-09-28			浙江

公司名称	成立时间	网址	电话	省份
杭州广润创业投资有限公司	2007-11-28		0571-87182917	浙江
杭州广赢投资管理有限公司	2017-04-01		0571-81101916	浙江
杭州贵诚投资合伙企业（有限合伙）	2016-02-06		0571-85395797	浙江
杭州贵巨创业投资合伙企业（有限合伙）	2015-09-23		0571-87182917	浙江
杭州海邦沣华投资管理有限公司	2017-10-15	www.fenghuavc.cn	0571-88212200	浙江
杭州海邦巨擎创业投资合伙企业（有限合伙）	2016-03-14		0571-88212200	浙江
杭州海邦投资管理有限公司	2010-12-10	www.hbvc.com.cn	0571-88212200	浙江
杭州海邦新湖人才创业投资合伙企业（有限合伙）	2013-08-02	www.hbvc.com.cn	0571-88212200	浙江
杭州海邦药谷从正创业投资合伙企业（有限合伙）	2015-06-05		0571-88212200	浙江
杭州海邦羿谷创业投资合伙企业（有限合伙）	2017-12-28		0571-88212200	浙江
杭州海邦引智投资管理有限公司	2012-06-01	www.hbvc.com.cn	0571-8821200	浙江
杭州汉洋友创投资合伙企业（有限合伙）	2015-01-29		0571-87952529	浙江
杭州瀚臻投资管理有限公司	2015-07-15		0571-86893065	浙江
杭州杭实赛谨投资合伙企业（有限合伙）	2018-01-25			浙江
杭州好望角车航投资合伙企业（有限合伙）	2016-06-30		0571-28178260	浙江
杭州好望角奇点投资合伙企业（普通合伙）	2014-12-29		0571-28178237	浙江
杭州好望角启航投资合伙企业（有限合伙）	2011-07-28		0571-28178237	浙江
杭州好望角投资管理有限公司	2007-08-22		0571-28178237	浙江
杭州好望角苇航投资合伙企业（有限合伙）	2015-11-23		0571-28178260	浙江
杭州好望角引航投资合伙企业（有限合伙）	2014-05-05		0571-28178235	浙江

公司名称	成立时间	网址	电话	省份
杭州好望角越航投资合伙企业（有限合伙）	2014-12-25		0571-28178235	浙江
杭州河创投资合伙企业（有限合伙）	2018-11-21		0571-87756026	浙江
杭州弘翔金投投资合伙企业（有限合伙）	2017-03-28		0571-28199590	浙江
杭州鸿富股权投资合伙企业（有限合伙）	2020-06-09			浙江
杭州鸿翌股权投资合伙企业（有限合伙）	2020-10-27		18869354736	浙江
杭州厚初创业投资合伙企业（有限合伙）	2014-05-22		0571-88301885	浙江
杭州厚达瑞择投资合伙企业（有限合伙）	2015-12-28		0571-86091135	浙江
杭州厚达顺网股权投资合伙企业（有限合伙）	2020-03-31		0571-88935159	浙江
杭州厚达元奥股权投资合伙企业（有限合伙）	2018-06-18		0571-86091135	浙江
杭州虎跃永沃投资管理合伙企业（有限合伙）	2015-04-29		0571-89938749	浙江
杭州虎跃悦夏投资管理合伙企业（有限合伙）	2015-04-29		0571-89938749	浙江
杭州花贝投资管理合伙企业（有限合伙）	2015-06-09		0571-81061899	浙江
杭州花云股权投资合伙企业（有限合伙）	2020-08-31		0571-56923708	浙江
杭州华旦丹阳投资管理有限公司	2006-12-14		0571-81061899	浙江
杭州华旦投资管理合伙企业（有限合伙）	2014-09-19		0571-85350669、0571-81061899	浙江
杭州华睿嘉银股权投资合伙企业（有限合伙）	2019-07-05	www.sinowisdom.cn	0571-88163183	浙江
杭州华薇创业投资合伙企业（有限合伙）	2017-11-03		0571-88902017	浙江

公司名称	成立时间	网址	电话	省份
杭州华夏八维股权投资合伙企业（有限合伙）	2019-08-09		0571-88965079	浙江
杭州华夏科发股权投资合伙企业（有限合伙）	2020-06-29		0571-88965079	浙江
杭州华夏绿合股权投资合伙企业（有限合伙）	2016-05-18		0571-88965079	浙江
杭州华夏粟捷股权投资合伙企业（有限合伙）	2019-08-12		0571-88965079	浙江
杭州华夏云亿投资管理合伙企业（有限合伙）	2016-06-30		0571-88965079	浙江
杭州怀记投资管理有限公司	2015-04-17	www.hj-investment.cn	0571-88861566	浙江
杭州绩优汀兰股权投资合伙企业（有限合伙）	2020-01-19		0571-86957399	浙江
杭州绩优投资管理有限公司	2014-07-07		0571-86957309	浙江
杭州绩优悦泉创业投资合伙企业（有限合伙）	2015-08-27		0571-86957399	浙江
杭州绩优卓源创业投资合伙企业（有限合伙）	2020-01-19		0571-86957399	浙江
杭州吉年投资合伙企业（有限合伙）	2017-01-01			浙江
杭州嘉富天堂硅谷二号股权投资合伙企业（有限合伙）	2017-08-31		0571-87600533	浙江
杭州嘉富泽地投资管理合伙企业（有限合伙）	2018-06-12		0571-87600533	浙江
杭州嘉富泽君投资管理合伙企业（有限合伙）	2018-06-12		0571-87600533	浙江
杭州嘉富泽枢股权投资合伙企业（有限合伙）	2019-10-09		0571-87600553	浙江
杭州见和投资管理合伙企业（有限合伙）	2015-07-10		0571-89939634	浙江
杭州戒和投资管理合伙企业（有限合伙）	2015-12-22		0571-89939634	浙江

公司名称	成立时间	网址	电话	省份
杭州金投智和创业投资合伙企业（有限合伙）	2020-10-14		0571-87155986	浙江
杭州金投智业创业投资合伙企业（有限合伙）	2019-11-11			浙江
杭州金投智远创业投资合伙企业（有限合伙）	2017-07-21		0571-87155986	浙江
杭州锦聚投资管理有限公司	2014-07-21	www.jinju-capital.com	0571-85395572	浙江
杭州锦聚新能源壹号投资合伙企业（有限合伙）	2017-12-12		0571-28205211	浙江
杭州锦薇股权投资合伙企业（有限合伙）	2017-05-09		0571-87600533	浙江
杭州锦杏谷创业投资合伙企业（有限合伙）	2015-02-13		0571-28205211	浙江
杭州锦元资产管理有限公司	2015-04-08		13666660071	浙江
杭州劲健投资合伙企业（有限合伙）	2015-12-17			浙江
杭州经济技术开发区创业投资有限公司	2008-10-09	www.hedaventures.com	0571-88073089	浙江
杭州君青投资合伙企业（有限合伙）	2018-03-31		0571-81993000	浙江
杭州君远投资管理合伙企业（有限合伙）	2016-08-28			浙江
杭州君知投资合伙企业（有限合伙）	2017-02-01			浙江
杭州君志投资合伙企业（有限合伙）	2017-02-10			浙江
杭州铠鹏投资合伙企业（有限合伙）	2018-05-05		0571-87205591	浙江
杭州科发创业投资合伙企业（有限合伙）	2013-01-09		0571-89939939	浙江
杭州科发金鼎创业投资合伙企业（有限合伙）	2017-10-12	www.zjkfcapital.com	0571-89939939	浙江
杭州科发天使投资合伙企业（有限合伙）	2015-02-12		0571-88250328	浙江
杭州科发相湖创业投资合伙企业（有限合伙）	2018-03-19		0571-88250328	浙江

公司名称	成立时间	网址	电话	省份
杭州兰德润广投资管理有限公司	2010-12-20		0571-88480080	浙江
杭州兰德优势创业投资合伙企业（有限合伙）	2011-07-07		0571-86963977	浙江
杭州蓝贝壳帮实创业投资合伙企业（有限合伙）	2015-11-26			浙江
杭州澜拓投资合伙企业（有限合伙）	2017-01-22		0571-88122783	浙江
杭州朗月照人股权投资合伙企业（有限合伙）	2015-06-18		0571-86821155	浙江
杭州立晟佳悦创业投资合伙企业（有限合伙）	2016-05-11	www.ls-vc.com	0571-88212200	浙江
杭州立晟投资管理有限公司	2016-03-24		0571-88611705	浙江
杭州立元宸皓投资合伙企业（有限合伙）	2016-07-01	www.cnlyjt.com	0571-87769018	浙江
杭州立元创业投资股份有限公司	2006-12-08	www.cnlyjt.com	0571-87974698	浙江
杭州立元熙茂投资合伙企业（有限合伙）	2016-02-18	www.cnlyjt.com	0571-87769018	浙江
杭州利海互联创业投资合伙企业（有限合伙）	2014-06-05		0571-89922222	浙江
杭州联创投资管理有限公司	2008-10-07	www.newmargin.com	0571-28130555	浙江
杭州联创永津创业投资合伙企业（有限合伙）	2009-09-01		0571-28130555	浙江
杭州联创永溢创业投资合伙企业（有限合伙）	2010-10-08		0571-28130555	浙江
杭州联创永源股权投资合伙企业（有限合伙）	2011-03-07		0571-28130555	浙江
杭州灵峰赛伯乐创业投资合伙企业（有限合伙）	2008-12-10		0571-86089290	浙江
杭州凌赛投资合伙企业（有限合伙）	2017-01-16			浙江
杭州龙庆长阜股权投资合伙企业（有限合伙）	2012-11-09		0571-86821155	浙江
杭州龙庆长泰智慧产业投资管理有限公司	2015-06-12		0571-86821155	浙江

公司名称	成立时间	网址	电话	省份
杭州隆启投资管理有限公司	2016-07-15		0571-87769995	浙江
杭州梦定投资管理合伙企业（有限合伙）	2016-07-18		0571-87600533	浙江
杭州梦飞投资管理合伙企业（有限合伙）	2016-07-18		0571-87600533	浙江
杭州珉澜股权投资基金合伙企业（有限合伙）	2018-02-28			浙江
杭州明烨资产管理有限公司	2017-03-30		0571-88902017	浙江
杭州纳泽投资合伙企业（有限合伙）	2017-03-15		0517-88122783	浙江
杭州普华博帆投资合伙企业（有限合伙）	2016-01-21		0571-89774867	浙江
杭州普华博谊投资合伙企业（有限合伙）	2016-01-21		0571-89774867	浙江
杭州普华帆顺投资合伙企业（有限合伙）	2016-10-26			浙江
杭州普华锐昆创业投资合伙企业（有限合伙）	2017-10-26			浙江
杭州普华顺程投资合伙企业（有限合伙）	2016-10-26			浙江
杭州普华昱辰股权投资合伙企业（有限合伙）	2019-08-29			浙江
杭州普华智顺投资合伙企业（有限合伙）	2016-10-25			浙江
杭州普阳投资管理有限公司	2009-04-15		0571-86812478	浙江
杭州启征投资管理合伙企业（有限合伙）	2015-03-06		28238816	浙江
杭州牵海创业投资合伙企业（有限合伙）	2015-06-11		0571-89922222	浙江
杭州庆诚投资合伙企业（有限合伙）	2015-08-20			浙江
杭州戎富投资管理合伙企业（有限合伙）	2017-07-28		0571-87600533	浙江
杭州容胜投资合伙企业（有限合伙）	2015-12-01			浙江

公司名称	成立时间	网址	电话	省份
杭州榕环股权投资基金合伙企业（有限合伙）	2016-12-09			浙江
杭州如山创业投资有限公司	2007-08-01		0571-87814985	浙江
杭州润琰投资合伙企业（有限合伙）	2013-04-08		0571-85450699	浙江
杭州赛滨投资管理合伙企业（有限合伙）	2015-08-12			浙江
杭州赛伯乐晨星投资合伙企业（有限合伙）	2010-09-21		0571-86089296	浙江
杭州赛伯乐瓦特投资合伙企业（有限合伙）	2016-08-23			浙江
杭州赛宸吉盛投资合伙企业（有限合伙）	2015-01-26		0571-86072192	浙江
杭州赛德智云投资合伙企业（有限合伙）	2017-11-17			浙江
杭州赛硅银投资合伙企业（有限合伙）	2014-04-11	www.cybernaut.com.cn	0571-89939898	浙江
杭州赛航投资合伙企业（有限合伙）	2015-05-25		0571-86072192	浙江
杭州赛珩投资合伙企业（有限合伙）	2016-09-13			浙江
杭州赛久投资合伙企业（有限合伙）	2016-02-04			浙江
杭州赛智珩科投资合伙企业（有限合伙）	2007-05-10			浙江
杭州赛智君锐投资合伙企业（有限合伙）	2017-05-19			浙江
杭州赛智网科投资合伙企业（有限合伙）	2017-12-19			浙江
杭州昇远投资合伙企业（有限合伙）	2018-06-06		0571-85025900	浙江
杭州盛水渊投资管理有限公司	2015-05-28			浙江
杭州盛水渊源头投资合伙企业（有限合伙）	2018-03-29			浙江
杭州盛元茗溪投资合伙企业（有限合伙）	2016-08-19		0571-88375737	浙江

公司名称	成立时间	网址	电话	省份
杭州盛元行稳股权投资合伙企业（有限合伙）	2019-12-27			浙江
杭州十棱投资管理有限公司	2018-01-29	www.tenedge.com	0571-86934167	浙江
杭州市高科技投资有限公司	2000-08-20		0571-86699729	浙江
杭州数创创业投资合伙企业（有限合伙）	2013-11-13		0571-87997755	浙江
杭州水木泽华创业投资合伙企业（有限合伙）	2015-03-11		28238816	浙江
杭州硕石投资合伙企业（有限合伙）	2015-11-17		0571-89774867	浙江
杭州四祥股权投资合伙企业（有限合伙）	2017-03-27		0571-86893065	浙江
杭州泰恒投资管理有限公司	2010-06-03		0571-87155986	浙江
杭州天帮投资合伙企业（有限合伙）	2014-06-26			浙江
杭州天赋投资管理合伙企业（有限合伙）	2016-04-29		0571-85395797	浙江
杭州天联投资管理合伙企业（有限合伙）	2014-03-14		0571-28233263	浙江
杭州天璞创业投资合伙企业（有限合伙）	2013-07-05			浙江
杭州天使湾投资管理股份有限公司	2010-09-28	www.tisiwi.com	0571-28237185	浙江
杭州天堂硅谷杭实股权投资合伙企业（有限合伙）	2020-06-16		0571-87081027	浙江
杭州天堂硅谷嘉富一号股权投资合伙企业（有限合伙）	2017-08-31		0571-87600533	浙江
杭州天堂硅谷新弈股权投资合伙企业（有限合伙）	2017-08-09			浙江
杭州天跃投资管理合伙企业（有限合伙）	2016-01-25		0571-85395797	浙江
杭州同心众创投资合伙企业（有限合伙）	2017-10-19			浙江
杭州头头是道投资合伙企业（有限合伙）	2015-10-13			浙江

公司名称	成立时间	网址	电话	省份
杭州万豪碧扬投资合伙企业（有限合伙）	2012-03-15		13588813698	浙江
杭州万豪投资管理有限公司	2006-01-09	www.e-icu.cn	0571-88129639	浙江
杭州文辰友创投资合伙企业（有限合伙）	2017-04-05		0571-87952529	浙江
杭州文诚创业投资有限公司	2012-07-09		0571-89833218	浙江
杭州文广创业投资有限公司	2010-12-29		0571-89833218	浙江
杭州文广股权投资管理有限公司	2010-11-10		0571-89833988	浙江
杭州西创股权投资合伙企业（有限合伙）	2015-12-30		0571-86036868	浙江
杭州禧筠朝旭创业投资合伙企业（有限合伙）	2018-04-02		0571-87048673	浙江
杭州禧筠股权投资基金管理合伙企业（有限合伙）	2018-02-09	www.xy-cap.cn	0571-87048673	浙江
杭州禧筠康辰股权投资合伙企业（有限合伙）	2018-07-24		0571-87048673	浙江
杭州祥晖翎裕股权投资基金合伙企业（有限合伙）	2017-07-03			浙江
杭州祥晖深富股权投资基金合伙企业（有限合伙）	2017-07-06			浙江
杭州鑫康健创业投资有限公司	2013-12-18			浙江
杭州鑫信希创业投资有限公司	2016-05-30			浙江
杭州鑫悦动创业投资有限公司	2012-03-22			浙江
杭州信倍股权投资合伙企业（有限合伙）	2016-05-31		0571-87331033	浙江
杭州信得宝投资管理有限公司	2016-02-17	www.cndebo.com	0571-87331033	浙江
杭州信珝股权投资合伙企业（有限合伙）	2016-06-12		0571-87331033	浙江
杭州兴富投资管理合伙企业（有限合伙）	2016-05-23		0571-87600533	浙江
杭州兴绎投资合伙企业（有限合伙）	2012-10-17		0571-88122783	浙江

公司名称	成立时间	网址	电话	省份
杭州星榕湾股权投资合伙企业（有限合伙）	2020-01-03			浙江
杭州宣富投资管理合伙企业（有限合伙）	2017-01-05		0571-87600533	浙江
杭州璕石投资合伙企业（有限合伙）	2018-08-24		0571-85371166	浙江
杭州言和投资管理合伙企业（有限合伙）	2015-07-22		0571-89939634	浙江
杭州仰健投资合伙企业（有限合伙）	2015-06-05			浙江
杭州以弘投资合伙企业（有限合伙）	2017-01-18		0571-88122783	浙江
杭州逸岩股权投资基金合伙企业（有限合伙）	2018-02-28			浙江
杭州银瀚创业投资合伙企业（有限合伙）	2017-05-18			浙江
杭州银江智慧产业创业投资合伙企业（有限合伙）	2014-11-07			浙江
杭州银杏果股权投资合伙企业（有限合伙）	2016-12-02		0571-86036868	浙江
杭州银杏海创业投资合伙企业（有限合伙）	2016-08-01		0571-86036868	浙江
杭州银杏湖股权投资合伙企业（有限合伙）	2017-08-02		0571-86036868	浙江
杭州银杏数股权投资合伙企业（有限合伙）	2015-03-13		0571-86036868	浙江
杭州盈动投资管理有限公司	2008-07-25	www.incapital.cn	0571-87960700	浙江
杭州盈动悦创创业投资合伙企业（有限合伙）	2015-09-10		0571-87960700	浙江
杭州赢欣谷投资合伙企业（有限合伙）	2015-04-20		0571-86036868	浙江
杭州永宣永铭股权投资合伙企业（有限合伙）	2011-10-14		0571-28130555	浙江
杭州友创天辰投资合伙企业（有限合伙）	2017-07-06		0571-87952529	浙江
杭州友创天晟股权投资合伙企业（有限合伙）	2019-05-31		0571-87952529	浙江

公司名称	成立时间	网址	电话	省份
杭州友创天使投资合伙企业（有限合伙）	2016-07-20		0571-87952529	浙江
杭州友创天泰投资合伙企业（有限合伙）	2017-07-06		0571-87952529	浙江
杭州元弘投资管理有限公司	2014-09-26		0571-88122783	浙江
杭州元弈投资合伙企业（有限合伙）	2016-03-01		0571-88122783	浙江
杭州源聚丰创业投资合伙企业（有限合伙）	2020-10-10		0571-85310240	浙江
杭州远瞩股权投资合伙企业（有限合伙）	2014-10-20			浙江
杭州云创创业投资合伙企业（有限合伙）	2014-10-24		0571-87960700	浙江
杭州云达丰创业投资合伙企业（有限合伙）	2020-12-17			浙江
杭州云蝶加速投资管理合伙企业（有限合伙）	2015-01-28		0571-87983570	浙江
杭州云栖创投股权投资合伙企业（有限合伙）	2017-11-20		0571-86036868	浙江
杭州云祥创新投资合伙企业（有限合伙）	2011-09-23		0571-87960700	浙江
杭州云卓二期投资合伙企业（有限合伙）	2018-04-19		0571-87960700	浙江
杭州云卓投资合伙企业（有限合伙）	2016-04-22		0571-87960700	浙江
杭州兆恒投资管理有限公司	2014-02-26		0571-88160069	浙江
杭州哲创投资合伙企业（有限合伙）	2016-12-04			浙江
杭州浙大未来创新投资管理有限公司	2017-05-08	www.zjucapital.com	0571-85025900	浙江
杭州浙科厚合创业投资合伙企业（有限合伙）	2018-02-02		0571-88869317	浙江
杭州浙科汇福创业投资合伙企业（有限合伙）	2016-10-12		0571-88869317	浙江
杭州浙科汇经创业投资合伙企业（有限合伙）	2017-06-30		0571-88869317	浙江

公司名称	成立时间	网址	电话	省份
杭州浙科盛元创业投资合伙企业（有限合伙）	2017-01-01		0571-88869317	浙江
杭州浙农科业投资管理有限公司	2015-06-05		0571-87663037	浙江
杭州浙农科众创业投资合伙企业（有限合伙）	2017-05-17		0571-87663037	浙江
杭州浙农鑫科创业投资合伙企业（有限合伙）	2015-06-15		0571-87663037	浙江
杭州浙农鑫翔创业投资合伙企业（有限合伙）	2016-09-26		0571-87663037	浙江
杭州浙欣投资合伙企业（有限合伙）	2014-10-24			浙江
杭州真和投资管理合伙企业（有限合伙）	2017-07-31		0571-89939634	浙江
杭州臻安投资管理合伙企业（有限合伙）	2016-11-16		0571-88071605	浙江
杭州臻立投资管理合伙企业（有限合伙）	2018-08-08		0571-88071605	浙江
杭州臻农股权投资合伙企业（有限合伙）	2020-08-10		0571-87663037	浙江
杭州臻威投资管理合伙企业（有限合伙）	2018-04-17		0571-88071605	浙江
杭州臻祥投资管理合伙企业（有限合伙）	2016-11-22		0571-88071605	浙江
杭州正前方投资有限公司	2015-06-02		0571-86812478	浙江
杭州志云创业投资合伙企业（有限合伙）	2017-11-07		0571-28205211	浙江
杭州致源投资合伙企业（有限合伙）	2017-07-07		0571-83511152	浙江
杭州中寰投资管理有限公司	2017-03-21	www.zhzb.com	0571-28801311	浙江
杭州中濬投资管理合伙企业（有限合伙）	2017-11-06		18869354736	浙江
杭州中来锦聚投资管理有限公司	2015-01-28		0571-28205211	浙江
杭州中来锦聚新能源合伙企业（有限合伙）	2015-04-20		0571-28205211	浙江

公司名称	成立时间	网址	电话	省份
杭州中榕科创股权投资合伙企业（有限合伙）	2020-04-03		18869354736	浙江
杭州中赢复朴仁股权投资合伙企业（有限合伙）	2015-10-15		0571-86690980	浙江
杭州中赢复朴投资管理有限公司	2015-09-21		0571-86690980	浙江
杭州紫金港未来创新投资合伙企业（有限合伙）	2017-06-21		0571-85025900	浙江
红榕创业投资股份有限公司	2010-07-16	www.hr-invest.com	0571-81101060	浙江
湖州创客有邦投资管理合伙企业（有限合伙）	2015-07-30		0571-87983570	浙江
湖州见丰股权投资有限公司	2019-08-20			浙江
湖州盛元宁化股权投资合伙企业（有限合伙）	2019-11-22			浙江
湖州盛元兴汇股权投资合伙企业（有限合伙）	2020-12-14		0571-88375737	浙江
湖州市鑫农股权投资合伙企业（有限合伙）	2019-04-26		0571-87663037	浙江
湖州颐通投资管理合伙企业（有限合伙）	2016-11-28		0571-86893065	浙江
湖州源来科技产业投资合伙企业（有限合伙）	2018-11-28		0571-62115388	浙江
湖州宙石股权投资有限公司	2017-05-18		0571-88861566	浙江
华夏恒天资本管理有限公司	2015-05-27	www.hx-ht.com	0571-88965079	浙江
嘉兴蜂巢创业投资合伙企业（有限合伙）	2017-04-24			浙江
嘉兴硅谷天堂辉正投资管理合伙企业（有限合伙）	2016-03-24		0571-86483523	浙江
嘉兴杭实毓澄创业投资合伙企业（有限合伙）	2020-08-06		0572-87952529	浙江
嘉兴豪真投资合伙企业（有限合伙）	2015-08-20		0571-87156516	浙江
嘉兴华睿布谷鸟创业投资合伙企业（有限合伙）	2014-08-14			浙江

公司名称	成立时间	网址	电话	省份
嘉兴华睿盛银创业投资合伙企业（有限合伙）	2020-06-08		0571-88163183	浙江
嘉兴华腾华宇股权投资合伙企业（有限合伙）	2020-09-21		0571-87663037	浙江
嘉兴绩优投资合伙企业（有限合伙）	2016-10-25		0571-86957399	浙江
嘉兴杰思投资合伙企业（有限合伙）	2015-08-20		0571-87156516	浙江
嘉兴锦舟投资合伙企业（有限合伙）	2019-12-02		0571-85025900	浙江
嘉兴康晶半导体产业投资合伙企业（有限合伙）	2019-08-20			浙江
嘉兴联创汉德投资合伙企业（有限合伙）	2015-06-02		0571-28130555	浙江
嘉兴龙庆股权投资管理有限公司	2010-04-14		0571-86821155	浙江
嘉兴绿合投资管理有限公司	2018-03-05		18721136258	浙江
嘉兴敏实定向股权投资合伙企业（有限合伙）	2019-12-10		0571-87235801	浙江
嘉兴明兔投资合伙企业（有限合伙）	2018-12-05		0571-88902017	浙江
嘉兴市领汇创业投资管理有限公司	2010-12-21		0571-87153786	浙江
嘉兴帅车股权投资合伙企业（有限合伙）	2020-05-14		0571-26237933	浙江
嘉兴泰如股权投资合伙企业（有限合伙）	2017-02-22		0571-86893065	浙江
嘉兴天禀投资合伙企业（有限合伙）	2014-05-16		0571-85395797	浙江
嘉兴天浩投资管理有限公司	2014-12-10		0571-85395797	浙江
嘉兴天澜投资合伙企业（有限合伙）	2014-11-17		0571-85395797	浙江
嘉兴天禄投资合伙企业（有限合伙）	2014-12-22		0571-85395797	浙江
嘉兴天叶投资合伙企业（有限合伙）	2016-06-24		0571-85395797	浙江
嘉兴通途投资合伙企业（有限合伙）	2016-03-09		0571-87156516	浙江
嘉兴威柒投资合伙企业（有限合伙）	2016-03-09		0571-87156516	浙江
江山市恒创投资合伙企业(有限合伙)	2016-01-19			浙江
金华普华君跻投资合伙企业（有限合伙）	2017-03-03			浙江

公司名称	成立时间	网址	电话	省份
金华融嘉富金投资管理合伙企业（有限合伙）	2017-08-21		0571-87600533	浙江
金华市博观科华股权投资合伙企业（有限合伙）	2015-06-04			浙江
金华市普华百川创业投资合伙企业（有限合伙）	2015-07-27			浙江
金华市普华海纳股权投资合伙企业（有限合伙）	2015-07-28			浙江
金华市普华济帆股权投资合伙企业（有限合伙）	2016-02-17			浙江
金华市普华济兴股权投资合伙企业（有限合伙）	2016-02-03			浙江
金华市天勤科华股权投资合伙企业（有限合伙）	2015-06-03			浙江
金控天勤（杭州）创业投资合伙企业（有限合伙）	2019-12-18			浙江
金库（杭州）创业投资管理有限公司	2011-08-23	www.kymcocapital.com	0571-86693010	浙江
开化硅谷天堂鲲裕股权投资基金合伙企业（有限合伙）	2017-05-23		0571-87081027	浙江
兰溪普华聚力股权投资合伙企业（有限合伙）	2015-12-01			浙江
兰溪普华同润创业投资合伙企业（有限合伙）	2015-09-15		0571-89774867	浙江
兰溪普华壹晖投资合伙企业（有限合伙）	2018-03-12		0571-86812478	浙江
兰溪普华臻宜股权投资合伙企业（有限合伙）	2018-03-15		0571-89774867	浙江
丽水龙庆长旭股权投资合伙企业（有限合伙）	2017-08-04		0571-86821155	浙江
丽水绿谷信息产业投资合伙企业（有限合伙）	2016-12-20			浙江
临安绩优青岚创业投资合伙企业（有限合伙）	2016-11-07		0571-86957399	浙江

公司名称	成立时间	网址	电话	省份
龙泉市科技创投基金合伙企业（有限合伙）	2019-12-27		0571-88219849	浙江
隆启同盛（杭州）投资管理合伙企业（有限合伙）	2018-06-15		0571-87769995	浙江
隆启星路（杭州）投资管理合伙企业（有限合伙）	2017-04-06		0571-87769995	浙江
隆启轩成（杭州）投资管理合伙企业（有限合伙）	2018-06-15		0571-87769995	浙江
宁波安丰和众创业投资合伙企业（有限合伙）	2011-03-10		0571-87633580	浙江
宁波安丰汇群创业投资合伙企业（有限合伙）	2011-08-12		0571-87633580	浙江
宁波安丰领先创业投资合伙企业（有限合伙）	2011-04-26		0571-87633580	浙江
宁波安丰添富创业投资合伙企业（有限合伙）	2012-07-13		0571-87633580	浙江
宁波安丰众盈创业投资合伙企业（有限合伙）	2010-04-27		0571-87633580	浙江
宁波保税区链上股权投资合伙企业（有限合伙）	2018-06-05		0571-86893065	浙江
宁波北岸智谷海邦创业投资合伙企业（有限合伙）	2016-07-07		0574-83088585	浙江
宁波北远创业投资中心（有限合伙）	2010-08-27		0574-27706565	浙江
宁波创业风险投资有限公司	1999-05-06		0574-86896339	浙江
宁波东元创业投资有限公司	2005-05-16	www.nbvc.com.cn	0574-87747281	浙江
宁波富国金源创业投资合伙企业（有限合伙）	2016-02-26		0571-88068369	浙江
宁波海邦人才创业投资合伙企业（有限合伙）	2011-09-29		0574-83088585	浙江
宁波金硕投资有限公司	2011-09-16		0571-88219849	浙江
宁波开云融汇创业投资合伙企业（有限合伙）	2015-05-18		0574-27903661	浙江

公司名称	成立时间	网址	电话	省份
宁波科发宝鼎创业投资合伙企业（有限合伙）	2016-11-16		0571-88250328	浙江
宁波科发富鼎创业投资合伙企业（有限合伙）	2017-11-02		0571-88250328	浙江
宁波科发海鼎创业投资合伙企业（有限合伙）	2014-05-30		0571-89939939	浙江
宁波梅山保税港区璨鹏股权投资合伙企业（有限合伙）	2018-05-02		0571-87205591	浙江
宁波梅山保税港区道通好合股权投资合伙企业（有限合伙）	2017-06-07		0571-85450699	浙江
宁波梅山保税港区敦君疏影建武投资合伙企业（有限合伙）	2017-02-16		0571-82333196	浙江
宁波梅山保税港区敦钧万乘洪武投资合伙企业（有限合伙）	2016-05-26		0571-82333196	浙江
宁波梅山保税港区敦骏香叶天宝投资合伙企业（有限合伙）	2017-03-10			浙江
宁波梅山保税港区华旦碧峰投资管理合伙企业（有限合伙）	2017-08-16		0571-85350669、0571-81061899	浙江
宁波梅山保税港区兰石投资合伙企业（有限合伙）	2017-03-03			浙江
宁波梅山保税港区普华天跻创业投资合伙企业（有限合伙）	2017-03-01			浙江
宁波梅山保税港区普华至晖投资合伙企业（有限合伙）	2017-06-14		0571-86812478	浙江
宁波梅山保税港区普华至臻投资合伙企业（有限合伙）	2017-05-31			浙江
宁波梅山保税港区万乘轻勇骑投资合伙企业（有限合伙）	2017-10-10			浙江
宁波梅山保税港区万乘游骑兵投资合伙企业（有限合伙）	2017-10-10			浙江
宁波铭韬投资合伙企业（有限合伙）	2016-01-15			浙江
宁波普华友实股权投资合伙企业（有限合伙）	2016-07-22			浙江

公司名称	成立时间	网址	电话	省份
宁波普华元顺股权投资合伙企业（有限合伙）	2016-07-22			浙江
宁波杉杉望新科技创业投资有限公司	2009-12-14		0574-56801567	浙江
宁波市伯乐开图创业投资合伙企业（有限合伙）	2013-06-19		0574-27903661	浙江
宁波市科发二号股权投资基金合伙企业（有限合伙）	2012-09-18		0571-89939939	浙江
宁波市科发股权投资基金合伙企业（有限合伙）	2012-03-01		0571-89939939	浙江
宁波市天使投资引导基金有限公司	2013-01-08	www.nbstf.org.cn	0574-87910930	浙江
宁波思得成长创业投资合伙企业（有限合伙）	2018-05-21		0574-88313329	浙江
宁波天堂硅谷创捷股权投资合伙企业（有限合伙）	2014-01-01		0571-87081027	浙江
宁波天堂硅谷合众股权投资合伙企业（有限合伙）	2012-02-16		0571-87081027	浙江
宁波天堂硅谷和慧创业投资合伙企业（有限合伙）	2013-01-15		0571-86483523	浙江
宁波天堂硅谷科创股权投资合伙企业（有限合伙）	2018-07-30			浙江
宁波天堂硅谷融合股权投资合伙企业（有限合伙）	2018-07-10		0571-86483523	浙江
宁波天堂硅谷融龙股权投资合伙企业（有限合伙）	2018-07-10		0571-86483523	浙江
宁波天堂硅谷融正股权投资合伙企业（有限合伙）	2014-01-08		0571-86483523	浙江
宁波天堂硅谷新风股权投资合伙企业（有限合伙）	2015-12-17			浙江
宁波天堂硅谷新健股权投资合伙企业（有限合伙）	2015-12-23			浙江
宁波天堂硅谷新力股权投资合伙企业（有限合伙）	2018-07-10		0571-86483523	浙江

公司名称	成立时间	网址	电话	省份
宁波天堂硅谷新象股权投资合伙企业（有限合伙）	2015-01-01		0571-86483523	浙江
宁波天堂硅谷元德股权投资合伙企业（有限合伙）	2016-01-06			浙江
宁波天堂硅谷元丰股权投资合伙企业（有限合伙）	2018-07-30			浙江
宁波天堂硅谷元正股权投资合伙企业（有限合伙）	2018-07-30			浙江
宁波天堂硅谷正汇股权投资合伙企业（有限合伙）	2012-09-07			浙江
宁波万豪铭辉投资合伙企业（有限合伙）	2017-12-18		13940559107	浙江
宁波万豪铭锐投资合伙企业（有限合伙）	2017-05-15			浙江
宁波万豪铭山投资合伙企业（有限合伙）	2016-10-26			浙江
宁波万豪铭轩投资合伙企业（有限合伙）	2018-02-09			浙江
宁波新以创业投资管理有限公司	2010-01-13	www.infinty-equity.com	0571-87993883	浙江
宁波新以创业投资合伙企业（有限合伙）	2010-01-29	www.infinty-equity.com	0574-87993883	浙江
宁波银流创业投资合伙企业（有限合伙）	2017-09-01		0571-88068369	浙江
宁波英飞伯乐创业投资管理有限公司	2015-06-25	www.infinty-equity.com	0574-87993883	浙江
宁波英飞伯乐创业投资合伙企业（有限合伙）	2015-09-10	www.infinty-equity.com	0571-87993883	浙江
宁波云扬股权投资合伙企业（有限合伙）	2020-09-21			浙江
宁波浙科汇聚创业投资合伙企业（有限合伙）	2014-07-16		0571-88869317	浙江
宁波浙科永强创业投资合伙企业（有限合伙）	2015-12-09		0571-88829317	浙江

公司名称	成立时间	网址	电话	省份
宁波浙鑫博远股权投资合伙企业（有限合伙）	2017-11-15		0575-86271280	浙江
平湖绿合股权投资基金合伙企业（有限合伙）	2018-05-31		18013286524	浙江
平湖绿合金凰展平一号创业投资合伙企业（有限合伙）	2020-07-02			浙江
平阳凯星股权投资合伙企业（有限合伙）	2020-12-09		0571-88160069	浙江
平阳欧硕股权投资合伙企业（有限合伙）	2020-10-21		0571-88160069	浙江
平阳维度中夏投资中心（有限合伙）	2016-04-28		0577-88696377	浙江
衢州立元天投壹号投资合伙企业（有限合伙）	2015-11-12	www.cnlyjt.com	0571-87769018	浙江
衢州翎翔股权投资合伙企业（有限合伙）	2020-09-22		0571-87205591	浙江
衢州隆启润泽股权投资合伙企业（有限合伙）	2017-05-17		0571-87769995	浙江
绍兴海邦人才创业投资合伙企业（有限合伙）	2017-07-07	www.hbvc.com.cn	0571-88212200	浙江
绍兴凯泰投资管理有限公司	2010-11-26		0571-88129633	浙江
绍兴柯桥翱鹏投资中心（有限合伙）	2017-03-09		0571-87205591	浙江
绍兴柯桥宸鹏投资合伙企业（有限合伙）	2018-01-29		0571-87205591	浙江
绍兴柯桥锦聚创业投资合伙企业（有限合伙）	2016-02-24		0574-28205211	浙江
绍兴柯桥天堂硅谷领新股权投资合伙企业（有限合伙）	2020-08-10		0571-86483506	浙江
绍兴柯桥天堂硅谷远光股权投资合伙企业（有限合伙）	2017-08-24			浙江
绍兴柯桥天堂硅谷云创股权投资合伙企业（有限合伙）	2017-08-24			浙江
绍兴上虞乾邦股权投资合伙企业（有限合伙）	2019-06-17		0575-82691717	浙江

公司名称	成立时间	网址	电话	省份
绍兴上虞乾泰股权投资合伙企业（有限合伙）	2017-11-20		0575-82691717	浙江
绍兴上虞乾信股权投资合伙企业（有限合伙）	2019-12-19		0575-82671717	浙江
绍兴上虞乾自股权投资合伙企业（有限合伙）	2019-04-01		0575-82691717	浙江
绍兴市柯桥区天堂硅谷恒煜股权投资合伙企业（有限合伙）	2016-09-27		0571-86483523	浙江
绍兴市柯桥区天堂硅谷先进制造产业投资合伙企业（有限合伙）	2018-05-30		0571-86483523	浙江
绍兴市上虞区安丰康元创业投资合伙企业（有限合伙）	2020-01-08		0571-87633580	浙江
绍兴市上虞区安丰盈元创业投资合伙企业（有限合伙）	2017-07-03	www.anfengvc.com	0574-87633580	浙江
深圳市帮而为实天使投资企业（有限合伙）	2015-06-10			浙江
遂昌县科技创新创业投资基金合伙企业（有限合伙）	2017-09-17		0571-88219849	浙江
台州华睿石药丰收股权投资合伙企业（有限合伙）	2020-12-02		0571-88163183	浙江
台州汇明股权投资合伙企业（有限合伙）	2016-05-13			浙江
天堂硅谷资产管理集团有限公司	2000-11-11	www.ttgg.com.cn	0571-87081027	浙江
桐乡市新豪投资合伙企业（有限合伙）	2018-08-16		0571-26237933	浙江
万向创业投资股份有限公司	2000-12-01		0571-81101791	浙江
温州联创永润创业投资合伙企业（有限合伙）	2018-02-07			浙江
温州瓯瑞股权投资合伙企业（有限合伙）	2018-05-21		0571-88160069	浙江
温州市基金投资有限公司	2012-07-27			浙江
温州维度科创股权投资基金合伙企业（有限合伙）	2017-03-22		0577-88696377	浙江
温州维度投资管理有限公司	2015-07-29	www.wedovc.cn	0577-88696377	浙江

公司名称	成立时间	网址	电话	省份
温州维度维壹投资中心（有限合伙）	2015-09-29		0577-88696377	浙江
温州维度智联投资中心（有限合伙）	2016-01-20		0577-88696377	浙江
温州维盛投资中心（有限合伙）	2016-04-06		0577-88696377	浙江
温州源大创业服务股份有限公司	2011-01-17	www.onehrt.com	0577-88585852	浙江
物产中大集团投资有限公司	2002-09-19	www.zhongdatz.com	0571-85776573	浙江
新昌华宇浙鑫博远人才创业投资合伙企业（有限合伙）	2018-12-29		0575-86271280	浙江
义乌科发创业投资合伙企业（有限合伙）	2016-01-21		0571-88250328	浙江
永康市天堂硅谷智能制造投资合伙企业（有限合伙）	2018-03-14			浙江
浙江安丰进取创业投资有限公司	2009-03-25		0571-87633580	浙江
浙江澳兴投资管理有限公司	2018-06-05	www.aoxingcapital.com	0571-87245870	浙江
浙江贝达乾嘉投资合伙企业（有限合伙）	2011-08-08		0571-85895205	浙江
浙江比丘投资管理有限公司	2016-07-18	www.biucapital.com	18869354736	浙江
浙江博通创业投资有限公司	2007-07-01	wyg.guy@163.com	0571-87087816	浙江
浙江大学创新技术研究院有限公司	2012-09-29	www.zjuiti.com	0571-58122670	浙江
浙江大学科技创业投资有限公司	2008-10-29	zdkc.zju.edu.cn	0571-87397926	浙江
浙江德石投资管理有限公司	2014-02-24	www.moralstone.com	0571-28920573	浙江
浙江鼎鸿股权投资基金管理有限公司	2018-01-04			浙江
浙江东翰高投长三角投资合伙企业（有限合伙）	2010-09-20		025-85529999	浙江
浙江菲达股权投资基金合伙企业（有限合伙）	2016-03-14		0575-80720677	浙江
浙江沣华投资管理有限公司	2017-08-10	fenghuavc.com	0571-88212200	浙江
浙江富国创新投资有限公司	2010-08-12		0571-88068383	浙江
浙江富国投资管理有限公司	2010-07-13		0571-88068369	浙江
浙江富华睿银投资管理有限公司	2015-12-24		0571-88163183	浙江
浙江硅谷天堂鲲诚创业投资有限公司	2006-12-01		0571-87081027	浙江

公司名称	成立时间	网址	电话	省份
浙江海邦创智投资管理有限公司	2017-09-01	www.hbvc.com.cn	0571-26237933	浙江
浙江海邦人才创业投资合伙企业（有限合伙）	2011-12-01	www.hbvc.com.cn	0571-88212200	浙江
浙江海邦投资管理有限公司	2014-12-04	www.hbvc.com.cn	0571-81022992	浙江
浙江海宁天玑创业投资管理合伙企业（有限合伙）	2015-06-19		0571-85395797	浙江
浙江浩誉创业投资有限公司	2011-01-14		0571-88383341	浙江
浙江合力创业投资有限公司	2011-03-09		0571-88301885	浙江
浙江恒晋同盛创业投资合伙企业（有限合伙）	2013-10-10			浙江
浙江恒晋投资管理有限公司	2010-11-05		0571-88217757	浙江
浙江弘日宝玺创新投资管理有限公司	2018-02-07		0574-28885831	浙江
浙江弘翔创业投资有限公司	2015-06-11		0571-28237131	浙江
浙江红石创业投资有限公司	2007-11-27		0571-88163183	浙江
浙江红土创业投资有限公司	2010-04-21		0573-83710188	浙江
浙江宏城创业投资有限公司	2011-04-27		0575-87003060	浙江
浙江厚达股权投资基金管理有限公司	2016-11-11		0571-86091135	浙江
浙江华瓯创业投资有限公司	2007-11-16	www.hovc.cn	0571-88301885	浙江
浙江华睿北信源数据信息产业投资合伙企业（有限合伙）	2015-08-19			浙江
浙江华睿布谷鸟创业投资合伙企业（有限合伙）	2015-06-03			浙江
浙江华睿产业互联网股权投资合伙企业（有限合伙）	2015-04-13			浙江
浙江华睿德银创业投资有限公司	2010-05-04		0571-88163183	浙江
浙江华睿点金创业投资有限公司	2009-08-10			浙江
浙江华睿点石投资管理有限公司	2007-11-14			浙江
浙江华睿富华创业投资合伙企业（有限合伙）	2012-07-03		0571-88163183	浙江
浙江华睿海越光电产业创业投资有限公司	2009-12-23		0571-8813183	浙江

公司名称	成立时间	网址	电话	省份
浙江华睿海越现代服务业创业投资有限公司	2010-01-28		0571-88163183	浙江
浙江华睿弘源智能产业创业投资有限公司	2010-03-22		0571-88163183	浙江
浙江华睿胡庆余堂健康产业投资基金合伙企业（有限合伙）	2015-11-27			浙江
浙江华睿火炬创业投资合伙企业（有限合伙）	2016-10-27			浙江
浙江华睿金石投资合伙企业（有限合伙）	2017-03-15			浙江
浙江华睿控股有限公司	2002-08-06	www.sinowisdom.cn	0571-88163183	浙江
浙江华睿蓝石投资有限公司	2014-09-02		0571-88163183	浙江
浙江华睿庆余投资有限公司	2013-12-30		0571-88163183	浙江
浙江华睿如山创业投资有限公司	2010-12-07		0575-88163183	浙江
浙江华睿如山装备投资有限公司	2009-10-13			浙江
浙江华睿睿银创业投资有限公司	2007-03-28			浙江
浙江华睿盛银创业投资有限公司	2009-08-11			浙江
浙江华睿泰信创业投资有限公司	2008-07-21		0571-88163183	浙江
浙江华睿泰银投资有限公司	2009-07-20		0571-88163183	浙江
浙江华睿祥生环境产业创业投资有限公司	2010-11-15		0571-88163183	浙江
浙江华睿兴华股权投资合伙企业（有限合伙）	2012-12-24		0571-88163729	浙江
浙江华睿医疗创业投资有限公司	2011-01-24			浙江
浙江华睿中科创业投资有限公司	2010-07-05		0571-88163183	浙江
浙江嘉海创业投资有限公司	2010-01-13		0571-89922222	浙江
浙江嘉豪铭泰投资管理有限公司	2015-09-29	www.joyminter.com		浙江
浙江嘉庆投资有限公司	2010-06-29		0571-86821155	浙江
浙江金控创业投资合伙企业（有限合伙）	2015-12-21			浙江
浙江金控资本管理有限公司	2015-11-13	www.zjkcapital.cn	0571-87235801	浙江

公司名称	成立时间	网址	电话	省份
浙江科发资本管理有限公司	2003-11-11	www.zjkfcapital.com	0571-89939939	浙江
浙江联盛创业投资有限公司	2007-10-26		0575-82960006	浙江
浙江临海永强股权并购投资中心（有限合伙）	2014-11-24		0571-88869317	浙江
浙江领庆创业投资有限公司	2011-03-14		0571-87153786	浙江
浙江瓯联创业投资有限公司	2009-05-12		0571-88301885	浙江
浙江瓯盛创业投资有限公司	2008-06-03		0571-88301885	浙江
浙江普华天勤股权投资管理有限公司	2011-06-20	www.puhuacapital.com	0571-89774867	浙江
浙江如山成长创业投资有限公司	2008-08-18		0571-87814985	浙江
浙江如山高新创业投资有限公司	2010-11-10		0571-87814985	浙江
浙江如山汇金资本管理有限公司	2010-09-26	www.crestvalue.com	0571-87808855	浙江
浙江如山汇鑫创业投资合伙企业（有限合伙）	2015-11-05		0571-87814985	浙江
浙江如山新兴创业投资有限公司	2012-09-11		0571-87814985	浙江
浙江赛伯乐科创股权投资管理有限公司	2011-08-09	www.cybernautvc.com	0571-88085123	浙江
浙江赛伯乐投资管理有限公司	2008-06-16	www.zjcybernaut.com	0571-86089290	浙江
浙江赛盛投资合伙企业（有限合伙）	2011-07-26			浙江
浙江绍兴普华兰桥文化投资合伙企业（有限合伙）	2015-11-10			浙江
浙江绍兴普华兰亭文化投资合伙企业（有限合伙）	2015-12-07			浙江
浙江绍兴普华天勤投资管理有限公司	2015-10-27			浙江
浙江省创业投资集团有限公司	2000-09-30	www.zjvc.cn	0571-88259216	浙江
浙江省科技风险投资有限公司	1993-06-01	www.zvc-zj.com	0571-88869317	浙江
浙江省浙创启元创业投资有限公司	2012-12-31		88259222	浙江
浙江盛元股权投资基金管理有限公司	2017-05-12		0571-88375737	浙江
浙江台州天堂硅谷合盈创业投资有限公司	2011-01-01		0571-87081027	浙江

公司名称	成立时间	网址	电话	省份
浙江泰银创业投资有限公司	2007-10-26			浙江
浙江天使湾创业投资有限公司	2010-09-29	tisiwi.com	0571-28237185	浙江
浙江天堂硅谷朝阳创业投资有限公司	2007-04-16		0571-87081027	浙江
浙江天堂硅谷晨曦创业投资有限公司	2007-10-16		0571-87081027	浙江
浙江天堂硅谷合丰创业投资有限公司	2009-10-13		0571-87081027	浙江
浙江天堂硅谷合胜创业投资有限公司	2009-10-20		0571-87081027	浙江
浙江天堂硅谷合顺股权投资合伙企业（有限合伙）	2015-01-29			浙江
浙江天堂硅谷合行至臻股权投资合伙企业（有限合伙）	2015-05-18		0571-86483523	浙江
浙江天堂硅谷合众创业投资有限公司	2007-10-24		0571-87081027	浙江
浙江天堂硅谷和翔股权投资合伙企业（有限合伙）	2012-07-09		0571-86483523	浙江
浙江天堂硅谷恒通创业投资有限公司	2008-05-26		0571-87081027	浙江
浙江天堂硅谷恒裕创业投资有限公司	2008-01-03		0571-87081027	浙江
浙江天堂硅谷久和股权投资合伙企业（有限合伙）	2012-03-01		0571-86483523	浙江
浙江天堂硅谷久融股权投资合伙企业（有限合伙）	2011-01-01		0571-86483523	浙江
浙江天堂硅谷久盈至臻股权投资合伙企业（有限合伙）	2012-02-13		0571-86483523	浙江
浙江天堂硅谷鲲鹏创业投资有限公司	2009-06-26		0571-87081027	浙江
浙江天堂硅谷乐通至臻股权投资合伙企业（有限合伙）	2011-02-24		0571-86483523	浙江
浙江天堂硅谷七弦股权投资合伙企业（有限合伙）	2011-01-01		0571-87081027	浙江
浙江天堂硅谷天晟股权投资合伙企业（有限合伙）	2011-04-29		0571-86483523	浙江
浙江天堂硅谷阳光创业投资有限公司	2006-06-20		0571-87081027	浙江
浙江天堂硅谷银泽股权投资合伙企业（有限合伙）	2010-10-19		0571-87081027	浙江

续表

公司名称	成立时间	网址	电话	省份
浙江天堂硅谷盈丰股权投资合伙企业（有限合伙）	2010-07-30		0571-87081027	浙江
浙江天堂硅谷盈通创业投资有限公司	2010-06-01		0571-87081027	浙江
浙江天堂硅谷众实股权投资合伙企业（有限合伙）	2011-12-19			浙江
浙江万安投资管理有限公司	2015-05-18		0571-86655863	浙江
浙江悟源股权投资合伙企业（有限合伙）	2017-04-19			浙江
浙江先文投资管理有限公司	2017-04-14		0517-85279785	浙江
浙江祥晖资产管理有限公司	2017-01-05			浙江
浙江新安创业投资有限公司	2011-01-01		0571-88845040	浙江
浙江新干世业投资管理有限公司	2019-12-10	www.fresscon.cn	0571-87835237	浙江
浙江新干线传媒投资有限公司	2001-11-26	www.zjxgxtz.com	0571-85310513	浙江
浙江鑫海资产管理有限公司	2017-03-29		0575-86271280	浙江
浙江信海创业投资合伙企业（有限合伙）	2011-05-06		0571-89922222	浙江
浙江亿诚创业投资有限公司	2010-05-06		0571-85310513	浙江
浙江亿都创业投资有限公司	2007-11-01		0571-85310058	浙江
浙江亿品创业投资有限公司	2012-03-27		0571-85310513	浙江
浙江银江股权投资管理有限公司	2011-05-26		0571-81960355	浙江
浙江银江辉皓创业投资合伙企业（有限合伙）	2019-11-01			浙江
浙江银杏谷投资有限公司	2013-07-19	www.yxgzb.com	0571-86036868	浙江
浙江盈瓯创业投资有限公司	2010-11-05		0571-88301885	浙江
浙江浙创好雨新兴产业股权投资合伙企业（有限合伙）	2020-01-19		88259222	浙江
浙江浙大大晶创业投资有限公司	2001-01-03		0571-87382890	浙江
浙江浙大友创投资管理有限公司	2001-01-21	zjzdyc.com	0571-87952529	浙江
浙江浙富资本管理有限公司	2015-07-21		0571-81023130	浙江
浙江浙科汇利创业投资有限公司	2010-05-01		0571-88869317	浙江

公司名称	成立时间	网址	电话	省份
浙江浙科汇涛创业投资合伙企业（有限合伙）	2011-05-09		0571-88869317	浙江
浙江浙科汇盈创业投资有限公司	2009-08-01		0571-88869317	浙江
浙江浙科投资管理有限公司	2011-11-01		0571-88869317	浙江
浙江浙科银江创业投资有限公司	2010-10-14		0571-88869317	浙江
浙江浙农产融投资管理有限公司	2018-02-02		0571-87663037	浙江
浙江浙商长海创业投资合伙企业（有限合伙）	2010-12-14		0571-89922222	浙江
浙江浙商利海创业投资合伙企业（有限合伙）	2012-07-27		0571-89922222	浙江
浙江浙商诺海创业投资合伙企业（有限合伙）	2010-04-14		0571-89922222	浙江
浙江臻弘股权投资基金管理有限公司	2016-01-20		0571-88071605	浙江
浙江智新泽地投资管理有限公司	2016-05-18	www.zhixinzedi.com	0571-86020000	浙江
浙江舟洋创业投资有限公司	2014-08-14		0571-85310513	浙江
浙江诸暨惠风创业投资有限公司	2008-08-06		0575-87015792	浙江
浙江诸暨头头是道投资合伙企业（有限合伙）	2017-09-20		0571-88370000	浙江
浙江诸暨万泽股权投资基金合伙企业（有限合伙）	2016-12-05		0571-86655863	浙江
浙商创投股份有限公司	2007-11-01	www.zsvc.com.cn	0571-89922222	浙江
浙银鸿绅（杭州）资产管理有限公司	2016-10-27		0571-89978799	浙江
舟山浙科东港创业投资合伙企业（有限合伙）	2018-07-24		0571-88869317	浙江
诸暨大联股权投资合伙企业（有限合伙）	2019-07-03		0571-86893065	浙江
诸暨鼎信创业投资有限公司	2008-07-29		0571-87814985	浙江
诸暨富华睿银投资管理有限公司	2016-11-24		0571-88163182	浙江
诸暨贵银投资有限公司	2014-05-14		0575-88163183	浙江
诸暨恒晋融汇创业投资合伙企业（有限合伙）	2017-08-23		0571-88217757	浙江

公司名称	成立时间	网址	电话	省份
诸暨华睿嘉银创业投资合伙企业（有限合伙）	2014-11-21			浙江
诸暨华睿庆丰创业投资合伙企业（有限合伙）	2016-12-01			浙江
诸暨华睿同道股权投资合伙企业（有限合伙）	2020-11-12		0571-88163183	浙江
诸暨华睿文华股权投资合伙企业（有限合伙）	2015-06-10			浙江
诸暨华睿新锐投资合伙企业（有限合伙）	2015-06-01			浙江
诸暨华睿信汇股权投资合伙企业（有限合伙）	2020-10-14		0571-88163183	浙江
诸暨华睿钻石投资合伙企业（有限合伙）	2017-10-17		0575-88163183	浙江
诸暨华夏赢科投资合伙企业（有限合伙）	2019-04-24		88965079	浙江
诸暨华越投资有限公司	2011-01-01			浙江
诸暨普华安盛股权投资合伙企业（有限合伙）	2016-07-29			浙江
诸暨如山汇安创业投资合伙企业（有限合伙）	2017-05-02		0571-87814985	浙江
诸暨如山汇盈创业投资合伙企业（有限合伙）	2016-04-28		0571-87814985	浙江
诸暨盛水渊锦鲤投资合伙企业（有限合伙）	2019-01-29			浙江
诸暨市文晨股权投资合伙企业（有限合伙）	2018-07-18		0571-89978799	浙江
诸暨浙科乐英创业投资合伙企业（有限合伙）	2018-04-02		0571-88869317	浙江
诸暨浙银鸿绅股权投资合伙企业（有限合伙）	2017-12-06		0571-89978799	浙江